酒井忠夫監修
坂出祥伸
小川陽一 編

三台萬用正宗(一)

中國日用類書集成 3

汲古書院

中國日用類書集成　第三卷　目次

『三台萬用正宗』㈡・㈢　內容目次……二
『三台萬用正宗』凡例……三

新刻天下四民便覽三台萬用正宗　㈠……一

類聚三台萬用正宗引……五
目　錄……六
卷之一　天文門……一四
卷之二　地輿門……四七
卷之三　時令門……一二七
卷之四　人紀門……一四三
卷之五　諸夷門……一八三
卷之六　師儒門……二一六
卷之七　官品門……二五三
卷之八　律例門……三一一
卷之九　音樂門……三六四
卷之十　五譜門……三九三
卷之十一　書法門……四二七
卷之十二　畫譜門……四九三

名古屋市蓬左文庫本書影……五二五
不鮮明箇所一覽……五九三

『三台萬用正宗』㈡　内容目次

卷之十三　蹴踘門
卷之十四　武備門
卷之十五　文翰門
卷之十六　四禮門

卷之十七　民用門
卷之十八　子弟門
卷之十九　侑觴門
卷之二十　博戲門

卷之二十一　商旅門
卷之二十二　算法門
卷之二十三　脩眞門
卷之二十四　金丹門

卷之二十五　養生門
卷之二十六　醫學門
卷之二十七　護幼門
卷之二十八　胎產門

『三台萬用正宗』㈢　内容目次

卷之二十九　星命門
卷之三十　相法門
卷之三十一　卜筮門
卷之三十二　數課門

卷之三十三　夢珍門
卷之三十四　營宅門
卷之三十五　地理門
卷之三十六　尅擇門

卷之三十七　牧養門
卷之三十八　農桑門
卷之三十九　僧道門
卷之四十　玄教門

卷之四十一　法病門
卷之四十二　閑中記
卷之四十三　笑謔門

『三台萬用正宗』凡例

一、本影印は東京大學東洋文化研究所所藏の仁井田文庫本による。
一、影印に際し、約七五％の縮小とした。
一、略稱『三台萬用正宗』は、封面に『類聚三台萬用正宗』とあるのによった。
一、缺葉は名古屋市蓬左文庫所藏の同版本で補い、その旨柱に示した。又同書を參考に、不鮮明箇處一覽を作成、各卷末に收錄し、必要に應じて寫眞も掲載した。
一、『三台萬用正宗』は『日用類書集成』第三卷から第五卷に相當し、第五卷の卷末には小川陽一の解題を載せる。

新刻天下四民便覽三台萬用正宗 (一)

天文　地輿

時令　人紀

萬用正宗

一

類聚三台萬用正宗

坊間諸書雜刻然多沿襲舊套採其一去其十棄其精得其粗四方士子惑之本堂近鋟此書名為萬用正宗者分門定類俱載全備展卷閱之諸用了然更不待他求矣買者請認三台　而已

類聚三台萬用正宗引

百家衆技之繁非簡編則孰載孰傳而策藉充汗浩如淵海人亦烏得而徧觀之乃乘餘閑博綜方技彙而集之門而分之纂其要擷其芳凡人世所有日用所需靡不搜羅而包括之誠簡而備精而當可法而可傳也故名之曰萬用正宗請與稽古者公焉

書林三台山人仰止余象斗言

新刻天下四民便覽三台萬用正宗目録一卷

天文門	卷一	太虛之圖	太極之圖	天文諸説	占察天文
		天運循環	天文祥異	星宿度數	星宿分野
地輿門	卷二	輿地紀原	兩京各省	省轄統屬	户粮土産
		歴代國都	中華總圖	天下路程	兩京程歌
時令門	卷三	太陽形度	太陰形度	晝夜圖説	四時訓釋
		刻漏制度	曆閏本原	四時八節	十二形肖
人紀門	卷四	歴代帝歌	歴代臣紀	甲子紀年	
		歴代人紀	天歴會元	帝王事實	
諸夷門	卷五	嬴蟲録誌	諸夷圖像	外夷圖説	外國風俗
		嬴蟲録序	山海異物	神禽獸魚	外夷土産
師儒門	卷六	經史述作	幼學須知	讀書五戒	
		辭章緣起	經驗良方	造墨正法	

官品門　卷七
俸儀便覽　文武官職銜門　天下州縣田土
醒貪要録　文武品級月俸　文武衣服制儀

律法門　卷八
招擬指南　鳴情均化録論　忌箴歌
串招活套　詞訟體段法套　附結段尾附遺

音樂門　卷九
三絃譜式　勾剔琴譜　抑絃手法
簫笛譜式　鼓經次序目録　樂律本源

五譜門　卷十
棋勢新式　牙牌譜式　雙陸定法
投壺譜　圍棋譜

書法門　卷十一
字學淵源　内閣中書　重訂草決歌
諸家篆式　古拙篆文　隸字十法

畫譜門　卷十二
寫真秘訣　楊補之梅譜　李息齋竹譜
歴代名畫　畫山水秘訣　畫松譜

蹴踘門　卷十三
蹴踘家門　蹴踘序　蹴踘訣要
毬門制度　朝天疊字　圓社錦語

武備門 十四卷 演武捷要 拳經要訣 棍法諸歌 棒家針法 鎗鈀等法 秘傳解法
文翰門 十五卷 諸書札式 称呼套語 雜用称荅 餽送小柬 請召小柬活套 婦女餽送小柬
四禮門 十六卷 過聘雜聯 冠婚書式 祭文類 五服宗圖 三父八母之圖 各色雜聯
民用門 十七卷 文契類 分關類 學關類 呈狀類 神呪類 鄉約禁體類
子弟門 十八卷 洞房仙方 採補修身訣 純陽房中秘訣 藥性歌 神聖固臍膏 呂公安樂歌
侑觴門 十九卷 時興酒令 硃窩普式 急口令 賽色總論 江湖暗令 新正骰令
博戲門 二十卷 奇巧燈謎 藏頭詩總類 各樣詩法 戒惡吟 織錦諸圖 勸善吟

商旅門
二十一卷　風月機關　客商規鑑論　雜傳貨物要旨　論世情　論拾客奸弊　占候風度

筭法門
二十二卷　筭法捷徑　筭法源流　九九八十一　九歸九因　金蟬脫殼　鋪地錦法

真修門
二十三卷　卻病金秘　玄關秘旨　藥物歌　明機圖詩　坐煉秘旨　泥丸為谷神

金丹門
二十四卷　金丹詞曲　金丹秘旨　養砂秘旨　脫胎歌　驗神火歌　真種子歌

養生門
二十五卷　食鑑本草　養生去病歌　養生約言　警身纂要　攝生要語　禽獸菜菓

醫學門
二十六卷　經驗良方　秘傳脉訣　五臟脉決等歌　奇經八脉　小兒虎口紋訣　小兒經驗良方

護幼門
二十七卷　秘傳痘疹　婦女痘疹　痘疹驗症用法　痘疹撮要　痘疹食用禁忌　痘疹良方

胎產門
二十八卷
姙娠脉訣 種子奇方 不育女專生男
產後良方 夫婦雲雨忌日 十月懷胎形局

星命門
二十九卷
合婚要旨 五星指南捷要 起八字法
六十甲子 論生肖皇帝詩 陰陽生旺之圖

相法門
三十卷
麻衣摘要 相法秘旨 男女痣訣
人面畫相 眉目畫相 耳鼻畫相

卜筮門
三十一卷
断易秘旨 求卦祝文 擲錢訣法
陰陽宅賦 秘傳神機 十六字例

數課門
三十三卷
五行灵課 冲天数
論錢断法 淳風六壬課 諸葛馬前課

夢珍門
三十三卷
周公夢書 夢珍故事 禳夢符呪
鎮日夢符 厭禳符書 遂時雜断法

營宅門
三十四卷
營造宅經 魯班經論 定盤詩訣
相宅吉凶 撰抄吉凶時 上梁致語

地理門
三十五卷 龍穴砂式 登山决穴賦 遊山倒杖經
穴法論 水五星吉凶論 龍穴砂水形圖

剋擇門
三十六卷 剋擇便覽 事急不暇擇法 六十花甲吉凶例
水行啚例 十二時吉凶断 二十八宿吉凶詩

牧養門
三十七卷 秘傳牛經 秘傳安驥集 治馬三十六證歌
相良馬論 養羊養猪法 牛病三十二證歌

農桑門
三十八卷 農桑便覧 農事源流 蠶繅捷要
付耕犁篇 付耙劳篇 種植類

僧道門
三十九卷 釋祖源流 禪苑清規 弔慰疏狀
道派源流 僧道榜文 雜用書文

玄教門
四十卷 靈寳玄文 神仙秘吉機要
遊仙夢法 神仙戲術

法病門
四十一卷 書符秘旨 淳風百怪書法 算病生死
雷霆占病 十二占病 算病諸怪符法

閑中記
笑謔門

四十名公格言　混沌總論　樵談總叙
二卷勸世文　嘆世報應分明　酒色財氣
四十嘲人笑話　綺席清談　獨脚虎笑話
三卷戒酒文　方情密語　罵人笑語

右書目畧舉其大綱各門事類廣多目録難以備載

蓬左文庫に同一本あり
昭和三十年秋十月調查
仁井田

三台山人余仰止影圖

新刻天下四民便覽三台萬用正宗卷之一

三台館山人　仰止　余象斗　纂
書林雙峰堂　文台　余氏　刊

天運循環

夫自有天地至於窮盡謂之一元一元有十二會會會有一萬八百年子會生天丑會生地寅會生人至戌會則閉物而消天亥會消天而消地至子會則又生天而循環無窮矣而地未分之始謂之盤古既分之後以天皇氏謂之子會地皇氏謂之丑會人皇氏謂之寅會共二萬二千四百年而後歷卯辰巳之會至堯之時正當十二萬九千六百年之半夏禹八年得甲子入午會之初運自此以後可遁而推之斈者不可不察也

天文祥異

天文門

〇太虛元化之圖

〇無名天地之始太極靜而生陰　天一生水　地四生金

〇有名天地之先太極動而生陽　天三生木　地二生火

天類

天衝如人赤首青衣若見則主天下太平之瑞也

天鳴者五行傳曰天鳴有声百姓労形劉向曰春秋之前天鳴地折災咎並臻其生不知警懼終須降禍

天開者人見主富老者主壽或廣十餘丈或長三十餘丈其内或有青黄雜色或紅光炳耀或上帝冕旒衮袍拱立儀鵠立或雲霞傾洞樓閣參差光明下照

太極説 漢律暦志云 太極元氣函三為一 三五暦紀云 未有天地之時混沌如鷄子溟涬始牙鴻濛滋萌 易係疏云 太極謂天地未分之前元氣混而為一是太初太一也 老子道生一即此太極也 莊子云 無極而太極太極動而生陽動極而静静而生陰静極復動一動一静互為其根分陰分陽兩儀立焉陽変陰合而生水火木金土五氣順布四時行焉五行一陰陽也陰陽一太極也太極本無極也五行之生也各一其性無極之眞二五之精妙合而凝乾道成男坤道成女二氣交感化生萬物萬物生生而變化無窮焉惟人也得其秀而最霊形既生矣神智發矣五性感動而善悪分萬事出矣聖人定之以中正仁義而主

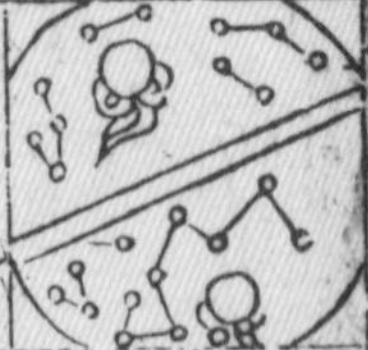

天列者陽不足地動者陰有餘天列主地欲分列

夫風者無踪影也天地之氣噓而成風清明起風主紙貴谷雨起風主麥無收重陽風主米谷貴

夫大霧者五行傳曰霧者百邪之氣陰來冒陽凡大霧三日必大雨在天為濛在人為霧○李淳風曰霧氣不順為陰陽錯乱陰積不解天下分離

靜立人極焉故聖人與天地合其德與日月合其明與四時合其序與鬼神合其吉凶君子修之吉小人悖之凶故曰立天之道曰陰與陽立地之道曰柔與剛立人之道曰仁與義周子通書云

太極只是天地萬物之理在天地則天地中有太極在萬物則萬物中各有太極未有天地之先畢竟先有此理

兩儀

天圓如倚蓋

天傾西北界

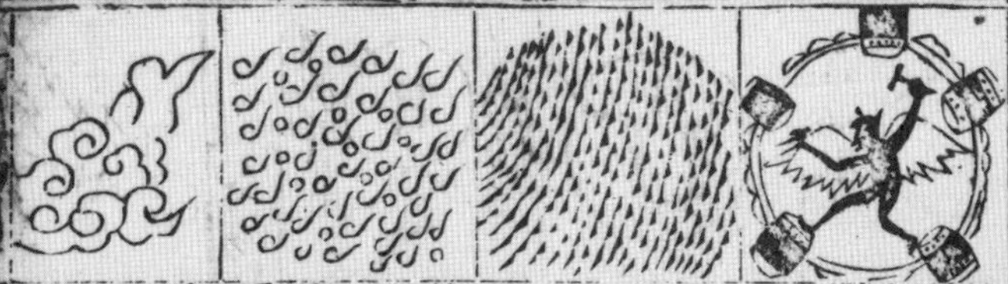

無雲而雷者五行傳曰雷者天鼓也無雲而雷當有暴兵

無雲而雨者五行傳曰貌之不恭是謂不肅天雨者從龍而作無雲而雨主世多旱

非時降雪五行傳曰凡雨陰也雪又雨之陰也出非其時迫近之象憂雪主賊民為亂

蒼雲經天五行傳曰蒼天廣三五丈經天者主下有拔城

之圖

兩儀說　易云太極生兩儀易繫辭云太極謂天地未分之前元氣混而為一二氣既分之後陽氣居上為天陰氣居下為地謂之兩儀玉海云太極未判天地人混沌太極既判輕清者為天重濁者為地清濁混者為人輕清者氣也重濁者形也形氣合者人也故凡氣之發見於天者皆太極中自然之理運而為日月分而為五星列而為二

天鋒狀如矛戟或上或下有尾有毛或出則地乱兵起

太陽類

雲氣近日旁黃潤皆為吉祥黃氣抱曲向日為抱當隣国臣佐功來降

雲氣如青蛇貫日主瘦疾白蛇貫日主兵起赤蛇貫日主叛臣黃蛇貫日下有交兵黑蛇貫日

有雨水

日出朦朧數日不明天又无雨无雷主民有憂

十八舍會而為斗極莫不皆有常理〇天地元氣所生天謂之乾地謂之坤天員而色玄地方而色黃天者乾之形乾者天之用天之形望之其色蒼然南樞入地下北樞出地上狀如倚杵此天形也晋天文志云天員如倚蓋地方如棋局天旁轉半在地上半在地下朱子云天行健天周圜三百六十五度四分度之一繞地左旋常一日一周而過一度非至健而不能也

兩曜

兩曜說 日中有踆烏謂三足烏日者陽精之宗積而成烏象烏陽之類其數奇

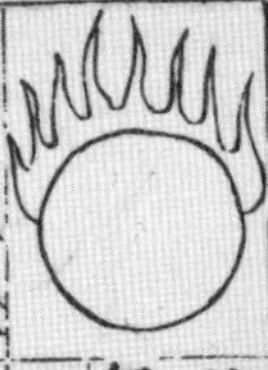

日出如火焔者主有三年大旱

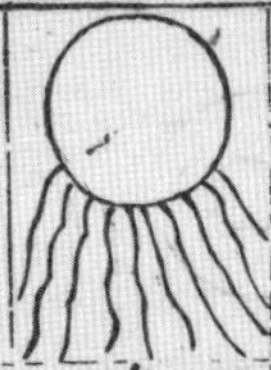

日出如血漠匕照地黄色主天下大荒

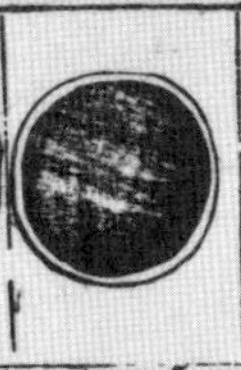

日晝昏人無影主有刑罰事又主大水

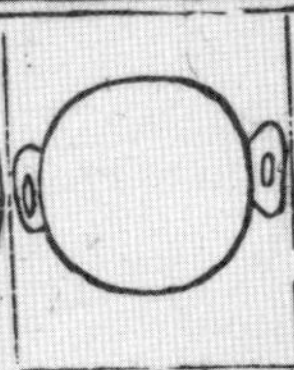

日旁抱耳四道名蹄主有祥瑞不出一年應

日暈五色一重或兩重三重皆主黑風火發大旱不出三年内應

之圖

月中有兎與蟾蜍月者陰精之宗積而成獸象兎陰之類其數耦周髀云日猶火月猶水火則施光水則含影月光生於日所照魄生於日所蔽當日則光盈近日則明盡山海經云曜陽燧見日則燃而為火方諸見月則津而為水陽燧金也取金杯无緣者熟摩令熱日中時當日下以艾承之則燃得火也方諸陰燧大蛤也熟摩拭令熱月盛時以向月下則水生以銅盤受之下水數滴許真注云方石也諸珠也火荒之中暘谷上有扶桑十日所浴九日居下枝一日居上枝皆載烏淮南子云堯時十日并出草木焦枯堯命羿仰射十日中其九烏皆死墮羽

日色不祥或青或白主民災不出一年之外應之

日光出赫々威々如加刑厳主人民有変之象也

日青黄赤雲在上者主兵喪之事

日週环裡如月色心中白空者人死期一年

日入月中不出九十日兵災大起

翼王充論衡云 羿得不死之藥於西王母羿妻嫦娥竊之以奔月遂托身于月是為蟾蜍雜俎云 佛氏言月中所有乃大地山河影或言月中蟾桂地影空處水影也月中有兎與蟾蜍月陰也蟾蜍陽也與兎並明陰係於陽也淮南子 日麗天左旋一日繞地一周比天運為不及一度日有中道中道者黄道也半在赤道内半在赤道外日南去極遠晝短夜長則景長日北去極近晝長夜短則景短景長則寒景短則暑萬化谷 月亦麗天左旋一日不及天十三度魄者月之体也月本無光受日則光合璧謂之朔近一遠三謂之弦相與為衡分天之中則謂之望以速及舒光盡体伏則謂之晦月光常滿而有弦望晦朔者所

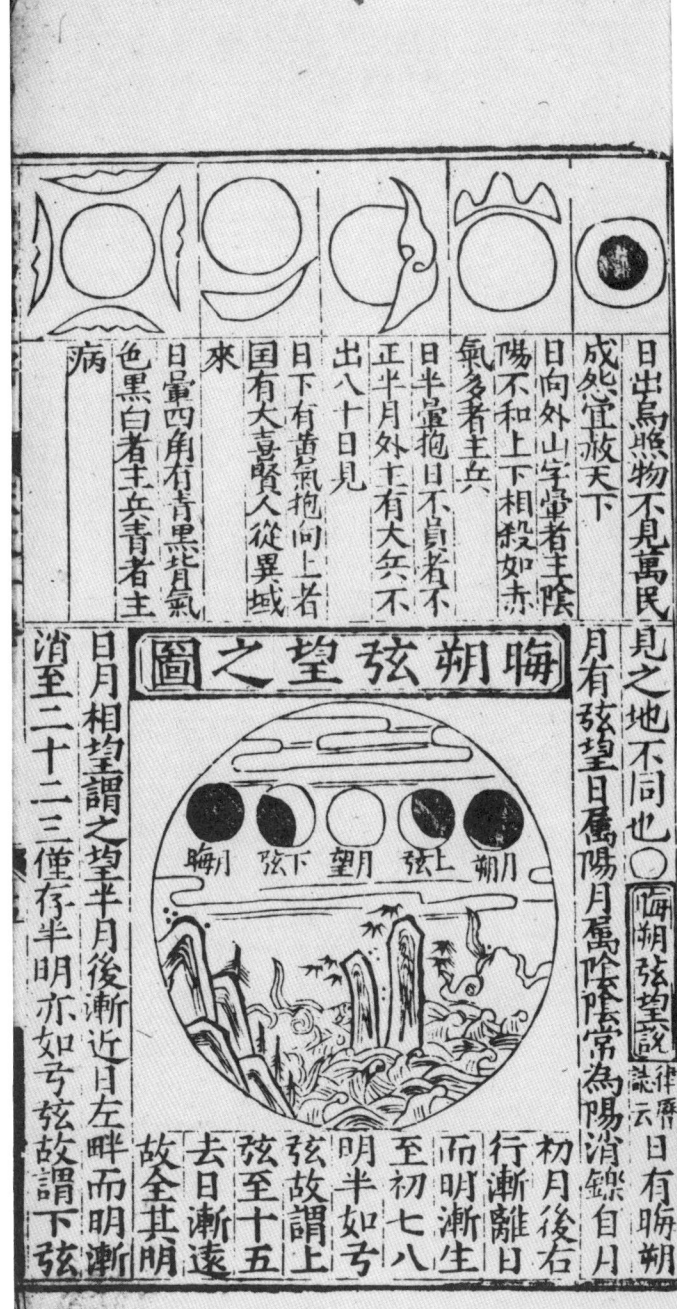

日出烏照物不見萬民見之地不同也○

成煞宜赦天下

日向外山字暈者主陰陽不和上下相殺如赤氣多者主兵

日半暈抱日不員者不正半月外主有大兵不出八十日見

日下有黄氣抱向上者国有大喜賢人從異域來

日暈四角有青黒皆氣色黒白者主兵青者主病

晦朔弦望之圖

晦朔弦望說

律曆志云日有晦朔月有弦望日屬陽月屬陰陰常為陽消鑠自月初月後右行漸離日而明漸生至初七八明半如弓弦故謂上弦至十五去日漸遠故全其明日月相望謂之望半月後漸近日左畔而明漸消至二十二三僅存半明亦如弓弦故謂下弦

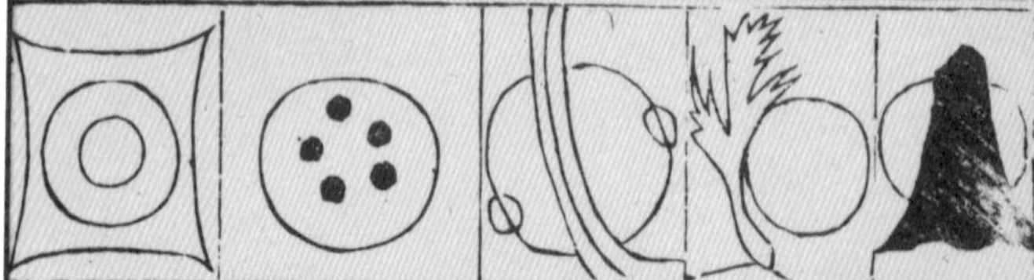

日中有青氣衝者天中崩不出一年應

日旁有形如草木形狀者主天下大荒

日暈兩耳一虹貫日兩暈相向從上擊勝

日中一黑子現主風雨二黑子現旡風三黑子現旡雨四黑子旱五子以上者主荒

日暈氣四方如耕田者宜耕種不出一年主大旱

至三十日日月相合月為日消盡故謂之晦

日蝕月蝕之圖

日蝕月蝕論

日之朔月之望與天首地尾二星會於其度而始蝕矣日蝕朔謂日月會於辰遇首尾二星則以月之陰氣盛而掩日之明乃日蝕矣月蝕望謂日月相望月得日之氣而明遇首尾二星則日之氣為二星所奪而月乃蝕矣

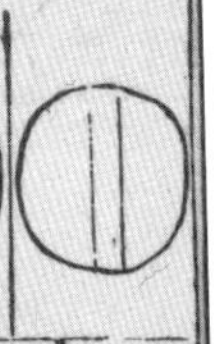

日中分者必有刈據之事不出一年應

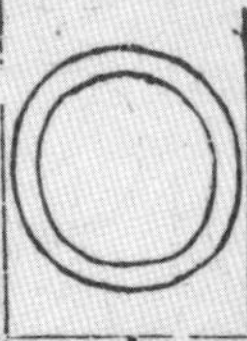

日暈一重外抱者外主有敗兵死將

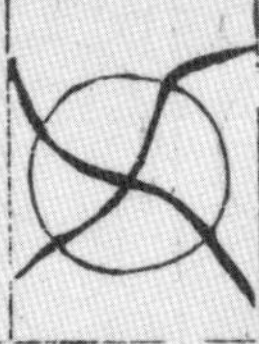

日中有青氣交穿者主天下大荒

日中烏出外者主旱

日暈有缺更有氣出外者主人民大飢

其日一年一周天與二星相會非朔日不蝕月一年一周天與二星相會非望不食惟朔望同度則蝕也

十二次日月交會圖

詩 析木本居寅　火卯壽星辰　三鶉巳午未　實沈居在申　梁酉降婁戌　娵枵星紀陳　孟春會娵會

曰 逆數掌中輪

○按日月所會十二舍為辰如十二月辰在玄枵之類是也

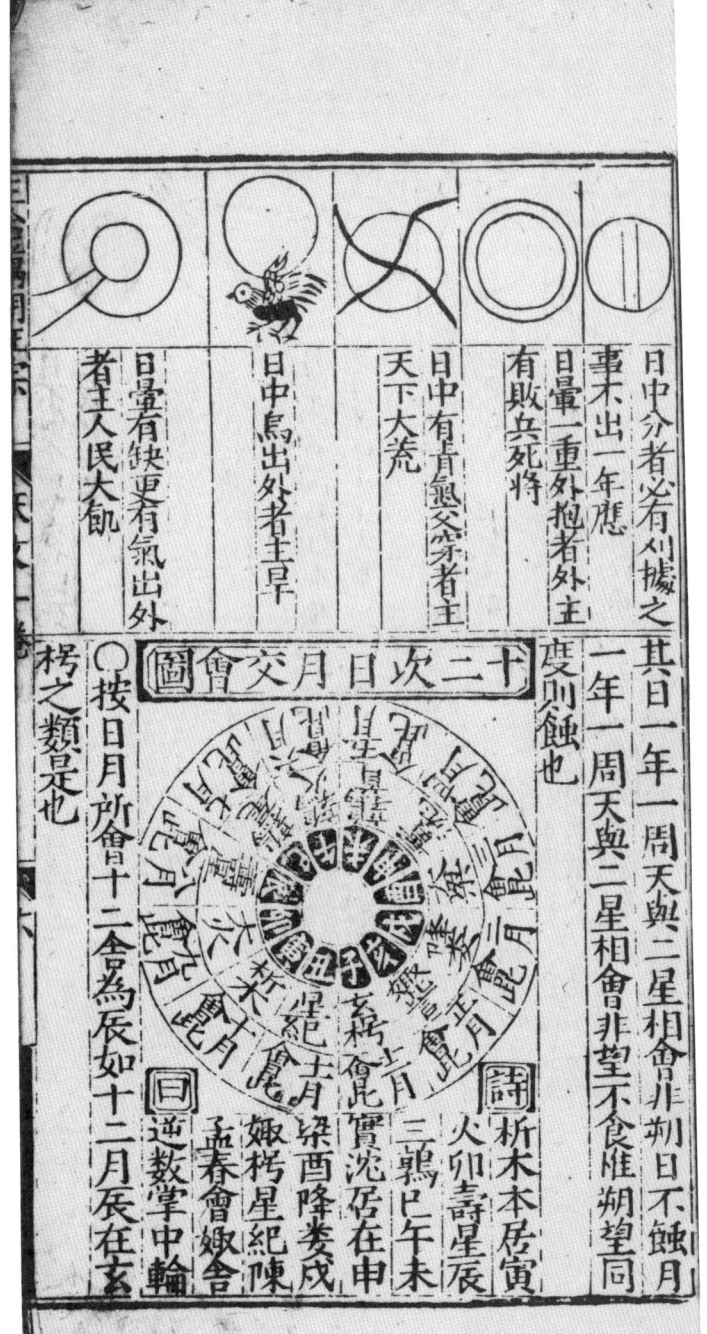

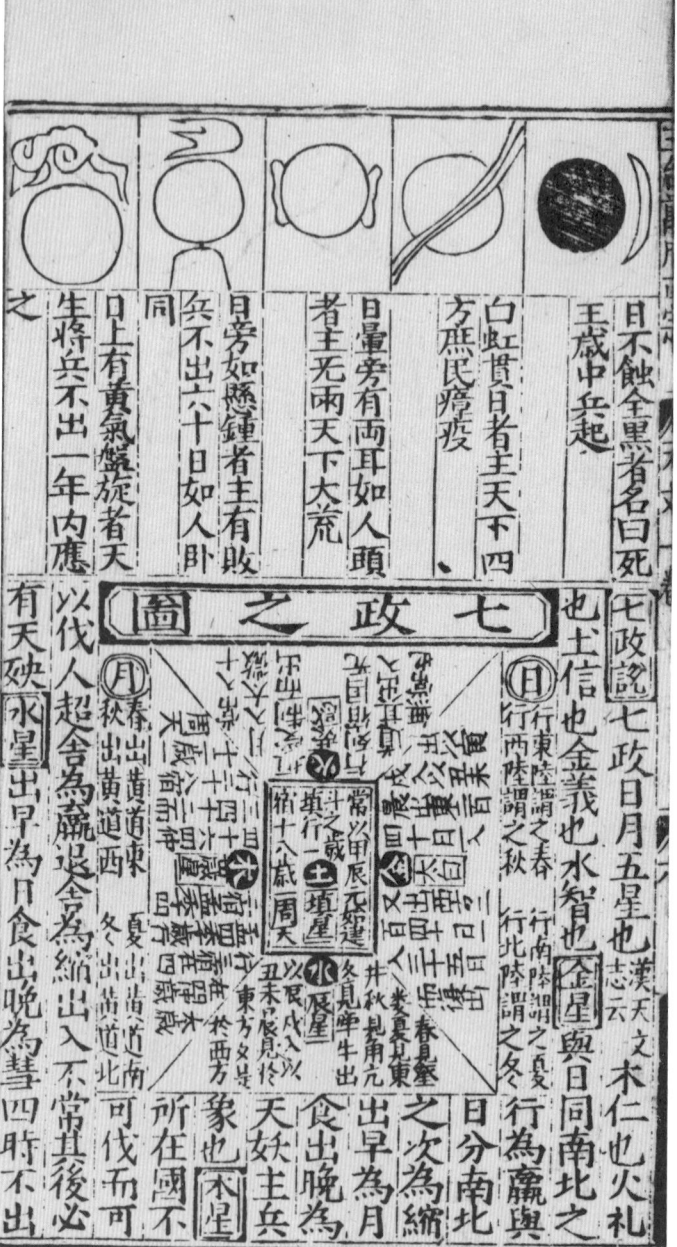

日不蝕全黑者名曰死王歲中兵起

白虹貫日者主天下四方庶民瘟疫、

日暈旁有兩耳如人頭者主无兩天下大荒

日旁如懸鍾者主有敗兵不出六十日如人卧同

日上有黃氣盤旋者天生將兵不出一年內應之

七政說　七政日月五星也漢天文志云木仁也火礼也土信也金義也水智也金星與日同南北之行為羸與日分南北之次為縮出早為月食出晚為天妖主兵象也木星所在國不可伐而可以伐人超舍為羸退舍為縮出入不常其後必有天殃水星出早為月食出晚為彗四時不出

七政之圖

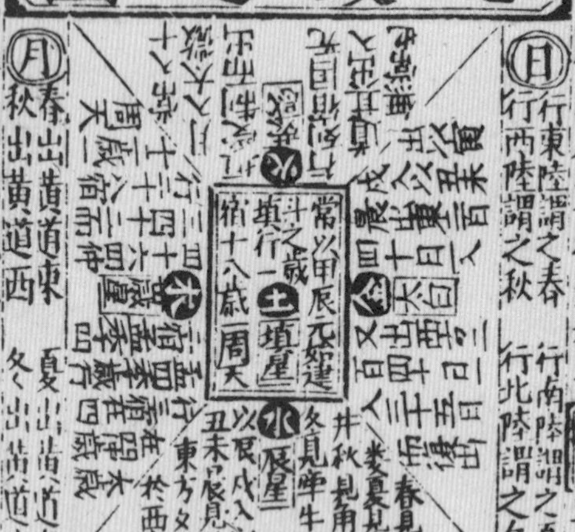

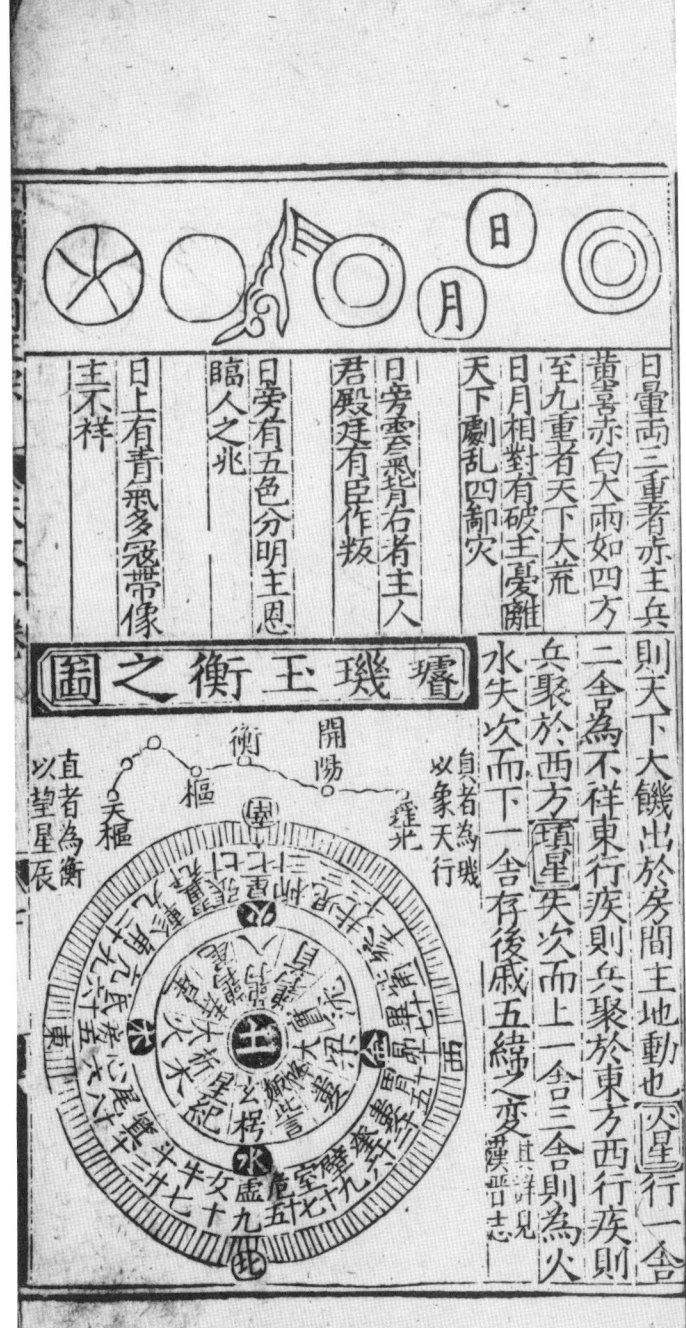

日暈兩三重者赤主兵黃害赤白大雨如四方至九重者天下大荒

日月相對有破主憂離天下劇乱四卻灾

日旁雲氣背右者主人君殿廷有臣作叛

日旁有五色分明主恩臨人之兆

日上有青氣多冠帶像主不祥

則天下大饑出於房間主地動也【火星】行一舍二舍為不祥東行疾則兵聚於東方西行疾則兵聚於西方【填星】失次而上一舍三舍則為火水失次而下一舍存後戚五緯之變（其詳見漢晉志）

璿璣玉衡之圖

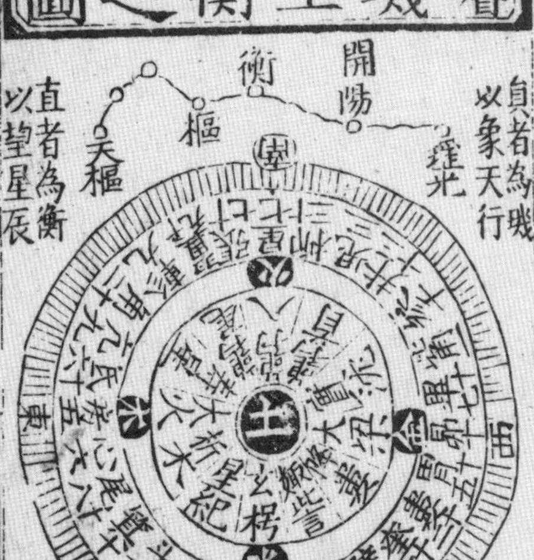

日一重向月隣國王有大兵

日耳赤左右兩重者石綴耳女主作乱期在一年應之

日半黒半白若間之狀其國失政天下兵起

日出衆效者天下必主八乱

日中三足烏現常日出已暗離而復合主分離

書云在璿璣玉衡以齊七政註云美珠謂之璿璣也以璿飾璣所以象天体之轉運而識七政者也衡謂横簫横而設之所以窺璣而齊七政之運行遅速順逆者宋銭樂又鑄銅作渾天儀衡長八尺孔徑一寸璣徑八尺圓周二丈五尺強轉而望之以知日月星辰之所在即璣衡遺法也厤家之說又以北斗魁四星爲璣杓三星爲衡

分天說 呂氏春秋云 天有九野中央曰鈞天其星曰北極上窺七十二度東方曰蒼天其星曰亢氐房心尾東北維曰旻天其星曰箕斗北方曰玄天其星曰牛女虚危室西北維曰幽天其星曰璧奎婁西方曰昊天其星曰胃昴畢西南維曰朱天其星曰参觜井南方曰炎天其星曰鬼柳

日正闘時四方五色雲者不祥

日如青者胡賊大乱侵天下徵民兵不出四十日應

太陰類

月初生滿則臣下乱望合滿不滿主大旱合虧不虧主兵起六十日應

月有黃角如火者天下大乱黃色后妃善昌青色主兵白黑主病不出三年應

星張翼軫南方維曰陽天其星曰軫角〇又按中

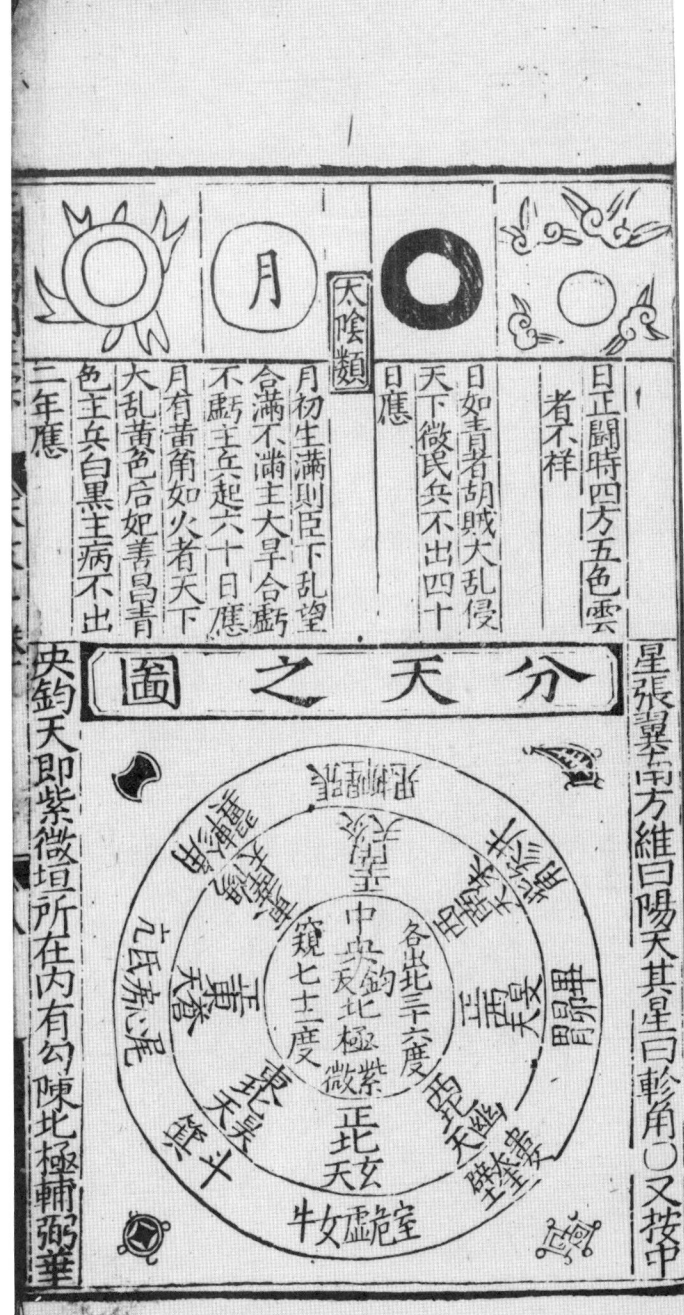

分天之圖

央鈎天即紫微垣所在内有勾陳北極輔弼華

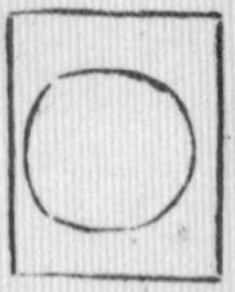

月方暈主兵起四方赤色将亡

月大作蝦蟆現下陵上人民相食

月蝕如群鳥守技一名天鷄主不祥之兆

月犯列星主兵起流星入月皆主兵在天文經中

月黃青色飢大風白色水火黒色灾

蓋帝座北斗之屬太微在翼為上元東南陽天内有虎賁郎将從官太子帝座将相之屬天市垣在尾為下元即蒼天少偏内有斗斛帝座分野之屬二十八宿環列於外為日月所經之道各有度數形象占者必於初昏正南尋中星所在則可以次推求○紫微垣星凡十七名一百八十三星布列渾象之北上視所以正天地之南北也北斗七星在垣内所以正四時也史志曰中宫北極五星勾陳六星皆在紫微宫中北極北辰之最尊者也其紐星天之樞也去運無窮三光迭耀而極星不移故曰居其所而衆星拱之

【風起息】俗語云熱則生風冷生氣斯語也古

月出赤如血大旱占在正月四月在上蓧若赤上有黑雲大旱

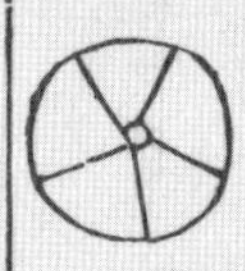

月生數色者必主人民相食不出六十日應名曰輝

月暈數重天下主大兵起不出六十日應之

月暈兩段或五段者主大兵起

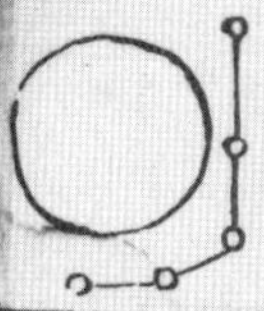

月與五星相犯五星八月大霜

人雖為人之得疾而發熱天人一理在天者不異於在人者是風之起息亦必視天之熱與不熱耳誠積熱之極必有大風以繼之若少凉焉則風亦因之以息也盖伏羲畫卦以巽為風是謂陽氣之在外者不得入則散而為風且風也者所以散萬物者也故陽氣聚積必待風而後散而風之起息亦必因乎熱之盛衰焉

明雨有無 天地之間陰陽之氣一動一静或陽在陰中則聚而為雷或陰在陽外則散而為風或地氣上騰而為雲或天氣下降而為雨地氣上騰之雲即天氣下降之雨也盖天氣下降雖不遂為雨亦必以天氣下降之盛使地氣上騰之雲不得再上而復下則為雨矣若地氣上騰

月蝕貫心大凶赤色旱蝕時風主兵蝕時風雪来年飢死人衆

月蝕無光臣下欲乱進女之兆一年内應之無光無暈大凶

月蝕盡又不明主大乱

月蝕月暈若珥白雲来去天下大乱

月蝕一重二重米貴三重暈地不安星兵起

者盛天氣下降者不盛則天氣止地氣不住或一惟上騰而散又何有於雨哉是為陰陽不和而不雨辞曰密雲不雨是雨惟在陰陽之和未可以雲之盛遂為有雨雲不盛遂為無雨也

【占天漢】天漢者金石之精氣也其本曰水一名天河一名銀河凡天漢中星繁則多雨星少則多旱若星火入河則旱雹與水星入河則大雨作若六星在室宿西南龍與五星在西南明動者霹靂發也五星在東南明動者則多雨也若土星逆入河大水發流星入河主寇渡河多溺死天官書云土星逆入河主陰氣又逆則天下大乱及洪水也火星犯本方主陽迫無施則天災于也○凡占天河内有黒雲如猪蛇之形

月蝕及半者必主咸驚
不出二年應

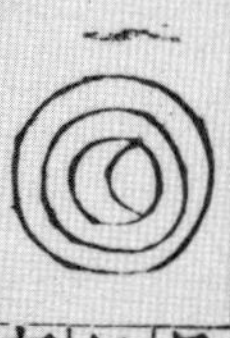

月暈数重國有大憂百
日内應○五日蝕正月
麥二月袋七三月四月
水五六月旱七月悪八月兵九月女
乱十月宜商十二月粟貴

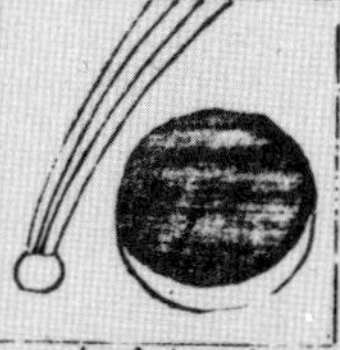

月蝕十分尽出不見天
下大兵起六十日應月
照大白為彗星如見凡
月蝕正月旱二月災三
月物貴四月飢五月災六月旱七月
人畜災八月荒九月凶災十月米貴
十一月十二月凶災

斷而復續者固時有雨也六甲五卯及壬
子丙子大小二限則占之無黒雲氣衝越天河
當日数炎旱如有黒雲氣経過天河不論何状
皆為多雨之候
【占日月】天氣下降地氣未昇晝則日色紫夜則
月色白皆雨之候九遊之氣蔽天日月天色亦
将雨之候○天氣未降地氣上昇晝則日白夜
則月赤乃将旱之兆又主有浪霧天氣下降地
氣上昇上下未交陰盛陽衰晝則日色碧夜則
月色緑乃将寒之兆○天氣下降地氣巳昇上
下雖交而未密故晝則日色黒夜則月色青陽
既流則雲薄而生虹蜺氣既未諧則陰陽復相
離散是将雨不雨変為霾霧暈霓貫斗又云陰

月光晝見于東方占曰陽不和昏時失序即生虹䗖）太乙占云歲月

月光晝明太平之瑞

二十日夜月員如望夕太史奏是為上瑞之兆也

宋呂蒙未發時校獵塞外夜歸乃垂鞭回視仰看月中有一人騎馬而垂鞭與已同時問左右所見皆同殊以為駭蒙自念曰我必當貴月中人其我也我揚鞭而揖之其人方揚鞭乃大喜逆謀由是為決

夫妄心一萌自形正與搜諸天地者

日時四季上下二日太乙若有掩迫關繫四時相閉十精併聚之曰黑雲蓆佈掩日者當日大雨餘見太乙書【附虹霓說】虹陽氣之動也虹攻也純陽攻陰之氣也【釋名】雄曰虹雌曰霓舊說虹常双見鮮盛者雄其闇者雌也一曰赤白色謂之虹青白色謂之霓【爾雅】晉陵薛頴義熙初虹飲其釜願輦酒灌之隨唧便吐金滿器于是灾弊日祛

【占北斗】夜觀北斗魁罡之間有黑潤色雲在畔則當夜有雨如北斗前有黃氣者明日有風若潤則是夜或當日必大雨如有黑黃白潤色之雲長三丈餘遍遮北斗而不散者三日內必雨如無雨人少安和四下皆無雲微薄而濃濠獨蔽北斗或上下有覆者五日內必雨如有黑雲濃潤者當其夜必雨○夜占北斗日旦占日上下有

均耳

昔尹思于正月十五日夜坐室中遣児視之月中有異物否児應曰今年當水月中有人身披簑衣帶鋤思出視之曰非水也將有兵乱月中帶甲仗矛杀已主兵变大乱

月蝕外見白兎者主外國大乱

月蝕在初生楚燕兵晓食大臣伏誅晉分宴

雲氣五色又形如電而散覆者一日内必雨其應雨不可一日止也如有雲氣蔽北斗皆詳其五色各為占驗蒼色大雨黒色多雨黄白色多風赤色為旱如北斗間有黒雲氣蔽者明日必大熱有黄氣昏慘蔽之若有白氣遮映北斗杓間主三日内有大風飄壁之象月上下有黄雲氣昏暗而蔽者亦主大風或曰氣在日月上下廣布者三日内有大風驟雨也○北戊子日名為六龍日初出時占者上下夜占北斗若有黄氣蒼潤色如魚龍形或如鱗甲戊散覆者其日夜必然大雨若不然別日有急速之暴雨

占流星 東向西移來日有雨西向東移二日内主風南向北移來日主霧北向南移來日主陰

兩月相交者必主天下
大乱

朔日見月于東方是所
謂反照反照則陰陽不
順主人民有災

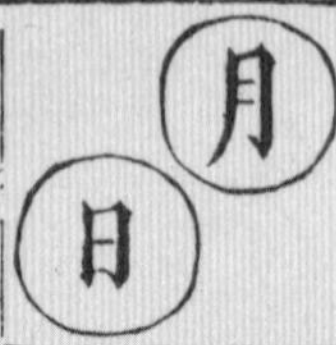

月見西方是謂之朒如
正七十一月主春有大
水二六十二月主夏大
旱三五十月主秋米貴
四八九月主冬大熱

月暈白氣從外入勝從
內出勝東行西勝西行
東勝南行北勝北行南勝

而無雨東向南來日主火東向北七日內有人
報寇盜西向南當年水旱災傷西向北來日風
雨大作南向東主旱南向西秋霜冬雪北向東
連日雨不斷北向西主水渰田禾星無常行所
向之方百日內賊寇生星碎七撒火而行主當
年蝗虫生星昏七而行江河泛漲星大而帶黑
暈而行所向之處人民災如一星逆行主有爭
閗如雙星並行朝廷命相如星曲而不直行年
內饑饉如星直如繩行所向不斜天下大孜如
一火星如射箭而去主有災傷如明星直而慢
行天下太平星如樹枝長短主逆而盜賊生星
吐碎七乱散三日內人報蝗災星有紅焰如火
年內瘟病星有焰如火煙人民有恙星大而有

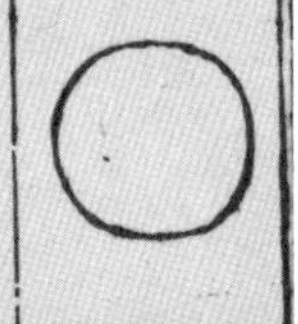

月初出所形其必祥瑞
必不出三年應数月出
大水

月掩日不見當月蝕星
掩月不見當星蝕主有
大水

[星類]

五殘又曰五彗又曰天
散所出皆主有風天下
大旱

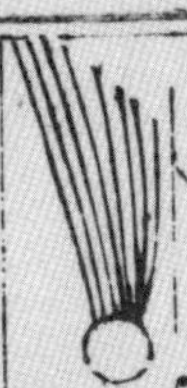

彗星体如掃帚而長此
星如見人民主災

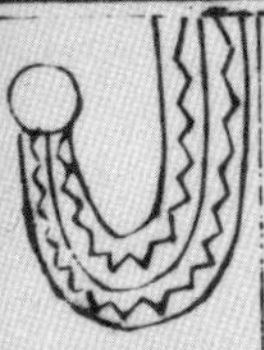

鈎星長四五丈如重出
則主三年大旱

黄焰者主天下喜事詔恩大赦星主[illegible]火騰匕
者五日之内有人報聚喧事星有白焰者年内
主孝服星有黒焰如黒火焰年内有大水星或
明或滅光爍大者慎防盜賊爲星星圓大如日
四邊小星拱之主國之興星大明光奪月必出
忠臣孝子之類也[星説]天地之精上為列星説文星之為言精也陽
柰也陽精為日月分為星故其字日生為星春秋説辭星浮生虛空之中其行即止皆須氣焉
晉天文志星者水之精也[三五曆記]星也者体生于地精成于天列居錯時各有攸屬張衡灵
憲

[占風]俗云行得春風必有夏雨春南夏北風必
雨冬天南風三日雪○春巳卯風樹頭空夏巳
卯風禾頭空秋巳卯風水裡空冬巳卯風欄頭
空[風説]天地之氣噫而成風[爾雅]巽為風[易説]飛廉風伯也風師箕星也[風俗通]飛廉
神禽能致風氣[應劭注]呂氏春秋飛廉鹿身頭

孛星旋光如毛最惡之兆客其不善隨分野占之

長庚如疋帛見之則主兵凶

天蒼星又曰天蒼星長四丈或生東方出則豐年之像

種陵見西方南方主穀貴

樞星赤而長五六丈則東南大水魚龍不安之象

如雀有角而蛇尾豹文晉灼注崔元微月夜見青衣女伴曰楊氏李氏陶氏又緋衣小女曰石醋報封家十八姨來言辭冷冷有林下風色皆姝絕芳声襲人醋醋曰女伴在苑中每被惡風相撓當求十八姨相庇處士每歲但作一幡上畫日月五星立苑中則免难矣今歲已过此月二十一日立之其日立幡東風刮地折木飛花而苑中繁花不動崔乃悟女伴即衆花之精封家姨乃風神也后楊氏輩來謝各裹桃李華數斗云服之可以却老某等亦長生至元和中元微猶貌若少年亦一異也傳異記

占雲　雲氣如帶或白或黑在寅卯時或寅卯方見者甲乙日必雨也若辰巳時或辰巳夜上見者丙丁日雨也若陰晴雲帶潤色隨便雨也雲氣如帶於寅卯時在日上下或縱或橫青色掩日多者名陰精蔽日當丙丁日有雨也如午未方上或午未時見來掩日則戊巳日雨也若坤申時或坤申方上來掩日者庚辛日必雨若酉

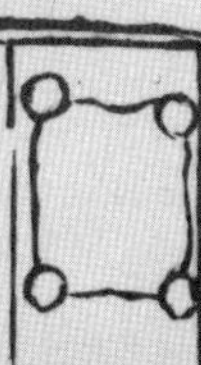

四鎮斗哭大出北方主大雨

狗星皆白其声如雷隨則為狗災〻如光冲天工鋭者其色黄出則千日無風雨

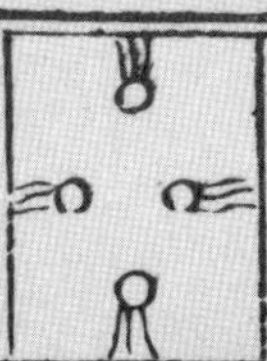

彗星背陽四向皆主五谷貴朔二年應分野在日月生處

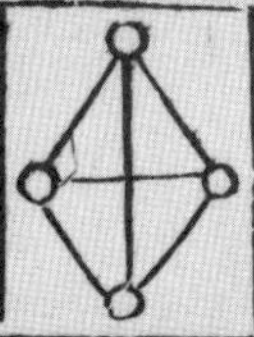

彗星向内剡者向四陽上及四逼近並主豊年之兆

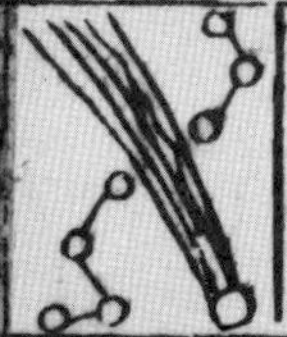

彗星入列宿変異經云月照大白化為彗見則天下大乱其色火作上

戌方上或酉戌時見壬丙日雨〇凡雲氣五色交雜或赤或里或青或白或黄者乃天威之震主有雹凍之災害雲蒼者陰黯色主有灾害雲霧不雨稲麥不收也〇諺云雲行東雨無蹤雲行西馬濺泥雲行南水漲潭雲行北雨便足【雲説】雲山気也【説文】雲之為言運也触石而起謂之雲【春秋説題】雲師謂之豊隆【爾雅】周保章氏以五雲之物辨吉凶水旱豊衰之祲象【鄭司豊注】冬至觀雲気青為蟲白為喪赤為兵荒黒為水黄為豊【周礼】天降時雨山川出雲【礼記】

【占雷】諺云未雨先雷船去歩回大凡雷声响烈者雨雖大而易過雷声殷〻然响者卒不晴又云雪中有雷百日方晴一夜起有雨下三日凡雷声初發和雅主歳内吉声擊烈驚異者有值甲子日尤吉初起艮方糴賤起震歳豊起巽霜

乍下出浸光時占各有分野

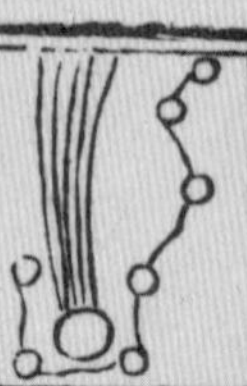

彗星入斗四方太平天下平安

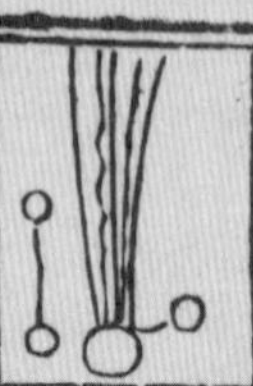

彗星入三台天下主大荒

彗星在日月傍主天下大乱

臨星如巨火見則天下有大旱之兆

司危星或云光白出則天下大雪

旱降蝗虫起離主旱起坤有蝗起兌金鉄貴起乾民多疾起坎歲多雨愚接方道乾南坤北離東坎西艮西北震東北巽東南兌西南是也

〔雷說〕陰陽相薄感為雷激為霆〔淮南子〕雷天之鼓〔抱朴子〕仲春之月雷乃發声仲秋之月雷乃收声〔月令〕又吳人姓周永和中寄宿道邊女子家一更中聞有小兒喚阿香云官喚汝推雷車女子辭去忽驟雷雨明朝視宿處乃一新塚〔搜神記〕雷州春夏多雷秋日則伏地中其狀如疑人取食之〔国史補〕

〔附電說〕電謂之雷光〔五經通義〕有声曰雷無声曰電〔公羊〕月支献猛獸兩目為天蠘潭之炎光〔太平廣記〕天公与玉女投壺梟而脫誤不接者天為之笑所以為電〔神仙傳〕

〔占雨〕諺云雨打五更頭行人不須愁病人怕腹脹下雨怕天亮又云日若當晝現三日不見面晏雨晏晴快雨快晴夾雨夾雪無休無歇○凡旺相之日逢雨者長生滋潤萬物休囚之日逢

二十八宿類 内附星數

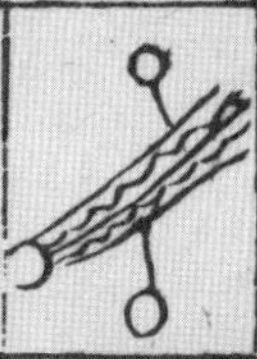

彗星入角白色或赤色者主兵起

【角二星】

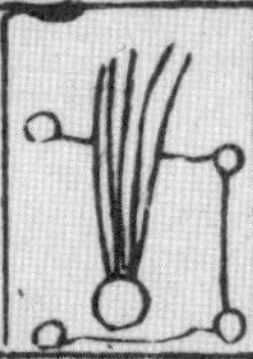

彗星入亢主五谷大熟一年内應之

【亢四星】

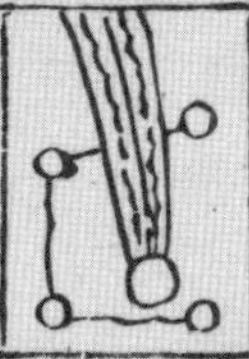

彗星入氐主天下大乱

【氐四星】

彗星入房主天下荒乱

【房四星】

彗星入心主国不吉

【心三星】

雨者降殺萬物焦枯也過可驗〇春甲子雨赤
地千里夏甲子雨撑船入市秋甲子雨禾頭生
耳冬甲子雨牛羊凍死【雨説】雨水從雲下也【釋名】太平之時五日
一風十日一雨【王充論衡】赤松子神農時雨師
【列仙傳】西海上有人乘白馬朱髯白衣玄冠從
十二童子馳馬如飛名曰河泊使者其所至之
国雨水滂沱【神異記】中和三年浙西天鳴声如
轉磨无雲而雨是謂天泣【五行志】梁大同中尚
繫雨殿前往往有雜色宝珠梁武帝觀之有喜
象壹斋因上稱雨頌云飛甘洒潤王散珠點【初
学記】作芦鼎道【附露説】陽气散為雨露【大戴礼】甘露者
仁澤也其凝如脂其美如飴一
名天酒晋中興書漢武帝
有仙掌承露飲之【本紀】【附霧説】騰水溢故為
霧【莊子】霧冒
也气濛濛覆物也【什名】九重霧三日必大雨雨未
降其霧不可冒行也【帝王世紀】地气発天不應
曰霧霧謂之晦【尔雅】裴楷能作五里霧裴優能
作三里霧【后漢】欒巴為尚書忽一日天大霧対
面不見故失巴所在尋問之巴其日在成都【神
仙傳】蚩尤作大霧【崔豹古今注】【附雹説】雹雨雪也從雨包声【説
文】嵩山有大蜥蜴數百
吐雹【夷
堅志】

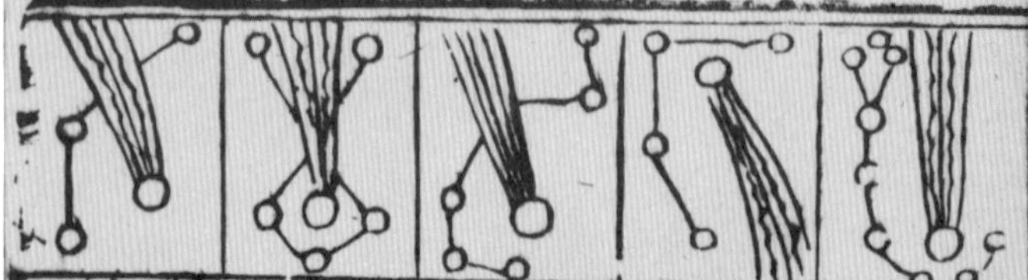

彗星入尾主大臣被論

尾九星

彗星入箕天下人民飢
荒米谷貴

箕四星

已上七星東方宿

彗星入斗盜賊大乱不
出一年應之

斗十六星

彗星入牛中国有更政
女人

牛六星

彗星入女女星者主女人
之事三月内應

女四星

占霞

諺云朝霞暮霞無水煎茶暮霞若有火焰
形而乾紅者主晴必主旱之兆朝霞雨後乍有
定無疑或是晴天隔夜雖無今朝忽有要看顏
色断之乾紅主晴若有褐色主雨唐人詩云朝
霞晴作雨〇凡十二月節氣之日卅霞氣者一
月内多雨〇霞如鋪錦國中命相霞運青而不
明主年内水霞如柳樣其方凶霞大而不明其
地人民灾霞如長練人民安康短而無彩三日
内主火霞如牛卧來日辰時必主大風霞如黑
洒來日午時大雨霞如蛇狀民主飢饉霞如猛
虎月内有盜賊霞忽然不見而賊自消霞明彩
邊有黒氣慎防時下盜賊霞五色明彩月内主
天恩詔赦霞五彩不明小人有犯霞五色不全

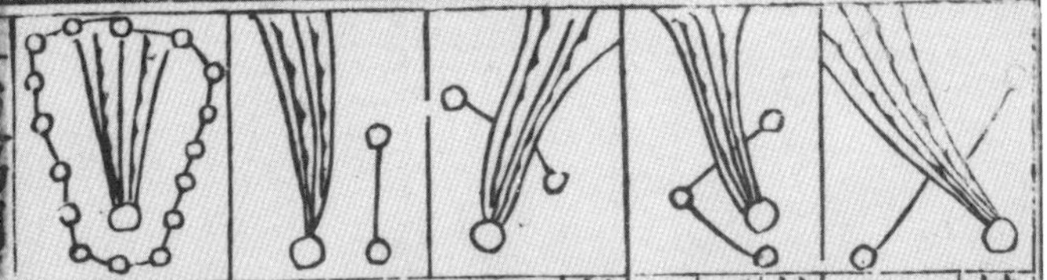

彗星入虛宿主兵大起四方大乱尸積如山血流成河

【虛二星】

彗星入危江湖主有大風六十日應之

【危三星】

彗星入室主国兵大起二年方定

【室二星】

彗星入壁主不吉之兆

【壁二星】

巳上北方宿

彗星入奎𠃨年大飢大乱之兆

【奎十六星】

者月内其地生貴女霞寸〻斷絶光艶者年内其地亦生貴女霞連接不斷如匹錦年内其地生貴子霞五彩明如虎豹年内出大武臣霞明光四方不開年内出忠臣孝子霞五彩明貝如輪車年内出朝臣賢子霞早晚明彩延聚而延散者安享昇平之兆

【占霜】初一朝謂之孤霜主來年歉連得兩朝以上者主熟上有蒼芒者吉平者凶春多旱

【霜說】秋三月青女乃出降之霜雪霄青女乃霜神青腰王女司霜雪者淮南子豊山有九鍾霜降而自鳴山海經鄒衍事燕惠王左右譖之繋于獄仰天而哭盛夏為之降霜淮南子騶見而霜隕【国語】

【附水說】積氷曰陵氷壯曰凍水流曰澌氷解曰泮風俗通光武至薊上遣王霸往視滂沱河还曰氷堅可渡果可乘本紀

【占雪】諺云臘月見三白來歲主成熟又云若要

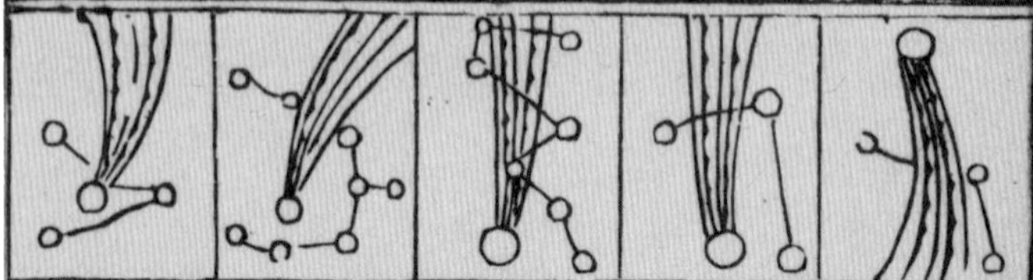

【婁三星】彗星入婁中主有大兵隨其分野占之或十日或一年内應

【胃三星】彗星入胃不出一年主大荒

【昴七星】彗星入昴不出一年主大乱凶

【畢八星】彗星入畢主大水兵起不出一年或二十日應

【觜三星】彗星入觜不出一年主有大乱

麥見三白冬無雪麥不結又云江南三尺雪人到十年豈皆言雪降多主豐年之兆也

【雪說】雪露　雨之微也寒則為雪雨霧凍凝者皆由地發不由天降【論衡】草木花多五出雪花獨六出【韓詩外傳】正月三白田公笑赫〻西北人諺曰要宜麥見三白【朝野僉載】晉州蕭至忠將遊見一老麋哀請黃冠者若冠曰若令滕六降雪巽二起風即蕭君不復獵矣【幽怪錄】

【附霰說】雨與雪雜下者曰霰【爾雅】相彼雨雪先集維霰【詩經】

【每月朔日占氣】占氣者似雲不雲似霧不霧曰氣乃為雲氣之餘煙觀天之氣者如許負相人之氣色即知吉凶正此数端後人滋多而言之非也氣如高楼大殿龍鳳之狀必主明君治世天下寧謐氣如華盖旌旗園列宰相明臣之氣也氣如熊如虎如獅如豹乃将軍之氣也主國大捷而大克白氣一道欄天孝事黄氣一道

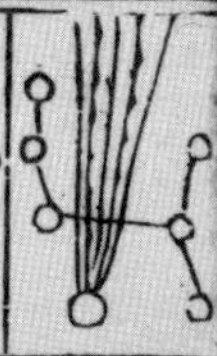

彗入参四方乱　参六星

巳上西方宿

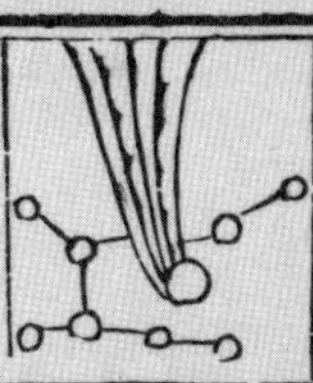

彗星入井不出一年人民飢死大甚

井八星

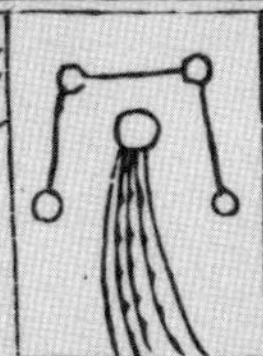

彗星入鬼不出一年必主人民凶灾

鬼四星

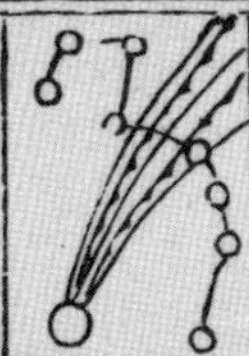

彗星入柳並主人民灾凶之事

柳八星

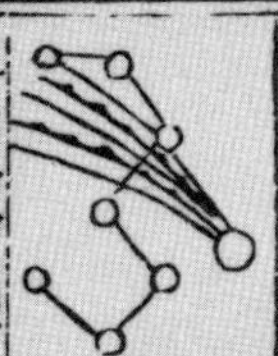

彗星入星人民相殺一年内應之

星七星

攔天七日内洪恩大赦君臣慶會青氣一道攔天月内少順青氣如鱗甲聚而不散年内主盗賊青氣圓大個々排列來日午時暴雨紫氣瑣碎年内人民饑餓旱魃生赤氣紅而有焰三日内主火赤氣片々乱生午風酉火必然凶也

占八節雲氣

元旦日四方有黄雲氣五穀大熟有青氣雜黄主蝗赤氣主旱黒氣大水○春分日東方青雲麥熟無雲萬物不實人疫其日晴明萬物不成○立夏日巳時東南有青雲年豊如青氣不現歳多灾○夏至日午時南方有赤氣宜百穀無雲氣日月無光五穀不成人灾○立秋日申時西南方有赤雲宜粟如無萬物不成地震牛羊死在來年正月○秋分日日入西

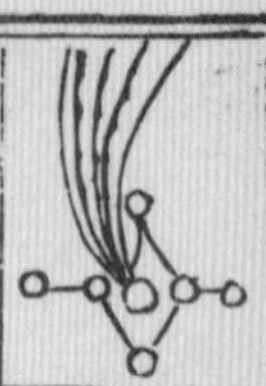

彗星入張主有乱一年
內應之
【張六星】

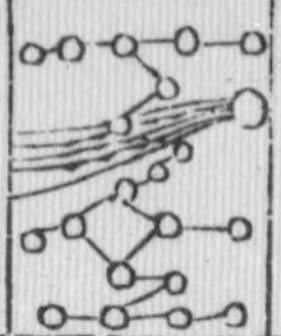

彗星入翌主人民疫十
分之一
【翼六星】

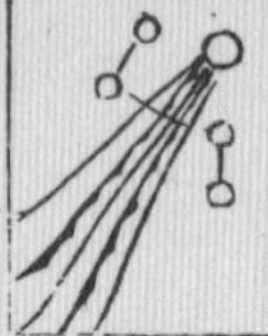

彗星入軫必主乱一年
內應之
【軫四星】

巳上南方宿

○二十八宿分野

自軫十二度至氐四度為壽星於辰在
辰鄭之分野屬兖州左曹右許蔡東京
賤工黃池項頴陳洸即河南地

自氐五度至尾九度為大火于辰在卯
宋之分野屬豫州蕭宿與滕徐鄒山邾

方有白雲如羊宜稻年豊不至多霜人多疾在
來年二月○立冬日西北有白氣如龍馬宜麻
如不至大寒傷物人疫應在來年四月○冬至
日北方有青雲來歲大吉無雲凶赤氣旱黑氣水
白氣起疾黃氣兵火

【占四仲】四仲者朝中夕半也朝即卯時中即午
時夕即酉時半即子時此太乙移宮時也朝中
占日上下夕半占月北斗若有雲青黑潤濃主
有雨淡薄則無雨也若白色如蔥葉者多風也
青色則陰

【占六甲風雨】甲子旬卯初觀薄黑雲不多午時
定有西風至赤雲不多申時有南風至黑雲往
來蔽日色巳時雨從北風來青雲一條長未時

晉宋鄭其地
自尾十度至斗十一度為析木於辰在
寅燕之分野屬幽州 小戎幽薊今北京
皆其地
自斗十二度至女七度為星紀于辰在
丑吳越分野屬揚州薊溫皆相近也
自女八度至危十五度為玄枵於辰在
子齊之分野屬青州 紀與莒在齊魯閭 今山東地
自危十六度至奎四度為娵訾於辰在
亥衛之分野屬幷州閭 涓句与譚在齊衛
自奎五度至胃六度為降婁於辰在戌
魯之分野屬徐州 徐子吳子皆其地
自胃七度至畢十一度為大梁於辰在
酉趙之分野屬冀州 古北京在晉々在
趙之右潞子鮮虞中山肥子赤狄邢滋

雨從東方來白雲遮日辰時雨從西方來○甲
寅旬黑雲蔽日巳時定有南風至黑雲薄不遮
日午時有西風至赤雲成塊未時有東風至黃
雲片々酉時有北風至黃雲四起午時雨從北
方來黑薄雲日邊微起辰時雨從南方來青雲
成條未時雨從東方來○甲辰旬黑薄雲段々不
連巳時有北風至青黑雲成片午時有雨風至黃
雲滿天申時有大東風至赤雲四起辰時有南
風至黑雲如斗辰時大雨從北方來白雲成條
酉時雨從東方來○甲午旬青雲四起未時有
南風至白雲成片午時有北風至黃雲成塊申
時有西風至赤雲蔽日午時雨從北方來青黑雲
段々不連者申時雨從東方來黃雲成條酉時

近趙与鮮虞隣燕在外趙在內
自畢十一度至東井十五度為實沈於辰在申魏之分野屬益州晉在左秦在右愚考魏在中屬益州在西边以何通也
自東井十六度至柳八度為鶉首於辰在未秦之分野屬雍州義渠在秦之右
自柳九度至張十六度為鶉火於辰在午周之分野屬三河慈者西京渾陸函谷河鞏陽中岳去西岳不遠西岳隣函谷中岳隣河陽鞿去西京不遠
自張十七度至軫十一度為鶉尾於辰在巳楚之分野屬荊州夔子河陽江黃

雨從南方來○甲申旬黑薄雲滿天辰時有北風至黃雲成團午時有南風至白雲如破絮酉時有西風至黃雲成塊申時有東風至黑雲一蔽日辰時有細雨從西方來白雲似山尖起近日者午時雨從南方來○甲戌旬黑雲貫日辰時有西風至黑雲如破絮午時有大風從北方來黃雲成條長而不斷申時有東風至白雲序序圍日未時有西風至黑雲濃而碎碎不相連巳時有風雨從北方來赤雲塊塊不動申時有雨從西方來○六甲日旦占日上下時無雲則一旬多旱若有雲隨色而定之如有青雲甲乙日雨赤雲丙丁日雨白雲庚辛日雨黑雲壬癸日雨黃雲戊己日雨如雲氣廣佈當日雨日暮掩日映北斗者必有大雨也

新刊天下四民便覽三台萬用正宗一卷終

新刻天下四民便覽三台萬用正宗卷之三

歷代國都

帝王世紀曰伏羲都陳今陳州宛丘縣是也神農都曲阜今兗州仙源縣是也黃帝都涿鹿今涿州是也少昊邑窮桑在東蒙山屬魯地是也都曲阜曽邑是也顓頊都帝丘今濮陽是也帝嚳都西亳今陝西偃師縣是也堯都平陽在河東今晉州是也舜都蒲坂今河東是也禹都安邑今蒲州禹都縣是也帝相從都商丘在太華之陽今上洛縣是也少康中興復還舊都湯都南亳今南京大梁谷熟縣是也仲丁遷于囂

地輿門

○輿地紀原

自鰲斷立極三才奠位黃帝疆理南北堯命禹平水土分天下爲九州別五服舜分冀爲幽州幷州分青爲營州是爲十二州商有幽營無梁青周有幽幷無徐梁王京居中九州環列於其外至秦始皇幷吞八荒分置三十六郡後平百粵增置四郡爲四十郡罷侯置守以治之漢初承秦舊至武帝開西南夷置七郡東西郡西北五郡南八郡凡爲十三郡皆置刺史統治之至哀平際新置郡國六十三與秦四十合百有三

在開封府陳留浚儀是也河亶甲都相
在河北相州是也祖乙都耿河東皮氏
縣是也盤庚復歸于亳文王都豐京兆
鄠縣東有靈臺武王都鎬在上林昆明
北有鎬池去豐二十五里皆在長安南
數十里平王東遷今西京是也秦都
咸陽今西安府咸陽縣是也漢初欲
都咸陽以婁敬之言遂遷長安今西安
府長安縣是也東漢都洛陽今西安府
是也三國蜀都成都即成都府是也
魏都長安吳都鄂再都建鄴西晉
都洛陽東晉都建康即應天府是也
南朝宋齊梁陳並都建鄴
北朝後魏都平城今雲中即雲中
縣是也西魏都長安東魏北齊

分道凡三十有六侯國二百有四十光武中興
乃併省郡國十縣道侯國四百餘所明章和順
四帝漸加置郡國一百伍仍為十三部漢末三
國鼎峙至晉分十九道為郡一百七十二八代
分裂卒歸于唐新定權置州郡頗多太宗元年
始命併省郡國因山川形便分天下為十道州
府三百五十八至明皇又因十道增置五道各
置採訪使知刺史之職五季僭亂至宋削平一
之撫有四京二十三路高宗駐蹕吳會保守東
南至大元南北混一置立三臺十二省宣慰司
一十八道至于順帝輿圖悉歸于我
大明皇帝誕膺天命統一華夷幅員之廣東盡
遼左西極流沙南越海表北抵沙漠四極八荒

于鄴之相州今臨章縣是也後周長安隋唐並都長安五代梁漢周都汴梁太祖升汴為開封府建為東都晋高祖升為東京置開封晋都洛今商州丁洛縣是也唐都鄴遷洛十國僭偽悉歸于宋宋都汴京至于高宗遷都杭州胡元都燕山即塞北幽州今之北京也號大都府我大明皇帝奄有天下混一南北際天蟠海莫非王土建國定都以建康府為應天府號稱京都永樂中於北平肇建北京正統中以北京為京師遂以應天府為南京其都邑之盛宮室之美而為萬世　帝王子孫不拔之鴻基也

靡不來庭而疆理之制則以京畿府州直隸六部天下分為十三布政司以統諸府州縣而都司衛所則錯治於其間以為防禦總之為府凡一百四十九處州一百二十八處縣一千一百十一處塩運司七軍民府十一處提舉司十一處宣慰司四處宣撫司十一處安撫司十五處招討司一處長官司一百十五處布政司以下大小衙門通共一千七百三十一處

●北京城九門詩曰

要識都門九座分　正陽宣武及崇文
阜城東直與西直　安定朝陽德勝門

●南京城十門詩曰

神策金川儀鳳門　懷遠清涼到石城
三山聚寶連通濟　洪武朝陽定太平

二十八宿分野皇

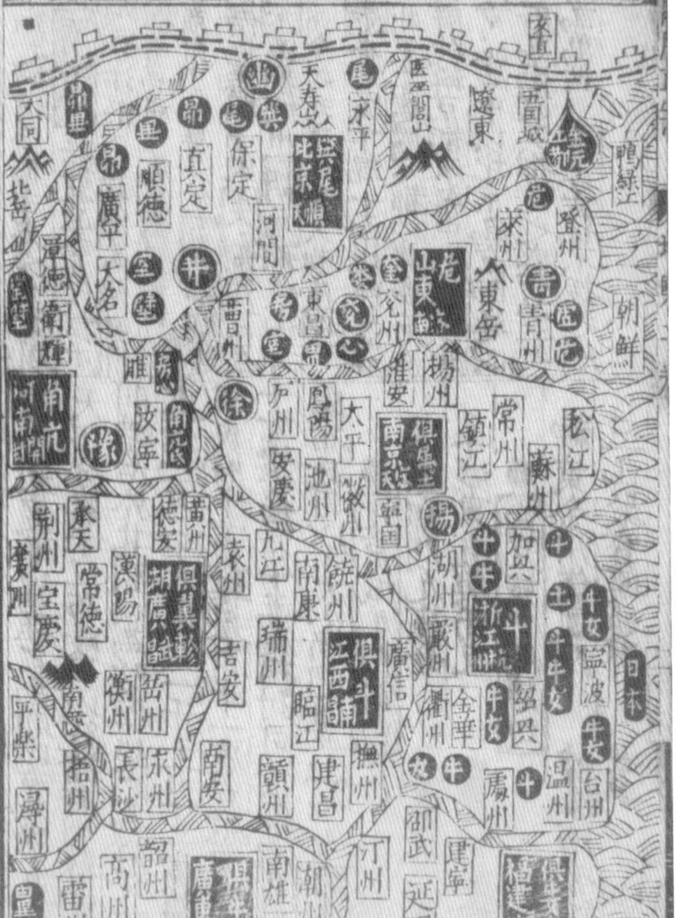
大同
遼東
鴨綠江
保定
真定
順德
廣平
大名
河間
東岳
朝鮮
萊州
青州
兖州
東昌
淮安
揚州
常州
鎮江
松江
蘇州
廬州
鳳陽
太平
安慶
池州
寧國
汝寧
承天
荊州
常德
漢陽
九江
袁州
南康
饒州
湖州
嚴州
紹興
寧波
日本
瑞州
吉安
臨江
廣信
衢州
金華
建昌
撫州
處州
溫州
台州
衡州
岳州
長沙
永州
南安
贛州
平樂
梧州
潯州
雷州
高州
韶州
肇慶
南雄
潮州
惠州
汀州
漳州
邵武
延平
建寧
泉州
興化
瓊州

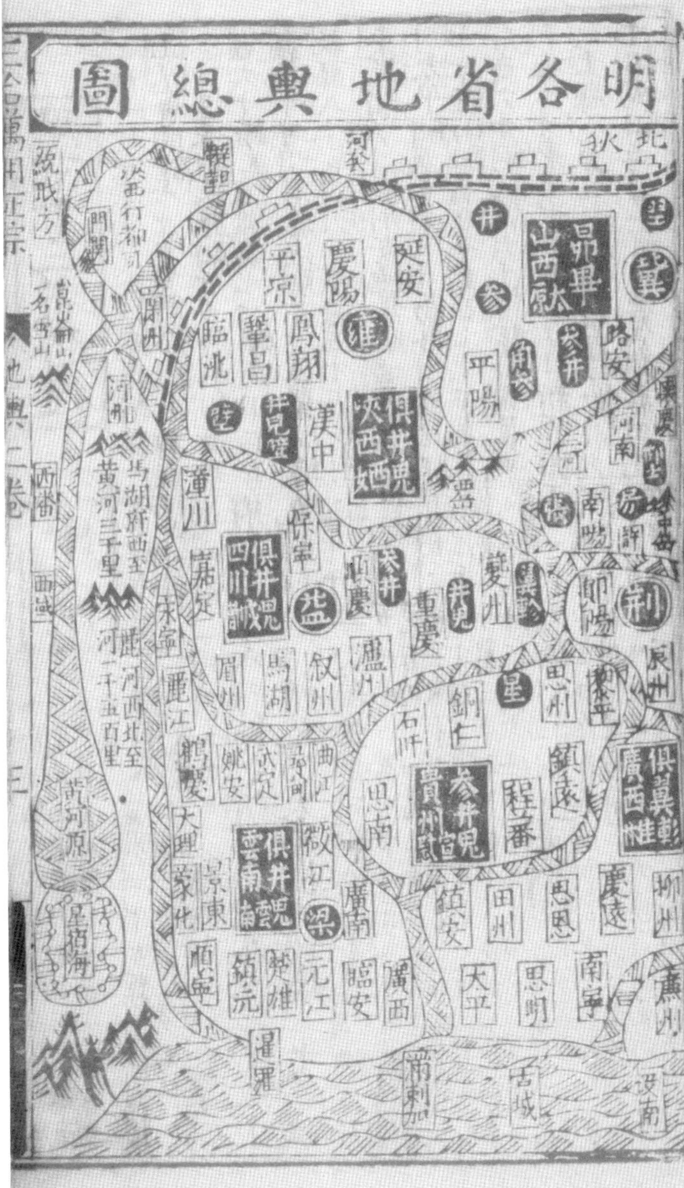
明各省地輿總圖
三台萬用正宗
地輿二卷
北狄
平凉
慶陽
延安
臨洮
鞏昌
鳳翔
漢中
平陽
潞安
河南
南陽
潼川
保寧
嘉定
順慶
重慶
夔州
瀘州
叙州
馬湖
眉州
麗江
鶴慶
姚安
武定
曲江
大理
永寧
鄖陽
辰州
思州
石阡
銅仁
鎮遠
程番
思南
廣南
廣西
臨安
元江
楚雄
鎮沅
景東
順寧
蒙化
慶遠
柳州
思恩
田州
鎮安
太平
思明
南寧
廉州
暹羅
古城
安南
西番
黃河源
星宿海
俱井鬼 陝西
俱井鬼 四川
俱井鬼 雲南
俱翼軫 廣西
昴畢 山西
參井 貴州

兩京十三省路程

● 一北京至南京浙江福建驛路

北京會同館七十里至固節驛良鄉縣六十里涿州涿鹿驛六十汾水驛新城縣六十歸義驛雄縣七十鄚城驛仁丘縣八十河間府瀛海驛六十五樂城驛獻縣八十阜城驛阜城縣五十五景州東光驛六十德州安德馬驛渡衛河七十太平驛屬德州八十高唐州魚丘驛七十茌山驛屬茌平縣西七十至東昌府南六十銅城驛六十舊縣驛並屬東阿縣六十東平州東源驛六十新橋驛汶上縣一百兗州府兗陽縣昌平驛六十鄒城驛五十界河驛並屬鄒縣四十

北京

古幽薊之地省府即古燕國東北邊東界東南山東界西北山西界西南河南界自京城至南京三千四百四十五里

管轄統屬

直隸府八屬州一十七縣一百一十五州二屬縣一

親軍衛三十九屬所二百五十七犧牲所一〇在京屬府衛三十八屬所二百零三所二一〇在外直隸衛三十九屬府一百九十二所九〇大寧都司領衛一十一屬所五十四所一〇萬全都司領衛一十五屬所七十六所

七

戶口

戶四十一萬八千七百八十九口三百四十一萬三千二百五十四

錢糧

夏秋二稅共麥米六十萬一千一百五十二石絲二百二十四斤絹四萬五千一百三十五疋綿花一十萬三千七百四十八斤鈔九貫馬草八百七十三萬七千二百八十四束〇長蘆鹽運司額辦大引折小引鹽一十八萬八百七引

軍馬

京營見操京外衛馬步官軍共一十一萬七千三百餘員名巡步官軍五千六百餘員名〇蘇州保定宣府三鎮馬步官軍共一十一萬五千八百餘員名〇大僕司所屬順天等府寄養馬疋共三五萬四千八百餘疋北直隸山

滕陽驛七十臨城驛並屬滕縣七十
利國驛屬徐州一百徐州黃河東岸驛
五十五桃山驛五十夾溝驛並屬徐州
六十宿州睢陽驛西去汴城南四十五
大店驛宿州四十五固鎮驛靈璧縣五
十五王莊驛屬鳳陽縣六十鳳陽府鳳
陽縣濠梁驛六十紅心驛臨淮縣六十
池河驛定遠縣四十五大柳驛滁州六
十滁州滁陽驛六十東葛城驛三十五
江淮驛並屬江浦縣渡大江十五江東
驛屬應天府三十五龍江驛十里已上
皆陸路
【南京】應天府上元縣江寧縣下水九十
龍潭驛一百十鎮江府丹徒縣京口驛
九十雲陽驛丹陽縣五十呂城驛今革

東河南三省俻用一馬共
一十萬七千五百餘匹
【順天府】府尹一府丞一治中一通判五推官一領州五縣二十二秋
米一萬四千石零里七百五十四〇惟順天應天二府有府尹府丞治中餘府俱無
大興附郭二丞二簿宛平同上良鄉固安東安知典
永清無丞香河無簿順義
【昌平】屬縣三秋米六千七百石零
密雲懷柔【通州】屬縣四秋米二千二百石零三河
武清寶坻漷縣知典【涿州】屬縣一米一千二百石零房山
【薊州】屬縣四秋米二千五百石零遵化玉田豐潤無簿
平峪無簿【霸州】縣三米三千五百石文安無丞大城無丞保定知典
〇【土産】藁本香密雲出【銀魚】寶坻出【綿紬】遵化出
【琉璃】【畫眉石】宛平出【金桃】【王桃】上林苑出
【保定府】六判領州三縣十七秋米六萬一千石零里三百八十六
清苑附安肅無簿定興博野雄縣無簿蠡縣無丞
完縣無丞新城唐縣滿城知典容城知典慶都

六十常州府武進縣毗陵驛九十錫山
驛無錫縣九十蘇州府長州縣吳縣姑
蘇驛四十五松陵驛吳江縣今革四十
平望驛屬吳江縣西去湖州南六十嘉
興府嘉興縣秀水縣西水驛東百廿一
至松江府南八十皂林驛今遷崇德縣
一百北新關十五至
浙江布政司杭州府仁和縣錢塘縣北
關門武林驛三十江口浙江水驛一百
三十會江驛富陽縣百廿桐江驛桐廬
縣過釣臺一百嚴州府建德縣富春驛
西去徽州府西南一百激水驛蘭溪縣
東五十里金華府西南九十亭步驛龍
遊縣七十衢州府西安縣上杭埠驛北
去浦城縣西八十廣濟驛常山縣路三

祁州縣二米三千四百石　深澤　東鹿　安州縣二米二千二百石
高陽知典　新安知典　易州縣一米三千七十石　淶水
○土產　栗易州出　蟠酥祁州出　有蟠池　蓯蓉唐縣出
河間府二同七判　領州二　縣十六　秋米六萬五千石零　里三百二十六
河間附　獻縣　興濟無丞　任丘二丞　青縣無丞　阜城二典
寧津無丞　交河無丞　靜海　肅寧知典　景州無同二判縣三米四
千四百石零　東光無丞　故城無丞　吳橋知典　滄州縣三米四千六百石
南皮知典　慶雲知典　鹽山　○土產　香梨交河出　蔓荊子　南皮出　鹽青興濟出
真定府二同七判　領州五　縣廿七　秋米十一萬七千石　里五百二十三
真定無簿　井陘無簿　獲鹿無簿　元氏無簿　靈壽無簿　藁城無簿
欒城無丞　無極無丞　平山無簿　阜平知典　定州縣三米五千四百石
新樂無簿　曲陽　行唐　冀州縣四米二千二百石　南宮無簿
棗強無簿　武邑知典　新河知典　晉州縣三米三千六十石　饒陽無丞

三

十五草平驛江浙界今革三十五懷玉
驛玉山縣九十廣信府上饒縣葛陽馬
驛八十鵝湖驛六十車盤驛並屬沿山
縣四十至大安驛三十崇安縣長平水
驛下水三十武夷山四十興田驛並屬
崇安五十建溪驛建陽縣七十葉坊驛
屬甌寧縣五十五建寧府甌寧縣建安
縣城西驛屬甌寧四十太平驛屬建安
四十大横驛屬南平四十延平府南平
縣劍浦驛西北去邵武府東六十茶陽
驛屬南平九十黃田驛五十水口驛並
屬古田四十五小箬驛六十五白沙驛
並屬侯官六十五芋源驛屬懷安縣二十里至
福建布政司福州府三山驛
北京陸路至南京自南京至常山縣

安平 無簿 武強 知典 趙州 縣六米三千六百石 栢鄉 無簿 丞 賛皇
臨城 無丞 高邑 隆平 無簿 寧晉 無丞 深州 縣一米七千三百石
衡水 知典
順德府 三判 屬縣九 秋米四萬二千石零 里一百五十九
邢臺 平鄉 知典 沙河 知典 南和 知典 唐山 知典 任縣
鉅鹿 知典 廣宗 知典 内丘 知典 ○土產 解玉沙邢臺山 玄精石本府出
廣平府 二判 屬縣九 秋米五萬九千石零 里二百二十五
永年 曲周 肥鄉 廣平 知典 邯鄲 成安
鷄澤 知典 清河 知典 威縣 知典
大名府 七判 領州一 縣十 秋米十四萬九千石 里六百八十二
元城 附 大名 知典 南樂 魏縣 清豐 濬縣
内黃 滑縣 東明 開州 縣一米二萬一千石 長垣
○土產 技頭乾南樂出 七 酙醾 紫草俱本府出 南粉開州出 紫斑石壽化山出 賦知王

地輿門

皆水日常山縣至水口驛水馬並應
上抗埝橋仙霞嶺至浦城縣詳三十
九號淮邳至徐州詳十二號自北京
至徐州响馬賊時出必須防禦
●二北京至江西廣東二省水陸
順城門四十盧溝河三十良鄉縣六十
涿州三十三甲店三十五新城縣三十
白溝河三十雄縣四十茂州三十任丘
縣七十河間府三十商家林三十献縣
三十单家橋三十富莊驛三十阜城縣
三十漫河店三十景州三十南流三十
德州渡衛河陳渡水四十枯樹鋪三十
恩縣三十平源驛四十高唐州三十南
鎮店三十荏山驛三十三十里鋪三十
銅城驛四十東阿縣晚勿去三十五王

永平府判五領州一縣五秋米四萬五千石零里一百七十
盧龍附撫寧昌黎知典遷安灤州三判縣一米一萬八
千石零
樂亭無簿○土產豹尾麻撕城出鹿鶴昌黎出石灰撫寧出苡棠
梨遷安出白芷樂亭
直隸延慶府無同判領縣一秋米四千六百石零里四十
永寧知典○土產地椒州縣俱出黎米葡萄藤送
直隸保安州無同判秋米一千八百石里七
○土產銀礦石莊冊芍藥獨菓耕俱本州出
萬全都指揮使司東至四海冶南至廣昌千戶所西至挑兒嶺北至長峪口
自都司至京師三百五十里領衛一十五守禦千戶所四堡六○
宣府左衛宣府右衛宣府前衛已上三衛俱附郭其餘萬全等衛俱散建於各處
○土產水晶宣府城北黃尖山出沙長石宣城西青江料出土綠宣府城東砲沙林出
龍門鎮東鄉出馬瑙麼宣平縣四角山出
磐紅石宣府馬鞍山出大紫石宣府城東

古店二十五東平州三十沙沿驛廿汶
上縣四十康莊驛四十濟寧州三十新
店三十魯橋廿南陽四十沙河廿廠道
口三十沛縣三十豆腐店廿村站三十
茶城三十徐州自濟寧至此閘河岸行
五十桃山驛四十五夾溝驛四十五符
離橋廿宿州九十進荒莊廿仁橋四十
固鎮驛灵璧縣五十五王莊驛屬鳳陽
縣六十渡淮河鳳陽府鳳陽縣濠梁驛
六十紅心驛臨淮縣六十張橋驛定遠
縣九十罡猿城驛屬合肥九十庐州府
合肥縣金叶驛六十派河驛屬合肥六
十三溝驛六十梅心驛並屬舒城縣六
十呂亭驛過山六十陶沖驛並屬桐城
縣六十青口驛潜山縣六十小池驛太

南京

古揚州地蘇州即古吳国徐州亦即
古徐州東北山東界東南大海西北
河南界西抵湖廣界西南江西界
京城至北京三千四百四十五里

管轄統屬

直隸府一十四屬州一十二縣八十九州四屬縣
八親軍衛一十六屬所一百一十二儀衛所一〇在京
屬府衛三十二屬所一百九十六所一〇在外直隸衛
二十八屬所一百五十四所一十五〇中都留守司領
衛七屬所四十所一

戶口

戶一百九十六萬二千八百一十八口九百九十六
萬七千四百三十九

錢糧

夏秋二稅共米麥五百九十九萬五千二十四石絲一十萬九
千九百一十兩絹三萬二千四百五十二疋麻
布二千七十七疋鈔一千七百七十綻馬草五
百八萬四千二百十七包〇兩淮鹽運司
額辦小引鹽七十萬五千七百三十餘引

軍馬

京營馬步官軍舍餘夷人共二萬八千九百餘
員名〇在外衛所除中都留守司三司京操外
馬步官軍舍共四萬四千八百餘員名〇南京
太僕寺所屬應天等府備用馬七千五百餘匹

應天府

府尹一府丞一治中一通判二推官一屬縣八秋米二十一萬

湖縣六十楓香驛宿松縣六十停前驛
黃梅縣四十濮大江廣十九江府德化
縣潯陽驛一百廿德安縣百廿建昌縣九
十石頭口濮潼江廣十里至
江西布政司南昌府南昌縣新建縣南
浦驛七十市汊驛屬南昌一百劍江驛
豐城縣七十樟樹驛屬清江縣北藥二十臨
江府清江縣蕭灘驛八十金川驛新淦
縣八十玉峽驛屬峽江縣八十白沙驛吉
水縣八十吉安府廬陵縣螺川驛百廿
泊金驛百六十浩溪驛並泰和縣百十
五雲驛八十皂口驛並萬安縣百攸鎮
驛屬府百廿贛州府贛縣水西驛八十
九牛驛八十南埜驛並屬南康縣百廿
至小溪驛屬大庾百廿南安府大庾縣

五千六里一千六百零十八
上元附　江寧附　句容　江浦無丞　溧水　溧陽二簿
高淳　六合知典　〇　土產　時魚揚子江出茅山石茅山出雨花臺石聚寶山出
鳳陽府　三判　領州四縣十四　秋米二十萬五千七百零　里六百六十四
鳳陽附　臨淮　懷遠　定遠　五河知典　虹縣知典
壽州　二同三判縣二米一萬二十二斗零　霍丘　蒙城　宿州一縣
米三萬八千二百九十零　靈璧　泗州　縣二米三萬五十七石零　盱眙
天長知典　潁州　縣三米九千七百六十　潁上知典　太和知典
亳縣　〇　[illegible]　雲母石[illegible]出　碧石碧石山出　[illegible]蘭草也　紫色文石[illegible]
但壽州出[illegible]　州出石魚淮水出　[illegible]
蘇州府　四同二判　領州一縣七　秋米一百三萬八千　里六百四十
廿四　吳縣附三簿　長州附二簿二丞　崑山二丞三簿　常熟
二丞三簿　吳江三簿二丞　嘉定三簿二丞　太倉　二同三判屬縣一　米一十二萬

横圖驛過大庾嶺即梅嶺六十中站即
紅梅關六十南雄府保昌縣凌江驛下
水九十黃塘驛並屬縣一百平浦驛屬
曲江一百韶州府曲江縣芙蓉驛一百
濛浬驛屬曲江一百清溪驛屬英德一
百湞陽驛英德縣一百廿横石驛九十
安遠驛六十回岐驛並屬清遠縣六十上
胥江驛九十官窑驛並屬本府八十里至
【廣東】布政司廣州府南海縣番禺縣五
羊驛屬番禺

兩京至江西其路有四此其一也由
大江水入鄱陽湖而去詳三十五號由
浙江過玉山廣信而去詳卅七號由
鎮江浙江徽州饒州至江西詳四十一
號江西至廣東自南安府横圖驛起

七十石

崇明 ○【土產】錦紵絲綾羅杭與本府出【草蓆】虎丘山出【彩牋】吳
中所造名聞四方【太湖石】洞庭西山出生水中
溫潤為奇在山土者枯而不潤【玉棚燈】燈毬巧
麗他郡莫及【白蟮】陽山出賦滑精細士人當白
石脂用【葯布】【石首魚】河鮀魚【崑山出】【黃草布】[illegible]
紗布崑山嘉定俱出【四腮魚】針口魚【綺殘魚】孤
黃魚俱在吳江縣出【蒓菜】[illegible]梨俱常熟出

【松江府】二同三判 屬縣二 秋米九十五萬九千石零 里八百八十五
華亭附二丞三簿 上海三丞二簿 清源 ○【土產】【鱸魚】出松江者獨四
腮【石首魚】出南海頭中有小石腮中鰾可作膠【綺殘魚】【藥班布】【三梭布】

【常州府】三判 屬縣五 秋米七十六萬五千零 里一千六百四十八
武進附二丞二簿 立靖江 無錫三丞二簿 江陰三丞二簿 宜興
二丞二簿 ○【土產】【秈白米】武進出【子鱭魚】江陰出【石蚕】府境亦出

【鎮江府】三判 屬縣三 秋米二十一萬五千零 里六百九十
丹徒附二丞二簿 丹陽 金壇 ○【土產】【鰽鰣】【香草】俱丹陽出【羔羊】【鰣魚】俱丹徒出

至橫石磯驛止水馬並應
●三北京至河南湖廣廣西二吾水陸
順天府四十盧溝橋三十良鄉縣六十
涿州十五樓桑村三十定興縣十白溝
河六十安肅縣十五渡曹河三十五保
定府四十五涇陽驛四十五慶都縣六
十定州五十新樂縣九十真定府六十
欒城縣四十趙州五洨河橋六十北鄉
縣三十三渡尹村河廿八內丘縣金堤
村四十五順德府三十五沙河縣三十
二渡洺河廿七呂翁祠廿一邯鄲縣廿
趙王城廿臺城閘三十磁州廿講武城
四十漳德府五十湯陰縣六十淇縣五
十衛煇府西去陝西四川西南由鄭州
去雲貴西南廿沙門五十延津縣廿五濬

【揚州府】二知二判領州三縣七秋米三十六萬二千六百零里
六百九十江都附儀真泰興【高郵】縣二同二判米三
萬六千五百石興化寶應【泰州】縣一米一萬一千五百四十三石零
如皋【通州】縣一米二萬五千四百零海門知典○【土產】瓊花一名
玉蕊花在蕃釐觀內唐所植天下獨一株【芍藥】
其紅葉黃腰者號金帶圍通泰二州出【[illegible]】
江都出燕花菜各縣出鱘魚通州
出銅鏡唐昔五月五日進水心鏡
【淮安府】二判領州二縣九秋米四十萬二千八百五十五石零里
八百四十山陽附鹽城清河安東桃源
沭陽【海州】縣一米一萬五千九百九十石贛榆【邳州】三判
縣二米三千三百七十石零宿遷睢寧○【土產】鹽鹽城石[illegible]
[illegible]山陽鹽城出紫菜海州出
【廬州府】三判領州三縣六秋米七萬七千二百石零里二百八十五
合肥附廬江知典舒城【無為】縣一米七萬七千二百石零

益四十下店三十里至
〔河南〕布政司開封府祥符縣大梁驛屬
府四十朱仙鎮五十尉氏縣八十五鄢
陵縣五十許州三十林漁六十桃城六
十磚橋六十上蔡縣五十汝寧府六十
五郭店五十張五店六十真陽縣四十
五樓官亭三十寨河三十渡淮河羅山
縣五十淡皮河四十長潭廿界河十分
水嶺三十五王福店四十麻城縣五十
沙河舖五十林山河三十國風鎮七十
陽邏二十沙河口五十漢口渡大江七里至廣
〔湖廣〕布政司武昌府江夏縣將臺驛六
十東湖驛六十山坡驛並屬江夏縣六
十咸寧驛咸寧縣六十官塘驛六十鳳
山驛並屬蒲圻縣六十長安驛臨湘縣

巢縣知典 〔六安〕縣二米一萬四百一十石零 英山無丞 霍山知典
○〔土産〕氏英山出磬廬江出石斛合肥出
〔安慶府〕屬縣六 秋米十三萬七千八百零 里二百九十七
懷寧附 桐城 太湖 潛山 宿松無簿 望江無丞
○〔土産〕常春藤太湖司空山出白木百合各縣俱出
〔太平府〕屬縣三 秋米四萬九千零 里三百一十
當塗附 蕪湖 繁昌知典 ○〔土産〕蕁藥各縣出鯽魚大江出
〔寧國府〕屬縣六 秋米一十萬二千二百零 里四百八十八
宣城附 太平知典 寧國 涇縣 旌德 南陵
○〔土産〕黃連桐油王面狸香狸府境出
〔池州府〕屬縣六 秋米六萬一千九百零 里八十七
貴池附 銅陵無丞 青陽知典 石埭知典 建德知典 東流知典
○〔土産〕銅黑鉛鐵錫俱銅陵出紙貴池出

六十雲溪驛六十岳州府岳陽樓巴陵
縣岳陽驛七十五鹿角水驛屬巴陵
十磊石驛六十荣田驛六十笙竹驛並
屬湘陰縣七十彤関驛屬長沙縣彤音
同七十長沙府長沙縣善化縣臨湘驛
屬長沙九十湘潭驛湘潭縣百十五淥
口驛東夫江西袁州南六十泗州驛並
屬醴陵縣七十五都石驛屬湘潭六十
五字誰驛七十五霞流驛並屬衡山縣
六十七里驛六十衡州府衡陽縣臨烝
驛九十新塘驛並屬衡陽九十栢坊驛
六十河州驛六十歸陽驛九十二吾驛
並屬祁陽縣九十方歟驛六十永州府
零陵縣湘口驛屬零陵九十石溪驛東
安縣九十里柳浦驛六十山角驛七十

徽州府　屬縣六　秋米一十二萬五百零　里六百十五
歙縣附　婺源　休寧　祁門典　黟縣典　績溪典
土産　硯歙縣龍尾山出　栴心　黒木　黟縣出　漆祁門出

直隸廣德州　三判　屬縣一　秋米　里一百一十四
建平　土産　茶出鵝山者美味孫　漆　桐油　州縣俱出

直隸和州　二同二判　屬縣一　秋米　里一十八
含山知典　土産　淮白魚　浮布　班竹　玄參　天鵝　鰣魚　俱本州境出

直隸滁州　屬縣二　秋米　里一十九
全椒知典　來安知典　土産　巴戟　子貝　田虎杖　女萎　章　決明　白鮮皮　並出

直隸徐州　三判　屬縣四　秋米　里一百一十六
豐縣知典　蕭縣　碭山　沛縣二丞二簿　土産　鐵　盤馬山　出文石　碭山出　石灰　百土　鎮出　大戟　沙參　何首烏　威靈仙　荛花　州縣並出

五全州城南驛日興豐里寿佛涅槃湘山寺
身尚存九里建安驛屬州百三十白雲
驛日興安縣八十大龍驛日靈川縣五十至
廣西布政司桂林府臨桂縣東江驛北
京陸路至岳州府本府過洞庭湖至
長沙衡永全州廣西桂林皆水衡州
之南湘水漸少百石船由湘漓二江
可入兩廣湘江源出全州興安縣西
四十里北流全州至永州府之西合
瀟江入洞庭為瀟湘南流三十六陡
入廣西桂林府為漓江陡門如閘也
河高水少舟至自啟舟去一水兩分
北惟南旺南獨此也

●四北京至陝西四川路

順天府四十盧溝河三十良鄉縣六十

山西道

古冀州地省府即古趙国平陽府界
古晉国東北宣府界東抵北直隸界
東南河南界西北沙漠界西陝西界
西南陝西界自省城至北京二千二百里

管轄統屬 布政司領府四屬州縣六十六州四十一屬縣
○都司領衛九屬所四十所九○儀衛司三○行都
司領衛一十四屬所七十所三○王府三晉府代府○
郡王府六十六晉府二十二代府二十四

戶口 戶五十八萬九千九百五十九口五百八萬四千一十五

錢粮 夏秋二稅共米麥二百二十七萬四千二百四十石絲一百五十斤絹四千七百七十七疋馬草三百五十千八百五十束○鹽運司額辦引鹽四十二萬引

軍馬 本都司馬步司所軍四萬官軍舍餘人丁一萬九千五百餘員名○大同鎮城馬步官軍百六千餘員名○山司行太僕寺見在馬并騾共三萬二千九十四

太原府 二同領州六縣廿 三判令州縣二 秋米二十七萬 里八百五十三

陽曲附太原 榆次 大谷 祁縣 徐溝知縣
河曲知縣 清源 交城 文水 壽陽 盂縣知縣

涿州四十五定興縣七十安肅縣五十
保定府四十五涇陽縣四十五慶都縣
六十定州五十新樂縣九十真定府六
十滦城縣四十趙州六十五柏鄉縣六
十內丘縣四十五順德府三十五沙河
縣八十邯鄲縣七十磁州廿講武城四
十彰德府五十湯陰縣六十淇縣五十
衛輝府五十新鄉縣五十獲加縣五十
脩武縣五十武涉縣三十清化鎮四十
懷慶府五十孟縣三十孟津縣六十五
河南府東百四十至登封縣治東八里
中岳嵩山廟在黃蓋峯下西七十新安
縣五十義昌驛四十澠池縣七十硤石
六十陝州六十靈寶縣五十閿鄉縣六
十陝西河南界潼關東渡黃河至蒲州

靜樂　臨縣知典　【平定】一縣　樂平知典　【忻州】一縣　定襄
【代州】二同三判縣三　五臺知典　繁峙　崞縣　【岢嵐】二縣
米六千九百零　嵐縣知典　興縣知典　【石州】一縣　寧鄉　【保德】
○【土産】【罨】榆次臨縣及平定州出有窯【龍骨】榆次出【錫】交城出【鐵】臨縣出招賢村有
窯【銅】代州鳳游谷出【礬】代州五臺崞定襄
縣出有池尚存【天花】【地菜】五臺山出【自然銅】【石】
燕子俱保德州出【鷹】【鷂】忻岢嵐三州出
甘草【人參】府覺出妙【長】松子五臺山出
【平陽府】二同三判令領州六縣卄秋米百十一萬九千零里千五百零
臨汾附　襄陵　洪洞　趙城　太平　浮山知典
岳陽知典　曲沃　翼城　汾西知典　蒲縣知典　【蒲州】五縣
臨晉　滎河　猗氏　萬泉二簿　河津　【解州】五縣
安邑　夏縣　聞喜　平陸　芮城　【絳州】三縣
稷山　絳縣　垣曲　【霍州】一縣　靈石　【吉州】一縣
鄉寧知典　【隰州】三縣　大寧知典　石樓知典　永和知典　○【土産】

六十西四十華陰縣西岳華山六十華
州六十渭南縣七十臨潼縣五十至
陝西布政司西安府長安縣咸寧縣京
兆驛北京至此二千四百十五西五十
渭水驛咸陽縣五十白渠驛興平縣四
十長寧驛四十邰城驛武功縣五十鳳
泉驛扶風縣六十岐周驛岐山縣五十
鳳翔府鳳翔縣岐陽驛八十東倉縣寶
鷄縣六十東河橋驛屬寶鷄縣六十草
涼樓驛屬鳳縣六十鳳縣梁山驛六十
三岔驛七十松林驛並屬鳳縣六十安
山驛六十馬道驛五十二鷄頭關八里
褒城縣開山驛東五十至漢中府南五
十黃沙驛至此路始平四十沔縣順政
驛六十青陽驛四十里五一·峽金牛驛

鐵吉州出 硝解州出 椒河津出 [illegible]蒲州垣曲
俱出 芫花九原山出 葡萄安邑出 龍骨隰州出
大同府 判五 領州四 縣七 秋米十一萬六千零 里一百四十三
大同 懷仁知典 渾源州 應州知目縣一 山陰知典 朔州
知目屬縣一 馬邑知典 蔚州知目屬縣三 靈丘知典 廣靈知典
廣昌知典 ○ 土産 石碌府境出 碾玉沙府境[illegible] 寧墻出 瑪瑙蔚州出 香皮廣昌
出花斑石 熊皮 豹尾 松實 俱蔚州及廣靈廣昌
灵丘出 白芥子 芦江石 地椒 黃鼠 各州出 鵰翎
朔州出 黑礬 大同出 首蓿 鑌鐵 [illegible]內州出 石膏
鉛 朔州懷仁出 有冶 不灰木 廣昌出 鹽 大同及
應州渾源州出
潞安府 判四 屬縣八 秋米 里四百八十二
長治附 長子 屯留 襄垣 潞城 壺關
黎城 平順 ○ 土産 絲紬 人參 銅鐵 長理石 赤石脂 不灰木 州境出
直隸汾州 屬縣三 秋米 里一百三十四
孝義 平遙 介休 ○ 土産 鐵孝義出 石膏 甘草 [illegible]胡 州境出

六十柏林驛十寧羌州五十黃霸驛並
屬沔縣六十过大盤關界神宣驛七十
朝天驛西北去劍州即朝天嶺僑保寧
六十沙河驛七十利州四十昭化縣四
十劍門關六十武連鎮四十梓橦縣四
十魏城縣四十綿州五十安縣七里女
山關三十石泉縣二十白印堡二十石
泉堡十石夜巡檢司十桃徑堡十土門
堡埠二十核桃清十茂州二十里至

【四川】布政司成都府成都縣

●五北京至貴州雲南二省路
北京至衛輝府詳三本府西五十新鄉
縣五十里渡黃河滎澤縣五十鄭州至
朱城一百四十里西南九十新鄭縣六
十石固店九十襄城縣六十葉縣六十

【直隸沁州】屬縣二　秋米　里六十四
沁源　知武鄉　○【土産】黃芪　沁州出[illegible]　州縣俱出　石膏　蒲本州出
【直隸遼州】屬縣二　秋米　里六十四
榆社　和順　○【土産】人參　[illegible]　款冬花　射香　煤炭　苦參　無名異
荆芥　亭香　秦　遼州縣俱出
【直隸澤州】屬縣四　秋米　里四百零
高平　陽城　陵川　沁水　○【土産】白石英　紫石英
禹餘粮　產江西澤州高平陽城出　亭香陵川出
古清州地其青州即古齊国兗州即古
魯國東北女直界東南抵海西北北直
隸界西南南京界自省城至北京九百里

【東道】

【晉轄統屬】布政司領府六　屬州十五　縣九十　○都司領
衛一十七　屬所七　十五　所一十八　○儀衛司四　○遼
東都司領衛二十五　屬所一　百廿四　○王府四　魯府　衛府　德府

保安驛六十裕州水由唐縣入湍江至
湖廣城出馬鋪七十博望驛六十南陽
府六十林水驛七十新野驛七十呂堰
驛四十襄陽府六十潼口驛六十宜城
縣九十麗陽驛六十石橋驛並屬荊門
州六十荊門州六十建陽驛一百荊州
府渡大江六十公安縣六十孫黃驛兩
京至雲貴陸路至此合七十順林驛六
十澧州渡蘭江七十清化驛七十大龍
驛六十常德府八十桃源縣避秦故迹
六十鄭家驛六十新店驛防虎並屬桃
源縣八十界亭驛六十馬底驛並沅陵
縣渡六十辰州府七十五船溪驛盧溪
縣渡七十五山塘驛辰溪縣渡七十懷
化驛八十沅州羅舊驛八十便溪驛晃

涇府○郡王府八二十魯府四十德府八衛府六
戶口 戶七十萬五百五十五口六百七十五萬九千六百七十五
錢糧 夏秋二稅一百八十
共米麥二百五十五萬一千一百一十九石絲
二千一百一十一斤絹四千九百九十疋綿花
五萬二千四百四十九斤
馬草 三百八十一萬四千二百九十束○鹽運司額办一十四萬五千六百一十四引
軍馬 本部司所屬除二班京百餘員騾外馬步官軍三千三百
四十餘員名○備用馬共六五萬比直隸軍馬頂下

濟南府 七判 領州四縣卄六 秋米八十五万一千零 里二千七百卅四
歷城附郭二丞三簿 章丘 鄒平 淄川 長山
新城無丞 齊河 齊東 濟陽 禹城 臨邑
長清 肥城 青城 陵縣 泰安縣二 新泰無簿
萊蕪 德州縣二 德平 平原 武定縣四 陽信
海豐 樂陵 商河 濱州縣三三判屬 利津
霑化 蒲臺 ○

土產 陽起石白礬石[illegible] 三稜草俱歷城出蒼术

橋七十晃州驛六十平溪衛七十清浪
衛浮橋九十鎮遠府七十偏橋衛六十
興隆衛六十清平衛渡六十平越衛渡
七十新添衛六十龍里衛五十里至
貴州布政司六十威清衛六十平壩衛
六十普定衛渡馬西六十安莊驛過關
索嶺即關領黃王巡司共七十查城驛
三十安南衛過土陂三十尾洒驛屬普
安州過江老鴉關七十新興驛八十普
安州普安衛相謝驛七十亦資孔驛屬
貴州普安州七十平夷驛屬雲南四十
白水驛十字路東西二路至此合西六
十南寧衛四十馬龍驛七十易龍驛七
十楊林驛百里至
雲南布政司雲南府滇陽驛

桔梗俱新泰出
防風章丘出
兗州府 四同五判 領州四縣廿四 秋米四十四萬石零 里千六十三
滋陽附 曲阜無簿 寧陽無簿 城武知典 鄒縣無簿 泗水無丞
滕縣三簿 嶧縣無簿 金鄉 蘭陵知典 魚臺三一丞簿 單縣
曹州二同三判 曹縣二一丞簿 定陶知典 濟寧二同三判縣三
嘉祥知典 鄆城知典 鉅野 東平二判屬縣五 汶上
平陰知典 東阿 陽谷 壽張無丞 沂州二同三判縣三
郯城 費縣無簿 ○ 土產 兔絲子 鐵錫鉛 蛇床子 包金土 單縣出 俱平陰
出阿膠陽谷出 仙靈脾 紫石英沂州 出黑羔器嶧縣出 蒙頂茶蒙山石出
東昌府 四同三判 領州三縣十六 秋米卅一萬八千五百石 里四百六十三
聊城附 博平 堂邑無丞 茌平 冠縣 清平無丞
莘縣知典 臨清二縣 丘縣 館陶 高唐三縣 恩縣
武城 夏津 濮州三縣 朝城 范縣知典 觀城知典

北京至雲貴二省鎮遠府必由之路
為雲貴之東路即此也南京至雲貴
或曰大江水至瀘州納溪永寧烏撒
而去為二省之西路詳十四号至於
南寧衛十字路東西二路合往雲南
南京至奉鎮遠府水路詳卅五號自鎮
遠至貴州陡峻難行貴州以西漸々
寬平直抵雲南

●六北京至山西布政司路
順天府四十盧溝河三十良鄉縣六十
涿州四十五定興縣七十安肅縣五十
保定府四十五涇陽縣四十五慶都縣
六十定州五十新樂縣九十真定府五
十威州九十井陘縣五十故關巡司四
十柏井駟七十芹泉駟孟縣六十平定

○土產 各縣俱出 綿 棗 枸杞

青州府 三判 領州一縣十三 秋米 里一千四百七十七
益都 附 臨淄 博興 高苑 無丞 樂安 壽光
昌樂 臨朐 安丘 諸城 蒙陰 莒州 二縣
沂水 日照

○土產 黃丹 白蠟 俱益州出 銅 空絲 出臨朐 蒙陰 樂安 諸城
俱出有鴨 牛黃 諸城安丘出 紫石英
沂水出沙魚皮 天南星 俱本府出

登州府 領州一縣七 秋米二十四萬七千零 里五百四四
蓬萊 附 黃縣 福山 棲霞 招遠 萊陽
寧海 一縣 文登

○土產 金 棲霞招遠萊陽俱出 鐵 蓬萊棲霞俱出 活石
蓬萊海中州三島下出名罗紋金
蓬萊出硯石 又名雪浪硯 牛黃 杜仲 各縣俱出 蜂蜜 福
山出石膏 蓬萊出 鹵
天南星俱萊陽出

萊州府 領州二縣五 秋米三十二万石零 里五百五十二
掖縣 附 平度 二縣 濰縣 昌邑
膠州 三縣二判 高密

州六十寿陽縣九十太安駅五十土橋
五十鳴謙駅屬楡次縣五十里至
山西布政司太原府陽曲縣臨汾駅北
岳恒山古北岳乃在渾源州南二十
里山高三千九百丈七尺上方三十
里三代而下秦漢隋唐皆祀于渾源
州北岳之恒山至五代夫河北之地
宋建都於汴以真定府在北移祀於
曲陽縣　國朝亦因之未更曲陽東
至定州六十里渾源州屬山西大同
府西至本府一百二十里
●七北京至山東布政司路
順城門三十五盧溝橋三十五良郷縣
六十涿州三十五三甲店三十五新城
縣三十五白溝河三十五雄縣四十茂

即墨〇土産海藻文蛤膠州昌邑出塩石五色
石依縣出潤澤可作器皿鳥頭平
度州出陽俱滕州出金海蛸
遼東東至鴨綠江西至山海關南至旅順海
口北至開原自都司至北京一千七百里
行都指揮使司都指揮使五掌印一僉書二管
操二〇駐遼陽
遼東遼陽鎮屬指揮十二関七営堡一百一錢粮子粒二十
六萬一千四百六十七石歳運銀一十八萬五
千二十四両零米二十二萬四千六十六石
軍馬馬歩官軍九萬九千八百七
十五員名馬九百零九匹馬草歳力草
二百四
十五萬二百一十一束一百七
萬五十二石二十九石六斗
遼東都指揮使司領衛二十五州二衛定遼中
左右前後東寧俱已上六衛附郭海州蓋
州復州金州俱在都司城廣寧在都司城西廣寧中
左右三衛俱在廣寧城内義州在都司城西北廣寧後屯
在義州衛城内廣寧中屯在都司城西北廣寧左屯在州廣寧右

州三十任丘縣四十新中驛三十河間
府三十商家林三十獻縣二十單家橋
三十富莊驛三十阜城縣三十漫河店
三十景州三十南流六十德州西去南
京東七十平原縣七十窩城縣七十濟
河縣五十里至
山東布政司濟南府歷城縣譚城馬驛

●八南京由東平州至北京路

應天府六十江陵鎮六十采石驛渡大
江三十五當利驛三十五和州陰陵山
項羽失道烏江即此四十香泉塘溫泉
可洛三十後河三十全椒縣五十滁州
瑯琊山醉翁亭屬本州二十朧橋三十
大柳樹四十池河五十紅心驛三十南
總舖三十鳳陽府濠梁驛渡三十壯總

屯　前屯　寧遠俱在都司城　瀋陽中　鐵嶺
萬俱在都司城北　遼海在開元城內　安樂州　自在州俱遼同判

○土產
松子三萬出　海綠葉復州出　暖卜禪木
銀木海州各衛出　人參三萬出　水獺皮
黃鼠狼　鮑魚　貂鼠皮　青鼠皮
海州出　八梢魚金州出

河南道

古豫州地古周國陳國鄭國宋國俱在此地東北北京山東界東抵南直隷東南北直隷界西北山西界西陝西界西南湖廣界自省城至北京一千五百八十里

管轄統屬　布政司領府八屬州十二州一屬縣九十四

○都司領衛一十二屬所十九所一十一○儀衛
司七○王府八周府唐府伊府鄭府趙府徽府崇府汝府○郡王府
一百零二周府四五十伊府七鄭府九徽府六十唐府一
趙府二十二崇府三汝府一

戶口　戶五十八萬九千二百九十六口五
百一十萬六千一百七

錢糧　夏秋二稅共米麥二百四十一萬四千四百七十七石○
絲綿花七千一百四十三斤絲三十五萬三千十六
百四十三斤絹九千九百五十九疋馬草二百

三

鋪三十王莊三十固鎮驛四十仁橋由
大店驛向去路遠二十灌暑莊五十宿
州南門田北門土二十符離橋四十夾
溝驛四十桃山驛五十徐州彭城驛三
十茶城三十張村驛五十沛縣三十廟
道口三十沙河四十南陽三十魯橋三
十新店三十濟寧州四十康莊驛四十
汶上縣二十沙河驛三十東平州三十
五王古店山路晚即止三十五東阿縣
四十銅城驛三十三十甲鋪三十荏平
縣本縣西至東昌府七十里北三十南
鎮店三十高唐州四十平源縣三十恩
縣三十枯樹鋪四十德州渡衛河柴渡
水三十南流三十景州三十漫河店三
十阜城縣二十富莊驛三十單家橋三

一十八萬八千七百三十四束 軍馬 本都司所四除二班京操外馬步官軍一萬五千百
餘員名〇備用馬匹數俱北直隸軍馬項下

開封府 二同四判 領州六縣三十 秋米八千萬七千九百零 里一千二百一十四
祥符 附郭 通許 典簿 杞縣 陳留 太康
陽武 尉氏 典簿 中牟 鄢陵 封丘 蘭陽
儀封 原武 典丞 洧川 典簿 延津 知典 扶溝 知典
鄭州 四縣 河陰 知典 滎陽 汜水 典簿 滎澤
許州 四縣 長葛 襄城 臨潁 郾城
陳州 四縣 沈丘 西華 典丞 商水 知典 項城 知典
鈞州 二縣 密縣 典丞 新鄭 典丞 〇

土産 紅花 延陵扶溝並出 麻荳 中牟 遠志 祥符出 瓷器 鈞州出

歸德府 二判 領州一縣八 秋米六萬七千六百零 里一百七十
商丘 附 夏邑 典丞 永城 鹿邑 虞城 知典 寧陵 知典
睢州 二判 縣二屬 考城 典丞 柘城 知典

十獻縣三十商家林三十河間府七十
任丘縣三十茂州四十雄縣三十白溝
河三十新城縣三十三甲店三十五涿
州三十劉李河三十良鄉縣三十五盧
溝橋四十里至
北京順城門
南京至北京陸路有三此其一也車
由兗州府詳一號由淮安邳州陸路
至徐州詳十二號
●九南京至河南山西二省路
應天府三十五江東驛屬應天渡大江
十五江淮驛三十五東葛城驛並屬江
浦縣六十滁州滁陽驛六十大柳樹驛
屬滁州四十五池河驛定遠縣六十紅
心驛臨淮縣六十鳳陽府濠梁驛六十

彰德府 領州一縣六秋米二十五萬七千六百石零里三百零
安陽附 臨漳 湯陰 林縣 磁州二縣 武安
涉縣 ○土產 艾湯陰出 知母 胡粉府境出 磁石 孩兒魚 自然銅 鐵[illegible]俱磁州境出
衛輝府 二同知 二判 領縣六秋米三十三萬一千一百石零里二百一十
汲縣附 胙城 新鄉 獲嘉 淇縣 輝縣
○土產 青鐵 眠石俱作汲縣出 栝蔞根胙城出 窯 粉 知母 輝縣出 礦石 青瓷俱淇縣出
懷慶府 三判 屬縣六秋米三十三萬一千一百石零里二百九十一
河內附 武陟 脩武 溫縣 孟縣 濟源
○土產 地黃 山藥 牛膝 皂角 磁器 紅俱河內出 窯 磁器河內修武並出 [illegible] 石[illegible]濟源出
河南府 三同判 令 領州一縣十三秋米五十三萬九千石零里六百零二
洛陽附 偃師 鞏縣 孟津 宜陽 登封
永寧無簿 新安無知典 澠池 嵩縣 陝州三縣 靈寶
盧氏 閿鄉 ○土產 桃花澠池出 牡丹出洛陽者為天下第一 有桃

王莊驛鳳陽縣五十五固鎮驛靈璧縣四十五太店驛四十五宿州睢陽驛七十百善道驛宿州六十大丘驛永城縣六十會亭驛夏邑縣五十石留固驛虞城縣六十歸德府商丘驛六十寧城驛寧陵縣六十葵丘驛陳州七十雍丘驛杞縣六十菁城驛陳留縣五十里至

河南布政司開封府祥符縣大梁驛七十圃田驛中牟縣七十管城驛七十廣武驛滎澤縣六十竜懷驛六十武德驛六十萬善驛並屬河內縣六十星軺驛六十太行驛並屬澤州六十喬村驛六十長平驛並屬高平縣六十漳澤驛長子縣七十余吾驛屯留縣六十褫亭驛襄垣縣六十沁陽驛沁州七十權店驛

黃、魏紫名園二十四花品時首二十五種[illegible]洛陽出　柏子仁　[illegible]　硯　陝州出　鹿耳　麝香　盧氏出

南陽府　三判　領州三縣十五　秋米十萬四千四百零　里五百八十五

南陽附　唐縣　泌陽　南召知典　桐柏知典　鎮平知典

汝州四縣　魯山　寶豐丞典　郟縣　伊陽丞典

鄧州三縣　內鄉　淅川知典　新野丞典

裕州二縣　舞陽　葉縣

○土產　銅　鎮平出　鐵　南陽內鄉汝州並出　錫　裕汝二州並出　有洞　飛生急灵皮　耳菊花　俱內鄉出　綠毛龜　唐縣出　香燈　鄧州出　白花蛇　南陽出

汝寧府　三判　領州二縣十二　秋米十二萬一千七百零　里三百八十四

汝陽附　遂平典　上蔡丞典　西平簿典　新蔡知典　真陽知典

信陽二縣　羅山丞典　確山知典

光州四縣　典固　光山丞典　固始　商城　息縣

○土產　蚒蚣　毛當　汝陽出　蓍草　出上蔡東八卦臺　易曰聖人幽贊于神明而生蓍傳曰天下和平王道德而蓍莖長丈其叢生滿百莖下有白神龜守之上有雲氣覆之　石斛　光州出　棋子石　息縣出　菊花　西平遂平息縣並出　茶　絲布　信陽羅

武鄉縣五十南關驛五里盤陀驛祁縣
七十同戈驛徐溝縣八十里至
山西布政司太原府陽曲縣臨汾驛
●十南京至陝西四川二省路
南京至汴城大梁驛詳九號本驛七十
圃田驛中牟縣七十鄭州管城驛七十
滎亭驛滎陽縣四十成皋驛汜水汜音
似六十洛口驛鞏縣六十首陽驛偃師
縣七十河南府洛陽縣周南驛十十函
關驛新安縣五十義昌驛澠池縣四十
蠡城驛屬澠池七十硤石驛屬陝州七
十陝州甘棠驛六十桃林驛靈寶縣七
十閿湖驛閿鄉縣七十潼關驛屬陝西
華陰縣四十華陰縣潼津驛七十華州
華山驛五十豐源驛渭南縣七十新豐

山出同始出〔末賊〕

陝西道

管轄統屬

古雍州地咸陽即古秦國東北洮漢界東山西河南界東南河南湖廣界西北沙漠界西南西番界自省城至北京二千六百五十里

布政司領府八屬州二十一縣九十五〇都司領衛二十八屬所一百三十四所一十二〇儀衛司四〇行都司領衛一十二屬所六十三所二〇王府四秦府肅府慶府韓府〇郡王府五十五秦府十二慶府十三韓府二十四肅府八

〔戶口〕戶三十六萬二千五十七口三百九十三萬四千一百七十六

〔錢糧〕夏秋二稅共米麥一百九十二萬九千五十七石絲綿三百六十斤絹九千二百一十八疋綿花一萬七千一百七十二斤布十二萬八千七百七十疋馬草一百五十一萬四千七百四十九束

〔軍馬〕本都司所屬馬步官軍二萬二千九百餘員名延綏寧夏甘肅三鎮共馬步官軍舍餘人等一十三萬九百餘員名〇陝西甘肅二行太僕寺并苑馬寺所屬見在馬四萬七千四百餘匹〇洮河西寧三衛番茶易馬四千八百餘匹

驛臨潼縣七十里至
陝西布政司西安府長安縣咸寧縣京
兆驛本驛至

四川布政司詳四號
南京由徐州襄陽至四川陸路詳三
十四号水路

●十一南京至江西廣東二省水
南京下關龍江驛六十大勝驛屬江寧
縣九十采石驛屬當塗縣二十太平府
當塗縣六十蕪湖縣十里櫓港驛屬蕪
湖百廿荻港驛屬繁昌縣一百三十大
通驛銅陵縣八十池州府貴池縣池口
驛九華山府東五十里西六十五李陽
河驛並屬貴池八十安慶府同安縣同
安驛百廿雷港驛望江縣百二十龍城

西安府 二同 三判 領州六 縣三十 秋米八十六萬零 里一千七十
長安附　咸寧　三原　盩厔　臨潼　藍田
涇陽　高陵知典　興平知典　咸陽　鄠縣典丞　華州三縣
華陰　渭南　蒲城　同州四縣　朝邑　白水知典
郃陽　澄城　商州五縣典同知　商南典丞　洛南典丞
山陽知典　洛陽知典　鎮安知典　耀州二縣　同官典丞　富平
邠州二縣　淳化知典　三水知典　乾州三縣典同知　醴泉典丞
武功典簿　永壽典簿○
土産　玉英藍田出　石青洛南出　有桐紫草郃陽出　細
華萬年松俱華陰出　千枝柏商南出　蛋耳羊白
蕨藜俱同州出　茸遂咸陽出　麂皂酸　驪山出
鳳翔府 領州一 縣七 秋米一十九萬零二百零五 里
鳳翔附　岐山　麟遊　寶鷄　扶風　郿都
隴州一縣　汧陽知典○
土産　駝羊　鄜都出　鸚鵡　隴州深山出　賊烏蛇　藍
州出　石魚汧陽出　鐵　芎藭　朱花　獨活
羌活　商陸　骨碎補　無心草俱各縣出

驛彭澤縣百卅彭蠡驛湖口縣百卅南
康府星子縣匡廬驛百廿吳城驛百廿
樵舍驛並屬新建縣六十里至
江西布政司南昌府南昌縣新建縣南
浦驛本驛至
廣東布政司詳二號
南京陸路至江西詳十四號黃梅縣
渡大江與北京至江西路合過大江
者由鎮江浙江廣信府而去詳卅四號
●十二南京由淮安至山東布政司路
南京百五十儀真縣七十揚州府十五
灣頭四十五邵伯驛六十高郵州六十
界首驛六十寶應縣六十平河橋四十
淮安府十五板閘十五清河浦三十清
河縣三十三汊河廿張思仲十里桃源

漢中府判二領州二縣十四秋米三萬零里一百八十一
南鄭附　褒城　洋縣　城固　西鄉　鳳縣無簿
沔縣無丞　寧羌一縣　略陽無丞　金州六縣　平利知典　漢陰知典
石泉知典　紫陽知典　洵陽無丞　白河
○土產　降香　乳香　西　石青　石綠　紫河車
沔褒畧陽四縣出金　鳳縣出　俱金州出
寧羌海金沙　天麻　椒　大青　葙子
鳳縣出鹿茸　南鄭城　金州出木
銀珠　洵陽出羚羊角　沔縣出
慶陽府判五領州一縣四秋米十五萬零里三九十
安化　合水知典　環縣知典　寧州一縣　真寧知典
○土產　[illegible]附金　各縣俱出
平涼府判五領州三縣七秋米十六萬三千零里十一一百五
平涼附　鎮原無丞　崇信知典　華亭知典　固原無知同　涇州
縣一無同知　靈臺　靜寧州縣二　判三屬　莊浪知典　隆德知典
○土產　苦參　款冬花　靜寧州及莊浪出

縣三十崔鎮十八古城十三白洋河四
十宿遷縣由劉家閘近十五里有賊三
十里岔路口廿七直河多由柳湖三十
里至邳州夏往小官路四十五里至邳
州若水大由大官路六十里邳州三十
五新安三十五雙溝集三十五房村三
十五黃鍾集二十小店廿徐州三十茶
城三十村站五十沛縣七十臨城驛七
十滕陽驛滕縣四十五界河驛五十鄒
城驛鄒縣五十里兗州府昌平驛六十
清川驛寧陽縣九十安寧驛六十五道
領驛並肥城縣七十東北置驛長清縣
七十里至
山東布政司濟寧府灤城驛
南京至山東布政司其路有三此其

鞏昌府 五判 領州三 縣十 秋米十四萬五千零 里二百十三
隴西 附丞 安定 無簿 通渭 無簿 寧遠 無簿 伏羌 知典 漳縣 知典
西河 知典 成縣 知典 會寧 無簿 徽州 縣一 無同 兩當 知典
秦州 三縣 秦安 知典 清水 知典 禮縣 知典 階州 縣一 無同判
文縣 知典 ○ 土產 鹽 成鹽 西和東北有井煮水 當歸 雄黃 階州出
臨洮府 二判 領州二 縣三 秋米四百石零 里八十八
狄道 附丞 渭源 知典 蘭州 無同 三判 驛縣一 金縣 無簿 河州
○ 土產 牛 力如水牛 駱駝 府州俱出 麝 蘭州出 犛牛 犛子 狄道出 犛牛 其尾可為旌旄
延安府 三同 三判 領州三 縣十六 秋米十五萬零 里三百十二
膚施 附 安塞 保安 知典 甘泉 知典 安定 知典 宜川 知典
延川 知典 延長 無丞 鄜州 三縣 洛川 中部 無簿 宜君 無簿
綏德 無同知 縣二 清澗 米脂 知典 葭州 無同判 縣三
吳堡 知典 神水 知典 府谷 知典 ○ 土產 石油 延川延長 出自石中流出

三台萬用正宗　卷之二　七八

一也由江浦詳一號由和州詳八號
並至徐州合進京大車止於徐州有
山阻可北而不可南
●十三南京由淮安登萊二府至遼
東水陸
南京至淮安府詳十二號本府渡黃河六
十金城驛屬清河縣六十崇河驛六十
僮陽驛沭陽縣七十興國驛海州六十
上莊驛七十東海驛六十五王坊驛並
屬贛榆縣七十五傳疃驛六十白石驛
並屬日照縣六十桃林驛六十諸城縣
東關驛北二百五十里至青州府東一
百廿里高密縣螢水驛七十五立西驛
七十蘇村驛並屬平度州六十萊州府
掖縣城南驛六十朱橋驛屬掖縣六十

可以燃燈療瘡癬 大戟 土硫黃 全蠍 葭州出 黃鼠 延川神木出

寧夏衛 隸陝西都司統四衛 寧夏前 寧夏左屯 寧夏右屯 ○ 土產 胡麻青木香鹼 子瓣羊絨褐

寧夏中衛 隸陝西都司 領千户所五 ○ 土產 野馬 黃羊 土豹

洮州衛軍民指揮使司 隸陝西都司 領千户所五 ○ 土產 洮石硯 犛牛尾 鶻鷹鷂羝羊 ○ 公署 洮州茶馬司在衛西

岷州衛軍民指揮使司 隸陝西都司 領千户所四 軍民千户所一 西固城軍民千户所在衛城南 ○ 土產 錦雞 犛牛 豹獺子

河州衛軍民指揮使司 隸陝西都司 領千户所六 守禦千户所一 歸德守禦千户所在衛城西 ○ 土產 青稞 土檀香 麝香 青桐樺芥胡麻

靖虜衛 領千户所 ○ 土產 駝褐 野馬革 豹鹿雉朶

黃山驛黃縣六十黃縣龍山驛六十
登州府蓬萊縣蓬萊驛渡海五百里至
遼東旅順口六十水湯驛六十金州衛
北九十孛闌驛九十復州衛九十五十
寨驛六十熊岳驛九十蓋州衛六十耀
州驛六十海州衛六十鞍山驛六十里
遼陽鎮東去開原西去山海
南京由登州府至遼東有過海之難
由北京山海關至遼東途有虜驚堡
墩可防海州東北去開原城固無憂
過鴨綠江往高麗此道也客路不必
至諸城日顛榆日照由海岸而去最
近膠萊河在萊州府之西南膠州麻
灣口北萊州府海倉口河長二百七
十里元人所開以便海運不轉尖也

文縣守禦軍民千戶所隸陝西都司○
土產 射 熊 鹿 狨 門冬

陝西行都指揮使司領衛十二守制千戶所二

衛 甘州左 右 中 前 後 五衛俱附郭 肅州在都
司城西 山丹 鎮番 西寧俱在都司城東 永昌 涼州
俱在都司城東南 莊浪在都司城南

守禦千戶所 鎮夷在都司城西 古浪在都司城東南○

土產 毛褐 葡萄 沙棗 白木 沙 忽絲 絨 俱甘州出
石油肅州出不可食 馬 皮可為燭 野牛大者重千斤俱西寧出

四川道

管轄統屬

古益州地亦梁州東北陝西界正東
東南湖廣界西北西番界西南貴州
界自省城至北京一萬七百一十里

布政司領府八屬州十四縣八十長官司四 軍民
府四○州六屬縣二十四 宣慰司一屬安撫司二長官司六 宣
撫司二○安撫司一○長官司一○都司領衛
一十二屬所四十九宣撫司二安撫司四長官司廿二 所一十一屬長官司

○十四南京至湖廣暨貴三省東路

南京出聚寶門即南門六十江陵鎮驛六十采石驛渡江北三十五當利驛和門驛並屬和州界首驛含山縣高井驛屬巢縣西山口驛 坡岡驛至廬州府四十派河驛並屬合肥縣三溝驛梅心驛並屬舒城縣呂亭驛 陶冲驛並屬桐城縣清口驛潛山縣小馳驛大湖縣楓香驛宿松縣停前驛黃梅縣至江西者自此渡大江至九江府由建昌縣而去雙城驛廣濟縣廣濟驛 西河驛 希川驛 巴水驛並屬蘄水縣黃州府黃岡縣臨皋驛 李平驛 陽邏驛

湖廣布政司武昌府將臺驛 東湖驛

三儀衛司一○軍民指揮使司一屬長官司十七安撫司四所一屬長官司二○招討司一○行都司領衛六屬所三十四長官司五所八○王府一蜀府

【戶口】戶十六萬四千一百一十九口二百一十萬四千二百七十

【錢粮】夏秋二稅共米麥一百二十萬六千六百六十石絲六千三百三十三斤綿花七萬二千八百五十一斤○鹽課提舉司并龍州等衛所額辦本折色小引鹽十万九千一百七十七引

【軍馬】本都司所屬馬步官軍九千六百餘員名

【成都府】四判領州六縣廿六秋米十六万二百四六千零里十二

成都附元丞 華陽無丞 新都無丞 金堂無丞 溫江無丞 雙流無丞

新繁無丞 仁壽無丞 井研無丞 郫縣 【簡州】縣八 彭縣無丞

崇寧無丞 資縣無丞 資陽無丞 安縣知典 石泉知典 灌縣無丞

内江無丞 【崇慶】縣一 新津無丞 【漢州】無同屬縣三 德陽無丞

綿竹無丞 什邡無丞 【綿州】縣二 羅江無丞 彰明無丞 【茂州】無同

知屬縣一 汶州知典 【威州】無同判縣一 保縣知典

山陂驛並屬江夏縣咸寧驛官塘驛
鳳山驛並屬蒲圻縣長安驛屬臨湘縣
雲溪驛　岳州府岳陽驛　臨江驛並
屬巴陵縣華容驛華容縣通化驛屬石
首縣民居驛　孱陵驛孫黃驛並屬公
安縣西京陸路至雲貴二省並至孫黃
驛合此為東路本驛東路
至雲貴二省詳五號
右當利驛至孫黃驛每程六十里惟
岳陽驛至臨江驛九十里
●南京至貴州雲南西路
南京由大江至瀘州詳茁號本州七十
納溪水驛納溪縣七十渠霸驛七十大
洲水驛六十五峽口水驛三十五江門
水驛五十永安水驛五十永寧衛陸路

○土產　嘉魚府縣俱有麩金州縣俱出茂州出者最嘉綵醲花桐花鳳俱成都縣出川芎
烏頭俱綿州出附子彰明出郫筒酒郫人劉大竹領春醸玆筒号郫筒酒
保寧府　二同二判　領州二縣八秋米二万石零里五十四
閬中附　蒼溪無丞　南部無丞　廣元無丞　昭化無丞　巴州無判
屬縣二　通江無丞　南江知典　劍州無同知縣一　梓潼無丞
○土產　巴戟劍州出麩金劍州廣元俱出射香廣元出
順慶府　領州二縣八秋米七万二千石零里一百三十三
南充附郭丞　西充無丞　蓬州無同屬縣二　營山無丞　儀隴無丞
廣安縣四　渠縣無丞　岳池無丞　大竹無丞　鄰水
○土產　絲南充渠縣廣安蓬州出黃柑紫梨出南充廣安出
叙州府　三判　領縣十秋米一十万石里一百三十三
宜賓附　富順二簿　慶符無丞　龍昌無丞　南溪無丞　筠連知典
高縣知典　珙縣知典　戎縣知典　長寧
○土產　仙[illegible]仙[illegible]山出

五十普市馹五十摩泥馹五十赤水衛
四十白崖馹六十叠臺馹七十畢節衛
西去雲南東五十歸化馹五十閣鴉馹
五十金雞馹五十奢香馹五十水西馹
水銀硃砂產於西溪黃道二司屬水西
宣慰五十里谷里馹五十六廣馹五十
龍場馹五十
【貴州】布政司
●畢節衛分至雲南西路
本衛七十周泥馹七十黑章馹五十尾
甸馹七十烏撒衛六十七星関倘塘馹
六十霑益馹六十炎方馹六十松林馹
七十曲靖府南寧馹四十馬松馹八十
易龍馹七十楊林馹一百至
【雲南】布政司雲南府滇陽馹

【茘枝】本府出唐時有妃子園茘枝百餘株楊妃
所喜當時以快馬馳載十日夜到京【秦吉了】聞
見録長寧軍有鳥名秦吉了能人言一日有蛮
人将錢五千買之其人告以貧苦将賣尔吉了
曰我漢禽不願入蛮地遂驚
而死今不離矣【邛竹】府境出
【重慶府】判四 領州三縣十七 秋米三千五百石零 里四百零三 一
巴縣附郭簿二 江津簿二 長壽簿二 南川丞無 黔江丞無 永川簿無
營昌 綦江 大足 【合州】二判屬縣四 銅梁
定遠丞無 安居丞無 璧山丞無 【忠州】縣二 酆都丞無 墊江丞無
【涪州】二判屬縣二 武隆典知 彭水丞無 ○ 【土產】 丹砂彭水出
壽木【松屏】【大黽】俱涪州出【花竹簟】江津出【引藤】
忠州出大如指中空可吸俗用以取酒【苦藥子】
忠州出性寒解一切毒氣【黃
心樹】忠州出【蘇薰蓆】墊江出
【夔州府】二判 領州一縣十二 秋米二萬石零 里六十四
奉節附郭丞無 巫山丞無 大昌丞無 雲陽丞無 大寧丞無 萬縣丞無
開縣丞無 【達州】縣五 新寧丞無 梁山丞無 東鄉丞無 建始丞無

南京東路至雲貴至於孫黃驛與北京至雲貴路分南京西路至雲貴自大江至瀘州由納溪而南至於畢節其路兩分東去貴州西去雲南為二省之西路南京內洞庭湖入沅江辰州府至鎮遠府陸路而去亦東路詳三十五號

●十五南京至廣西布政司水陸

南京至湖廣將臺驛詳十四号將臺驛至廣西布政司桂林府詳三號

南京水至廣西桂林府詳三号本府由平樂府水至梧州等府猺賊惡甚上水舡惟撐不能牽商賈之路由梅嶺廣東而至梧州等府俱不往桂林至平樂之北者必由桂林而去避洞

太平 知一 典一 ○ 土產 麩金萬縣畦始出 太乙玄精石雲陽出 楓香達州出 獺各縣出

龍安府 領縣二 秋米 里一十二

江由 丞無 石泉

馬湖府 領長官司四 秋米二千 石零 里一十一

泥溪 附 平夷 沐川 蠻夷 ○ 土產 餘甘子 如川練 楠木年深向陽者結成花紋俗呼閉北南 杉木獨本蔥

直隸潼川州 判二 屬縣七 秋米二萬 石零 里二六十

射洪 丞無 鹽亭 丞無 遂寧 丞無 樂至 丞無 蓬溪 丞無 安岳

中江 知一 典一 ○ 土產 桃竹並出 遂寧出 心蟠石山出 曾青空青潼川出 蔗霜

直隸眉州 判一 屬縣三 秋米八千 石零 里四十

彭山 丞無 丹稜 丞無 青神 丞無 ○ 土產 水石 鷄兒井出 蔓頭山出 寒 史君子 巴豆 州縣俱出 鸚鵡 水獺 州境出

直隸嘉州 屬縣五 秋米四萬 石零 里十四

庭湖者由湖口縣江西袁州淥口衝州而去詳三十六号

●十六南京至浙江福建二省水

南京至浙江福建二省水詳一号

●十七南京至山海関

南京由北京至山海関自北京六十里至通州潞河駅五十三河縣三河駅五十灤陽駅六十陽樊駅六十永濟駅六十義豊駅七十七家嶺六十永平府灤河駅六十盧峰駅六十楡関駅六十至山海関

南京由淮安至山海関詳十三号

●十八北京至所属府

順天府至保定真定順徳三府詳三号

至河間府詳一號

夾江　峩眉丞無　洪雅丞無　犍為丞無　榮縣丞無

○土産　山礬花邛縣出極香　木蓮花白鶴山出分四色　黒頭魚本州出形若鱔魚長者及尺惟郭朴臺前有之世傳朴著書臺上魚吞洗硯之墨故其魚首黒　蒲江硯蒲江出其發墨與端歙不異

直隷邛州　属縣三　秋米二萬石零

大邑丞無　威遠丞無　蒲江丞無

直隷瀘州　属縣二　秋米　里一百

納溪丞無　合江丞無　江安

○土産　茶瀘茶味極佳飲之療風　荔枝　楠木　鱘魚俱本州出

直隷雅州　属縣三　秋米八千石零　里二十二

名山丞無　滎經丞無　蘆山丞無

○土産　䱜魚　丙穴魚州南有丙穴産嘉魚味鹹而美　娑羅花毛星上出移之他處則槁有五色之異如爛錦照映山谷

東川軍民府　通判經歷照磨各一　秋米　里二

○土産　毡　蜜　松子　漆　麻布

至永平府詳十七號
至廣平大名二府　至山東臨
清州附
順天府至順德府詳三号順德府龍岡
驛七十臨洺驛四十五廣平府永平縣
叢臺四十肥鄉縣七十大名府元城
縣三十小灘鋪四十觀縣七十清水鋪
二十里至臨清州
●十九南京至所屬府
應天府至蘇松常鎮四府詳一号
至太平池安慶三府詳十一
至揚州淮安府邳州徐州詳十二
至廬州府詳十四号
至鳳陽府和州滁州宿州詳八
至寧國府廣德州水陸

烏蒙軍民府　通判經歷照磨各一　秋米　里一
○土產　茶　鷳鷄　氊　筇竹　楷木
烏撒軍民府　同知經歷照磨各一　秋米　里二
○土產　鐵　銅　漆　松子　刺竹　猿　鹿
鎮雄軍民府　通判經歷照磨各一　秋米　里二
芒部軍民府　通判經歷照磨各一　秋米　里二
○土產　吞爪樹生堅如石故名善治心痛　楷木極直大者百圍
○已上俱山僻地夷方土知府
播州宣慰使司　隷四川布政司　領長官司六安撫司一
長官司　播州附　餘慶在使司南　白泥在使司東南　容山在使司東　真州在使司東北　重安在使司東南
安撫司　草塘在使司東　黃平在使司東南
○土產　文蟲　班布　丹砂　俱秦州出　犀角　綏陽縣出
龍州安撫司　隷四川布政司置青州守禦千戶所隷四川都司

南京龍江驛六十大勝驛九十采石驛百八十水陽驛九十寧國府宣城縣宛陵驛一百八十里至廣德州

至徽州府路

南京出南門六十江陵鎮六十采石卅太平府六十蕪湖縣九十南陵縣五十涇縣百十里旌德縣八十雄路五十里至徽州府

●二十山西布政司至所屬府

東北至蔚州路

太原府八十成晉驛屬陽曲七十九原驛忻州八十原平驛崞縣一百里代州振武衛鴈門關驛關内東至五臺一百四十里関外西至朔州一百四十里北六十廣武驛馬邑縣九十安銀子驛應

○土産 水銀 葛粉 附子 天雄 烏頭

永寧宣撫司 隸四川布政司 ○土産 思木馬 苦竹根

黎州安撫司 隸四川布政司置大渡河千戶所隸四川都司 ○土産 牛黄 升麻 花椒 天南星 射

平茶洞長官司 隸四川布政司 ○土産 黄蠟 土降香 花 班布 班竹 楠木

天全六番招討使司 隸四川都司 ○土産 氈毯 烏茶 [illegible] 錦雞

松潘等處軍民指揮使司 隸四川都司 領千戶所一 長官司十七 安撫司四

長官司 占藏先結簇 蠟匝簇 白馬路簇 山洞簇 阿昔洞簇 北定簇 牟力結簇 麥匝簇 思曩兒簇 者多簇 班班簇 祈命簇 勒都簇 包藏簇 阿昔簇 阿用簇 潘幹寨

安撫司 八郎 麻兒匝 阿角寨 芒兒者

州八十西安驛日懐仁縣八十大同府大
同縣雲中驛日八十甕城驛日大同縣五十
上盤鋪驛日渾源州二百廿蔚州東南至
紫荊関二百五十
●西北至鎮西衛保德州路
太原府九十凌井驛日屬陽曲八十康家
會驛日八十五閣逕驛日並屬靜樂縣九
五十嵐州鎮西衛安定驛日一百保德州
●西南至汾州平陽府蒲州路
太原府八十同戈驛日徐溝縣五十賈令
驛日祁縣六十洪善驛日平遥縣西八十里
至汾州汾陽驛日南七十義常驛日介休縣
七十瑞石驛日三十五仁義驛日並屬灵石
縣六十霍州霍山驛日八十普閏驛日洪洞
縣六十平陽府臨汾縣建雄驛日五十蒙

○土産 井松 羌活 朴硝 當歸 硼 毛毯

疊溪守禦軍民千户所 隷四川都司 領長官司二

長官司 疊溪在所城北 鬱即在所城西

○土産 犛牛 犏牛 馬鷄

四川行都指揮使司 隷右軍都督府 領衛軍民指揮使司六 守禦千户所八 長官司五

衛軍民指揮使司

建昌 建昌前俱附郭 寧番在都司北 越嶲在都司北 鹽井在都司西 會川在都司東南

守禦千户所

禮州二俱在建昌衛城北 打冲河中前在建昌西 德昌在建昌城南 打冲河中左在鹽井城西北 冕山橋在寧番城東 迷易在會川城西

長官司

昌州在建昌南 威龍在建昌東南 普濟在建昌西南 馬剌在鹽井南卩部在越嶲

○土産 井松 當歸 毛毯 馬鷄 白蜜 白銅 寧番衛出

湖廣道

古荊州地省府即古楚國東抵江西界東南廣東界西北陝西界西抵四川界西南貴州界自省城至北京五千一百七十里

城驛五十侯馬驛並屬曲沃縣七十凍
川驛聞喜縣九十泓芝驛安邑縣八十
樊陽驛臨晉縣八十蒲州西六十里渡
黄河至陝西潼關
太原府至平定州詳六号
●二十一江西布政司至所屬府
南昌府至南康府袁州府詳三十六号
至九江臨江吉安贛州南安五
府詳二号
至廣信府詳三十七号
至瑞州府詳四十三号
至饒州府詳四十一号
至撫州建昌二府路
南昌府六十武陽驛六十清遠驛屬臨
川縣十撫州府百廿建昌府盱江驛

管轄統屬布政司領府一十五屬州十三縣九十八州三
屬縣九○都司領衛一十六屬所一百三十三宣撫司四安撫司八長
官司十一蠻夷官司五所三十四○儀衛司四○宣慰司
二屬長官司八○行都司領衛七三屬十所所八○儀衛
司二○王府九楚府遼府岷府襄府荊府吉府榮府華陽府南渭府○郡
王府六十二楚府十三岷府十四荊府六遼府十九襄府四榮府五吉府一華陽二南渭六
戶口戶五十三萬一千六百八十六口四百三十三萬三千五百三十
錢粮夏秋二稅共米麥豆芝蔴二百一十六万七千五百五十九石絹二萬七千九百七十七疋布七百五十疋鈔一百七十五貫
軍馬本都司所屬馬步官軍舍餘七百一千六百餘員名
武昌府三判領州一縣九秋米十六万三百石零里二百三十一
江夏附武昌咸寧知典崇陽知典嘉魚知典蒲圻
通城知典興國縣二米二萬五百一十石零大冶通山知典
○土產銀興国州西黄姑山出水晶興国潘家山出火紙各縣出鱘鰉魚大江出

●二十二湖廣布政司至所屬府

武昌府至岳州長沙衡州永州四府詳三号　至漢陽府北渡大江廣七里

至黃州府蘄州詳三十四号

至岳州府常德府辰州府沅州詳三十五號

至荊州　歸州詳三十四号

本司至寶慶府水

武昌府至城陵磯詳卅五　城陵磯馹七十五　鹿角馹六十　磊石馹六十　營田馹六十　笙竹馹湘陰縣南喬口巡司入資江寧鄉縣　益陽縣　安化縣　新化縣　寶慶府　武岡州

北至襄陽等府水陸

武昌府六十　蒲圻馹六十三　汉馹並屬

漢陽府屬縣二　秋米九萬九千五百石零　里二十七

漢陽附知典　漢川無簿　○土產　天鵞　梔子　銀杏　橙　綿布　水獺　各縣出

襄陽府二判令　領州一　縣六　秋米六萬三千七百石零　里二百廿九

襄陽附知典　宜城　南漳　谷城　棗陽　光化

均州無同米五千四百八十六石零　○土產　沙金南漳宜城谷城俱出　黃精　茅香　靈壽杖　萬年松　鷹林葉　太和山出　鯿魚　漢江出　榔梅　花均州武當山真武折梅枝寄榔樹之上誓言曰吾若道成花開菓結後竟如其言今尚存名榔梅力記　蒼礬　雷丸　石膏　竹鰡　俱房山縣出

德安府　領州一　縣五　秋米四万一千零　里七十九

安陸附知丞　應城無丞　雲夢無丞　孝感　隨州一縣　應山無丞

○土產　白蠟　野雞　覆盆子　隨州出　銀子菜根似蔓菁又如萝蔔

黃州府二判　領州一　縣八　秋米廿五万二千石　里四百八十一

黃岡附知典　蘄水　羅田　麻城　黃陂　黃安

蘄州縣二米一百四十石　廣濟　黃梅　○土產　白芨　麻　城山運

漢陽縣一百八十沙湖驛一百廿堠埠
驛一百廿沔陽州漢津驛一百廿副河
驛百廿深江驛沙湖至此並屬本州一
百廿白伏驛荊州府潛江縣一百廿舊
口驛屬荊天府一百廿承天府石城驛
百廿魚料驛屬荊門州一百廿藕湖驛
宜城縣水百廿潼口驛屬襄陽縣水一
百廿里至襄陽府漢江驛陸路六十磚
橋六十蔡店三十穀城縣四十石花街
七十界山五十草店四十均州一百廿
鄖陽府
至德安府隨州襄陽府路
武昌府渡江廣七里漢口三十平湖塘
六十龔家渡三十漢川縣三十劉家隔
六十洛陽河十里雲夢縣二十利塘四

麪松蘿鱘魚俱本府出蘄竹蘄州出漢紙新州
三角山出衲僧傳有異僧種之而去若雜以葷物卽
無味白花蛇頂有方勝尾有指甲入劃破出其
則自起水以指甲洗去共腸蟠屈而死長尺餘
能愈大風辟毒綠毛龜皆有綠毛浮水中刺
毛沉起置壁間數年不死辟飛塵俱蘄州出

荊州府領州二縣十秋米十九萬四千石零里二百七十二
江陵附　公安　石首　監利　松滋　夷陵縣四
米二千八十七石零　長陽知典　遠安知典　宜都知典　枝江知典　歸州無同
縣二米一千九百二石零　巴東無丞　興山知典　○　土產　龍齒府　貝母石
縣俱出青綠石松滋鳳凰山出
荊竹苦竹杜若兕白夷陵州出

岳州府領州一縣七秋米十七萬石零里二百六十九
巴陵附　臨湘　平江　華容　澧州三縣　石門
慈利　安鄉知典　○　土產　竹簟光粉柑桔漆俱澧州出
州諸縣出磁器甲巴陵縣出

長沙府領州一縣十一秋米九萬八千五十二石里三百三十一
長沙附　善化附　湘陰典二　湘潭　湘鄉　瀏陽

十德安府四十平理市四十光化舖三
十隨州七十唐縣鎮五十紅產店四十
棗陽縣六十蔡陽店八十襄陽府對江樊城

●二十三雲南布政司至所屬府

本省由各府至金齒路
雲南府西八十安寧州安寧驛五十五
禄豐縣驛屬安寧八十禄豐驛禄豐縣六
十五捨資驛五十五路甸驛並屬廣通
縣六十里楚雄府峩𧰼驛四十呂合驛
屬楚雄縣北一百五十里至姚安府西
六十五沙橋驛鎮南州七十五普淜驛
屬姚州六十雲南驛雲南縣七十五定
西領驛屬趙州南從景東府西七十五
趙州德勝關驛北三十里至大理府洱
西驛產屏石西八十漾備驛屬蒙化府

醴陵　寧鄉　益陽　攸縣　安化　茶陵米四
萬二千六百六十石零　○　土產　硃砂　水銀安化出　滿知者佳　王回　茶陵出　附竹近
寶慶府　領州一縣四　秋米五萬五千七十四石　里一百三十七
邵陽附　城步　新化　武岡　縣一米五萬五千七卜四石零
新寧知典　○　土產　黑鉛新化出　鸚鵡鮮府境　出丹砂武岡竹子山出
衡州府二判　領州一縣八　秋米廿一萬四千七百九十七石　里二百七十
衡陽附　衡山　耒陽　安仁無簿　常寧知典　酃縣知典
桂陽　縣二米二萬二千一百九十七石零　臨武　藍山　○　土產
山磬各縣出　仙人修長　○　髮草　龍鬚草俱衡山出　公署　衡　衡州在府　千戶
所　鎮守常寧中在縣　守禦桂陽在州　守禦寧溪在藍山西
辰州府四判　領州一縣六　秋米五万一千三百零　里一百五十三
沅陵附　漵浦　盧溪知典　辰溪知典　沅州二縣　麻陽知典
黔陽知典　○　土產　鐵　金各縣出　水銀沅陵盧溪出　鉛辰溪出　丹砂沅州沅陵麻陽

六十打牛坪驛九十永平驛並屬永平
縣六十沙水驛一百十金齒衛蓮宝石
至南京八千三百六十五里至北京一
万一千八百三十五里
●定西嶺南至景東府路
定西嶺驛屬趙州一百定邊驛六十新
田驛並屬楚雄府定邊縣六十板橋驛
屬景東六十里景東府景東驛
●大理府北至洱江府路
本府六十鄧川驛鄧川州七十觀音山
驛屬鶴慶府百廿鶴慶府在城驛七十
洱江府通安州在城驛
●本司北至武定府路
雲南府七十利浪驛八十武定府和
曲驛

出老鴉井者為上
永州府三判領州一縣六秋米六萬八千石零里一百七十一
零陵附祁陽知典東安知典道州二縣寧遠江華知典
永明知典○土産石燕青綠祁州出綿線零
麝祁陽出石磬零陵出垂于斧
州容犀白鶴山出香零陵香生湘源
所有瘴香聞數十里異香可以已大風
常德府屬縣四秋米六萬九千四百零里一百零九
武陵附沅江知典桃源龍陽
鄖陽府屬縣七秋米一萬二千四百石零里一百四十
鄖縣附房縣上津丞無竹山丞無鄖西丞無竹溪丞無
保康知典
承天府領州一縣四秋米十一萬一千八百十一石零里一百廿四
鍾祥附京山潛江丞無荊門縣一米三萬二千九百石當陽
無丞○土産綿花麂野猫花猫俱本府出麂兒花
猫野猫皮歲輸石青石綠荊門出

●本省南至九江府路

雲南府八十儒寧馹晉寧州七十江川馹徵江府江川縣本馹九十里至徵江府七十通海馹臨安府通海縣五十至曲江馹屬建水州八十臨安府建水州新建馹八十寶秀馹石屏州二百元江府因遠縣

●本省東南至廣西府廣南府路

雲南府七十湯池馹宜良縣七十和摩馹屬徵江府路南州八十普陀馹九十廣西府在城馹八十英武馹六十福德馹六十癸助馹六十高果馹六十花架馹屬廣南府一百速為馹屬廣南府六十廣南府在城馹廣西安隆長官司界

●二十四四川布政司至所屬府

直隸沔陽州　屬縣一　秋米三萬一千七十五石零　里七十

景陽　○

土產　魚　府州縣俱出○惟沔陽州最多本朝置河泊所二十有二

直隸靖州　屬縣三　秋米　里五十八

通道知典　會同無丞　綏寧無丞　○

土產　葛布出　金州縣俱出　九肋魚沅江出　烏頭　五棓子州竟俱出

直隸郴州　二判　屬縣五　秋米　里六十二

桂陽知典　興寧知典　永興知典　宜章知典　桂東知典　○

土產　銀　鐵　錫　州縣出

施州衛軍民指揮使司　隸湖廣都司　領軍民千戶所一　宣撫司四　安撫司八　長官司十一　蠻夷長官司五

大田軍民千戶所在衛城西北

宣撫司

施南在衛城東領安撫司四　散毛在衛城西領安撫司二　忠建在衛東領安撫司二　容美在衛東南領長官司四　○

安撫司

東鄉五路領長官司二

已上俱隸施州衛

成都府至松潘衛茂州沼州加定州敘州府馬湖府瀘州重慶府夔州府俱三千四百

●重慶府西北至成都府路

重慶府朝天驛六十白市驛六十來鳳驛並巴縣百廿東皋驛永川縣一百峰高驛一百龍橋驛並榮昌縣一百安仁驛內江縣一百味江驛一百南津驛資陽縣百十陽安驛八十龍泉驛並簡縣五十成都府

●成都府北至龍州路

錦官驛六十五新都驛新都縣六十旌漢驛漢州六十古店驛六十五城驛羅潼川州中江縣六十建寧驛六十潼川州皇華驛百八十金山驛綿州百八十西平驛江由縣九十武平驛一百青川

夷官司二　忠路領長官司一　忠孝　金峒領蠻夷官司一○以上俱隸施南宣撫司　龍潭　大旺領蠻夷官司二○以上俱隸散毛宣撫司　忠峒　高羅領長官司一○以上俱隸忠建宣撫司　〔長官司〕搖把峒　上愛茶峒　下愛茶峒同以上隸東鄉五路安撫司　劍南隸忠路安撫司　木册隸高羅安撫司　鎮南　唐崖俱左隸施州衛　椒山瑪瑙　五峯石寶　石梁下峒　水盡源通塔平俱隸容美宣撫司　〔蠻夷長官司〕鎮遠　隆奉俱隸東鄉五路安撫司　西浮隸金峒安撫司　東流　臘壁峒同俱隸大旺安撫司

○〔土產〕花纈獐馬鹿紅蠟金線鷄衛藥出白藥施州所出多種

〔永順州軍民宣慰使司〕隸湖廣都司　領州三長官司六

〔州〕南渭　施溶　上溪　〔長官司〕臘惹洞　麥著黃洞　施溶溪　白崖洞　驢遲洞　田家洞

○〔土產〕水銀　丹砂　石英　蘭馬　野牛

千户所古城驛一百三十龍州小溪驛涪

江源發於此北至陝西文縣東界

●成都府西南至會川衛路

錦官驛百三十唐安驛卭州百十白

鶴驛卭州百廿百丈驛雅州名山縣百

廿雅州驛百廿新店驛八十箐口

驛並屬[illegible]縣百廿沉州沉黎驛百四十

河南驛百廿鎮西驛八十利濟驛並屬

越巂衛八十卭部州龍泉驛百廿瀘沽

驛馬湖府之西八百四十七十溪龍驛

六十建昌衛[illegible]八十驛六十祿馬驛百廿

阿用驛七十白水驛七十把松驛七十

大龍驛並屬會川衛五十會川衛

孔明橋在瀘沽西百里今寧番

衛乃孟獲[illegible]瀘水[illegible]千里至會

保靖州軍民宣慰使司隸湖廣都司今領長官司二所

境內喻隆江杜望滑石江三巡檢司則五隸湖廣布政司

長官司五寨　竿子坪　○土產丹砂水銀熊猿豹

浙江道

古揚州地紹興府即越都東北南直

隸東南海西北[illegible]界西南江西

福建界自省城至北京四千二百里

管轄統屬布政司領府一十一州一縣七十五○都

司領衛一十六[illegible]所三十五戶口户一[illegible]二十四

萬二千一百三十五口四百[illegible]

五十二萬五千四百七十一錢糧米麥二百五夏秋二税共

十一萬二百二十九石絲綿二百七十萬四千

二百七十二兩絹三千五百七十四疋布九疋鈔

五萬一千二百九十三錠馬草八十七萬四千

四百九十一包○鹽運司額辦鹽四十四萬四

千七百六本都司所轄馬步官軍

十九引軍馬三萬九千九百餘員名

杭州府三屬縣十秋米二十三萬一千三百

四千石零里九十二

錢塘附仁和附二丞富陽新城知縣昌化知縣

川衛又北流千餘里至敘州府入川
江極稚杉枋板産於建昌衛
●二十五陝西布政司至所屬府衛鎮
西安府西由各府至河州衛路
兆驛五十渭水驛咸陽縣五十白渠
驛興平縣四十長寧驛四十邰城驛武
功縣五十鳳泉驛扶風縣六十岐周驛
岐山縣五十鳳翔府南去漢中府西七
十汧陽縣九十隴州四十寒衣閔不
瓏關共八十盤龍鋪九十清水縣九十
涉水屛五十秦州伏羲畫卦臺在本州
三十里至三十里店八十伏羌縣一百
寧遠縣一百鞏昌府通遠驛九十慶平
驛百十臨洮陽驛百卄和平驛六十河
州衛鳳林驛茶馬司一

餘杭 海寧二丞二簿 於潜知典 臨安 新昌知典
○土産 冬筍餘杭出 楊梅錢塘富陽出者佳 藕西湖出佳 黄精餘杭於潜二縣俱出
嘉興府判三 屬縣七 秋米六十一萬八千石零 里一千六百九十七
嘉興附三簿二丞 秀水二丞三簿 嘉善二丞二簿 平湖二丞二簿
崇德 海塩二丞二簿 桐鄉二丞二簿 ○土産 綾紬俱出 各縣 蠶絲
白鶴 水母 石首魚俱海塩出 蟹嘉興分 湖出者佳 黄雀崇德出 醃菜各縣出
湖州府判四 領州一 縣六 秋米四十七萬石零 里一千九百九十一
歸安附二簿二丞 烏程二丞二簿 長興二丞二簿 武康 德清
二丞二簿 安吉屬縣一 一萬石零 孝豐典簿 ○土産 縐紗 絹各縣俱出 鐵 錫 礦
茶長興出 翠 歸安菱湖出
嚴州府 屬縣六 秋米四萬石零 里三百二十五
建德附 桐廬 遂安 分水 壽昌 淳安
○土産 桐油淳安壽昌出 漆各縣出

本司東北由延安府至楡林鎮黃

甫川路

西安府九十建平驛 三原縣九十順義驛 耀州七十漆水驛 同官縣九十雲陽驛 宜君縣七十翟道驛 中部縣七十五三川驛 屬鄜州六十五鄜城驛 鄜州九十五延安府 膚施縣金明驛 甘谷驛延長縣文安驛 屬延川縣 石嘴谷驛 清澗縣米脂縣四十碎金鎮 共八十魚河堡 四十 歸德堡 三十 楡林鎮 東三十長樂堡 四十 双山堡四十 建安堡四十 高家堡 四十 柏林堡 十五 大柏油堡 三十神木堡 四十 永興堡 四十 鎮羌堡 四十孤山堡 四十 木瓜園堡 四十 清水營 十五 黃甫川 東九里至黃河渡 娘娘灘 至

金華府 屬縣八 秋米一十七萬石零 里一千二百

金華 附 蘭谿 東陽 義烏 武義 浦江

湯谿 永康 ○土產 葛布 紵布 黃連 各縣俱出 [illegible]東[illegible]酒 但東陽縣出

衢州府 屬縣五 秋米九萬石零 里七百五十一

西安 附 龍游 常山 江山 開化

○土產 柑橘 西安出 茶 龍游出 藤紙 開化出 綿 府境出

處州府 屬縣十 秋米十萬一千石零 里九百九十三

麗水 附 晉雲 慶元 青田 遂昌 宣平 無簿

景寧 無簿 龍泉 雲和 典知 松陽 ○土產 青瓷 龍泉 麗水

出 綿 黃連 各縣出

紹興府 三判 屬縣八 秋米二十八萬石零 里一千一百九十四

山陰 附 會稽 附 蕭山 餘姚 諸暨 上虞

嵊縣 新昌 無簿 ○土產 剡牋 嵊縣出 茶 竹紙 [illegible]門 鑄錫 出

山西偏頭關

鞏昌府西南至洮州衛路

通遠驛九十　山岔驛七十　酒店子驛八

十　岷州衛岷山驛四十五　西津驛九十

洮州衛洮州驛　茶馬司一

至平涼府固原鎮寧夏中衛路

本司至邠州詳卅四号　邠州六十　靈臺

縣九十　涇州七十　崇信縣八十　平涼府

一百　固原鎮百廿　鎮戎千户所九十　平

虜千户所四十　下馬關四十　甜水堡屬

環縣守備　寧夏中衛

本司至漢中府路詳四号

●二十六廣東布政司至所屬府

本司至肇慶府水

廣州府至肇慶府德慶州廣西梧州府

【寧波府】二同　二判　屬縣五　秋米一十七萬里七百四十二

鄞縣附　慈谿　定海　奉化　象山　○【土産】

鮚鮚鮓也　青鱭子　塞栢條名長生不死草　覺紆道

俱鄞縣出　土鐵　鄮魚　烏鰂魚　鰣　蟳　蟹　淡菜　海出

【温州府】屬縣五　秋米十萬一千石零里八百五十二

永嘉附　樂清　平陽　瑞安　泰順知典

○【土産】金雀　雁蕩山出　沙魚皮　平陽　蠲紙　圖石　俱永嘉出

【台州府】一判　屬縣六　秋米十萬石零里五百五十一

臨海附　黃岩　仙居　太平　天台　寧海

○【土産】乳柑　俱黃岩出　金橘　府境出　垂條　如頸卵結子如碧珠三年子乃一熟　海

減生者相續一年上綴於條上

飛生鳥　府境出　花乳石　仙居出

【江西道】

【管轄統屬】布政司領府一十三　屬州一　縣七十五　○都

一百七十五里

古荊州地亦楚國東北南京界東抵

浙江界東南福建界西北正西湖廣

界西南湖廣界自省城至北京四千

詳四十二號
本司至潮惠二府路
五羊驛一百烏石驛六十增江驛並增
城縣一百淑河驛博羅縣一百惠州府
欣樂驛八十平山驛七十平政驛並屬
歸善縣八十平安驛海豐縣七十南豐
驛八十東海滘驛八十惠來縣大波驛
八十北山驛五十五武寧驛六十靈山
驛潮陽縣七十桃山驛揭陽縣七十潮
州府海陽縣鳳城驛
本司由各府至崖州路
廣州府八十官窰驛四十西南驛四十
肇慶府高要縣崧臺驛崖端硯八十腰
古驛五十新昌驛七十五獨鶴驛並屬
高要八十五恩平驛七十蓮塘驛六十

司領衛四屬所一十五所十一○儀衛司一○王府
三淮府益府弋陽府○郡王府十三淮府十益府二戶口戶一百三十六
萬三千六百二十九口六錢粮夏秋二稅共米
百五十四萬九千八百餘麥二百六十一
萬六千六百石絲八千二百三十斤絹一萬一
千五百一十六疋布一千三百四十一疋鈔九
千九百七軍馬本都司所屬馬步官軍
十九錠一萬一千七百員名
南昌府二判領州一縣七秋米五十萬石零里二千八百六十四
南昌附新建附豐城進賢奉新靖安無丞
武寧寧州二判米二萬石零○土產羅漢菜西山出東湖魚東湖水
清魚美曲江魚曲江出魚食金花水味
美膏布乳柑各縣出苦谷南昌出
饒州府三判屬縣七秋米二十一萬石零里一千三十六
鄱陽附餘干樂平德興浮梁安仁
萬年○土產瓷器浮梁出饒紗本府出
極佳活石安仁蒙嶺出
廣信府二判屬縣七秋米十二萬二千石零里四百八十九

西平驛六十陽春縣樂安驛六十太平
驛陽江縣六十立石驛電白縣一百那
夏驛茂名縣七十高州府茂名縣古潘
驛西去廉州府南九十陵水驛化州一百
十新和驛石城縣一百桐油驛遂溪縣
六十城月驛遂溪九十雷州府海康
縣雷陽驛六十將軍驛屬海康七十英
利驛一百谷禮驛並屬徐聞縣渡海瓊
六十白沙驛屬瓊山十里瓊州府瓊山
縣瓊臺驛東去萬州西四十西峰驛澄
邁縣七十朱崖驛臨高縣六十歸善驛
儋州四十儋州古儋驛四十田頭驛四
十大村驛三十大員驛並屬儋州四十
昌江驛昌化縣四十大南驛七十縣門
驛感恩縣八十甘泉驛八十義寧驛東

上饒附　玉山　貴溪　永豐　弋陽　鉛山
興安典知　○【土產】【銅鉛】鉛山弋陽出【煤炭】石灰東　帖紙俱鉛山出【毛邊紙】玉山出
瓷器□□安出【葛粉】各縣　出【府蘇】貴溪上清出
【南康府】屬縣四　秋米七萬石零　里二百一十七
星子附丞　燕都昌　建昌　安義燕丞
○【土產】【石斛】【鉛粉】【銀硃】石耳　葛布俱星子出
【臨江府】三判　屬縣四　秋米二十三萬石零　里九百二十六
清江附　新喻　峽江　新淦　○【土產】【銀硃】新喻出　紵布
葛布【銀杏】　各縣俱出
【建昌府】屬縣五　秋米一十萬石零　里四百零二
南城附　新城　南豐　廣昌　瀘溪知典
○【土產】【藥苧】麻姑酒葛【金絲布】唐　時貢【銀珠米】宋時常貢獻
【撫州府】三判　屬縣六　秋米三十一萬石零　里一千二百五十七

六十德化驛並屬崖州一百崖州潮源
驛廣東城至此二千五百五十東去陵
水縣陸路三百里
瓊州府東去萬州路
本府東七十寶亭驛四十文昌驛四十
長岐驛並屬文昌縣五十五永宜驛会
同縣四十溫泉驛四十五多陳驛屬萬
州四十萬州萬全驛西一百陵水縣
高州府至廉州府路
本府八十息安驛石城縣九十白石驛
石康縣九十廉州府合浦縣瓊珠驛廣、
州府至此一千五百十五里
廣州府至高雄韶州二府詳二号
廣東城至雷州府渡海六十里至白
沙港登岸十里至瓊州府西向背海

臨川附　金谿　東鄉　崇仁　宜黃　樂安
○土產　銭臨川出竹篦朱橘各縣出
九江府　屬縣五　秋米一十萬石零　里八十二
德化附　德安　瑞昌　彭澤　湖口
○土產　玄參雲母石石斛俱德化出鰣魚彭澤出
吉安府　屬縣九　秋米四十四萬石　里二千二百一十六
廬陵附　泰和　永豐　吉水　安福　龍泉
萬安　永新　永寧　○土產　玉版笋出白鷺州水晶葱紫苑
廬陵出浮笆泰和出坐奴草永豐出龍鬚草巾子山出砲石魚龍泉江出
瑞州府　二剌　屬縣三　秋米二十二萬五千一石零　里六百七十六
高安附　上高　新昌　○土產　石青石晶黃丹俱上高出
袁州府　屬縣四　秋米二十一萬石零
宜春附　分宜　萍鄉　萬載　○土產　黃梔地黃宜春出

中有五指山生黎人生熟人俱來入本
府東去萬州西去儋州折南至崖州
一府三州十縣環五指山之外惟崖
州陵水縣在五指之極南也南京至
瓊州府六千七百五十五里本省自飄
海而去順風兩日至瓊州府儋城海衛

●二十七廣西布政司至所領府
本司東各府至思明府水
桂林府下水八十南亭驛屬臨桂三十
古杵驛屬陽朔縣八十昭潭驛九十廣運
驛屬平樂縣七十昭平驛七十平樂府
平樂縣龍門驛八十龍江驛屬蒼梧入
十梧州府蒼梧縣兩廣都御史駐劄入
柳江上水西一百廿藤江驛藤縣三十
黃冊驛四十烏江驛平南縣九十牛屎

分宜 紵布亦宜縣出 【出葛布】
【贛州】三判 屬縣十 秋米十萬石零 里三百五十九
贛縣附 興國丞無 信豐丞無 會昌丞無 雩都丞無 安遠丞無
石城丞無 瑞金丞無 寧都 龍南丞無 〇【土產】蜜 石竹石俱出
【南安府】事無 同無 長無 屬縣四 秋米二萬石 里十七
大庾附 丞無 南康 上猶丞無 崇義知典 〇【土產】茶磨 上猶
出土人以白脉者為銀線黃脉者為金線

【福建道】古閩越地東北海東抵大海東南抵海西北江西界西南廣東界自省城至北京六千一百三十三里
【管轄衙屬】布政司領府八屬縣五十二州一縣二〇都司領衛十一屬所五十六所十二〇行都司領衛五屬所二十二所二
【戶口】戶五十萬九千二百餘口二百八萬二千六百七十一
【錢糧】夏秋二稅共米麥八十八萬三千一百一十五石絲綿一百九十四兩絹六百疋予

潯倦九十潯州府桂平縣府門驛馬入右
江一百卅東津驛馬八十懷澤驛馬一百卅
香江驛並属貴縣六十烏蛮驛四十横
州州門驛馬八十火煙驛馬八十太淳驛四
十黄范驛宣化縣七十南寧府建武驛馬
七十大灘驛四十羅陽縣鑑多驛馬七十
左州馱驛十太平府左江驛八十
鐙勒驛馬西六十里至州南一百三十思
明府明江驛本省至南寧府陸路
本司至柳州府慶遠府路
桂林府六十蘇橋驛馬属臨桂縣四十五
三里驛三十五蘭麻驛馬廿五横塘驛並
属永福縣百廿大分驛一百廿江口驛
並洛容縣一百廿雷縣驛八十雷塘驛
馬平縣七十柳州府馬平縣東江驛十六

六十五斤鈔一萬七百七十九錠〇盐
運司額辦盐價八千八百七十八兩
司所属馬歩官軍共四
萬八千二百餘員名
【軍馬】本都

【福州府】判令四領州一縣十二秋米十六萬六千五百零里七百二十
閩縣附 侯官附 懷安附 羅源知典 古田 長樂
連江 福清 閩清 永福知典 【福寧】縣二米二萬八千五
百五石 福安 寧德 〇【土產】蕉布 荔枝 龍眼 羊毛 葉如五办
色有青黄【撒覽】各縣俱出【蔗】府西有井蕪州【盐】
【素馨】海蛤 鹿角【米】近海縣出 寿山石出懷安如
玉 桑而易改【香蕈】各縣俱出【金】
銀沙在東山文殊陀若陀出
【興化府】屬縣二秋米六萬七千石零里三百二十二
莆田附 仙遊知典 〇【土產】綵布 絨絹 黄石街出 葛布 苧布 各縣出
【漳州府】屬縣十秋米十一萬六千石零里四百七十二
龍溪附 漳浦 龍岩 南靖 詔安知典丞 長泰知典
平和知典 漳平無丞 海澄 寧洋 〇【土產】荏茶 枝竹絲

羅思驛並屬柳城縣五十大曹驛屬宜山縣五十慶遠府宜山縣寺陽驛徭賊惡甚水陸往來皆難

柳州府至田州府泗城州路

本府一百三十象州象臺驛一百廿來賓驛來賓縣八十清水驛屬賓州八十賓州在城驛九十黃范驛屬宣化縣八十朱砂驛七十白石驛並屬武緣縣六十祿祥驛七十慕化驛七十歇准驛七十平馬驛並屬田州府七十田州府橫山驛九十戎莊驛六十歸樂驛六十生甸驛並屬泗城州七十泗城州至南京七千六百里至北京一萬一千四十五里

桂林府至橫州南丹州那地州東蘭州賓州柳州府南寧府鬱林州等處

之可以為卷米糖蔗檳榔皮子魚馬甲柱各縣俱出

泉州府 屬縣七 秋米十一萬九千石零 里三百二十九

晉江附 南安 惠安 同安 永春典知 安溪典知 德化典知 ○ 土產 松子 蕉葛 鹽各縣出 砂礪 洛陽橋出 黃蘗 香圓各縣出

延平府 屬縣七 秋米八萬六千三百零 里五百四十九

南平附 龍溪 將樂 沙縣 大田無丞 順昌 永安 ○ 土產 鐵 白苧布將樂者佳 滴水石可為硯 花紋石俱南平出

建寧府 屬縣八 秋米十七萬二千石零 里九百五十三

建安附 甌寧附 建陽 崇安 浦城 松溪 政和 壽寧典知 ○ 土產 茶龍鳳武夷二山出歲入貢 澤瀉甌寧出 書籍建陽書坊出 剪絨毯建陽城北同由出 紙各縣出

邵武府 屬縣四 秋米二千三百石零 里二百四十三

邵武附 光澤 泰寧 建寧 ○ 土產 鐵 銅 銀 茶

陸路並詳四十五号　漳州府至泉州
柳州府慶遠府水詳三十号　猺賊德
甚水陸皆難又
〇二十八浙江布政司至所屬府至
温台寧紹四府水陸
杭州府武林驛廿五浙江水驛屬錢塘
縣渡浙江歴十八里至西興驛屬蕭山
縣五十錢清驛今革五十紹興府山陰
縣會稽縣蓬萊驛八十東關驛渡曹娥
江下早曹娥驛今革屬上虞縣九十姚
江驛餘姚縣六十車廐驛屬寧波六十
寧波府鄞縣四明驛百廿連山驛陸路
六十西店驛並屬奉化縣六十白嶠驛
六十桑洲驛六十六家岡驛並屬寧海
縣六十台州府臨海縣赤城驛六十丹

汀州府　屬縣八　秋米三萬三千七百石零　里三百六十四
長汀附　寧化　上杭　武平知典　永定知典　歸化
連城　清流　〇土產　金銀銅鐵錫上杭芋縣出　降真香連城出

廣東道

古南越地亦楊州南境東北福建江
西界東南大海西北湖廣西介西南大
海自省城至北京七千八百三十五里
管轄總區　布政司領府十六屬州七縣〇都司領
衛十五屬所六十八所四十五　户口　户四十八萬三千三百八十口一百九十七萬八千二十二
錢糧　夏秋二税共米麥一百一萬七千七百七十二石〇廣東
海北二鹽課提舉司本折色鹽價餅本都
引價銀共六三萬七千二百八十兩　軍馬　司所
屬馬步官軍三五萬九千四百餘員名

廣州府　領州一　縣十五　秋米三十二萬石零　里二千二百七十四
南海附　番禺附　順德　東莞　香山　清遠
新會　新寧知典　龍門知典　增城　三水　崇化知典

崖驛黄岩縣六十嶺店驛五十五寧與

嶺驛在芙蓉嶺下六十樂清縣西阜驛

水四十館頭驛並屬樂清縣六十溫州

府永嘉縣衆浦驛至天台雁蕩二山

本司至嘉興等府水

杭州府至嘉興府嚴州府蘭溪縣衢州

府詳一號

蘭溪縣至處州府路

蘭溪縣瀫水驛五十金華府金華縣雙

溪驛五十五長道驛武義縣五十五華

溪驛永康縣八十丹峰驛縉雲縣九十

處州府麗水縣括蒼驛由東陽縣陸路至本府

本司至湖州府水

武林驛十里北新関五十武林港四十

臥山四十龍湖四十湖州府歸安縣烏

從化知典 連州無同屬縣二 陽山知典 蓮山知典 ○

土產 珠香玳瑁鍾乳粉攀枝花人面子亥知人面石髮糖霜丁香蒟醬葛又生葉似黄瓜而厚大實似桑椹其苗為扶留藤合檳榔食之鐵力木又名益木肉豆蔻君迁樹子如馬奶俗呼牛奶子荔枝龍眼波羅蜜番禺南海出藤草蕈皮鼈甲蚺蛇鷓鴣潮鷄似鷄而小頸短潮至則鳴宜母子狀如柑橘味酸甜灰鶴俱新寧出茉莉烏欖綠欖府縣並出魚品甚多

韶州府 屬縣六 秋米五萬石零里六十九

曲江附 乳源無丞 仁化無丞 英德無丞 樂昌無丞 翁源無丞

○ 土產 竹布仁化出紵霜布翁源出翠石昌山出英石英德出御評云峯巒聳秀岩竇分明斧鑿無痕有金玉聲鶴膝竹府境出

南雄府 屬縣二 秋米二萬五千石零里五十一

保昌附 始興無丞 ○

土產 蕉絲布嫩石琢之可以為釜苧竹土人練為麻可以為布石墨始興出又名畫眉石

惠州府 屬縣九 秋米六萬七千石零里一百八十一

程縣茗溪驛

●二十九福建布政司至所屬府

本司至建寧延平二府詳一號

延平府至汀州府路

本府南平縣劍浦驛六十王臺驛屬南平六十准峰驛順昌縣一百三華驛六十白蓮驛並屬將樂縣六十五明溪驛歸化縣六十玉華縣四十九龍驛並屬清流縣七十石牛驛屬寧化縣六十館前驛屬長汀七十汀州府長汀縣臨汀驛

延平府至邵武府水

劍浦驛六十王臺驛六十准峰驛六十富屯驛並屬順昌縣金口驛邵武府八十邵武府邵武縣樵川驛

本司至漳州等府水

歸善附　博羅　和平無丞　海豐無丞　龍川無丞　長樂無丞

興寧無丞　河源無丞　大埔知典

○【土產】【御園柑】續南越至罗浮山有【龍葱竹】近罗浮山有巨竹十圍節長二丈【桂酒】博罗有桂可以釀酒【藤菜】可敵蓴羹【盧茲】【碧鷄】五色雀有貴客至則先扇集俱出罗浮山【九孔螺】即石決明【鰌】頭骨如数百斛頂上一孔大如甕【鰭】魚其大盈丈腹有洞貯水以養其子兩洞容四子子朝出食暮入宿出從口入從臍風驚浪湧【鋸魚】亦名狼譖魚身長齒硬如鋸【鱷魚】【笄魚】色白【黃雀魚】常以八月化為黃雀十月後入海復化為魚【土肉】色黑有腹無口目有三十足如笄簪已上俱出海中【馬頰】一名江瑤柱歸善出

【潮州府】二同三判　屬縣十　秋米十六萬四千石零　里七百七十四

海陽附　程鄉　潮陽　揭陽　饒平　平遠無丞

惠來知典　澄海知典　大埔知典　普寧知典

【肇慶府】三判　領州二　縣十二　秋米十六萬石零　里三百九十二

高要附　四會無丞　陽江　高明知典　陽春知典　新興

恩平知典　【德慶】州縣三　開建知典　封川知典　廣寧知典　【羅定】州二縣

福州府三山驛百里大田驛屬閩縣四十五横路驛四十五崇領驛並福清縣六十興化府莆田縣蒲陽驛六十楓亭驛仙遊縣五十錦田驛惠安縣五十泉州府晋江縣晋江驛五十康店驛南安縣七十大輪驛六十深清驛並同安縣五十江東驛龍溪縣五十漳州府龍溪縣丹霞驛南京至此三千五百二十里

崇安縣至福州府陸路崎嶇水路多灘船小灘洪緩急求夢九鯉湖在興化府西七十里秋冬可徃春夏涸水難行

●三十貴州布政司至所屬府

本司東至鎮遠府路詳五号

至思州等府路

東安 西寧 ○【土産】端硯高要出【果下馬】猨【鼯鼠】作羽翠【白雲鳥】能禁蛇【潛牛】生江中形似牛【飛王鳥】似鳶一名皂鵰鳥【鷓鴣】鳥似山鷄【優曇鉢】似枇杷無花而實【木蓮】可為扇【多木香】俗謂蜜香辟邪怪【斷續藤】又名東風菜以上俱新興出【棠果】【磁石】【鵝毛】鯉】俱陽江出【縮砂】【乾漆】【[illegible]香】俱高要出鮫魚皮封川出

【高州府】三 領州一 縣五 秋米六萬六千零 里二百十七

茂名附簿判無 電白知典 信宜知典 【化州】無判 屬縣二 吳川無簿 石城知典 ○【土産】孔雀高梁石城出【鷓鴣】吳川石城出【白香】化州出[illegible]幹並大以所斧之名曰斧口而香氣始聚【樹石屏】宋洪邁記郁陽石藉人力磨琢為高梁樹石屏混然天成無斧鑿痕

【雷州府】屬縣三 秋米五萬五千石零 里三百三十八

海康附 遂安 徐聞 ○【土産】百部海康出名婆婦草可殺蠅[illegible]【栗豆】思灵島出種後數年收實【攀牛】頂上有骨大如覆斗日行二百里【浮留藤】合檳榔食之辣香又名蔞藤俱海康出【界稻】十一月種次年四月熟【鬧提】其花甚香【鰵魚】皂莖細如紗纖

本司至思州思南石阡銅仁四府俱在鎮遠府北三百里之内惟黎平府在鎮遠之東南由沅州羅舊駅靖州銅古衛而去詳　白鎮遠之西皆軍衛都勾府在平越衛南二百里程番府在本司南一百里並詳五号

●三十一河南布政司至所属府

開封府至汝寧府許州詳三号

開封府至磁州彰德衛輝懷慶河南四府陝州路詳四号

本司至南陽府路

開封府一百四十里至鄭州本州至裕州南陽府詳五号

開封府至歸德府路詳九号

●三十二山東布政司至所属府至

廉州府　判三　領州一　縣三　秋米二萬六千石零里六十六

合浦附　石康知典　**欽州**無同属縣一　靈山無簿○

土產　翠羽　玳瑁黿皮珍珠　合浦東海中有平江寺池產珠蛋人採之極難毎以長繩繫腰携竹籃入水拾蚌置籃内則振繩令舟人急取之不幸遇悪魚一線之血浮如水面則已葬魚腹矣

瓊州府　領州三　縣十　秋米八萬石零里四百一十七

瓊山附　臨高　澄邁　文昌　會同知典　定安知典　樂會知典　**儋州**無同属一縣　昌化知典　**萬州**無同属縣一　陵水知典　感恩知典○

土產　波羅蜜大如斗剖之若蚕其香滿室　椰子州縣皆出文昌出者佳　檳榔　瓊枝文昌樂惠會同俱出　沉香　烏木　蘇木　紫檀　花梨木　藤各州縣俱出　海漆瓊山出　知風草叢生若藤士人視其節以占一歲風颶毎一節則一風　黄楊木本府出　桄榔崖州出

崖州無同属縣一

廣西道

古百粤地居荊南境東北湖廣界東南廣東界西北貴州界西南安南界自省城至北京七千四百六十二里

五

青州府路

濟南府歷城縣龍山驛五十章丘縣七十鄒平縣廿長山縣七十金領鎮卅五淄和村三十青州府七十昌樂縣五十維縣一百八十平渡州百里萊州府掖縣城南驛六十朱橋驛並掖縣六十黃山驛六十龍山驛並屬黃縣六十登州府蓬萊縣蓬萊驛

本司至東昌府詳

●三十三南京由漕河至北京水驛

南京龍江關卽下關九十龍潭五十五儀真縣四十五楊子橋東去瓜州北廿揚州府十五楊子灣東百里至泰州北三十邵伯驛六十高郵州六十界首驛七十寶應縣一百淮安府五十清河縣

廣西總屬

布政司領府十一屬州三十八縣五十長官司一軍民府一一萬縣州九三屬縣長官司二〇都司領衛十十五萬所五所二十一〇儀衛司一〇王府一靖江府

戶口

戶一十八萬六千八十八口一百五十萬四千七百六十七

錢糧

夏秋二稅共米麥四十三萬一千三百五十九石鈔二百四十錠

軍馬

本都司所屬馬步官軍一萬二千二百餘員名

桂林府

領州二縣八 三判 秋米十二萬五千石零 里三百六十九

臨桂附 靈川 永福知典 陽朔知典

永寧 燕同 興安知典

義寧知典 理定知典

全州 一縣 灌陽知典〇

遷 鎮 修仁

石燕 翠羽 桂心 鍾乳 各縣俱出

柳州府

領州二縣十 秋米五萬二千石零 里二百六十

馬平附典 洛容知典 柳城知典 羅城知典 來賓知典 懷遠知典

融縣

象州

燕同判 一縣 米三千石 宜武知典

賓州

燕同 一縣二 米一萬一

六十桃源縣六十古城五十五宿遷縣
六十直河口去沂州六十邳州六十新
安防村七十徐州洪西去沛城北九
十金溝九十沛縣九十沙河六十魯橋
七十濟寧州七十閘河汶水至此南北
兩分以濟運船南流徐州入黄河北流
臨清入衛河南旺湖積水以防泉涸七
十安山六十荊門八十東昌府八十清
陽七十臨清州八十渡口四十武城縣
五十甲馬营九十梁家莊六十石城縣
五十五德州七十桑園七十連兒窩三
十東光縣四十新橋七十磚河四十滄
州鉄獅在城内腹下並過騾車二輛四
十興濟縣四十清縣四十流河七十靜
海縣六十楊青百廿楊村九十河西七

千石零　遷江知典　上林知典　○
【土産】降香懐遠出　腰子木牛子形　猪
知猪腎鉄群書無藥江石融縣出不死草一郡産
食之令人多寿夏月置於盤莚中蚊蚋不近亦
不速麿爵金
香羅城出
【慶遠府】領州三縣六秋米一萬四十石零里一百一十七
宜山附　思恩　天河知典　忻城知典　河池知典　【南丹】無同
判貢錫草東縣　荔波知典　【東蘭】無同判貢馬草菓
一米七百三十上石　米一千一十三石
【那地】無同判貢錫馬草菓米四百一十石　○
【土産】銀　孟英山出花　皮　天河出荳蔻
府城出荳蔻馬　檳榔俱本府出
【平樂府】領州一縣六秋米一萬六千石零里一百一十九
平樂知典　恭城知典　富川知典　賀縣知典　荔浦知典　修仁知典
【永安】無同判米一千石零　○
【土産】紵蔗布　筋竹　平楽恭城俱出可作衫衣暑衣穿
【梧州府】領州一縣九秋米十萬零里二百一十二
蒼梧附　藤縣　懐集知典　岑溪知典　容縣　【鬱林】判二

知合一百通州四十五里至北京
三十四大江源下水由夏港至蕪
錫縣
大分水嶺江源始此二百三十里至松
潘衛百陽化驛百鎮平六十來遠六十
長林七十茂州六十安遠七十寒水八
十太平一百永康六十四川成都府九
十灌都六十木馬六十龍爪七十武陽
六十眉州六十石佛七十青神六十峯
門七十平羌六十嘉定州九十三聖磧
一百廿沉犁六十下霸六十月波六十
宣化六十真溪六十牛口六十敘州府
西去馬湖府六十李莊七十龍騰六十
江安六十董霸六十納溪縣南入烏撒
衛至雲貴為西路東七十瀘州府大船

縣四米 北流知典 博白知典 陸川知典 興業知典 ○
土產 砂仁蔚苧水縣博白俱出【桄榔子】樹似棕
樹心中出麪粉可食【勾芒木】陸川出皮可
織為布【猩猩】似黃犬人面能言吾知女人饒人
取血染毡罽鬱林州出【嘉魚】蒼梧藤縣三縣俱出
【蚺蛇】長十丈以婦人衣投之則蟠可除不祥【犀】
牛角在額上鼻又有一角【烏蛇】藤縣出取以浸
酒可治瘋疾【鸚鵡】鬼見以錫薄薄
之加以丹漆照耀輝煌北流出

潯州府 知無同 領州一縣三 秋米三萬六千石零 里一百十七
桂平附知典 平南知典 貴縣 武靖 無同判米八十九石零 ○
土產 具布【布】翁綿細布也【桂皮】貴縣出中有葉
可為屬鐵力木【黃藤】三縣俱出【藷】牛桂平
山出與蛇同穴牛嗜鹽里人以果裹手塗鹽入
穴探之其角如玉取以為器【帛】絲竹各縣出

南寧府 領州三縣四 秋米四萬七千石零 里一四八十
宣化附 隆安知典 武緣知典 橫州 知判米八千石 縣一 永淳知典
上思 無同判米六十七石 歸德 無同判米一百二十石零 ○ 土產【象】近交趾
界山谷間出馬宋時置司市馬於橫山寨【狍豬】
身有棘刺能振以射人常以十為群以傷苗稼

止此六十茜儀七十神山六十牛脳六
十史覇六十漢東六十石門七十石羊
六十棟溪六十銅鑵六十魚洞一百重
慶府北陸路十二驛八百八十里至成
都府東一百木洞一百龍溪七十蘭市
六十涪州六十東青八十酆都一百花
陵八十忠州百廿灃溪六十讓途八十
集賢六十周溪六十雲陽九十五峰一
百烏陀六十安平徃施州七十夔州府
百廿巫山縣十二峯陽雲臺高一百丈
神女廟在焉九十萬流七十巴東縣七
十歸州六十夷陵州川江至此始平黄
陵廟六十鳳棲百廿白羊九十潘家六
十流店六十荊州府六十房陵六十柳
子六十石首六十調絃六十塔市七十

蠶犬 性警而衛蠶人攜以自防盜莫敢近其身
倒掛 毛綠常倒掛於樹故名 [illegible] 能吐錦久[illegible]
收之宣化武綠出[illegible]福州出佩始生似[illegible]
赤黑四月熟其絲光如琴絃濱[illegible]蠻人髻之作約[illegible]

太平府 知 無同 領州十五縣四 秋米三千石零貢馬里四十
太平 吏目米二百三十九石貢馬
左州 無同判縣四米入百三十八石貢馬
羅陽 知典貢馬 崇善 知典貢馬 永康 知典貢馬 陀陵 知典貢馬 思城
吏目米一百八十六石貢馬
安平 吏目米一百九十一石貢馬
養利 無同判米
四百四十八石零
萬承 吏目米五十六石貢馬
全茗 吏目朱一百二十石
鎮遠 吏目米九十九石貢馬
思同 吏目米八十八石貢馬
茗盈 吏目米一
百零二一石貢馬
龍英 吏目米三百七十五石貢馬
結安 吏目米七十八石貢馬
結倫 吏目米一百二十石貢馬
都結 吏目米九十八石貢馬
上下凍州
吏目米二百二石貢馬兵守交趾隘不調 ○
封崖 芳竹刺同芭芒草 菰藥鳥紅娘子
田州府 一府判領州四縣一 秋米四千八百六十五石貢馬近隘
降州 里四十
上隆 吏目
恩城 吏目
歸德 吏目
果化 吏目
上林 知典

貴冢九十城陵磯洞庭湖諸水至此會
于大江南二十里洞庭湖口岳州府在
烏東至儀真鎮江詳三十五號鎮江府
三十丹徒洪三十五聖府十徐山八十
孟河口收孟河口由奔牛出官塘百五
十至常州東九十夏港口東至江陰口
十里南十採金閘三十丹勝橋十青陽
橋四十高橋十無錫縣北去常州鎮江
二府南徙蘇州浙閩江西

●三十五大江上水由洞庭湖東路
至雲貴
鎮江府江心金山寺江北瓜州五十儀
真縣五十五龍潭驛 南京下新河
中新河共九十下關龍江驛 上新河
牙行聚此共六十大勝關九十采石驛

思明府 同知經歷照磨各一 領州七舊領八 縣一 秋米六百二十七石
貢馬 里六 上思 知目 忠州 吏目 祿州 西平 恩明 吏目
上石思 知目 下石思 吏目 憑祥 知典 ○ 土產 錦地羅金 塞住藥汗木
思恩軍民府 里二十 屬縣一 鳳化近革去
鎮安府 同知知事各一 所屬二十八峒 秋米一千二百五十石貢馬 里二
都康州 吏目 秋米二百三十石貢馬 里二 思陵州 州判一 近交阯
不調 秋米三十石貢馬 里二 奉議州 吏目 秋米二百八十六石 里
二 歸順州 吏目一計四峒 穩朗二十四村
江州 吏目 領縣一 秋米二百五十五石貢馬 里三 羅白 知典
泗城州 吏目 屬縣一 秋米一千六百四十二石貢銀折馬 里三
程縣 知典 ○ 土產 降香 溪黃 蟒 緋 黃 縮砂 草菓 烏蛇 麝 科
向武州 吏目 屬縣一 秋米一千八十二石貢馬 里九 富勞 知典
利州 吏目 龍州 吏目

李宇白墨格溪口北去房州府水陸郝山
磯共百廿蕪湖縣　繁昌県泥又河口
去蕪為州水陸板子磯共百廿荻港驛
八十大通六十清溪池州　中陽河內
桐城縣共八十李陽河巡司黃盆驛共
八十安慶府　黃石磯　東流縣共百
廿望江縣　彭樂磯　陽澤港巡　馬
當山防風小孤山江心娥眉洲　胭脂
港共百廿彭澤縣　栢磯　炭港巡司
共百廿湖口縣　老鴉磯　小池口巡
司共六十九江府　新開口巡司共八十
龍坑出棉花六十富池驛六十蘄州百
廿田風磯共蘭溪驛六十黃州府對江
武昌縣祭風臺赤壁六十團風驛六十
白湖鎮巡司三十陽邏驛廿沙口北去

上林長官司　秋米十二石
安隆長官司　秋米一十石

古南夷地居梁南境東北貴州界正東廣西界東南廣西界西北西番界西抵百夷界西南南海界自省城至此京一萬六千餘里

雲南道

管轄統屬　布政司領府十五屬州二十縣二十六長官司一十四軍民府七屬州十三縣九長官司一州七〇宣慰司六〇宣撫司三〇長官司八〇都司領衛十六衛所一百六安撫司三長官司三所一十

戶口　戶十三萬三千九百五十八口一百四十三萬三千二百二十五

錢糧　夏秋二稅共米麥十四萬五百八十八石黑白等鹽斧額办本色小引鹽五萬六千九百六十五引

軍馬　本都司所屬漢土官軍八萬一千四百餘員名

雲南府　三判令領州四縣十　秋米三萬四千三百零　里一八十

昆明府　富民典知　宜良典知　嵩明無判屬縣一　楊林

晉寧無判屬縣二　呈貢典知　歸化典知　安寧無判屬縣二

羅次典知　祿豐典知　昆陽無判屬縣二　三泊典知　易門典知

破縣水四十五漢口源出陝西漢中府湖廣城鮎魚口巡司金沙洲共六十金口驛白人磯巡司江家湾新灘口巡司老鼠夾共九十牌洲巡司葛洲共九千嘉魚縣魚山驛几家洲六溪口烏龍磯清江口共七十五石頭口茅埠巡司老虎洲共百十臨湘縣鴨欄驛臨湘夾陽陵磯道人磯穿湖口旁蟹碗象湖港共六十城陵磯西由大江去荊州四川許三十四号南廿里至岳州府過洞庭湖南曰青草湖北曰洞庭湖西北至澧州湖面二百里南至長沙衡永三府兩廣全州等処湖面二百里許三号正西湖面二百五十里至紅沾口入沅

○雲南 趙州縣俱出五色花石弥峯山出狀如瑪瑙可作器皿紫花木本府出

大理府 領州四縣三長官司一秋米三萬二千入百零里一百四十

太和 趙州 縣一 無判 屬 雲南 簿無 鄧州 判無

○ 一附 浪穹 簿無 賓川 知目 雲龍 知目 十二關長官司

點蒼石其白質青文有山水草木狀人公魚河海出似鯉細鱗長不滿味採美

臨安府 領州五縣四長官司九秋米一萬六千石零里七十三

建水 判無 石屏 同無 阿迷 同無 寧遠 知目 寧州

西河 典知 通海 典知 蒙自 典知 習峨 長官司 納樓

教化 王美 虧容 溪處 思陀 左能

落恐 安南 ○永昌 紫膠 椰 勝沉香 安南長官司出即紫檀香 西河

出三奈子 府境出

楚雄府 領州二縣五 秋米八千九百三十二十一石 里五

楚雄 典知 碍嘉 典知 定遠 典知 定邊 典知 廣通 典知 南安 知目

江百廿龍陽縣八十常德府八十桃源
縣避秦故址一百川石一百高都馹六
十清浪馹今革六十北溶馹今革六十
辰州府六十武溪馹六十辰溪縣百廿
江口馹六十銅安馹八十安江馹八十
洪江馹六十黔陽縣七十竹寨馹今革
七十盈口馹一百沅州至麻陽縣百里
八十里至便溪馹七十晃州馹六十平
溪衛馹七十清浪衛九十里鎮遠府
●三十六湖口縣由袁州府至衢州
府水
湖口縣　大孤塘　女兒港共六十青
山　廬山共六十南康府至文公白鹿
書院四十里南十里瓜蠡六十珠璣六
十吴城六十昌邑六十鳳皇灘十里江

米七百十七石　鎮南知目米一千四百六十石　○　土產黑鹽定遠出礬石楚雄出
石青石綠俱定遠出
徽江府　領州二縣四　秋米九千六十三石　里十九
江川知典　河陽知典　陽宗知典　新興知目米一千六百五石　路南
知目縣一米一千三石　邑市知典　○　土產鉄石黃射香胡椒箭竹府境出
景東府判一歷一　秋米一千一百十五石　里八
廣南府無同推　領州一　秋米一千石零　里四
富州吏目　○　土產麻布白氎氈俱本府出
廣西府知同歷各一　領州三　秋米二千七百七十九石零　里七三
師宗知目米一千一百八十一石零　彌勒無判米　維摩知目米五百七
十石零　○　土產氈茶鷄腿竹每節上大下小如鷄腿狀
鎮沅府經歷知事一　秋米一百石外折色　領長官司一　里五
禄谷寨　○　土產孔雀藤小鷄

西城三十高家渡三十市汊五十曲港
十豐城縣三十熊家港三十樟樹三十
臨江府三十灘頭三十黄土三十罗家
坊三十中郭市三十新喻縣十楊村六
十版壁鋪十里水口十綉塘十鍾山洪
十分宜縣十金堂鋪十昌山鋪昌田洞
深十里秉烛可游十里濱江石乳洞深
五里亦可游十里潭新鋪六十五至袁
州府六十張家坊四十五芦溪陸路五
十萍鄉縣上小船三十湘東八十澧陵
縣九十淥口巡司六十泗洲灘七十五
都石驛六十五衡山縣七十五霞流驛
六十七里驛六十衡州府
●三十七湖口縣至廣信府玉山縣
水貴溪縣至建昌府附

永寧府 同知經歷一 領長官司四 秋米一百石外折色 里四
剌次 華甸 苑曾 香羅 ○ 土產 氂牛尾可為帽
順寧府 通判經歷一 秋米一千二百一十石零 里二
永昌府 無同 領州一縣二 秋米八千三二十百萬零 里四
保山 永平 知典 騰越 州目
蒙化府 通判經歷一 秋米四千八百二十石零 里三十五 ○ 土產
石黃椒 射香 ○ [illegible] 衛 蒙化 在府
曲靖軍民府 無同 領州四縣二 秋米三千三百零 里三十二
南寧 知典 亦佐 知典 霑益 知目 米三千三百四十九石 陸涼 知目 米七
百九十七石 馬龍 無判 米九百五十七石 羅雄 知目 米四百五十四石零 ○
土產 石燕 馬龍出類若燕有文大者雄小者雌去療眼疾
姚安軍民府 知府判歷各一 領州一縣一 秋米三千六百廿石
里八 姚州 知目 大姚 知典 ○ 土產 大青人參胡椒蘢 罗布州縣俱出

本縣六十青山六十南康府西去江西
百廿都昌縣　赤石塘共六十饒河口
東去饒州康山忠臣廟巡湖守備一員
東至表岸口三十里東南至瑞虹八十
里東至饒河口五十里西至團魚州二
十里北至都昌縣六十里山在湖中前
後多盜謹慎共八十瑞虹西去撫州三
十六[illegible]江口共九十龍堀　故村
八字[illegible]十安仁縣一百貴溪縣八
十弋[illegible]八十沿山河口南去福建東
八十[illegible]信府百里玉山縣
[illegible]十八湖口縣由杉關至延平邵
[illegible]武二府水陸
本縣至八字腦詳卅七号二十至栢林
四十謝家埠六十清源驛六十撫州府

鶴慶軍民府　知府判歷各一　領州二　秋米一千二百三十六石零
里二十一　順州　知目　米一百四十二石　劍川　知目　米一千六百二十六石
○土產　馬蹄　鹽　櫃子　俱鉶川出　毡　射　松子
武定軍民府　无判　領州二　縣三　原令縣五　秋米二千五百零二石
里二十二　和曲　知目　縣二　米二千五十二石　南甸　知典　元謀　祿勸
知目　石舊　知典
○土產　梭羅木　當歸　俱府境出
尋甸軍民府　無同　秋米三千七百九十五石　里五
麗江軍民府　同知一　領州四　縣一　秋米二千一百七十五石
里二十一　通安　知目　寶山　吏目　巨津　知目　蘭州　判目　臨西　典史
○土產　琥珀　松子　毡　滑石
元江軍民府　通判經歷各一　秋米一千九百三十石
○土產　蘇木　黃姜　鳥木　鱗魚　土綿
直隸北勝州　流官知州吏目二　土官知州同知二　里十五

六十石門馹六十建昌府陸路六十硝
石六十五福三十杉関三十紙馬街十六十
光澤縣百廿邵武府八十金口馹六十
富屯馹六十順昌縣双峰馹三十上揚
府三十王臺馹六十延平府本府至福州府詳
●三十九衢州府由浦城縣至建寧府
上杭埠水九十江山縣十五清湖路十
五石門街十五江郎山十峽口渡十觀
音閣十五安保橋十仙霞領巡司十揚
姑領十龍溪口十下溪口十南楼閩浙
界十五大風領十五顯廟五梨園領十
魚梁街十廷陽街三十浦城縣下船八
十水吉巡司七十葉坊馹五十建寧府
●四十徽州府至崇安縣路
本府六十潜阜渡五十五城三十黄菲

○土產 白魚如鯉色白者為上 寥木生于石上芋可作香產甫府境出
直隷新化州 無判 ○ 直隷浪渠州 無判
孟定府 ○ 孟艮府 ○ 威遠州 ○ 灣甸州
鎮康州 ○ 大侯州
瀾滄衛軍民指揮使司 隷雲南都司 ○ 土產 鹿茸松子山鷄
金齒衛軍民指揮使司 領安撫司一 縣一 長官
司二 潞江安撫司 永平縣 鳳溪長官司
施甸長官司 ○ 土產 金瀾滄出 瑪瑙哀牢山出 琥珀生地中
騰衝軍民指揮使司 隷雲南都司 ○ 土產 黃藤 濮竹 硫黃
直隷軍民宣慰司六 車里 木邦 孟養
緬甸 八百大甸 老撾
宣撫司三 南甸 千崖 隴川
長官司八 蒙樂 者樂甸 鈕兀 馬龍他

廿三保橋廿大阪廿大容田三十下鳴
廿方村三十孝塘廿升口廿揭埠廿夜
溪嶺廿毬里出綿紙廿里至三版橋三
十玉山縣五十沙溪三十龍溪廿廣信
府八十沿山縣四十子溪廿車盤驛十
烏石十分水関江西福建界三十大安
四十里至崇安縣
●四十一江西城至饒州府
南昌府三十黄家渡四十趙家圍七十
團角洲各有店舍可泊船二十里至康
山湖面五十表岸三十饒州府
●四十二廣東至安南水陸即交趾
廣州府七十官窯驛四十西南驛三水
縣灵洋峽共百廿肇慶府松臺驛産端
溪硯潦灡湘峽共百廿新村驛　越城

郎甸　芒市　孟璉　茶山　麻里

貴州道

古南夷地居荊梁南境東北四川界正東東南廣東界西北西番界正西百夷界西南抵南海自省城至北京七千六百三十里

管轄統屬

布政司領府八屬州二縣六長官司五十一州四
屬縣一長官司六　宣慰司一屬長官司十　安撫司一屬長官司三
都司領衛十八屬所九十三長官司十一所二

戸口　戸四萬五千三百五口二十三萬一千三百六十五

錢粮　夏秋二税共米麥四萬七千六百九十七石〇
洞蠻蒂布二百五十九條

軍馬　本都司所屬馬步官軍三萬二千九百餘員名

貴州宣慰司　領長官司十　秋米八千三百五十石
貴竹　水東　青山　龍里　中曹　劉佐
白納　底寨　乖西　養龍

○**土産**　鉄　馬　姜　蘭　菖蒲　刺竹　筋俱本司境内出

程番府　無知府　領長官司十三　秋米六千五百零

鎮 三洲巡司共一百 德慶州壽康驛
都城巡司共百廿 封川縣麟山驛 賀
縣水口 界首共七十 梧州府府門驛
兩廣都御史大盜總兵駐劄 灕江水口 源出興安縣海陽山 亦
水 巡司共百二十 藤縣藤江驛 濛江口 有賊 白
石 巡司共三十 黃冊驛四十 白馬堡 將軍灘
共十四 平南縣烏江驛八十 牛栗浮堡
新藤峽水口共九十 潯州府府門驛四十
淹沖堡里七十四 秀江堡 東津驛十八 貴縣
懷澤驛州西 香江驛 烏蠻灘 右江巡司
六十 烏蠻驛共四十 中洲灘 橫州州門驛 三
十里灘共十 南鄉巡司四十 火烟驛 屬永淳縣
十二磯 三洲頭灘共八十 永淳縣永淳
驛 修德巡司 麗頸賊 筆硯磯 八尺巡司
共四十 黃范驛 屬南寧府宣化縣 烏涎灘 豹子

程番 常番 方番 洪番 小龍番 大龍
番 小程番 臥龍番 盧番 羅番 盧山
金石番 上馬橋
【思州府】 無同判 領長官司四 秋米八百石零 里九
都平 附郭 都素 黃道 施溪
○【土產】 鉛鐵硃砂水銀俱施溪長官司出
【黎平府】 無同判 屬縣一 領長官司十二 秋米二千六百石零
里二十九 永從知典 【長官司】 西山 洪舟 新化蠻
夷 湖耳 潭溪 赤溪 亮寨 八舟 曹
滴洞 中林驗洞 龍里 古州 歐陽
○【土產】 洞被以苧布為質用綵綫挑刺成文 茯苓 葛布
【鎮遠府】 無同判 屬縣二 領長官司二 秋米八百石零 里
十 鎮遠知典 施秉知典 【長官司】 邛水 偏橋 ○【土產】

石共七十南寧府建武驛四十左右江口
麗江為左盤江為右二源並出雲南左
江口三十大灘驛四十羅陽縣隴茗驛
七十左州馱朴驛九十里至太平府左
江驛百廿龍州龍游驛陸路四十憑祥
州憑祥驛三十里至界首関十三坡唯站
旧名坡壘站洞濮站　不濮站　不慱
站界首起二百四十卜鄰站一百濮上
站　不禮站　昌江站　市橋站　呂
塊站共二百十里渡富良江至交南城
●四十三江西城至瑞州府
南昌府三十高家渡四十市汊七十松
湖六十瑞州府
●四十四桂林府至橫州路
本府東江驛六十蘇橋驛過竹楓馬渡四十三里驛

芳竹海蜡竹筍芙蓉
思南府無同判屬縣一領長官司四秋米一千八百石零
里七十一婺川知典印江知典長官司水德祐溪
朗溪蠻夷羈縻州思州○土產白鷳葛蘭府縣出
石阡府無同判領長官司四秋米八百五十二石零里十一
石阡龍泉葛彰苗民○土產銀杏
銅仁府無同領長官司六秋米四百八十石零里十三
銅仁提溪省溪頭醫著烏羅大萬山
○土產硃砂楠木水銀杉木葛布蠟
普安州隷貴州布政司屬縣一永寧
永寧州隷貴州布政司親領寨六長官司二
長官司慕役四寨頂營二寨
鎮寧州隷貴州布政司親領寨六長官司一

三十五　蘭麻驛三十五　橫塘驛五十　洛容縣三十五
東泉驛六十五　栁城縣由白沙灣過大
大橫驛四十五　宜山縣渡懷遠江四十里至德勝驛六十
河池州六十本處分各州之路渡東江金城江　本處六十　水
龍坑山路沿村過領三日至　東蘭州渡清水江由
狗遁關約六日至思明府約一日至橫
州南一百二十里至廣東靈山縣
本處一百四十里至南丹州
本處一百八十里至那地州

●兩京路程歌

兩京相去幾千程　我今逐一為歌唱
付與諸公作記行　南京首出龍江驛
舟到龍灣同一日　過却儀真閘廣陵
邵伯盂城相繼覓　從茲界首問安平
淮陰乃是驛之名　前途清口桃源渡

長官司十二營二十九寨　康佐四寨
安順州隸貴州布政司　親領寨四十　長官司二
長官司　寧谷寨二十九寨　西堡四寨
金筑安撫司屬貴州布政司　領長官司三
木瓜　麻嚮　大華
都勻府無同判　領州二　縣一　長官司四　秋米二千六百
麻哈屬長官二　獨山屬長官三　清平知典　長官司　樂平　平
定番屬麻　合江　豐寧屬獨山
都勻衛軍民指揮使司屬貴州都司　領長官司四
都勻　邦水　平州　平良
普定衛軍民指揮使司屬貴州都司
新添衛軍民指揮使司屬貴州都司　領長官司五
新添附　小平代　把平寨　丹平　丹行

古城驛下舟暫停　鍾吾直河下邳轉
新安房村離不遠　仰望高〻是呂梁
水勢如奔真作險　彭城漸〻到夾溝
泗亭沙河接曽橋　連綿石拂從頭上
水至南城分两流　開河〻下安山驛
刑門崇武在咫尺　清陽清源渡口来
甲馬梁家傳古昔　此安〻得良店過
連窩新橋及磚河　楊阸遂至乾寧下
流河奉新名不魔　輙上楊青楊柳渡
高人道及河西務　莫言和合與通津
此去金臺不多路　已日驛名四十六
江水湾〻盤轉曲　諸公於此驛之名
一路往来宜熟記

平越衛軍民指揮使司　屬貴州都司　領長官司三
楊義　麻合　樂平

龍里衛軍民指揮使司　屬貴州都司　領長官司二
平伐　大平伐

畢節衛　○安南衛　○威清衛　○平壩衛

清平衛　領長官司二　青平　平定　已上俱屬貴州都司

北京城
正陽及崇文　朝陽宣武門　東西連西直
阜城德勝迎　安定総九處　出入照文憑
八方兼西海　無處不来行

南京城
神策金川儀鳳門　慷遠清涼到石城
三山聚寶連通濟　洪武朝陽定太平

新刻天下四民便覽三台萬用正宗卷之二終

新刻天下四民便覽三台萬用正宗卷之三

●銅壺刻漏制度
黄帝創漏水制器以分晝夜
成周挈壺氏以百刻分晝夜冬至晝漏
四十刻夜六十刻夏至晝漏六十刻夜
漏四十刻春分秋分晝夜各五十刻
漢文帝改為百二十刻
梁武帝大同十年又改用一百八十刻
或增或减皆非中正至
唐晝夜百刻一遵古制而其法有四匱
一夜天池二日天池三平壺四萬分壺
又有水海水溝浮箭四匱生水始自夜
天池以入於日天池以入於平壺以次
相次入于水海浮箭而上以為刻分

時令門

此卷宜與星命尅擇門參看

○太陽星影太陽星姓孫名開字子真

定太陽出没歌

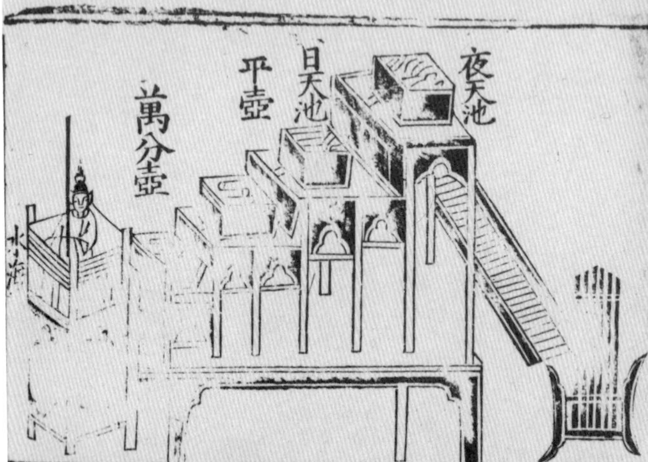

正九出巳入庚方　二八出兎入雞塲
三七癸甲入辛位　四六生寅入犬藏
五月生艮歸乾上　仲冬出巽沒坤方
惟有十與十二月　出辰入申子細詳

定太陽行度詩

太陽躔度不虛行大寒三五日子相迎雨水四日
居亥上春分初六戌分明谷雨九辰臨酉位小滿
九日便過申夏至八辰歸未上大暑八日午運行
處暑當家九日巳秋分十一始来辰霜降十一烏
出兎小雪十二始歸寅冬至八日来丑位十二宮
中不暫停太陽所之宮誅殺禁藏到子午卯酉寅申巳亥爲諸二合對宮福力大○
大凡竪造安葬修方動土百事吉遇土木二宿與太陽同度云權太陽之光力微凡事次之

定太陰行度詩

○曆法本原

漢律曆志云黃帝使伶倫自大夏之西崑崙之陰取嶰谷之竹斷兩節之間而吹之以為黃鍾之宮制十有二筩以聽鳳鳴其雄鳴為六雌鳴亦六陽六為律陰六為呂總謂之十二律以配十二月也

六律屬陽　黃鍾十一月　太簇正月　姑洗三月　蕤賓五月　夷則七月　無射九月

六呂屬陰　林鍾六月　南呂八月　應鍾十月　大呂十二月　夾鍾二月　仲呂四月

●置閏本原

堯典曰朞三百有六旬有六日以閏月定四時成歲本註云歲有十二月月有三十日三百六十者一歲之常數也故日與天會而多五日為氣盈月與日會

欲知太陰行度詩正月之節起於危一日常行十二度五日兩宮次第推正危二奎三從胃四畢五參六柳居七張八月臨翼宿季秋以為初龍角十月房宿作元辰十一箕宿細尋推十二牽牛君要記周天度數無差移

論太陰例每於太陽所照之方再起初一逆行十二宮尋所之日每一宮管兩日惟子午卯酉四正之宮每宮管三日用之太陰乃是后妃之象○凡遇天羅地殺盡能伏藏照臨日時方位大吉福力再大亦與太陽同

○太陰星影太陰星姓唐名末字天賢

而少五日為朔虛合氣盈朔虛而閏生焉故三歲一閏五歲再閏十有九歲七閏而氣数分齊是為一章也

●定閏月法歌

若問閏法如何截四十七年加兩月神仙妙訣不須多萬两黄金休漏洩又云四十七年前有閏閏前兩月是令逢○訣云四十七年後加兩月若其年三月便是閏五月合而言之總成三十三個月為一閏也墨氏云上年天干来尅我下年天干我尅他有閏之年地支中假如乙卯年該閏以前甲寅年正月初一日辰若是干尅支則其月必無閏也如甲寅年十一月初一是戊戌却對乙卯年十一月初一是壬戌乃是上年也

晝夜百刻日永日短圖說

夏至晝六十刻為日永後漸損至秋分晝五十刻爲晝夜停又漸損至冬至晝四十刻為日短又漸增至春分晝夜停漸增至夏至也後圖式可推

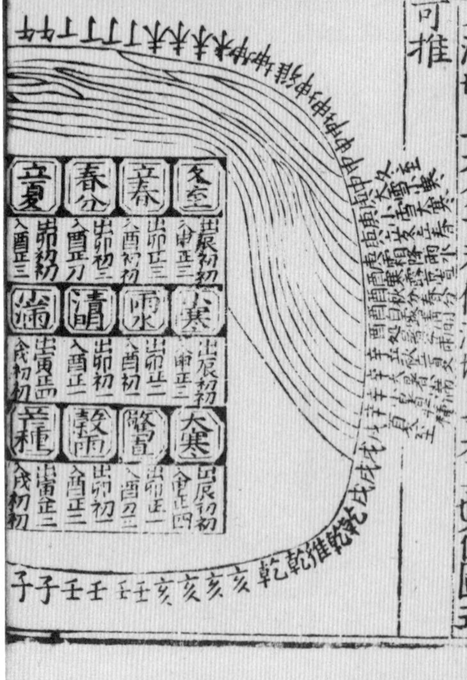

●定寅時歌

正九五更二點徹　二八五更四點歇
三七平光是寅時　四六日出寅無別
五月日高三丈地　十與十二四更二
仲冬纔到四更初　便是寅時為君記

●看猫眼定時法

子午卯酉一條線　辰戌丑未棗兒形
寅申巳亥員如鏡　十二時辰為鉄定

●定月大小法

前九之年二月中　今年元旦日辰同月
大月小此為例次第推求理自通　又云
四十二年大小同　天下相對地支冲　其
日丙子對丙午　丁丑丁未一般同　四十
七年加兩月　便與今年閏月同

●定節氣日辰法

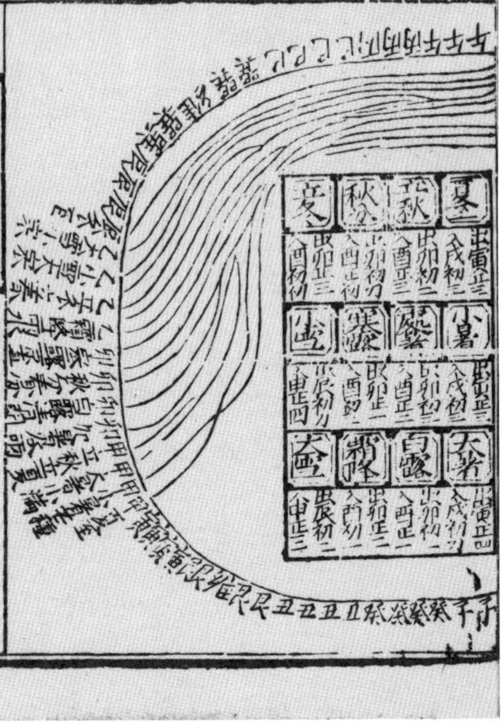

二十四氣節候

立春正月節　東風解凍　蟄虫始振　魚陟負水

雨水正月中　獺祭魚　鴻鴈北　草木萌動

前九年推後九通輪食枝衝節氣同閏月必定無中氣此訣數君最有功如己亥年壬戌日立春則丁未年甲辰日立春壬水生甲木為食神辰戌相衝此為輪食枝衝餘皆倣此

●求龍治水法

自歲旦日數去遇辰日則為龍治水如正月初一日乃辰便為一龍治水

●求牛耕地法

自歲旦日數去遇丑日則為牛耕地如正月初一日乃丑便為一牛耕地

●求得辛法

自歲旦日數去遇辛日便為得辛

●求二社日

立春後五戊為春社立秋後五戊為秋

驚蟄二月節	桃始華	倉庚鳴	鷹化為鳩
春分二月中	玄鳥至	雷乃發声	始電
清明三月節	桐始華	田鼠化為鴽	虹始見
穀雨三月中	萍始生	鳴鳩拂其羽	戴勝降於桑
立夏四月節	螻蟈鳴	蚯蚓出	王瓜生
小滿四月中	苦菜秀	靡草死	麥秋至
芒種五月節	螳螂生	鵙始鳴	反舌無聲
夏至五月中	鹿角解	蜩始鳴	半夏生
小暑六月節	温風至	蟋蟀居壁	鷹始摯
大暑六月中	腐草為螢	土潤溽暑	太雨時行
立秋七月節	凉風生	白露降	寒蟬鳴
處暑七月中	鷹乃祭鳥	天地始肅	禾乃登
白露八月節	鴻鴈來	玄鳥歸	群鳥養羞

社或節時在午前五戊為社若在午後六戊為社○春社日雨年豐菓少秋社日雨年豐秋熟

●定三伏日

夏至後三庚為初伏第四庚為中伏立秋後逢庚為末伏

●定梅雨

立夏後庚日入芒種後巳日出芒種後丙日進小暑又後未宮芒種後壬日入夏至後庚日去燕踪江南以三月為梅雨五月為送梅雨碎金云芒種壬日進小暑庚日出口徽天主大熱也

●定液雨日

立冬後十日入液交小雪節為出液々雨降雨來有泉液來無雨來年豐

秋分八月中	雷始收聲	蟄虫壞戶	水始涸
寒露九月節	鴻鴈來賓	雀入水為蛤	菊有黃華
霜降九月中	豺乃祭獸	草木黃落	蟄虫咸俯
立冬十月節	水始冰	地始凍	雉入大水為蜃
小雪十月中	虹藏不見	天氣上騰地氣下降	閉塞成冬
大雪十一月節	鶡鴠不鳴	虎始交	荔挺出
冬至十一月中	蚯蚓結	麋角解	水泉動
小寒十二月節	鴈北鄉	鵲始巢	雉雊
大寒十二月中	雞乳	征鳥厲疾	水澤腹堅

右氣候畫說因天證人後時循法用此朱子曰自今年冬至至明年冬至只是一氣周匝把來折做兩截則春夏為陽秋冬為陰分作四截便是四時分作二十四氣七十二候

六十甲子歌并姓名

内附生尅并吉凶日

●年歲荒熟歌
陰陽一氣先造化　总由天常看立春日
甲乙是豐年　丙丁遭大旱　戊己損田園
庚辛　　靜　壬癸水盈川

●甲子荒熟歌
甲子豐年丙子旱　戊子蝗虫庚子乱
惟有壬子水滔滔　只在正月上旬看

●立春歌
立春見金菓不稀　低田水災高禾宜
春日傷木田苗秀　夏來人疾水難弥
壬癸水日連天雨　火年夏瘟冬霜雪
春社二日皆傷土　麻豆粟麥足門閭

●立春晴日詩
立春天氣晴　百物盡收成　立春一日雨
四時雨均平

甲子　支生干　忌火尅　不怕山頭火霹靂火　義日吉　姓王名呂文卿　男杜仲　女唐卿
海中金
乙丑　干尅支　畏灯火　制日吉　姓龍名君卿　男士卿　女文長
丙寅　支生干
爐中火　忌水尅　義日吉
丁卯　支生干
姓張名仲卿　男文公　女石通
姓司名馬卿　男朱泊衆　女東元升
戊辰　干支和　和日吉　姓李名楚卿　男鄧都卿　女成文長
大林木　忌金尅
己巳　支生干　義日吉　姓何名文昌　男范少卿　女樂后陽
庚午　支尅干　伐日凶　姓馮名仲卿　男林衛公　女辰左子
路傍土　不怕木尅
辛未　支和干　義日吉　姓王名丘公章　男楊仲衛　女當進卿
壬申　支生干　忌火尅　姓侯名惇卿　男蘇欣家　女汪漢卿
劍鋒金　不怕霹靂　義日吉
癸酉　支生干　忌復灯火　姓孫名仲房　男丘岳卿　女武雄
甲戌　干尅支　制日平平　姓　名子江　男唐文卿　女戴公陽
山頭火　忌水尅
乙亥　支生干　義日吉　姓龐名明心　男孟飛卿　女衛上卿
丙子　支尅干　伐日凶　姓邢名文卿　男石子通　女呂巨卿
澗下水　忌土尅
丁丑　干生支　寶日大吉　姓趙名子五　男魏文通　女朱仁卿

○立春雲色歌

東方青雲小麥熟、南離赤色小豆多西方、白雲穬谷好北坎、黑霧麥苗少若見黃色禾豐盛中央黃霞黍米浮一年雲色在春看至晚不見日色現一歲大飢民歡慶有風一日禾半收風雲聚會人多疾

●立冬荒熟歌

立冬、属火来年旱　逢水来春水必多
遇金来夏豆麥好　遇木次夏水旱灾
值土来年五谷盛、處ゝ田禾足豐盈

●四時丙寅晴

春丙寅晴無水撒秧夏丙寅晴乾死禾娘秋丙寅晴日乾晒入倉冬丙寅晴無霜無雪

●年歲占雷

子日丑日雷、公畜多瘴灾寅日鳴雷震

戊寅 支尅干 城頭土 忌木尅 伐日凶 姓慶名子張 男成文長 女時通卿
己卯 支尅干 姓石名文陽 男范伯陽 女范少陽
庚辰 支生干 白臘金 忌火尅 不義日吉 姓伊名佳卿 男左子行 女郁元仁
辛巳 支尅干 怕霹靂火 伐日凶 姓楊名仲公 男史子仁 女楊仲公
壬午 支尅干 怕金尅 制日平 姓馮名于明 男江滨卿 女左右宮
楊柳木 不怕白
癸未 支尅干 不臘金 伐日凶 姓呂名威明 男宿上卿 女丘孟卿
甲申 支生干 泉中水 忌土尅 義日吉 姓扈名文長 男戴少陽 女左季卿
乙酉 支尅干 伐日凶 姓孫名利公 男明文卿 女元飛卿
丙戌 干生支 屋上土 忌木尅 宝日吉 姓車名元孫 男崔仲卿 女司馬卿
丁亥 支尅干 伐日凶 姓張名文通 男霍叔美 女魏文公
戊子 干尅支 霹靂火 制日平 姓樂名木楊 男時阆卿 女和文昌
己丑 干支和 不怕水 和日吉 姓范名仲楊 男趙文光 女范伯陽
庚寅 干尅支 松柏木 忌金尅 制日凶 姓褚名佳卿 男郇元陽 女王文章
辛卯 姓趙名子丑 男華文陽 女文子仁

民安米粟高巳日雷震動田收虫蛇會
午日雷声响一年旱多遭禾日雷電聲
民疾女沉痾申雷春多旱戌包損田阜
酉亥風雷起人民苦勞慒

●四時忌雨日

春季丁卯禾苗旱夏中辛卯禾死枯秋
季乙卯禾損傷冬遇癸卯無收藏

●歲節晴雨歌

旦日晴和無日色年豐四時人安息上
元日出晴明秀芳花茂盛百草就社日
下雨年時美樹枝無花菓彫萎三月三
日若下雨蠶娘抽絲綵𥘵𥘵清明午前
一日晴旱蚕大旺不須驚午後清明晚
蚕好夜雨麥爛蚕胥稿四月四日雲霧
雨米谷貴桑人嘆息四月八日大雨施

壬辰 支尅干 長流水忌土尅 伐日凶 姓孔名仁卿 男左子從 女孫仲房
癸巳 干尅支 制日吉 姓史名公來 男樂進卿 女宿上卿
甲午 干生支 沙中金不傾火無 寶日吉 姓衛名上卿 男危季卿 女厖明心
乙未 干尅支 火不感形 制日平 姓范名少陽 男王文卿 女胡卒
丙申 干尅支 山下火不怕水尅 制日中 姓朱名伯衆 男司馬卿 女趙子玉
丁酉 干尅支 姓戚名文公 男張仲卿 女霍叔興
戊戌 干支和 不怕金無 和日吉 姓范名少陽 男何文陽 女石文陽
己亥 干尅支清齊 平地木室不得上 制日平 姓鄧名都卿 男李楚卿 女從元光
庚子 干生支 壁上土忌木尅 寶日吉 姓相名仲升 男王文章 女王仲光
辛丑 支生干 義日吉 姓林名衛公 男馬仲卿 女華文陽
壬寅 干生支 金泊金忌火尅 寶日吉 姓丘名孟卿 男孫仲房 女辰呂
癸卯 干生支 姓蘇名他家 男傅卿 文樂進卿
甲辰 干尅支 覆燈火忌水尅 制日吉 姓孟名非卿 男厖明心 女孔利公
乙巳 干生支 寶日吉 姓庚名文卿 男龍子女 女華文卿

一年豐歉花菓稀四尺十二兩紛紛大
小麥苗收四門立夏日晴多旱應端陽
日色來年盛夏至下雨大豐登立秋晴
明半收成小雨吉時大雨凶禾苗虫食
無一容秋分日晴物不生天明小雨人
吉慶秋社雨銀來年豐重陽雨大熟盈
光冬至日色盛若明萬家苦惟啼刼叶
風寒一日晴陰靈人人吉慶足歡怡

●定龍神行度風颺日
龍神行風〇凡龍神朝會大殺逢合之
日皆有惡風無風則雨乘船宜忌此乃
許真君秘傳並見彈冠必用
正月初三初八十一二十五卄龍神日
二月初三初九十三二十龍神朝帝日
三月初三初七二十七龍神朝星辰日

丙午 干支和 天河水不怕土 和日吉 姓魏名旻文卿 男趙子上 女張仲卿
丁未 干生支 天河水不怕土 寶日吉 姓石名叔通 男郇孫卿 女張仲節
戊申 干生支 大驛土不怕木 寶日吉 姓范名伯通 男石文陽 女范和卿
己酉 干生支 姓成名文長 男虞益 女李楚
庚戌 支生干 忌火尅 釵釧金不怕霹 義日吉 姓史名子仁 男仲公 女郭子良
辛亥 支生干 霹火 姓尹名佳卿 男左子行 女馮仲卿
壬子 干支和 桑柘木忌金尅 和日吉 姓宿名上卿 男呂威 女史文爽
癸丑 支尅干 伐日凶 姓汪名虞卿 男馮子陽 女侯傳卿
甲寅 干支同 大溪水忌土尅 和日吉 姓明名文章 男孔公利 女杜仲卿
乙卯 干支同 姓戴名公楊 男扈邑女長 女庶子江
丙辰 干生支 沙中土不怕木 寶日吉 姓霍名叔美 男張文道 女威文公
丁巳 干支同 和日吉 姓崔名巨卿 男東元持 女邢元仲
戊午 支生干 天上火不怕水 義日吉 姓從名元光 男范和卿 女鄧都卿
己未 干支同 和日吉 姓時名通卿 男樂石陽 女虞子張

四月初八初十二十龍會于太白日
五月初五十三十九天帝朝玉皇日
六月初九二十七地神朝玉皇日
七月初七初九二十諸煞交會日
八月初三初八十五廿七龍神交會日
九月十一十五十九諸神朝玉皇日
十月十五二十七東嶽府君朝天日

●逐月惡風日

正月初十二十乃大將軍下降逢太后之日午後三刻有惡風
二月初九十二十四十七乃諸神交會酉三刻有惡風
三月初二十七二十七日乃神朝上界逢星君之日午後有大風
四月初八十九二十三日乃諸神逢會

庚申干支和　石榴木忌金尅和日吉　姓葉名文卿　男郭子良　女林衛公
辛酉干支和　姓鄭名北五　男城進卿　女尹佳卿
壬戌支尅干　大海水不怕土　伐日凶　姓樂名進卿　男史公來　女蘇他家
癸亥支干同　和日吉　姓左名松公　男雄政　女馮子明

太歲秘號

甲曰閼逢　乙曰旃蒙　丙曰柔兆　丁曰彊圉
戊曰著雍　己曰屠維　庚曰上章　辛曰重光
壬曰玄黓　癸曰胎陽　子曰困敦　丑曰赤奮
寅曰攝提　卯曰單閼　辰曰執徐　巳曰大荒
午曰敦牂　未曰協洽　申曰涒灘　酉曰作噩
戌曰閹茂　亥曰大淵

天干月名

甲月名畢　乙月名橘　丙月名修　丁月名圉

六

之日午后三刻有悪風
五月初五十二十九天王朝上帝之日
申酉有悪風
六月十九廿七地合日卯辰時有悪風
七月初七初九十五二十七乃諸神交
會見帝日午後有悪風
八月十一十五十七十九乃名嶽悪之
日主有悪風
十月十五十八十九二十日乃府君朝
上界日卯後主有悪風
十一月初一初三十九二十乃名天合
之日亦主有悪風至
十二月初二初五初六初八二十二十
六天地交會日辰時有悪風

●定無風即雨訣

戊月名厲　己月名則　庚月名窒　辛月名塞
壬月名終　癸月名極

十二月名

正月為陬　二月為愚　三月為寎　四月為余
五月為皋　六月為且　七月為相　八月為壯
九月為玄　十月為陽　十一月為辜　十二月為涂

十二月建

正月建寅　二月建卯　三月建辰　四月建巳
五月建午　六月建未　七月建申　八月建酉
九月建戌　十月建亥　十一月建子　十二月建丑

二十四時姓名

子姓寫名方　丑姓郭名狼　寅姓党名唐　卯姓楊名正　辰姓鼎名丹　巳姓刀名玉
午姓劉名文　未姓盧名設　申姓郝名良　酉姓谷名下　戌姓曹名紳　亥姓李名遂

正月初十日晦日大将軍下界逢大煞
星午時三刻主悪風無風即雨
二月初九十三十四十七日酉時後三
刻主悪風無風即雨
三月初三十七二十七諸靈祇朝上界
逢星午時后大風無風即雨
四月初七十九二十三日諸神會逢太
白辰時五刻有風無風即雨
六月十六九廿九是地合日卯辰時有悪風
七月初七九十五廿七西海龍王下魚鬼
登天訴事午時后有悪風無風即雨
八月初二初八十七十八十九二十日
歲星計星月建交會有大風雨
十月十五十七十八二十七日太山府
君上天界卯時后悪風至即雨

乾 姓高名白　坤 姓彬名開　艮 姓于名高　巽 姓高名江　甲 姓尚名吉　乙 姓楊名光
丙 姓秦名儋　丁 姓隱名盛　庚 姓白名寿　辛 姓黃名齊　壬 姓尹名秦　癸 姓陰名精

四時訓釋

【春】蠢也萬物蠢化迺運動也爾雅云春為青陽萬物發生月令云盛德在木其帝太皞其神勾芒

【夏】律歷志云夏假也物假大乃宣平也纂要云夏曰朱明亦曰長嬴月令云盛德在火其帝炎帝其神祝融

【秋】揫也物揫斂乃成就也纂要云秋為素節又為白藏月令云盛德在金其帝少皞其神蓐收淮南子云一葉落而天下知秋

【冬】終也萬物所以成終也物終則藏閉塞成冬爾雅云冬為玄英月令云盛德在水其帝顓頊

十一月初三初九十九二十二二十八
六日后有悪風至即雨
十二月初三初五初六初八二十二十
六晦日天地神主上天界辰時悪風至

●子屬鼠少光

●丑屬牛少齒

●寅屬虎短頸

●卯屬兎缺唇

●辰屬龍虧聦

●巳屬蛇之足

其神玄真

年月豊稔歌

正月
歳朝霧黑四邊天　大雪紛紛是旱年
若得立春晴一日　農夫不用力耕田

二月
驚蟄雷狂未足奇　春分有雨病人稀
月中但得逢三卯　豆菓綿花處處肥

三月
風雨相逢初一頭　舡村瘟疾萬人憂
清明風發南上起　定主農家更有収

四月
立夏東風小滿痾　晴逢初八菓生多
雷鳴甲子庚辰日　必生蝗虫侵稲禾

五月
端陽有雨是豊家　芒種逢雷美一年
夏至風起西北上　瓜蔬園内受熬煎

六月
三伏之中逢酷熱　五谷田中秋不結
人若不生灾和孽　定是三冬多雨雪

午屬馬虧胎
未屬羊虧瞳
申屬猴虧脾
酉屬雞隱形
戌屬犬虧腸
亥屬猪之筋

七月
立秋無雨是堪愁　萬物從来只半收
處暑若逢天下雨　縱然結實也悲憂

八月
秋分天色日虛多　處々歡聲滿唱歌
只怕此日雷電閃　冬来米貴受奔波

九月
初一飛来民疾損　重陽無雨一冬晴
月中紅霞人多疾　若得雷鳴米價增

十月
立冬此日若逢壬　来年低田極費心
此日怕逢壬子辰　人民疾病受災侵

十一月
初一西風盜賊多　更逢大雪有災魔
冬至天陰無日色　来年定唱太平歌

十二月
初一西風六畜瘴　若遇雪日泥相映
但過此日清明好　分付農夫舒愁悵

新刻天下四民全備便覽三台萬用正宗卷之三終

新刻天下四民便覽三台萬用正宗卷之四

人紀誌畧

○歷代臣紀

燧人四佐○明由暁升級等差啟所先後必育受税俗受賦税及徭役成博受古諸古諸侯戰業隕丘受正嬉主受此録○伏羲九相共工上相相皇下相朱襄居左昊英居右栗陸居北赫胥居南昆吾居西葛天居東陰康居下○六佐金提主化俗　烏明主建福　視默主災惡　紀通爲中職　仲起為海陸　陽侯為江湖○黄帝六相蚩猶明天道　太常察地户　蒼龙辨東方　祝融辨

人紀門

歷代帝王歌

伏羲神農與黄帝是謂三皇掌天地少昊顓頊及高辛尭以唐虞號五帝夏商周兮曰三代戰國七雄侯十二秦惟二世有楚王西漢後為莽篡位東漢誅莽復中興三國魏蜀呉継至西晋承魏都洛陽東晋起於司馬極南朝宋齊及梁陳北號後魏東西魏北齊後周同一隅隋帝興兮乃楊氏李唐之後有五代梁唐晋漢周相継継周者宋天下平迫宋南遷是胡金〻元滅胡金

南方　風后辨西方　后土辨北方
舜臣五人　禹　稷　契　皐陶　伯益
九官　禹司空　棄后稷　契司徒　皐陶士　垂共工　益虞　伯夷秩宗　夔典樂　龍納言　十三相　即八元八愷是也　八元　伯奮　仲堪　叔獻　季仲　伯虎　仲熊　叔豹　季貍　八愷　蒼野　隤敳　檮戭　大臨　尨降　庭堅　皐陶字　仲容　叔達　禹二相　皐陶　伯益　湯二相　伊尹　仲虺　商六臣　伊尹　湯臣　伊陟　臣扈　巫咸　俱相大戊　巫賢　相祖乙　甘盤　武丁臣　周六卿　召公　冢宰　芮伯　司徒　彤伯　宗伯　畢公　司馬　衛侯　司寇　毛公　司空　十乱　周公旦　召公奭　太公望　畢公高　毛公　閎夭　大

取宋繼南北混一九十歲自堯迄元幾春秋二千七百二十四帝王神器已有歸　大明接統萬萬歲

甲子說　五帝外紀曰甲子者自軒轅黃帝始有星官之書乃命大撓探五行之情占斗綱所建始作甲子盖所以運年而歷歲紀也乃知黃帝以前有年而無運黃帝以下有年運而無年號自堯乃有甲辰元年之端西漢文帝始有後元年之名景帝始有中後元年之說至武帝始刱年號非正統者不書

天曆會元之數　臞仙曰自開闢至予彷度之年皇明洪武之戊午通該三百二十七萬七千八百七十四年○按帝王世紀云自天皇至燧皇

顚 南宮适 散宜生 文毋太姒
日邑 【魯三氏】仲孫氏 叔孫氏 季孫
氏 【殷三仁】王子 比干 箕子 【晉六卿】
趙氏 范氏 智氏 荀氏 魏氏
韓氏 【齊四臣】檀子 盼子 黔夫 種
首 【魏三師】卜子夏 田子方 段干木
秦李斯相始皇 趙高相二世 詭 【漢】蕭何
相高祖 曹參相惠帝 王陵右相呂后 陳
平左相呂后 公孫弘相武帝 石慶相武
帝 公孫賀相武帝 田千秋相武帝 楊敞
相昭帝 蔡義相宣帝 魏相相宣帝 邴吉
相宣帝 黃霸相宣帝 王嘉相哀帝 孔光
相平帝 宋均相章帝 陳寵尚書令章帝
臣 左雄尚書令順帝 荀淑相桓帝 【三國】
【蜀】諸葛亮相昭烈 蔣琬相後帝 【魏】司馬

九十一代凡一百八萬二千七百六十年自
烈王三十三年戊寅起至後周世宗顯德六年
己未止凡一千三百六十八年按春秋玄帝苞
云自開闢至獲麟凡三百二十七萬六千年分
爲十紀○堯元年甲辰至元順帝丁未通計凡
三千七百二十四年○按天運紹統自伏羲至
胡元除僭號不載外帝呉蜀遼金開位正統至
我○皇明混一區宇君天下共二百三十二君

【三皇紀】三皇者其說始于周禮外史掌三皇之
書其義取天開於子地闢於丑人生於寅之意
其君不一然書契未興無從而考姑以八君之
有據者紀之也今觀盤古氏之開混沌天皇氏
之作支干地皇氏之定三辰人皇氏之相山川

懿相曹丕　司馬昭相曹芳　吳陸遜相孫權　晉楊駿大傅　山濤俱相惠帝　王戎司徒　王敦相元帝　王導大傅相成帝　桓溫丞相大司馬帝奕　謝安相武帝　刘裕為相受禪為宋　唐房玄齡左僕射相太宗　長孫無忌左僕射　李勣右僕射相高宗　婁師德平章事相武氏　狄仁傑梁惠公　魏元忠入相　張柬之平章俱相武氏　姚崇　盧懷慎　宋璟　張説　李元紘　杜暹　韓休　李林甫　楊國忠俱相玄宗　郭子儀汾陽王　楊綰俱相太宗　崔祐甫　楊炎　盧杞　刘從　姜公輔　李泌　陸贄　趙憬　裴延齡俱相德宗　杜黄裳　李吉甫諫佞　裴垍　李絳直　皇甫鎛　程异俱相憲宗　上僧儒相

有巢氏之教民巢居燧人氏之教民火食循其名責其實則三皇可得而定也

【三皇歌】鑿開混沌分天地天地分從攝提歲是生萬物人最靈斯人之初盤古氏天皇兄弟十二頭各歲一萬八千週地皇十一頭兄弟亦各一萬八千禩人皇氏兮九九頭九兄弟者分九州相傳一百五十世四萬九千六百秋三皇以後有巢出構木為巢食木實有巢氏后燧人來攢燧取火教民食

【太古】洪荒混沌之初分遠太故謂之義也

【天皇氏】兄弟十二人亦各一萬八千歲

【地皇氏】兄弟十一人亦各一萬八千歲

【人皇氏】兄弟九頭分長九州凡一百五十世合一萬五千六百年

【有巢氏】構木為巢室以棲為衣棠食木实

【燧人氏】教人火食烹煮二百三十年然国都不可考

穆宗裴度相敬宗李德裕 李訓俱相
文宗武宗向敏中相宣宗僖宗鄭綮
崔胤相昭宗朱全忠相昭宣〔五代〕後梁
敬翔 李振末帝〔後唐〕郭崇韜相莊宗
馮道 崔協相明帝盧文紀 崔居儉
相廢帝〔後晉〕李崧 桑維翰相高祖延
廣相斉王〔後漢〕蘇逢吉 楊邠相隱帝
〔後周〕瀛文懿 廣明相世宗〔宋〕范質
王溥 魏仁甫 趙普 薛居正 沈
義倫俱相太祖盧多遜 曹彬 王顯
宋祺 呂蒙正 李方 張齊賢俱相
太宗呂端 李沆 向敏中 畢士安
寇準 王旦 王欽若 佞李迪 丁
謂佞馮拯俱相真宗王曾 張知白
張仕遜 王隨 呂夷簡 陳堯佐

〔五帝歌〕粤昔太昊宓犧氏首畫八卦造書契女
媧共工暨無懷風姓相承十五世後有神農號
炎帝始嘗百草教耒耜帝承帝臨姜姓終八世
五百二十歲黃帝公孫名軒轅衣裳而治法乾
坤金天少昊是其子高陽顓頊是其孫曾孫帝
嚳號高辛玄孫伊祁名放勳放勳是為陶唐堯
禪子有虞其姓姚重華其名舜其謚舜又禪于
夏后氏

〔太昊〕伏羲氏風姓蛇身人首木德王天下龍紀
官畫八卦造書契制嫁娶作瓦樂斷桐為
琴絙絲為絃在位一百一十五年〔女媧氏〕風姓煉五色石以補
斷鼇足以立四極相
承十五世共一百三十年一云至無懷氏共一
千二百六十年或云一萬七千七百八十年
〔炎帝〕神農氏姓姜繼太昊以火德王天下都于
陳時有火星之瑞因以名師列廛於國以
通貨帛日中為市以交有無嘗百草始有醫藥
立本草書以教民種制耒耜以教民耕故風俗

章德象　陳執中　杜衍　文彥博
宋庠　龐籍　梁適　劉沆　王堯臣
俱相仁宗韓琦　曾公亮俱相英宗富
弼　王安石　呂公著　韓絳　元絳
蔡確俱相神宗司馬光復相呂大防
范純仁　劉摯　章惇復蔡卞　韓忠
彥　曾布　蔡京復何執中　王黼
鄭居中俱相徽宗李綱　劉韐　何㮚
俱相欽宗李綱復相張邦昌　黃潛善
汪伯彥　呂頤浩　范宗尹　秦檜
朱勝非　趙鼎　張浚　万俟卨　湯
思退復陳康伯俱相高宗史浩　葉顒
魏杞　蔣芾　陳俊卿　虞允文　梁
克家　曾懷　葉衡　趙雄　王雅
周必大俱相孝宗王藺　葛邲　趙汝

漸厚在位百四十年崩于長沙之茶鄉

帝承　在位六十年

帝臨　在位八十年

帝明　在位四十九年

帝宜　在位四十五年

帝來　在位四十八年

帝衰　在位四十三年

帝榆罔　在位五十五年

黃帝　有熊氏姓公孫名軒轅繼炎帝以土德王天下時有景雲之瑞故以名師受河圖見日月星辰之象於是制星官之書命大撓作甲子容成作曆隸首作算數伶倫制律呂宮室舟車衣裳文綵軒冕名器用皆自此始㓝軒轅在位百年子玄囂立是為少昊

五帝

少昊　金天氏黃帝子名摯繼黃帝以金德王天下都曲阜時鳳鳥適至因以鳥紀官諸福之物畢至爰書鸞鳳立建鼓制浮磬以通山川之風作大淵之樂以諧人神和上下是日九淵元年壬子在位八十四年兄昌意之子高陽立

顓頊　黃帝孫昌意子母曰昌僕有星六月如虹感而生帝共工氏為害帝伐之代少昊都帝丘即東郡濮陽以水德王為黑精之君號高陽氏元年乙亥在位七十八年以人事命官也有才子八人曰八凱

帝嚳　黃帝曾孫也代顓帝有天下都亳今西京偃師縣以水德王號高辛氏元年甲午在位七十年曆日月以迎送序星辰以著眾娶陳鋒生放勳娶娵訾生摯有才子八人曰八元

帝堯　帝嚳子姓伊耆母陳鋒氏遇赤龍[illegible]然感而娠生眉有八彩年十六以

愚　韓侂胄俱相光宗余端禮　京鏜
謝深甫　陳自強　錢象祖　史彌遠
俱相寧宗鄭清之　喬行簡　李宗勉
史高之　范鍾　杜範　游侶　趙葵
謝方叔　吳潛　董槐　丁大全　賈
似道纔俱相理宗程元鳳　葉夢鼎俱
相度宗王爚　章鑑　陳宜中　吳堅
俱相恭宗文天祥　張世傑俱相帝昺
元　伯顏　阿木　阿合篤　甕吉剌
阿荅海　完澤俱相世宗劉深　合剌帶
阿難荅與俱相成宗　哈剌哈孫　答剌海
阿沙不花　三寶奴俱相武宗合散
伯荅沙　阿散俱相仁宗拜住　鐵木
迭兒相英宗旭邁傑相泰定帝躍里帖
木兒　燕帖木兒　帖木兒補化　伯

俱丹為天子都平陽在河東郡今晉州元年甲
辰在位七十二年茅茨不剪土階三等宜茨土
於庭以順時序燮調四氣十年命羲和突調四
氣稷契教養萬民以火承木為火德號陶唐氏
棄子丹朱　帝舜　高陽氏之裔父曰瞽瞍母握登
禪位虞舜見大虹感而生目重瞳堯崩三
年喪畢踐天子位都蒲坂今河郡河東縣攝政
三十年元年丙辰即位六十一年格於父母諧
於兄弟孝友之至通於神明耕歷山人皆讓畔
漁雷澤人皆讓居陶河濱器不苦窳篤孝意於
五弦之琴彤威德於兩階之舞以土承火
為土德王號有虞氏棄子商均傳位於禹

○夏紀　傳一十七主禹起丁巳止桀甲午共四百五十八年　歌曰
禹啓太康與仲康帝相少康杼槐芒泄不降扃
歷孔甲帝皇帝發履癸亡家天下者始夏禹取
天下者始成湯

三代　夏禹　夏之先黃帝之後高陽氏孫曰鯀堯用治水無功殛之舜舉其子以成父
績而抑洪水天下平堯以其功賜姒氏舜為天
子薦禹為嗣舜崩三年喪畢踐天子位都安邑
今蒲州府都縣國號夏元年丁巳在位二十七
年其德指金其正建寅色尚黑別五服敘五疇

類俱相文宗撒敦 唐其勢 馬札兒台 脫脫 阿魯圖 別兒怯不花 朶兒只 太平答剌罕 哈麻 定住 搠思監 孛羅帖木兒

大明〇太祖高皇帝 徐達右丞相 李善長右丞相 劉基弘文館斈士 陶凱礼部尚書 汪廣洋右丞相 胡惟庸左丞相 詹同吏部尚書 宋濂翰林斈士 呂熙吏部尚書 偰斯吏部尚書 劉崧吏部尚書 阮畯吏部尚書 宋納翰林斈士 吳沉武英殿斈士 吳伯宗華盖斈士 朱善文淵斈士 劉三吾翰林斈士 詹徽吏部尚書 任亨泰禮部尚書 方孝孺侍講

建文皇帝 方孝孺侍講 王叔英翰林修撰 解縉侍詔 茹瑺吏部尚書 齊太位兵部尚書 董

薦益於天朝覲訟獄謳歌者不和益而知啓遂賤天子位能繼禹之道

啓 元年甲申在位九年傳子自此始

太康 啓之子羿篡之因失國而死元年癸巳在位二十九年

仲康 太康之弟羿立之元年壬戌在位十三年

帝相 仲康子元年乙亥在位二十七年

少康 相之子元年壬寅在位六十二年

帝杼 少康之子元年甲辰在位一十七年

帝槐 杼之子元年辛酉在位二十六年

帝芒 槐之子元年丁亥在位一十八年

帝泄 芒之子元年乙巳在位一十六年

帝不降 泄之子元年辛酉在位五十九年

帝扃 不降之弟元年庚申在位二十一年

帝廑 扃之子元年辛巳在位二十一年

帝孔甲 不降之子元年壬寅在位三十一年

帝皐 孔甲之子元年癸酉在位一十一年

帝發 皐之子元年甲申在位十九年

帝桀 帝發之子元年癸卯在位一五十二年民怨其虐指日而誓湯本天命而放於南巢天下歸商焉

商紀 湯初號商後盤庚改殷湯起乙未止紂戊寅凡三十八主共六百四十四年

歌曰 湯甲沃丁并太庚小乙雍己太戊承仲丁外壬河亶甲祖乙祖辛沃甲與祖丁南庚與陽

倫翰林學士〔成祖文皇帝〕解縉左春坊
黄淮翰林大學士胡廣文淵閣大學士
楊榮文淵閣大學士楊士竒左春坊太
學士金幼孜文淵閣太學士胡儼左諭
徳兼侍讀〔仁宗昭皇帝〕楊士竒華盖大
學士楊榮工部尚書金幼孜禮部尚書
黄淮戸部尚書楊溥翰林學士
〔宣宗章皇帝〕楊士竒華盖大學士楊榮
謹身大學士金幼孜卒官黄淮致仕楊
溥内艱張瑛華盖學士陳山戸部尚書
〔英宗睿皇帝〕楊士竒卒官楊榮卒武林
楊溥武英太學士卒陳循戸部右侍郎
兼學士曹鼐吏部左侍郎翰林學士馬
愉禮部右侍郎侍講學士卒苗衷兵部
右侍郎兼翰林學士高穀工部右侍郎

甲盤庚辛乙并武丁庚甲廩辛庚丁繼乙丁帝
乙兼受辛盤庚以前爲商號盤庚以後號爲殷

〔商湯〕先有娀氏配高辛氏見玄鳥卵吞之生契契爲堯司徒教民有功封商湯姓子氏契十二世生主癸主癸生成湯湯名履繼主癸有國用伊尹伐桀踐天子位都亳今南京大梁穀熟縣国號殷其德指水其正建丑色尚白法三聖式九圍出郊祝網以身禱雨元年乙未在位一十三年

〔外丙〕湯之次子元年戊申在位二年

〔太甲〕湯之孫元年甲寅在位二十七年

〔太庚〕沃丁之弟元年庚戌在位二十五年

〔雍己〕小甲之弟元年壬辰在位一十二年

〔仲丁〕太戊之子元年己未在位一十三年

〔河亶甲〕外壬之弟元年丁亥在位二十五年

〔祖辛〕祖乙弟元年乙卯在位十六年

〔祖丁〕沃甲之子元年丙申在位三十二年

〔仲壬〕湯之少子元年庚戌在位四年

〔沃丁〕太甲之子元年辛巳在位二十九年

〔小甲〕太庚之子元年乙亥在位一十七年

〔太戊〕雍己之弟元年甲辰在位七十五年

〔外壬〕仲丁之弟元年壬申在位一十五年

〔祖乙〕河亶甲之子元年丙申在位十九年

〔沃甲〕祖辛之弟元年辛未在位二十五年

〔南庚〕祖丁之弟元年戊辰在位二十五年

翰林學士張益侍講學士【景皇帝】陳循
文淵閣大學士苗衷致仕高設東閣大
學士彭時內艱商輅翰林太學士江淵
侍講斈士王一寧侍郎斈士斈蕭鎡户
部尚書王文東閣大學士【英宗睿皇帝】
陳循徙邊高穀致仕王文死於西市商
輅削籍蕭鎡削籍徐有貞華盖大學士
許彬禮部侍郎薛瑄致仕李賢吏部尚
書呂原翰林斈士岳正翰林脩撰彭時
翰林學士陳文礼部侍郎
【憲宗純皇帝】李賢華盖大學士卒官陳
文文淵閣大學士彭時吏部尚書文淵
閣大學士劉定之礼部侍郎兼翰林斈
士商輅謹身殿大斈士萬安華盖殿大
斈士劉珝户部尚書謹身殿大學士致

【陽甲】南庚之弟元年癸巳在位七年
【盤庚】陽甲之弟元年庚子在位二十八年傳
【小辛】盤庚之弟元年戊辰在位二十一年
【小乙】小辛之弟元年己丑在位二十八年
【武丁】小乙之子元年丁巳在位五十九年
【祖庚】武丁之子元年丙辰在位七年傳
【祖甲】祖庚之弟元年癸亥在位三十三年
【廩辛】祖甲之子元年丙申在位六年
【庚丁】廩辛之弟元年壬寅在位二十一年
【武乙】庚丁之子元年癸亥在位四年
【太丁】武乙之子元年丁卯在位三年
【帝乙】太丁之子元年庚午在位三十七年
【紂辛】帝乙之子名受辛元年丁未在位三十二年因寵妲己虐殘下民無道武王伐之赴火而盡天下歸周焉

○【周紀】傳三十七王并東周召始武王己卯終東周召壬子八百七十五年

【歌曰】文武成康與昭穆共懿孝夷厲宣幽平桓
莊釐惠襄項匡定簡靈景敬悼元貞哀思考威
烈安烈顯慎赧東周威烈以前爲戰國平王以
後爲春秋

仕劉吉禮部尚書謹身殿太斈士彭華
禮部尚書尹直兵部尚書
孝宗敬皇帝 萬安致仕劉吉華盖殿大
學士尹直致仕徐溥華盖殿大斈士劉
律華盖殿大斈士丘濬武英殿太學士
謝遷武英殿大學士
武宗毅皇帝 劉健致仕李東陽華盖殿
太學士謝遷武英殿太斈士焦芳吏部
尚書謹身殿大學士王鏊武英殿斈士
楊廷和華盖大學士劉宇文淵大學士
曹元削籍劉忠武英大斈士梁儲華盖
大學士費宏武英殿學士致仕靳貴武
英殿大學士楊一清武英殿大學士致
仕蔣冕文淵大斈士楊廷和華盖殿大
學士毛紀武英殿大學士

周文王 姬名昌商時為西伯施仁以治岐[illegible]惠以造禍居羑里演八卦六十四卦三分天下有其二受命九年
武王 文王子名發西歸作洪範反商政崩文声伐商放紂以木德王元年己卯在位一八年
成王 名誦武王子元年丙戌在位三十七年
康王 名釗成王之子刑措不用元年癸亥在位二十六年
昭王 名瑕康王之子南征濟漢元年己丑在位二十一年
穆王 名滿昭王之子作甫刑元年庚戌在位二十五年
共王 名繄扈穆王之子元年乙亥在位十二年
懿王 名囏共王之子從都槐里元年丁亥在位二十五年
孝王 名辟方懿王之子時周道衰遅元年壬子在位一十五年
夷王 名燮孝王之子時諸侯來朝下堂迎之元年丁卯在位十六年
厲王 名胡夷王之子禁言監謗国人襲之元年癸未在位三十七年
共和周召二公 共理協和国事元年庚申共十四年
宣王 名静厲王之子元年甲戌在位四十六年
幽王 名宮涅宣王之子元年庚申在位十一年
平王 名宜臼幽王之子元年辛未在位五十一年
桓王 名林平王之孫元年壬戌在位二十三年
莊王 名佗桓王之子元年乙酉在位一十五年
釐王 名胡齊莊王之子元年庚子在位五年
惠王 名閬釐王之子元年乙巳在位二十五年

世宗肅皇帝　袁宗臯武英殿大學士　石珤文淵閣大學士　賈詠武英殿大學士　席書礼部尚書武英殿學士　翟鑾武英殿大學士　張璁吏部尚書謹身殿大學士　謝遷武英殿大學士　桂蕚武英殿大學士　張孚敬華盖殿大學士　方獻夫武英殿大學士　李時武英殿學士　夏言華盖殿大學士　顧鼎臣武英殿大學士　費宏華盖殿大學士　嚴嵩華盖殿大學士　許讚文淵閣大學士　張璧東閣大學士　李本詹事兼翰林學士　徐階建極殿大學士

○歷代人紀

少昊四叔　實能金木及水

重句芒六該蓐收金修玄冥水熈同士

舜帝七輔　州選舉賢佐帝德

襄王　名鄭惠王之子元年庚午在位三十三年

頃王　名壬厚襄王之子元年癸卯在位六年

匡王　名班頃王之子元年乙酉在位六年

定王　名瑜匡王之弟元年乙卯在位二十一年

簡王　名夷定王之子元年丙子在位一十四年

靈王　名泄心簡王之子生而有鬚元年庚寅在位二十七年

景王　名貴靈王之子元年丁巳在位二十五年

悼王　名猛景王之子凡在位一年

敬王　名匄景王之子元年壬午在位四十四年

元王　名仁敬王之子元年丙寅在位六年

貞定王　名介元王子元年壬申在位二十八年

哀王　名去疾貞定王之子在位三月弟叔帶殺之自立名思王凡五月顯殺之

考王　名顡定王之子元年庚子在位一十六年

威烈王　名午考王之子元年丙辰在位二十四年

安王　名驕威烈王之子時九鼎命韓魏趙元年庚辰在位二十六年

烈王　名喜安王之子元年丙午在位五十七年

顯王　名扁烈王之弟元年癸丑在位四十八年

愼靚王　名定顯王之子元年辛丑在位七年

赧王　名延愼靚王之子元年戊申在位五十八年

東周君　名班惠公之子考王之後元年丙午在位七年

○春秋戰國紀

風后受金法 能決是非　大老受天籙 天數命也　五聖受道級 級次第也　知命受糾俗 糾正也　窺紀受変復 有禍変能補復也　地典受州絡 絡維絡也　力墨受準斥 凡事也一作力牧

黄帝六術 ○羲和占日　常儀占月　史區占星　伶倫造律呂　隸首作筭數　大撓作甲子

高陽二正 南正重 司天以属神　北正黎 司地以属民

羲和四子 孔安云即堯之四子 羲仲春　羲叔夏　和仲秋　和叔冬

堯二女 以妻虞舜為二妃 蛾皇　女英

舜七友 並為歷山雷澤之遊 雄陶　方回　續牙　伯陽　靈甫

歌曰魯乃姬姓繼伯禽尚有齊陳曹燕秦衛宋楚晉鄭吳國十二分據春秋成

魯 姬姓周公子伯禽所封之国至隱公為春秋之始相傳三十四世楚考烈王滅之

齊 姜姓太公望之所封後世至恒公霸諸侯而国盛凡三十世後齊田和滅之

陳 嬀姓乃虞舜之後武王封凡二十五世楚惠王滅之

曹 姬姓乃曹叔之後武王封之凡二十五世後宋景公滅之

燕 姬姓召公奭之所封至文公嘗納蘇秦說霸六国又傳至昭王凡三十世七国始張大

蔡 姬姓武王封弟叔度傳二十二世楚惠王滅之

衛 姬姓成王封弟康叔傳三十七世秦滅之

宋 子姓商紂庶兄微子啓之所封後世至春秋襄公始僣凡三十二世齊湣王滅之

楚 羋姓至春秋有武王始強至文王成王而國勢愈昌凡二十五主列於七国

晉 姬姓成王弟康叔虞之所封後至文公始伯諸侯而国勢益盛凡三十六世韓趙魏滅之

秦 本顓頊之後曰大業者生柏翳舜賜姓嬴氏至襄王封為諸侯凡三十四世列于七国

鄭 姬姓周宣王庶弟桓公友之所封凡二十二世韓哀佐滅之

○戰國七雄

東不訾一作不識　秦不虛一作不空

三后　伯夷降典　禹平水土　稷降播種

舜命九官　禹司空　棄后稷　契司徒　皐陶士　垂共工　益虞　伯夷秩宗　夔典樂　龍納言

四凶　共工左傳謂之窮奇　驩兜渾沌　三苗饕餮　鯀檮杌

殷三仁　三人諫紂俱死故曰三仁

微子　箕子　比干

文王四隣　所親近者故為隣

閎夭　太公望　南宮括　散宜生

周三后　詩曰三后在天　大王　王季　文王　又尚書畢命云三后協心同底于道謂　周公　君陳　畢公

周三母　太姜王季母　太任文王母　太姒武王母

歌曰　秦始嬴姓後滅周韓魏趙氏分晉都更有楚燕與齊國俱亡於秦誠可羞

咸陽秦王　嬴氏起周武王時至惠武始稱王傳昭襄九主始滅周王天下

潁川韓王　韓氏本與周同姓武王子韓侯之後也至景侯虔以周烈王時命韓虔為諸侯至安王十主始皇滅之

大梁魏王　魏本與周同姓文王之子畢公高之後後四世桓子與韓趙共滅智氏而分其地桓子孫文侯斯以周威烈王命魏斯為諸侯至王假凡八主後秦始皇滅之

襄郢楚王　羋氏起自周成王時傳及熊繹凡四十主後為秦始皇滅之

薊北燕王　姬氏起自周武王時傳至王喜凡一十一主後為內秦始皇滅之

邯鄲趙王　趙氏本與秦同姓祖有子李勝其後造父者事周穆王建用邯鄲以功封趙城由是為趙氏傳及凡十主後秦始皇滅之

營丘齊王　姜氏亡齊至周安王封田和為諸侯傳及王建七主始皇滅之

○**秦紀**　凡四主自莊襄癸丑起止子嬰甲午共四十三年後降於漢

歌曰　昭宣孝文莊襄王始皇二世三世亡得秦

文王十子 伯邑考 武生發 管叔鮮
周公旦 蔡叔度 成叔武 霍叔處
康叔封 曹叔振鐸 冉季載
周六卿 召公家宰 芮伯司徒 彤伯宗伯
畢公司馬 衛侯司寇 毛公司空
周八士 伯達 伯适 仲突 仲忽
叔夜 叔夏 季隨 季騧
鄭七穆 穆公之子七人 子罕 子駟
子良 子國 子游 子印 子豐
晋五士 叔向曰生十七年有士五人 孤
偃 趙襄 顛頡 魏犨 司空季子
秦三良 三人皆子車氏之子也 子車奄
息 子車仲行 子車鍼虎
魏三師 卜子夏 田子方 段干木
戰國四豪 孟嘗君齊田文 信陵君魏無

之號自非子賜嬴之姓自始皇
秦昭襄王 稷襲世爵蓄屛周室四年初為田開 阡陌明年迁周九鼎於秦立五年
孝文王 名戊昭襄王之子在位三 日而薨傳位於太子楚 莊襄王 名楚 孝文
王子嗣位使相国呂不韋攻周周盡入
其國元年癸丑在位四年傳太子政 秦始皇
始皇名政莊襄王之子始皇立之二十六年滅
六國并天下自称始皇帝元年丁巳在位三十
五年 二世皇帝 名胡亥始皇少子元 年壬辰在位三年 三世秦王 名 孺
子嬰始皇孫殺趙高即
位立四十六日降于漢

○漢紀 西漢起高祖乙未終孺子嬰丁卯被 王莽簒之凡十三主共二百卌三年
歌曰 高惠呂后文景興武昭宣元成哀平光明
章和殤安繼順冲質桓靈獻更西漢高帝起豐
沛東漢光武成中興
西漢高祖 姓劉名邦字季沛豐人元 年乙未在位一十二年 惠帝 名盈 高祖
之子元年丁未 在位七年無嗣 呂后 名雉高帝之后臨朝称制 八年元年甲寅在位八年

忌春申君楚王歇　平原君趙子勝

【三刺客】曹沬齊人　聶政韓人　荊軻燕人

【十一聖師】風后黃帝師　老彭顓頊師　祝融帝嚳師　務成子帝堯師　紀后帝舜師　墨如夏禹師　伊尹成湯師　呂望文武師　庚秀周公師　老聃孔子師

【孔門十哲】顏淵　閔子騫　冉伯牛　仲弓七上四德行科　宰我　子貢二人言語科　冉有　季路二人政事科　子游　子夏二人文學科

【七十二賢】家語所載七十二子

顏回子淵兗国公　閔損子騫琅琊公　冉雍仲弓下邳公　端木賜子貢黎陽公　冉耕伯牛東平公　冉求子有彭城公　言偃子游丹陽公　顓孫師子張宛丘侯　宰予

【文帝】名恒高帝次子封於代是為代王諸呂威遠迎立之元年壬戌在位二十六年改元者一十六年後元年戊寅七年廟號太宗

【景帝】名啓文帝之子元年乙酉在位十六年改元者三元年七中元六後元五

【武帝】名徹景帝之子元年辛丑在位五十四年始有年號改元者十一建元六元光六元朔六元狩六元鼎六元封六太初四天漢四太始四征和四後元二

【昭帝】名弗陵武帝少子元年乙未在位十三年改元者三始元六元鳳六元平一

【宣帝】詢武帝玄孫霍光定策立之元年戊申在位二十五年號為中宗改元者七本始四地節四元康四神爵四五鳳四甘露五黃龍八

【元帝】奭宣帝之子元年癸酉在位十六年改元者四初元五永光五建昭五竟寧一

【成帝】名驁元帝之子元年己丑在位二十六年改元者七建始四河平四陽朔四鴻嘉四永始四延元四綏和二

【哀帝】名欣元帝庶孫元年乙卯在位六年改元者二建平四元壽二

【平帝】名衎元帝庶孫元年辛酉在位五年改元者一元始五

【孺子嬰】顯之元年丙寅在位三年莽改元者一居攝三

【王莽】簒漢元年戊辰在位十五年改元者四新室五天鳳五地皇五禮始三

【新室】王莽為皇

丈上壽酒毒死平帝弒簒子嬰簒漢立十五年大亂

【淮陽王】名玄即更始皇帝元年癸

子我臨淄公仲由子路河内公卜商子
夏河内公澹臺滅明子羽金鄉侯曾參
子輿郕国公林放子丘長山侯樊須子
遲益都侯公冶長子長高密侯原憲子
思任城侯有若子有平陰侯鄭國子徒
朐山侯公西藏子尚餘城侯商澤子秀
鄃平侯秦非子之華陽侯曾點子晳萊
蕪侯巫馬施子期東阿侯公晳哀季次
充海侯司馬耕子牛楚丘侯顏之僕叔
子兗句侯漆雕徒父子期高苑侯石作
蜀子明成紀侯顏高子驕雷澤侯邽巽
子斂高唐侯顏無繇路曲阜侯狄不齊
選當陽侯高柴子羔共城侯宗旂子旗
厭次侯公西赤子華鉅野侯秦祖子南
鄭都侯陳亢子禽南頓侯梁鱣叔魚子

末在位二年改元者一更始二

東漢 凡十二主起光武乙酉終獻帝庚子共一百九十六年

光武 名秀字文叔高祖九世孫長沙定王之後起自舂陵漢遭王莽篡逆諸將積怒兆民塗炭特仗義與更始都洛陽立光武為蕭王鏖戰昆陽人服其武司隸入洛人服其度時節渡河人服其德建武三年盆子降光武立廟號世祖洛陽元年乙酉在位三十三年改元者二建武三十中元二

明帝 名莊光武四子元年戊午在位十八年廟號顯宗改元者一永平十八

章帝 名炟明帝第五子元年丙子在位十三年號肅宗改元者三建初八元和三章和二

和帝 名肇章帝第四子十歲元年己丑在位十七年改元者二永平十六元興一

殤帝 名隆和帝少子元年丙午即位時誕育百餘日鄧后臨朝張禹參政在位八箇月改元者一延平一

安帝 名祜清河孝王之子鄧后詔為殤後帝幼中元年丁未在位十九年改元者五永初七元初六永寧一建元一延光四

順帝 保安帝太子安帝崩孫程等立帝元年丙寅在位十九年改元者五永建六陽嘉四永和六漢安二建康一

沖帝 名炳順帝之子元年乙酉在位三閱月改元者一永嘉一

質帝 名纘章帝元孫元年丙戌在位一年改元者一本初一

秦侯漆雕開子開平輿侯冉孺子魯臨
沂侯蘧瑗伯玉內黃侯公伯寮子周壽
張侯宓不齊子賤單父侯燕伋子思汧
源侯秦商子丕上洛伯后處子里營丘
伯步叔乘子車博昌侯廉絜庸胙城侯
漆雕哆子斂濮陽侯樂欬子声昌平侯
申黨子周菑川侯琴牢子開頓丘侯顏
辛子卯陽穀侯申棖子續上蔡侯壤駟
赤子徒上邽侯施之常子恒臨濮侯伯
虔子析沭陽侯南宮适子容龔丘侯公
祖句茲子之即墨侯公孫龍子石枝江
侯商瞿子木須昌侯曹卹子循上蔡侯
叔仲會子期博平侯縣成子祺武城侯
顏噲子声齊陰侯孔忠子蔑鄆城侯奚
容蒧子晳濟陽侯狄黑晳之林慮侯冉

【桓帝】名志章帝曾孫梁后與兄冀立之元年丁亥在位二十一年改元者七建和三和平一元嘉二永興二永壽二延熹九永康一

【靈帝】名宏章帝元孫竇后立之元年戊申在位二十二年改元者四建寧四熹平六光和六中平六

【獻帝】名協靈帝次子董卓廢太子辯立帝元年庚午在位三十一年曹操纂之改元者三初平四興平二年建安二十五年

【三國紀】後漢昭烈辛丑盡後帝癸未凡二主共四十三年

【歌曰】先主後主并魏文明齊高貴陳留興吳王會稽景烏程是為三國相侵陵後漢討賊為正統魏吳賊漢皆篡臣

【蜀先主】姓刘名備字玄德漢中山靖王之後寬仁大度屈躬群豪宛乎高祖之風荊州湖敗因敗為功備乎英雄之氣益州牧劉璋為援以禦曹操備將兵數萬入益州璋出降據資黃初二年即皇帝位以諸葛亮為股肱法正為腹心関羽張飛為爪牙謀復漢業以勢單弱故其志不遂即位成都元年辛丑在位三年謚昭烈皇帝改元者一章武三

【後主】名禪備之子元年癸卯在位四十一年改元者四建興十五延熙二十景耀五炎興一

琴子彦詡冰侯秦冉新息侯左人郢
子行南華侯 ○後世取十哲配享先聖
又增八十人以足七十二之數
公良孺子正牟平侯 公夏首子乘鉅平
侯 宰父黒子黒秔姉侯 原桃子籍樂平
侯 句井疆子 濟陽侯 顔祖子襄富平
侯 鄡單子 聊城侯 顔何子 堂邑侯
孔鯉伯魚泗水侯
孟門十七弟子 公孫丑 孟仲子 公
都子 陳臻 樂正子 咸丘蒙 孟
季子 高子 徐辟 陳代 彭更
萬章 告子 充虞 周霄 桃應問
屋廬子
商山四皓 東園公 綺里季夏 黃公
角里先生 或以綺里季夏爲一人

魏 受漢禪凡五主 文帝 姓曹名丕魏王曹操之
共四十六年 子元年庚子在位七年
改元者一 明帝 名叡文帝之子元年丁未在位
黃初七 十三年改元者三太和五青龍
四景 齊王 名芳明帝養子元年庚申在位一十
初四 四年改元者二正始九嘉平五
高貴鄉公 名髦文帝孫東海定王霖之子元年
甲戌在位六年改元者二正元二甘
露四 陳留王 名奐操之孫燕王宇之子元年戊辰
四 年在位五年改元者二景元一十六
咸熙一
十六

吳 孫權稱帝凡四 大皇帝 名權孫武之後孫堅
主共五十九年 之子爲吳侯將死以
事授之破曹操於赤壁擒關羽於荊州魏太和
三年即皇帝位元年壬寅在位三十一年改元
者五黃武七黃龍三嘉禾 會稽王 名亮權之少
六赤烏一十三大元一 子元年壬申
在位六年改元者三建 景皇帝 名休權第六子
興三五鳳二太平二 元年戊寅在位
六年改元者 烏程侯 名皓孫和之子元年甲申
一永安六 在位十三年改元者七元
興一甘露一寶鼎一建衡
二鳳凰三天璽一天紀二

兩晉紀 受魏禪起晉武帝乙酉終恭帝
己未凡一十五共一百五十六

漢三傑　蕭何　張良　韓信

漢四相　蕭何　曹參　魏相　丙吉

元功十八人　蕭何酇侯　曹參平陽侯　張敖宣平侯　周勃絳侯　樊噲舞陽侯　酈商曲周侯　奚涓魯侯　夏侯嬰汝陰侯　灌嬰潁陰侯　傅寬陽陵侯　靳歙信武侯　王陵安國侯　陳武棘蒲侯　王吸清河侯　薛歐廣平侯　周昌汾陰侯　丁復陽都侯　蟲達曲成侯

劉氏九王　高祖立九王

荊王賈　楚王交　代王喜　齊王肥　梁王恢　吳王濞　燕王建　淮陽王友　淮南王長

異姓八王　楚王韓信　淮南王英布　梁王彭越　韓王信　趙王張耳　長沙王吳芮　燕王臧荼　燕王盧

歌曰　武惠懷愍元明成康穆哀奕並簡文孝武安帝恭帝繼兩晉之世十五君武帝洛陽為西晉元帝東晉建康興

武帝　司馬氏名諱炎字安世祖懿初從魏武辟相国晋王位尋受魏禪即皇帝位廟號後世祖宣帝景帝文帝皆帝追謚元年丁酉在位二十五年改元者三太始七咸寧五大康一

惠帝　名衷武帝次子元年庚戌在位十七年改元者七永熙一元康九永康一永寧一永安三光熙一永興一

懷帝　名熾惠帝弟武帝二十五子雖乱元年丁卯在位六年改元者一永嘉六

愍帝　名鄴武帝孫吳孝王之子於奔播之後元年癸酉在位四年改元者一建興四

東晉元帝　名睿字景文宣帝曾孫瑯邪王之子愍帝崩元帝遂即位元年丁丑在位六年改元者三建武一大興四永昌一

明帝　名紹元帝長子元年癸未在位三年廟號肅宗改元者一太寧三

成帝　名衍明帝之子元年丙戌在位一十七年廟號顯宗改元者二咸和九咸康八

康帝　名岳成帝之母弟也成帝太子丕奕皆在襁褓故庾冰迎立元年癸卯在位二年改元者一建元二

穆帝　名

淮南八王 蘇飛 李尚 左呉 田由
雷被 毛被 伍被 晋昌
二疏 宣帝時二人同傅東宮退 疏廣仲
翁太子太傅 疏受廣兄子也太子少傅
麒麟閣功目十二人 霍光大司馬大将
軍 張安世衛将軍 韓増車騎将軍 趙充
國后将軍 魏相丞相 丙吉丞相 杜延年
御史大夫 劉徳宗正 梁丘賀少府 蕭望
之太傅 蘇武典属国
王氏五侯 王譚平阿侯 王商成都侯 王
立紅陽侯 王根曲陽侯 王逢時高平侯
五經博士十五人 施讎長卿 孟喜長卿
梁丘賀長翁 京房已上易四家 歐陽生
和伯 夏侯勝始思號大夏侯 夏侯建長
公號小夏侯已上書三家 后蒼 魯申

康帝之子幼嗣位元年乙巳在位十七年 哀
廟號孝宗改元者二永和一十升平五 帝
名丕成帝之子褚后塞迎即位元年壬 名
戌在位四年改元者二隆和一興平三 廢帝 奕
哀帝母弟褚太后奉迎元年丙 名昱元
寅在位五年改元者一太和五 簡文帝 帝少子
桓温奉迎元年辛未在位 孝武帝 名曜簡文帝
二年改元者一咸安一 第三子元年
癸酉在位二十四年改元 名徳孝武帝長
者二寧康三太元二十一 安帝 子幼而不恵桓
温子篡位一年刘裕使王韶之益帝元年丁酉
在位二十二年改元者三隆安五元興三義熙
十 恭帝 名徳文安帝母弟相國刘裕矯詔立之
四 嗣元年己未在位一年改元者一元熙
一 晋魏間十六國 前趙 劉淵新興匈奴人據平
陽称帝四主二十六年
爲石勒 前燕 慕容光昌黎鮮卑人晋時拠鄴四
滅之 主八十五年前秦名曰符堅者滅
之 後蜀 李持巴西人晋持拠益州六主四
十六年晋穆帝遣桓温滅之 前秦
名建略陽氏人晋時拠長安六主
九四十四年后秦姚興滅之 前涼 張軌安
時拠梁州九主凡七 定人晋
十六年為前秦符堅滅 後燕 慕容垂號第五子晋
凡二十五年北 武帝時拠中山四主
燕馮跋滅之 後趙 石勒上黨匈奴人晋元帝
時拠襄國六主三十一年

公 韓嬰 毛萇為獻王傳士已上詩
四家 戴德號大戴 戴聖號小戴已上礼
二家 嚴彭祖公子 顏安樂公孫春秋二
京兆三王 王尊 王章 王駿
二十四孝 古今言孝有此二十四人
大舜 曾參 閔損 江革 陸績
郭巨 董永 丁蘭 孟宗 王祥
老萊子 韓伯愈 魯義姑 姜詩
趙孝宗 王武子 劉殷 田真 陳
娥 范宣 王裒 趙咨 仲由 鮑山
新室四輔 王舜 平晏 劉秀 哀章
新室四將 甄豐 王興 孫建 王盛
新室三公 甄邯 王尋 王邑
鉅下二卿 伏波兄子 馬嚴威卿 馬敦
雲臺二十八將 鄧禹高密侯 馬成全椒

為閔所滅 後秦 姚萇赤亭羌人晉時據長安三主三十五年晉安帝道裕滅之
西秦 乞伏國仁鮮卑人晉時據金城四主十六年大夏赫連勃〻滅之
西涼 李暠后涼之臣
晉時據姑臧三主共二十五年北涼滅之
後涼 呂光略陽氏人晉武時據張[redacted]二主三十九年後魏世祖滅之
南涼 禿髮烏孤河西鮮人安帝時據廣武二主十八年
大夏 赫連勃〻匈奴後安帝時據朔方二主二十二年
南燕 慕容德鮮卑少子據廣固二主十一年刘裕滅之
北燕 馮跋信都人晉安帝時據昌黎凡二主共二十八年後魏世祖滅之
○南北朝紀 凡二十八帝起宋武帝庚申止恭帝丁丑共二百零一年
歌曰 宋武少文與孝廢明帝蒼梧及順帝。孫高武明東昏和。梁武簡文元敬至。陳武文臨宣長城隋文煬帝恭帝繼相傳二十有五君共歷二百有八世
宋 凡八主共六十一年附魏
南朝 宋武皇帝 劉裕漢楚元王交二十一世孫受晉禪元年庚申在位三年改元者一
營陽王 義符武帝長子元年癸亥在位一年改元者一 景平一 求物三

侯吳漢 廣平侯王梁 阜成侯賈復 定遠
侯陳俊 祝阿侯耿弇 好畤侯杜茂 參遽
侯寇恂 雍奴侯傅俊 昆陽侯岑彭 舞陽
侯堅鐔 合肥侯馮異 陽夏侯王覇 淮陰
侯朱祐 鬲侯任光 阿陵侯祭遵 頴陽侯
李忠 中水侯景丹 櫟陽侯萬修 槐里侯
蓋延 安平侯邳彤 靈壽侯銚期 安成侯
劉植 昌成侯耿純 東光侯臧宮 朗陵侯馬
武 陽虛侯劉隆 愼侯王常 山桑侯李通
固始侯竇融 安豐侯卓茂 褒德侯 通共
三十二人

東漢八使 光祿大夫周舉 光祿大夫
周栩 尚書欒、青州刺史馮羨 侍
御史張綱 兗州刺史郭遵 太尉長
史劉班

文皇帝 名義隆武帝第三子元年甲子在位二十九年改元者一元嘉二十九年

孝武帝 名駿文帝三子元年癸巳在位十一年改元者二孝建三大明八

前廢帝 名子業孝武帝子元年乙巳在位一年改元者一景和一

明皇帝 名彧文帝第十一子元年丙午在位八年改元者二太始七太豫一

後廢帝 名昱明帝之子元年甲寅在位五年改元者一元徽五

順皇帝 名準明帝第三子元年巳未在位三年改元者一昇平三

南齊高皇帝 蕭道成宋爲相受宋禪元年己未在位四年改元者一建元四

武皇帝 名賾高帝長子元年癸亥在位一十一年改元者一永明十一

鬱林王 名昭業其帝嫡孫即位六個月西昌侯鸞廢爲王

海陵王 名昭文鬱林王之弟立六月太后廢帝爲王立侯鸞

明皇帝 名鸞始安王道生之子元年甲戌在位五年改元者一建武五

東昏侯 名宝卷明帝第一子荒遷元年己卯在位二年改元者一永元一

和皇帝 名寳融明帝第八子元年辛巳在位二年改元者一中興二

梁武皇帝 名蕭衍與齊同祖受齊禪元年壬午在位四十八年改元者六天監十八普通七大通五中文通六大同十一太清一

簡文帝 名綱武帝第三子元年庚午在位二年改元者

東漢五侯　桓帝封　單超新豐侯　徐璜武原侯　左綰上蔡侯　貝瑗東武陽侯　唐衡汝陽侯

五處士　後漢隱士　豫章徐穉　彭城姜肱　京兆韋著　汝南袁閎　潁川李曇

楊氏四公　震字伯起司徒太尉　秉震子叔節太尉　賜秉子伯獻司徒太尉　彪賜子文先司徒太尉

鉤黨三君　竇武天下忠誠竇游平　陳蕃天下蒙府陳仲举　劉淑天下德弘刘仲承

八俊　李膺天下模楷李元礼　荀昱天下好文荀伯條　杜密天下良輔杜周輔　王暢天下美秀王叔茂　劉祐天下稽古刘伯祖　魏朗天下忠貞魏少英　趙典天下少英趙仲經　朱寓天下冰稜朱季陵

一太保二

孝元帝　名繹武帝第七子元年壬申在位三年改元者一承聖三

敬皇帝　名方智元帝第九子元年乙亥在位二年改元者二紹泰一太平一

後梁

宣皇帝　蕭詧昭明太子統之子即位江陵立八年附庸於魏

孝明帝　名巋宣帝第三子即位二十一年崩後附庸於隋

莒國公　名琮明帝長子隋文帝命開位二年後奔陳文帝命廢其國

陳武皇帝　陳霸先仕梁爲陳王受梁禪都元年丁丑在位三年改元者一永定三

文皇帝　諱蒨始興昭烈王長子宣太后奉遺詔迎元年庚辰在位七年改元者二天加六天康一

臨海王　伯宗皇帝長子元年丁亥在位二年改元者一光太二

孝宣帝　頊始興昭烈王第二子宣太后迎立元年己丑在位一十四年改元者一大建十四

穆王　叔寶宣帝長子元年癸卯在位七年改元者二至德四禎明三

北朝後魏

太祖道武皇帝　姓跋氏名珪本晉初拓跋猗盧助晉攻刘聰封代王安帝時即帝位都平城立二十四年清河王紹弑之

太宗明元皇帝　名嗣太祖長子誅紹即位在位二十五年

世祖太武皇帝　名燾太宗長子在位二十九年中常侍宗愛弑之

高祖文成皇帝　名濬世祖嫡孫以太子早卒即位

七

八顧 郭太天下和雍 郭林宗 劉儒天下
晖金 刘叔林 尹勳天下英藩 尹伯元 巴
肅天下卧虎 巴恭祖 宗慈天下通儒 宗
孝初 夏馥天下慕特 夏子治 蔡衍天下
雅志 蔡仲喜 羊陟天下清若 羊嗣祖
八及 張儉海内志士 張元節 范滂海内
譽諤 范孟博 岑晊海内珎好 岑公孝 苑
秉海内彬彬 苑仲真 劉表海内所珎 刘
景升 陳翔海内貴珎 陳子羽 孔昱海内
才珎 孔世元 檀敷海内通士 檀文交
八厨 度尚海内清明 度博平 張邈海内
岩岩 張孟卓 王孝海内依怙 王文祖 劉
翊海内光和 刘子相 秦周海内貞良 秦
平王 蕃嚮海内修整 蕃孟景 王章海内
賀智 王伯義 胡毋班海内珎奇 胡毋季皮

立十三年 顯祖獻文皇帝 洪高宗太祖立五年傳位太子宏自稱為太上皇
高祖孝文皇帝 宏顯祖子太祖立二十九年改元 名宏遷都洛陽是為于元魏
世祖宣武皇帝 名恪高祖第一子在位十六年
名詡世宗第二子立一十三年后鴆立幼子釗 肅宗孝明皇帝
第三子爾朱榮奉迎即位沉太后釗于河淵在位三年遇弑 恭宗孝莊皇帝 子攸彭城王勰
恭廣陵惠王羽之子爾朱世隆等立位一年高歡廢帝為節閔尋遇弑之■ 前廢節閔皇帝
後廢中興王 朗章武王隆之子爾朱相高歡奉迎即位信都立六十日乃禅于孝武帝
孝武出皇帝 修廣平王懷之子高歡奉迎立三年宇文泰迎帝入長安鴆帝立文帝
一 東魏孝靜帝 善見清河王亶之子孝武奔長安丞相高歡奉帝即位于鄴 十七年禅位於齐
西魏文帝 名寶炬孝文孫丞相宇文泰鴆孝武迎立帝于長安 立十七年
廢帝 欽文皇長子嗣位二年宇文泰拔殺尚書元烈置帝於雍州乃殺
恭帝 名郭廢帝之弟宇文泰立之三年泰廢帝禅位于周
北齊文宣王 高陽 丞相歡之次子受東魏禅即位晉陽十年
廢帝 因文宣帝太子立一年常山王演弑李太

三台万用正宗 人紀門

馬氏五常 馬良字季常兄弟並育才名
季常 伯常 仲常 汝常 幼常
汝南五龍 蔚少卿子號五龍 子輿居宗
里 子羽居原覌里 子仲居宜唐里 子明
居西商里 子良居[illegible]里
公沙五龍 北海公沙穆五子號曰五龍
紹子起 季允慈 恪允讓 逵叢則 樊兼起
荀氏八龍 儉伯慈 緄仲慈 靖叔慈 燾慈
光 汪孟慈 爽慈明 肅敬慈 旉幼慈
建安七子 獻帝年号 孔融文舉 陳琳孔
璋 王粲仲宣 徐幹偉長 阮瑀元瑜 應瑒
德璉 劉楨公幹
竹林七賢 阮籍嗣宗 嵇康叔夜 山濤
劉伶 阮咸 向秀 王戎
京兆三休 李金敞字元休 第五巡字

后廢 孝昭帝 名演文宣母
之 弟在位二年 武成帝 名湛孝昭母弟即位四年
傳位東宮自 後主 名緯武帝長子即位
為太上皇 一十三年為周所虜 後周孝
閔帝 字文覺丞相泰第三子受西魏禪
都長安即位一年為晉公護所弒 明皇帝
名毓泰長子晉公護逆 武皇帝 名邕泰第四子
立四年致幽弒之禍 誅護之後中外
翕然立十八 宣皇帝 名贇武帝長子驕奢淫乱
年廟號高祖 在位一年位傳于太子
靜皇帝 名衍宣帝長子受內禪立二年
元舅楊堅輔政詔遜位于隋
隋文帝 名堅太象二年封隋王明年受周禪後
滅陳遂為正統都長安華陰人元年庚
戌在位十五年改元 煬帝 名廣文帝第二子立
者二開皇十一仁壽四 十二年巡遊天下窮
極奢靡唐公李淵率義兵入長安為宇文
化所弒元年乙丑改元者一大業十二 恭帝
煬帝孫封代王煬帝南遊梁都李淵入長安迎
立即位二年元年丁丑改元者一義寧一

唐紀 受隋禪凡一十八帝起唐高祖戊
寅止昭宣帝共二百八十餘年

歌曰 高太高武中睿玄。肅代德順憲穆傳。敬宗
文武宣宗續懿僖昭帝與昭宣高宗以後多女

文休 嵩端字甫林

蜀漢三傑 諸葛亮孔明 關羽雲長 張飛翼德

蜀四英 諸葛亮 蔣琬公琰 費禕文偉 董允休昭

曹魏八達 伯達朗 仲達懿 叔達孚 季達馗 顯達何 惠達進 雅達通 幼達

魏文帝四友 司馬懿仲達 陳群長文 朱鑠彥才 吳質季重

吳太子四友 孫登爲太子時以此四人爲友 諸葛恪左輔 張休右弼 顧譚輔正 陳表翼正

孫吳四將 周瑜公瑾 魯肅子敬 呂蒙子明 陸遜伯言

晉五儁 薛兼 紀瞻 閔鴻 顧榮 賀循

說肅宗以後多強藩。

高祖 姓李名淵字叔德仕隋爲太原留守佐周封唐國公進封唐王與子起兵取天下元年戊寅在位九年改元者一武德九

太宗 名世民高祖次子有龍鳳之姿天日之表稟聰明之世文武之才除隋之亂比迹湯武致治之美庚幾乎康元年丁亥在位二十三年改元者一貞觀二十三

高宗 名治太宗第九子元年庚戌在位三十四年改元者十四永徽六顯慶五龍朔三麟德二乾封二總章二咸亨四上元二儀鳳三調露一永隆一開耀一永淳一弘道一

中宗 名顯高宗第七子元年甲申即位二月武后廢之改元曰嗣聖

武后 名曌高宗之后受遺詔輔中宗失政后因廢中宗自立革命稱周僭號稱制元年甲申在位二十一年改元者八垂拱六天授二長壽四通天一神功一聖曆二久視二長安四

復位中宗 復位五年元年乙巳改元者一神龍五

睿宗 名旦高宗第八子元年庚戌在位三年改元者二景雲二太極一

玄宗 名隆基睿宗第三子受內禪元年癸丑在位四十三年改元者二開元二十九天寶十四

肅宗 名亨玄宗第三子元年丙申在位七年改元者四至德一乾元二上元二寶應二

代宗 名豫肅宗長子中官程元振奉迎元年癸卯在

晉八公　司馬孚太宰　鄭沖大傅　王祥太
保　司馬望太尉　何曾司徒　荀顗司空　石
苞大司馬　陳騫大將軍

晉八王　汝南王亮　楚王瑋　趙王倫　齊王
冏　長沙王乂　成都王穎　河間王顒　東海
王越

晉八伯　[illegible]古入後龍伯阮放　方伯郗鑒
達伯胡毋輔之　裁伯卞壼　朗伯蔡謨　誕
伯阮孚　委伯刘綏　濌伯羊曼

晉八達　范質詩云南朝稱八達千載穢
青史即謂人皆從事於酒遺落世事而
放達者也　董昶仲道　王澄平子　阮瞻千
里　胡毋輔之彥國　謝鯤幼輿　庾敳子嵩　沙
門于法龍　光逸孟子

琅琊八王　王祥休徵　王衍夷甫　王綏方

位十七年改元者三廣　德宗　名适代宗長子元
德二永泰一大曆十四　年庚申在位二十
六年改元者三建中四　名誦德宗長子寶
興元一貞元二十一　順宗　疾踐祚元年丙戌
在位一年傳位太子自稱　名純順宗長子
太上皇改元者一永貞一　憲宗　元年丁亥在位
十四年改元者一　名恒憲宗第三子中宮陳
一元和十四　穆宗　洪志奉帝即位元年辛丑
在位四年改元　名湛穆宗長子元年乙巳
者一長慶四　敬宗　在位二年改元者一寶曆
二　文宗　名昂穆宗第二子元年戊申在位
十三年改元者二大和九開成五　武宗
名炎穆宗第五子元年辛酉　名忱憲宗第
在位六年改元者一會昌六　宣宗　十三子元年
丁卯在位十三年　懿宗　名漼宣宗長子元年
元者一大中十三　庚辰在位一十四年
改元者一　僖宗　名儇懿宗第五子元年甲午在
咸通十四　位十五年中和四年誅黄巢
改元者五乾符六廣明一　名曄懿宗第七
中和四光啓三文德一　昭宗　子元年己酉在
位十五年改元者五龍紀一大順二景　名
福二乾寧四光化三天復三天祐一　哀宗　祝
昭宗第九子元年甲子在
位三年仍用天祐號
二

一〇

五代紀
凡十主起后梁太祖丁卯止後
周共　周顯德己未共五十六年

子　王澄平子　王敦處仲　王導茂弘　王戎
濬仲　王玄眉子

蘭亭四十二賢　三月三日會稽山陰之
蘭亭修禊賦詩　王羲之　謝安　謝萬
孫豐之　王彬之　孫綽　孫統　王
凝之　王肅之　王徽之　袁嶠此十
一人各賦詩二首　郗曇　王豐之　華
茂　庾友　虞說　魏滂　謝繹　庾
蘊　曹茂之　曹平　桓偉　王玄之
王蘊之　王渙之　孫嗣已上十五人
各賦詩一首　謝瑰　卞迪　丘髦　王
獻之　楊模　孔熾　劉密　虞谷
勞夷　后綿　華耆　任凝　謝藤
呂系　呂本　曹禮已上十六人賦詩
不成罰酒三觥

歌曰　梁有大均唐莊明愍帝之後廢帝崩晉有
高齊漢高隱周則太祖世恭承相傳十十有三
主歷代五十有五齡

後梁　凡二主共一十六年　太祖　名朱温宋州碭山人受唐禪元年丁卯在位六年改元者二開平四乾德二　均王　名瑱太祖第四子與群臣誅友珪在位十一年先二年仍稱乾化年號改元者二乾化五貞元五

後唐　凡四主共一十五年　莊宗　李存勗克用長子滅梁元年癸未在位三年改元者一同光三　明宗　名亶本夷狄無姓氏克用養爲子莊宗遇弑乃立元年丙戌在位七年改元者二天成四長興三　愍帝　名從厚明宗第三子明宗不豫詔帝元年癸巳在位一年改元者一應順一　潞王　名從珂明宗養子弑愍元年甲午在位二年改元者一清泰一

後晉　凡二主共九年　高祖　名石敬瑭本太原人元年丙申在位七年改元者一天福七　齊王　元年癸卯在位三年改元者一開運二

後漢　凡二主共四年　高祖　劉智遠在晉爲北平王少帝北狩王因晉亂即位太原入

潯陽三隱　潯陽江州此三人同居庐山
陶淵明　周續之　劉遺民
敦煌五龍　五人俱詣大學故號五龍
索靖　氾東　張彪　索紒　索永
一臺二妙　晋人善草書時語曰一臺二妙衛瓘伯玉尚書令索靖幼安尚書郎
宋五臣　文帝之臣　刘湛　殷景仁　謝弘微　王華　王曇
含象亭十八學士　張說　徐堅　李述　趙點　賀知章　趙冬元　馮德遥　庚子元　侯行果　毋照　張會真　咸巽明　李子訓　吕向　東方顥　陳玄太　孫季良　金欽
唐五王　桓彥範扶陽郡王　敬暉平陽郡王　崔玄暐博陵郡王　張柬之漢陽郡王

都汴京元年丁未在位二年改元者一乾祐三
隱帝　名承祐高祖第二子在位二年仍稱乾祐年號
○後周　凡二主共十年
太祖　郭臣邢州饒山人仕漢爲樞密使漢隱帝遇弑遂即位都汴京元年辛亥在位四年改元者一廣順四
世宗　名榮本姓柴太祖養子奉遷制元年乙卯在位六年改元者一顯德六
恭帝　名宗訓世宗長子七歲即位六箇月仍稱顯德年號
○宋紀　受恭帝禪凡九帝起太祖庚申正欽宗丁未凡一百六十七年　北宋
歌曰　太祖太宗真仁英神宗哲宗并徽欽高孝光宗寧理斷。度恭端去帝昺歸。太祖太宗咸宗業高宗南度號中興
北宋
太祖　姓趙名匡胤宣相第三子天資雄偉性沉厚有大度從周世祖征伐積立大功人望歸之周顯德七年受周禪元年庚申在位十六年改元者三建隆三乾德四開寶九
太宗　名炅宣第三子太祖弟元年丙子在位二十二年改元者五太平興国二雍熙四端拱二淳化五至道三
真宗　名恒太宗第三子元年戊戌在位二十五年改元者五咸平六景德

袁恕己 南陽郡王
【唐四傑】文章齊名時稱四傑 楊炯
王勃 盧照鄰 駱賓王
【唐四夔】見韓文 崔造 韓會 盧東
美 張正則
【竹溪六逸】李太白 孔巢父 張叔明
陶沔 韓準 裴政
【飲中八仙】見杜詩 賀知章 汝陽王
李適之 崔宗之 蘇晉 李太白
張旭 焦遂
【大曆十才子】大曆代宗年號 盧綸 吉
中孚 韓翃 司空曙 錢起 夏侯
審 苗發 崔峒 耿湋 李端
【唐八俊】格輔元 王孝逸 繁師元
靖君亮 鄭祖威 鄭師善 李行簡

四大中ゞ九 名禎真宗第六子元年[illegible]
大喜五乾興一【仁宗】亥在位四十一年改元[illegible]
九天聖九明道二景祐四寶元二康定
一慶曆八皇祐五至和二嘉祐八年【英宗】名曙
仁宗之兄濮王允讓之子元年甲 名頊英
辰在位四年改元者一治平四【神宗】宗之子
元年戊申在位一十八年【哲宗】名煦神宗第六
改元者二熙寧十元豐八 子元年丙寅在
位一十五年改元者三【徽宗】名佶神宗第十一
元祐六紹聖四元符五 子元年辛巳在位
二十五年改元者六建中靖国一崇 名桓
寧五大觀四政和重和一宣和七【欽宗】徽宗
之子元年丙午在位二 〇南宋 凡高宗建炎丁
年改元者一靖康二 未止帝昺祥興
已卯凡九帝共【高宗】名構徽宗第九子元年丁
一百五十三 未在位三十六年改元者
二建炎四紹【孝宗】名眘高宗嗣秀王之子元年
興三十二 癸未在位二十七年改元者
三隆興二乾道 名惇孝宗第五子元年庚
九淳熙十六【光宗】戌在位五年改元者一紹
熙 名擴光宗長子元年乙卯在位三十年
五【寧宗】改元者四慶元六嘉泰四開禧三嘉定
十【理宗】名昀寧宗次子元年乙酉在位四十年
七 改元者八寶慶三紹定六端平三嘉熙
四淳祐十二寶祐六 名禥理宗姪福王之子
六開慶一景定五【度宗】元年乙丑在位十年改

盧協
汾陽六客　郭子儀六客後皆爲相
杜鴻漸　張鎰　喬琳　陳少游　杜
黄裳　高郢
八司馬　元和初附王叔文而進者八人
叔文敗皆貶遠州司馬　劉禹錫朗州程
异柳州　陳諫台州　柳宗元永州　韓泰
虔州　韓曄連州　韋執誼崖州
香山九老　白居易刑部尚書年七十四
歳　胡杲懐州司馬年八十九歳　吉旼衛
尉卿年八十八歳　鄭據龍武長史年八
十五　劉眞慈州刺史年八十七　盧眞待
御史年八十三　張渾永州刺史年七十
七　狄兼謨秘書監年未七十　盧貞河南
尹年未七十

元者一　恭宗　名顯度宗子元年乙亥在　端宗　元
咸淳十　位二年改元者一德祐二　位　年
丙子在位二年改　帝昺　元年戊寅在位三年
元者一景炎三　改元者一祥典二
大遼太祖　億耶律氏字阿机名啜里只　太宗　德
世號契丹都折立一十一年　光
太祖子名堯骨改號　世宗　阮大祖孫名兀
大遼立二十二年　欲在位五年　穆宗
璟太宗子名　景宗　賢世宗子名　聖宗　隆緒景宗
述律十九年　明扆十五年　子文殊奴
都臨黄復號契　興宗　守貞聖宗子名只骨二十
册立四十九年　五年后都遼陽天定大同
洪基興宗之子查刺復　天祚帝　延禧道宗
遼在位四十六年　孫秦王元
宗　淳道宗之第蕭幹等立　金太祖　旻
十四　之三月金宋交滅之　阿
骨打出二　王唐改文眞太祖改　晟宗　晟太祖
大金都會寧府太興府立六年　名吳乞
買威遼　熙宗　亶太祖孫名合　海陵煬王　亮太祖
十三年　刺立十五年　孫名迪
吉乃一　世宗　雍太祖孫烏　章宗　璟世祖孫麻荅
十二年　祿二十八年　一十九年
衛紹王　允濟世宗之　宣宗　珣世宗之孫　哀宗　守
予興勝五年　吾睹十一年　緒
宜宗予　之帝　承麟一
中　廿　乃亡

耆英會十三人 神宗廟富弼韓國公年七十九文彦博潞国公年七十七王拱辰年七十席汝言年七十七王尚恭年七十六趙丙年七十五劉几年七十五馮行己年七十五楚建中年七十二王謹言年七十二張問年七十張燾年七十司馬光温国公年六十四時獨温公年未七十潞公素聞其人用唐九老狄兼謨故事温公入會

唐十八學士 太宗延四方文學之士以此十八人於文學館學士

杜如晦　于志寧　蘇世長　房玄齡
姚思廉　孔頴達　陸德明　薛收
李玄道　李守素　褚亮　虞世南
蔡允恭　顔相時　蘇勗　許敬宗

〇元 起自宋寧宗開禧二年丙寅止順宗丁未凡一百六十三年 太統凡九十三年

歌曰 元之侵宋始太祖。太宗順憲纔九有。世祖混一滅宋君。成宗繼以武仁英。泰定明文寧順絕。八十九年傳十業。用夷變夏古所稀。聖人執策北逐之

太祖 姓奇渥温氏名鐵木真古豪部人也状貌奇偉沉默寡言在位三十年自至元十六年己卯宋亡即位改元者一至元

太宗 名窩闊台太祖第三子在位十三年

定宗 名貴由太宗長子在位三年

憲宗 名蒙哥睿宗拖雷之長子在位九年

世祖 名忽必烈睿宗第四子都川山府在位三十五年国語尊稱曰薛禪皇帝

成宗 名鐵木耳世祖孫裕宗真金第三子元年乙未在位十二年改元者二元貞二大德十一

武宗 名海山順宗荅剌麻八剌之長子元年丁未在位五年改元者一

仁宗 名愛育黎力八達順宗次子武宗第元年壬子在位九年改元者二皇慶二延祐七

英宗 名碩德八剌仁宗嫡子元

薛元敬　蓋文達

凌烟閣功臣二十四人　唐太宗

長孫無忌趙公　李孝恭趙郡王　魏徵鄭公

杜如晦萊公　房玄齡梁公　李靖衛公

高士廉申公　尉遲敬德鄂公　蕭瑀宋公

段志玄褒公　劉弘基夔公　屈突通蔣公

殷開山鄖公　柴紹譙公　長孫順德邳公

張亮鄖公　侯君集陳公　張公謹鄒公　程知節盧公　虞世南永興公　劉政會渝公

唐儉莒公　李世勣英公　秦叔寶胡公

唐四相　房玄齡　杜如晦　姚崇　宋璟

睢陽五老　杜衍祁国公　馮平礼部郎中　王煥礼部侍郎　朱貫兵部郎中　畢世長户部侍郎

翰林五鳳　宋白　賈黄中　李至　呂

年辛酉在位三年改元者一至治

泰定帝　名也孫鐵木兒顯宗甘麻剌之長子裕宗之嫡孫元年甲子在位四年改元者二大定四致和一

明宗　名和世㻋武宗之長子即位八月暴崩未改元

文宗　名圖帖睦尔武宗次子明宗立即天曆元年為皇太子明宗崩復即帝位明宗弟即帝位元年戊辰在位五年國語曰札牙篤皇帝改元者二天曆二至順二

寧宗　名懿璘質班明宗第二子即位一月而崩年七歲

順帝　名妥懽帖睦爾明宗長子元年癸酉在位三十六年改元者三元統二至元六至正廿八

○明朝紀

大明太祖至正十五年乙未六月起兵和州渡江取太平由是一征而取荊襄再征而清江浙三征而閩海率從四征而席捲全齊五征而定周及梁遂取秦晉幽燕趙南蠻北貊東夷西羌天下賓服一統咸來朝貢矣

太祖高皇帝　朱姓御名元璋肅將天威戡定群[illegible]撥亂承[illegible]石定京都

家正 蘇易簡

浙江十賢 陳彭年 李太伯 曾子固

華 曾子宣布 曾子開肇 王無咎 呂

南公 鄧伯温 朱京 宋彦

嘉祐四真 仁宗朝富弼真宰相 歐陽修

真李士 包拯真中丞 胡瑗真先生

四學士 四人同游東坡之門號四李士

黄庭堅魯直 晁補之無咎 秦觀少游 張

耒文潜

三蘇 蘇洵明允号老泉 蘇軾子瞻号東

坡 蘇轍子由号頴濱東坡弟

三孔 臨江人 孔文仲經父 孔武仲常父

孔平仲毅父

三洪 番易人皆洪皓子 洪适景伯号盤

洲 洪遵景嚴號小隱 洪邁景盧号容斎

擒夂詐[illegible]危闖首[illegible]入版圖夫然後[illegible]

伐中原[illegible]犂秦晋拾宋掇齊擊周克鄭掃閩[illegible]

梁卞魯[illegible]兵虐幽燕元君北遁建都金陵[illegible]

之南京大明建號以開天洪武紀年而表正元

年戊申在位三十一年而崩世子御 建文皇帝

名標早薨嫡孫立改元者一洪武

太祖之孫世子標之子也元年己卯在

位四年初称爲洪武年號共三十五年

成祖文皇帝 御名棣太祖第四太子皇太馬氏

所出也封燕王躰天行道高明廣

運聖武神功純仁至孝起自潜即而粛靜之續

承大統乃復建都於燕謂之北京元年癸未在

位二十二年改 仁宗昭皇帝 御名高熾成祖長

元者一永樂 子敬天体道純誠

至德弘文欽武章聖達孝元年 宣宗章皇帝

乙巳在位一年改元者一洪熈○

御名瞻基仁宗長子憲天崇道英明神聖欽文

昭武寛仁純孝元年丙午在位十年改元者一

宣德○ 英宗睿皇帝 御名祁鎮宣宗長子法天立

道仁明誠敬七歲元年丙辰

在位一十四年○ 恭仁康定景皇帝 元年庚午

改元者一正統○ 在位八年

睿皇帝復位改○ 英宗睿皇帝 元年丁丑復位

元者一景太 八年改元者一

天○ 憲宗純皇帝 御名見深英宗長子繼天凝

順 道誠明仁敬崇文粛武宏德

中興四將　高祖將劉光世鄜王　張俊循王　韓世忠軾王　岳飛鄂王

廬陵一忠四節　歐陽文忠公修　胡忠簡公銓　楊忠襄公邦乂　周文忠公必大　楊文節公萬里

武將十哲　唐肅宗尊歷代良將比孔門十哲　田穰苴　孫武　吳起　白起　樂毅　張良　韓信　諸葛亮　李靖　李勣

聖孝元年乙酉在位二十三年改元者一成化○

孝宗敬皇帝　御名祐樘憲宗長子建天明道誠純中正聖文神武大德至仁元年戊申在位一十八年改元者一弘治○

武宗毅皇帝　御名厚炤孝宗長子承天達道英肅睿哲昭德顯功宏文思孝元年丙寅在位一十六年改元者一正德○

世宗肅皇帝　御名厚熜皇考興獻帝乃憲宗皇帝子分封湖廣安陸州生皇上實龍興之地今改爲承天府鍾祥縣武宗賓天遵祖兄終弟及之訓迎立大位以孝宗皇帝爲皇伯武宗皇帝爲皇兄祖憲宗皇帝考興獻帝承續大統元年壬午在位四十六年改元者一嘉靖○

穆宗莊皇帝　御名載垕世宗太子元年丁卯在位六年改元者一隆慶

萬曆皇帝　御名[illegible]爲大明萬萬世

四卷終

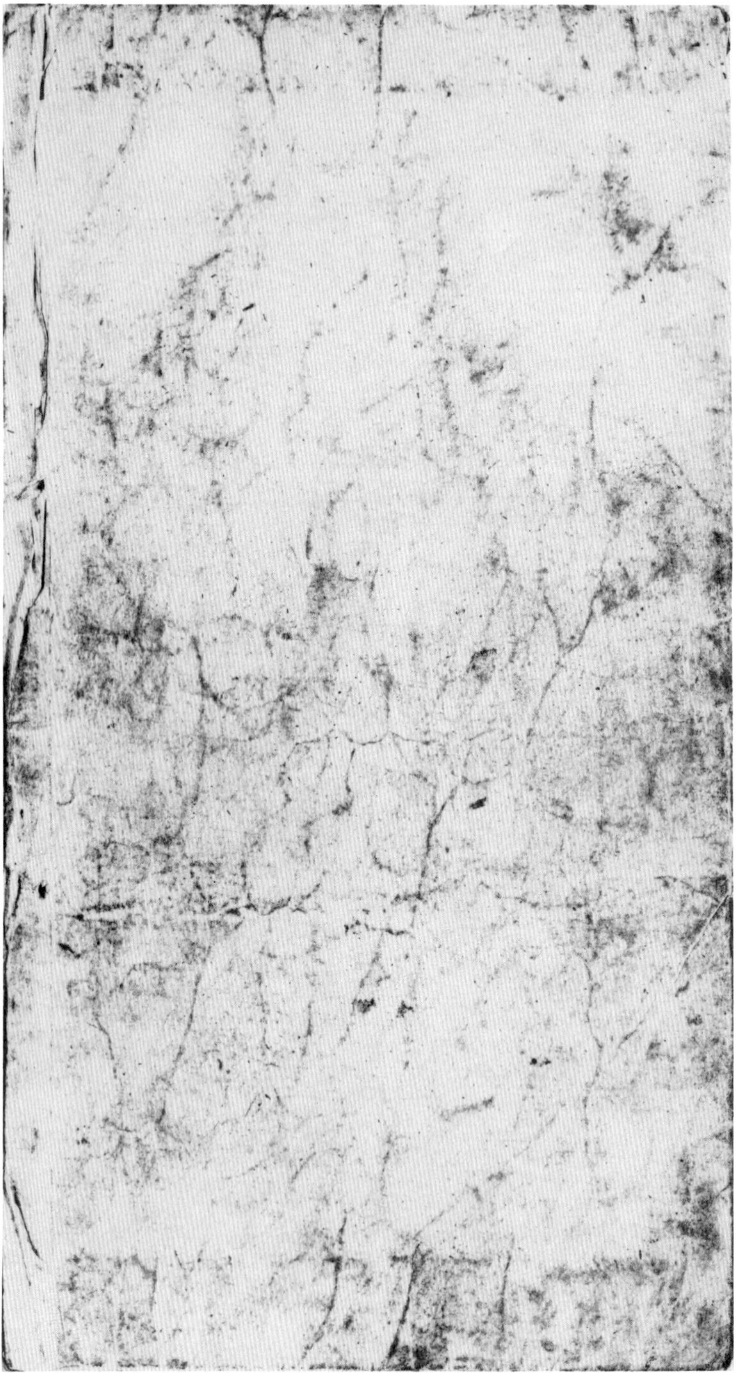

諸夷　師儒
官品　律法
萬用正宗

新刻天下四民便覽三台萬用正宗五卷

山海經異像

○北京校正鼇頭彙録

卑耳水中有俞兒者登山之神也長尺餘而人物俱焉黄冠朱服好走馬齊桓公時曾見有覇王之君則見

逢泰

和山多蒼玉吉神也狀如人虎尾披髮好居萯山之陽出入眼有神光此神動天地之氣能興雲雨見呂氏春秋

高麗國

東西二千里南北千五百里王居開州号曰開城府倚山為宮室其山曰神嵩至北京城三千五里産石灯盞好蒲荅席白硾紙摺扇狼毫筆

古名鮮卑周名朝鮮武王封箕子于其國族人皆称君化外四夷獨尚體為最倚門以制詩書禮樂臣下冠服悉随中國制度但禮貌有[illegible]如見王親貴低則扯嗉膝地小見大則蹲身俛首國多遊女夜則群聚為戲婚無財聘死者經三年而葬以死者服玩其[illegible]馬至墓側會葬者合争而去世俗尚儒柔仁惡殺刑無慘酷罵父母者斬其者輕重治之国君皆以強押弱以為常焉三年一試有進士諸科座無碩皆[illegible]

崑崙山北柔利東有共工臣也九首人面蛇身青色不敢北射畏其臺四方隅尽蛇虎之形首向南曰相柳氏

○相柳氏

○帝江

天山之中有神狀如皮囊背上赤黄如火六足四翼混沌無面目自能歌舞其鳴自呼

○燭陰

北海外鍾山有此神視為晝鳴為夜吹為冬呼為夏不飲不食息気則為風身長百里人面龍身赤色

匈奴韃靼國

此種有五一種黄毛乃山鬼與黄特牛生一種短項矮胖者乃獼猴與野猪生一種黒髪白身者乃唐兵李靖遺種也一種名突厥乃射摩舍利海神女與金角白鹿生

射摩因手擲阿弥首領至今以人祭毒纛神無何廟纛為衫盛於毛袋行動處以脂酥塗之或繫於上四時祀之一種乃苔巴赤罕之祖史書云蒼色狼與慘白鹿所生二十五世生帖木真称大蒙右都長僭號皇帝世居沙漠東北六千里後居山陰號韃靼無城池有房舍隨水草所居俗尚射獵食羊馬獐鹿苐獸匕皮為衣葦帖木真四世孫僭居中國為帝

蓐收

西方金神也左耳有青蛇乘兩龍面目有毛虎爪執鉞

神陸

崑崙山左天帝之神一云堅吾虎身人面九首司九域之事

天吳

朝陽谷有神曰天吳是為水伯虎身人面八首八足八尾青黄色

蜰蟦

陽山有神蛇名肥蟦一首兩身六足四翼見則大旱陽時曾出

交趾國

東接欽廉茶盧南接占城蘇茂北接邕管東西外大海西有陸路通白木蠻自欽由南船行一日

一名交趾又名安南乃山狙獝犬遺種其性犴狡剪髮跣足眉目鼻喙極醜惡黄人稱曰異鬼有貌者乃漢馬援兵遺種國俗父子不共舅凡嫁娶不通媒男女自相爲合以檳榔爲信然後歸家若妻與他人相通即休前夫令別娶其國乃占城之屬郡民為占城之役歲供租稅男子出外為寇女子淫乱占城王遣公子治其國好讀中國大明書蹈襲風化後累相叛中國治為郡縣立交州刺史後漢馬援平之至五代節度使吳昌文始僭王號後皆稱王異姓篡奪

驕蟲　陽虛山有神形似人二首声異

神䰠　剛山多赤魑魅之類人面獸身一手一足一尾居处無用

奢尸　奢比尸神出大人国獸身人面而青蛇以珥貫耳

強良　大荒北極外有山銜蛇狀虎首人身四蹄長肘

鼓　鍾山有神名鼓狀龍身人面

鵸神　鵸山之神狀鳥身龍首古祠之禮用璋璧獻之

狐犬國

好着老心接羅名字綴以稻訶年月葬時以笄向天俗謂刺北斗相傳盤瓠初死置於樹以笄刺之下其後爲象臨時五子耻其父即犬也諸子各挽弓具刀鎗殺之

帝嚳高辛氏宫中老婦有耳疾挑之其物為繭以瓠籬盛盤覆之頃化為犬五色名盤瓠犬時有犬戎寇乱帝欲平寇吉意招募良将帝言平寇者以女妻之盤犬俄啣人頭詣闕下乃是犬戎將軍之首帝大喜犬欲言未知所以女聞帝令不敢違信帝不得已以女妻之犬即負女入南山石室中不三年生六男六女女之毋狀白帝迎諸子到國言語侏離帝賜石山大澤與衆居住後滋漫長沙今武陵蛮是也

白澤

東望山出其獸鱗甲白而似豹能言王有德則至昔有黃帝巡狩至東海獸言為時除害

騶虞

林氏国海外有似虎五彩尾長不食生物乘則日行千里紂囚文王王閎夭求得此獸獻紂乃脫釋王

獬豸

東望山此獸也堯之時有之能觸邪狀如羊一角御史冠為法冠以禁之法[illegible]之

龍馬

王者河出仁馬也高八尺五寸長頸骼上有翼旁有垂毛騎水不沒聖人能用則天不愛其道地不愛其寶故也

（真臘國）

自廣州發船北風十日到天氣無寒国人弗至九歲請僧誦經作梵法以手指挑破童顏取紅點其額亦點額為利市女滿十歲即嫁之每嫁娶則男歸女舍

國人之妻若與客淫夫即喜自誇云我妻有姿[illegible]故人所愛若和尚者即斬斷脚大印胷背黥額犯罪至死則斬或削木椓其尻死令衆以當縱罪番殺害唐人即依番法償命如唐人殺番至死則重罰金無金則將己一身賣金贖死比抵占城旁有西棚等国上中望天隝有小東乃女娃之所

（爪哇國）

其国在東海島中即古闍婆也自泉州月巷發舡一月可到地氣四時炎熱無霜雪產青鹽白鸚鵡檀香龍腦香

求如山渭水出[illegible]牛尾漢帝开符四年燉煌渥洼水中出以為肇瑞也

渥洼

東海有狀如牛蒼身無角一足八馬尾出入有風雨音如雷黃帝特以其皮挽鼓取其骨擊之似雷鳴聲聞五百里

南蛮中多象鼻犀目牛尾虎足身黃黑色人寢其皮辟瘟圖形辟邪舐食銅鐵不食他物

貘

天門山有赤犬見則主有刀兵乃天狗星光輝流注而生所生之日群聚行如風聲如雷光如電七国後時見

天犬

其國無城亦無倉廩府庫每遇時節國王與其屬人馳馬挑鎗校武勝者金帛賞之親閱蹺躍以為喜傷死者妻亦不罹而去凡飲食膝坐地間以木楪盛手撮食常多会則男女列坐談論喧笑盡醉而飲草虫之類盡擬烹食之帝貴皆婦女婚娶多爾財夫若喪不旬日而適人

占城國

其国即林邑也所屬郡有賓童龍賓陀陵化州矣南三舍城国人歲用象犀并私役奴僕皆安南所貢故呼安南為奴国

其国即今有漢馬援銅柱在海西南北接安南七接真臘如過洋自廣洲發舟順風八日到國人姓翁地皆白沙亦可耕種若民被虎鱷所噬以狀詣王王命國師持呪書符投民死所虎鱷自赴若有鬬閙之訟官不能決者即令犯人過鱷潭負理者被鱷食之理直者鱷避之

窮奇

邽山有狀如牛蝟尾蝟毛嘷狗聞鬭乃助不直者能食人

葱聾

符過山有狀如羊黑首赤鬣

䑏疏

帶山有狀如馬一角匕可以錯玉石

狡犬

玉山有狀犬首豹身羊角巨口黑身見則天下豐穰

猛豹

南山有狀似熊而尾有光彩食銅鐵不食他物

玃

皐塗山有狀如白鹿前脚似人後脚似馬四角

三佛齊國

在南海中自廣州發舡取正南北風半月到凌牙門五日入其国諸番水道要衝以木作柵為城各樣宝物多

國人多姓蒲縛蒲浮水而居官兵復藥刀箭不能傷以此覇於諸国舊傳云其国地面忽開一穴出生牛数萬人取食之後用竹木窒其穴而絶屬貢中国

回鶻國

偉元郎回紇其先本匈奴凡十五種至隋曰偉紇臣于突厥資財力雄北蕃叅中國自稱回紇

子曰菩薩突厥亡惟回紇最強菩薩死其首與諸部攻薛延陀殘之并有其地遣使獻款中國常自以其鷙健如鶻至唐德宗時立請易回紇為回鶻偉元乃回鶻之轉声今其地在哈剌和林

𤟹

太戲山有狀如羊一角一目目在耳後滹沱水出係鴈門繁城縣也

猛槐

譙明山有狀如貆赤毫音猶榴聲如鵲鼠圖則禦凶

馬腸

蔓渠山有獸人面虎身音如小兒食人

玄貈

滲𤌊谿澤中有鼠首兔身尾大黃耀天子傳曰天子獵於此澤得此獸以祭河宗

類

亶山有狀如狸披髮自為牝牡食之而不妬

黑狐

秋山有此神獸也太平則見周成王時四夷當有來貢

木蘭皮國　其國在大食國西有巨海諸國所屬不可勝數大食巨艦自陀盤正西涉海百日而至其國艦一舟容内有數百人内有酒食机杼之類地產麥一粒長三寸瓜圍五尺榴一顆重五斤桃二斤菜長四尺井百丈胡羊高四尺尾大如扇春則取膏十斤月縫復活

大闍婆國　其国在蒲家龙風帆八日到舊傳国王孫雷震石裂忽出一人後為王子孫尚存地青鹽鬼武碲前琉珊瑚各樣官員綿羊之類

国中有飛頭者其人目上有雙瞳子曰虫落因號落民漢武帝時因擇国使南方有解形之民能先使頭飛南海左手飛東海右手飛西澤至晚頭還兩手遇疾風飄于海外不還

[illegible]

崗山洛水北注河中出狀如鼠鱉首音如犬吠

羬羊

華山有狀如羊馬尾爾雅云羊有六尺為羬即此羊也脂可以浴腊

角欽

東山有狀如羊龍尾一角與六合同軌天下太平則現

當庚

欽山有狀如豚人面見則天下豐其鳴自呼

青熊

東夷山出狀如熊而有翼能飛周成王時天下太平東夷獻

飛鼠

天地山有狀如兎背上毛飛飛即伸

其國種類繁盛無

東印度國

鰥寡孤獨之類係西番人性強獷好殺以戰死為吉利以善終為不祥

昔周伯陽父惡其亮殺出關化作浮屠至周莊王九年四月八日恒星不隕是夜釋氏生能脩伯陽道中國称神彼称佛又曰菩薩至漢帝時其法流入中國

孝臆國

國俗性質直好客旅軀貌長大褰鼻黃髮綠眼赤髭披髮面如漆地氣常暖冬不凋落無霜雪宜養羊馬出五谷麻布金銀

地面周圍三千里在平沙中以木為栅周十里栅內百姓二十餘家周圍木栅五百餘所祀奉俗事妖祠三千餘所馬步甲兵一萬不常商販男婦俱佩帶隔月之粮每日一造則食一月常吃宿食

旄馬

南海巴蛇出高山南出。狀如馬足有四節頸有垂毛乃穆天子所傳

狰

在洛谷出在北海外狀如赤豹五尾一角

西海白民国出白首披髮大如馬牛蹄背上有二角乘黃乘之壽有二千歲

兕

祷過山有狀如野牛青色一角長三尺背似馬鞍身重千斤皮可製鎧

山𤟤

獄去山有狀似犬人面善躑見人則笑行疾如風

如逢山有狀如狐虎身有兩翼音如嬰兒見主大旱

馬耆國

其國正月元日二八日婆摩遮三月野祀四月十五日遊林五月五日弥勒下生七夕七日祀祖九月九日床撒十月十日王為猷法王出各領騎王馬一日一夜處分王事十月十四日作樂至歲窮拔汗弥十二月及元日王及首領分為兩朋各出一人著甲衆人執瓦石捧杖東西互擊甲人先死即止以占豐年

瑞國

産牛羊種田有房舍至應天府行五箇月

烏孫國

其国三武一手號三衣蛮有頭目身生長毛出捻百姓

倘國

在西番人食乳以叙為活至應天府行六箇月

七番國

耕山種田出驢牛至應天府馬行六箇要月

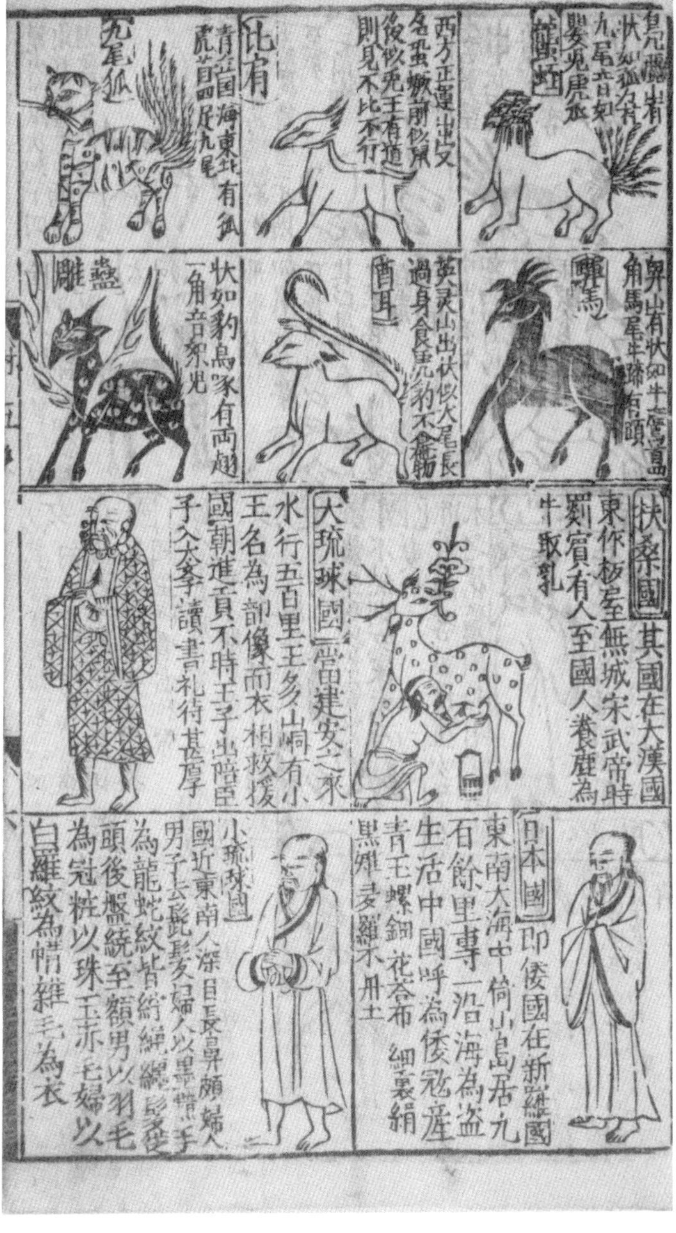
蠪蛭
鳧麗山有
狀如狐名有
九尾音如
嬰兒虎爪
比肩
西方正運出交
名蛩蛩獸前似鼠
後似兎王有道
則見不比不行
九尾狐
青丘國海東北有狐
虎首四足九尾
䑏馬
昇山有狀如牛蒼黑
角馬尾牛蹄有頭
酋耳
英灵山出狀似犬尾長
過身食虎豹不食餚
蠱雕
狀如豹鳥喙有兩翅
一角音聲兒
扶桑國
其國在大漢國
東作板屋無城宋武帝時
劉寬有人至國人養鹿為
牛取乳
大琉球國
當建安之東
水行五百里王多山洞有小
王名為部像而衣相救援
國朝進貢不時王子出陪臣
子入太學讀書礼待甚厚
日本國
即倭國在新羅國
東南大海中倚山島居九
百餘里專一沿海為盜
生活中國呼為倭寇產
青毛螺銅花苔布
細裏絹
黑雉麥羅不用土
小琉球國
國近東南人深目長鼻頗類婦人
男子去髭鬚婦人以墨黥手
為龍蛇紋皆紵繩纏髮
頭後盤繞至額男以羽毛
為冠粧以珠玉赤毛婦以
白羅紋為帽雜毛為衣

土螻

崑崙山出狀如羊四角其銳難當觸物則斃食人

三角獸

西戎山有乃瑞獸也先王法度脩明三才則至矣

[illegible]

生居翼望山中狀如狸五尾音作百種能奪衆獸之声食則治癉

天狗

陰山有狀如狐白首黑身食蛇声如猫則御禁凶

耳鼠

丹熏山有狀如鼠兔首麋耳音如犬以其髯飛食之不眯御禁百毒

駮

中曲山有狀如馬白身馬尾一角虎足鋸牙音如振鼓食虎豹

女真國

其國在契丹東北長白山下鴨綠水源古肅慎之地顏氏奔徙此国居之地産金故号曰金國至阿骨自称帝

國人皆用鹿魚皮為衣有一種野人昧盼皆縛利刃入晝夜不辯輕弱重強毒如狼虎男子曾黥其面

女真人與其婚者各刺其口

暹羅國

其国風俗男子自幼割破陽物嵌寶珠以銜富也不然則女家不妻也

近有海客徙暹羅吹至一島滿山皆是足筋上乃木之花鬚因拾百餘双回用及美後偶擲茶消焉

巴赤吉

在林木內居種田出馬至應天府馬行一年

黑契丹

有城池産良馬至應天馬行一年

單張山有狀如豹虎首牛鼻直目尾長善叱行則御尾而走

諸犍

浮玉山有狀如狐四耳虎毛牛尾声似犬食人見則有大水

長彘

旬山有狀如羊無口身黑性頑狠人不可殺其稟氣自然

䍺

古山無草木之所出往河中有狀如犬紋背善笑見人則佯眠

幽頞

祖陽山有狀如馬白首虎紋赤尾音如謠人寝其皮則宜子孫繁盛

鹿蜀

（老撾國）

在安南西地古越裳氏之国人性狠戾但與人不睦暗下窩弓射殺獲得一人将脚眼石磨去皮使不能行出象產珍宝金銀凡咀嚼之物從口而入食水漿之類鼻吸而飲

（賓童龍國）

其地隷占城選人作地王出則騎馬打紅織從者百人執盾贊唱曰亞或僕以兼盛飲食椰子酒米酒歲貢方物於占城佛書言王舍城今日連基也

（烏衣國）

其人烏衣大袖披至膝腕見漢人則背行不令見面見即殺既見吾面不令其生以草為蓬懸物于上與人交易不相授受彼亦懸物易之不然追殺之

東陽国有寓々爾碓作佛々狀似人黑身披髮見人則笑々則唇掩其目郭璞云佛々体歛披髮徂行獲人則笑唇掀其目終乃号兆亥為我殺

（如人）

（聶人）聶耳在海東北兩手挑蛇左耳貫青蛇右耳亦蛇黑身

（厭火獸）厭火国有黑身口出火似猴如人

（猩猩）鵲山有狀如寓類猴髮垂地江東山林多能言

（黑人）巴豕山有黑身虎首兩手各執蛇啖之

（近佛國）

在東南海洲多野島蠻賊居之号麻罗奴商舡到其国群起擒之以巨竹挾而燒食人頭為食茱父母死則召親戚搗皷共食尸肉非人類也

（吐蕃國）

號西番本西羌屬居者支水西番發声近故其子孫曰吐番姓勃窣野俗謂強雄曰賛大夫曰普故号君長曰賛普其後有君長曰論賛曰弄賛

（天竺國）

乃久秦所立国世悉由大秦選擇若編以充垂下兩髮以帛纏頭着衫襪鞋襪国內有聖人不能止風濤商人以琉璃瓶盛於舡上遇風濤洒之即止

馬成山有狀如白犬黒首有翼能飛見則豐穣

天馬

堯光山有狀如猴人面彘鬣穴居冬蟄音如斵木声

猾褢

蝓次山有狀如寓長臂馬尾善殺

囂

崦嵫山有人面熊身犬尾有翼見則大旱

[illegible]

渠搜國有周成王會獻乃露犬高三尺有翼能飛

鼠犬

懷塗山有身黑白點文王因戎王得豹獻紂免西伯之難

玄豹

（婆登國）

在林邑之東西接迷黎國南接訶陵種稲每月一熟文字即書于貝葉上人死用金銀貫於四肢後加婆律膏及沈檀龍腦等香然後積薪焚之

（注輦國）

西番印度也自故臨易舟行而至有象六萬皆立壍藏勇士以金銀為錢國人尚氣輕生不同釜爨不共器而食

（沙弼茶國）

其國前後無人唯古來有聖人徂葛尼曾到遂立文字係載其國太陽西沒之地至晚日声如雷國王每聚千人於城上吹角鳴鑼擊鼓混雜日声不然驚死小兒

（畢方鳥）

義章山有狀如鶴一足赤紋白喙見則有壽尚書云漢武帝時夷貢此鳥人皆称言惟異之鳥東方朔奏曰山海經云畢方鳥也國遠則見

（玄鶴）

雷山有身碎黑如漆壽滿三百六十則色純黑王動音樂則至昔黃帝習孝音樂於崑崙其鶴飛翔

（比翼鳥）

結胸国有尔雅云南方有比翼不比不飛謂之鶼鶼註云青赤色似鳧一目一翼相比而飛王有道德国家幽遠則至

（莆家龍）

在海東南下岸廣州發舡順風一月到國皇攝髻胸後人民剃頭以椰子捉木漿為酒色紅白味佳出樹椒檀沉龍涎香丁香白荳蔻

（婆羅國）

其國男女皆佩亦而行但與人不睦即殺之奔走他所一月內得獲則償命一月外獲者不論若他國人至摩婦之乳自喜曰你受我若有私即殺之

（長人國）

國人長三四丈昔明州人泛海值霧昏風定不知所向舟稍島下登岸伐薪忽遇長人行如飛二人急走至舡高岸長人追舟人射退

精衛

發鳩山有狀如烏白首喙神農之少女名女娃昔遊東海溺而不返化為此鳥常取西山之石以填東海

鳥鼠同穴

尔雅云鳥為鵌鼠為鼵其穴入地三四尺鼠在內鳥在外今隴西首陽縣孔氏傳云共為雌雄同穴而處

橐蜚

太華山鳥狀如梟人面一足冬出夏蟄人以羽毛如衣穿則不畏雷霆

崑崙層期國

在西南海上接海島有大鵬飛則蔽日能食駱駝昔有人拾其羽毛截管作水桶有野人身如黑漆拳鬚国人布食誘擒賣與番商作奴

斯伽里野國

近芦眉国山上有穴四季出火国人扛大石千百斤納穴中須臾爆出皆碎五年一次火出其火流傳海边復回所過林木不燒遇石燒如炭

頓遜國

国在海島人死親戚歌舞送郭外有鳥如鵝飛來萬數人避其鳥食肉盡而去即燒骨散沉水謂之鳥葬

樂鳥

瞎海山出狀如鵲五彩丹喙赤首有冠王有德則至

踈斯

灌題山有狀如雉亙面見人乃躍

竊鳥

崌山有赤身白首嘴曲頂翠毛冠更有翠山鸓鳥俱可禦火

絜鉤

真山有狀如鳧鼠尾善登木見則国多疾疫

（狗國）

人身狗首長毛不衣語若犬嗥妻類人能言穿衣貂鼠皮穴居生女自相嫁娶昔中国人至其国妻使至者逃帰与筋十餘隻教之每走十餘里遺一筋狗見其家物必啣帰其人方逃則追不及至應天府行二年二个月

（白達國）

其国王弗必烈忽之子孫雪布纏頭諸国用兵不敢侵犯食酥酪餘肉少魚菜多身著花錦番布產珊瑚諸色異宝

（大秦國）

西番諸国之都會也番商集此王號麻羅弗以布帛織出金字纏頭地產珊瑚生金花錦幔布碼碯珍珠等物異色宝貝

鸞

[illegible]出[illegible]狀如[illegible]
[illegible]翟身小雞尾長天下
太平則見周成王時西
戎曾獻

鸑鷟

丹穴山出此鳥
神鳥也似鳳五
色而多紫国
語云周之興
也鸑鷟鳴
于岐

鵸鵌

生居基山中形
狀似鷄一身三
首六目六足三
翼食則令
人少睡

默伽國

古僻荒幻無人烟西大食国祖
師蒲羅吽自幼有異狀長娶妻
在荒郊生一男子無水洗棄地
母尋水不見回見兒以脚擦地湧
出一泉此子立名司[illegible]炟砌成大井
逢旱不乾舟遇風涛此水洒之即止

眉路骨國

七重城黑石砌成
有塚三百餘所胡
曰搭高八十丈安三
百六十房毛緞為衣
肉麵為食金銀為
錢産砂摩荻石

無䏿國

即二国蛮在北海無䏿
無肚腸食土穴居男女
死即埋其心不朽百年
復化為人膝不朽百二十
年化為人肝不朽八年
復能為人與三蛮国相類

（鴸）

長舌山出狀如鴟人面人手如脚鳴則自呼若見国多曠士

（鵸鵌）

翼望有狀如烏三首六尾自為牝牡善笑服之不眯佩則禦兵

（瞿如）

祷过山有狀如鵁鳥脚而小延尾白首三面鳴則自呼

（訶陵國）

在真臘国南竪木為城造大屋重閣以椶皮盖象牙為床椰花為酒以手撮食人有毒當人同宿即生瘡與女人交必死旋液着草木即枯

（南尼華羅國）

有城三重国人好佛教尊牛屋壁皆用牛糞塗為潔各家置壇以牛糞塗置花木焚香供佛路通西域常有輕騎來刼閉門拒之數日絕粮而退米寡到不得入屋

（大食勿斯離）

其国秋露降日曝即成糖霜清凉甘美真甘露也山有天生樹子如栗一般名蒲芦可採食次年復生名麻茶澤三年一再生名没石子猶參[illegible]

鳧溪

鹿臺山有狀如雄鷄人面見主国有刀兵其鳴自呼

當扈

申山有狀如雉飛咽毛飛以芭蕉人食則目不瞬

顒

鷄山有狀如梟人面四目有耳其鳴自呼見則大旱

蚩鼠

栒扶山有壯如鷄鼠尾其鳴自呼見則主旱

（長毛國）

其國王併婦人身生長毛人短小遍躰毛穴居有城種田山海經云毛民国在玄服之北君大海洲島上求嘉四年曾獲至應天行二年十个月

（奇肱國）

國人能為飛車從風遠行湯時奇人以車乘西風至豫州湯破其車不以示民後十年東風大至乃復乘車歸国玄玉門西一萬里

（西番國）

即武丁征鬼方三年尅之人曰鬼陰類曰鬼戎犬戎無王管轄無城郭多在山林內坐食人国人奉佛者稱剌麻至應天府馬行三箇月

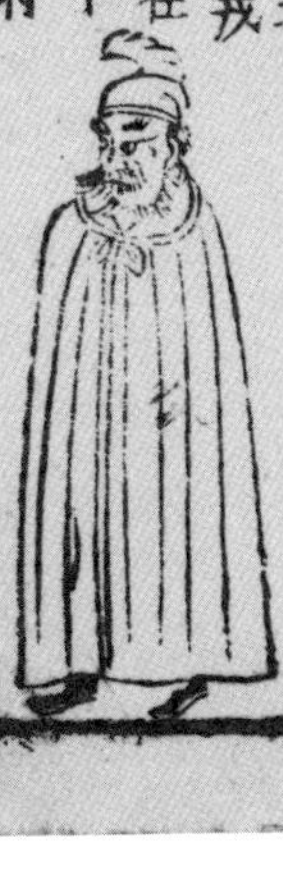

嬰斯

大谷山有狀如鵲人足食則已痿

鸓鳥

狀如鵲色赤黑身二首四足東華山出可禦火

鷥

一首三身黑紋赤頸

鵙鵌

祖楊山有狀如鵲足赤

（應龍）

恭丘山有昔蚩尤御不黃帝乃令應龍攻于冀之野女媧时乘畜車服應龍禹治水以應龍尾畫地即水通也

（勿斯里國）

國屬白達節制人七八十歲不見雨止有大江不知其源水極其澄則四十日浸田水退而耕二年必有一白髮古人從江水出坐石上国人拜祈吉凶其人不語若笑則年豐悲則飢疫良久復入水吉有祖葛尼建菴頂上有鏡如池若他国兵盜來者先照見

（崑吾國）

其国累甎為丘象浮啚有三層屍乾居上屍濕居下以近美為孝集大氊居中懸衣服繪綵哭祀之地産宝鐵為刀切玉如泥

（吉慈尼國）

其國皆大山圍遶盤山為城礼拜堂百餘所出金銀富民居層樓閣畜牧駝馬地極寒春下雪不消

巴蛇

□□□有身長一百□其色青黄赤黒食象三歳而出其骨今南方蚺蛇亦呑鹿肉爛則自絞於樹腹中骨穿鱗中

鯥

抵山有鱗身亀之首足蛇尾有翼在两脇牛声冬卒而夏生食則無腫疾

玄亀

粗陽山花怪水河出東注水中多狀鳥首虺尾音如破水声佩之令人不聾

黙伽腊国

国人以麻綿索縛十字又將麻線乱紋在字上用石墜入水中車船拖索乱取其樹又云鉄網取珊瑚此也

蘇都勿匿国

其国有城七座有野人居其窟現在人窟住三百餘家窟口作金鳥談関斎年再祭人有過窟口烟氣出触者死因以尸御窟口其窟不知深浅

蜒三蠻

以舟為室視水為陵歓之蜒有三一為魚蜒善挙竿垂綸二為蠔蜒善没海取蠔三為木蜒善伐木取蜒不多育鶏犬得物来妻子共之冬月身無絲纊則各有統焉

遺魚

英鞮音低山浼音焉水北注河出陵陽澤中多蛇首六足馬耳目如珠食之不眯以帶則禦凶

阿羅魚

明山譙水出焉于河中多一首十身音如犬吠食之已癰亦可禦大

人魚

龍候山生决水出東注河中多狀如鯑四足声如小兒啼食則療瘕疾

波斯國

国人身黑以金花布纏身無城王以虎皮蒙執出則乘軟兜或騎馬食餅肉

不死國

在穿胸國東其人黑色有壽不死居野在圓有不死樹食之有壽赤泉飲之不老

繳濮國

在永昌郡南千五百里国人有尾欲坐預先穿地穴安其尾或折尾即死

白達國

其国王弗必烈忽之子孫以白布纏頭諸国用兵不敢侵犯食酥酪餅肉少魚菜產異寶

羽民國

在海南東有良頰鳥喙赤目白首生羽毛能飛不能遠人卵生

都播國

其国結草為芦不知耕稼食百合貂鹿皮為衣鳥羽為服国無刑盗者徵賠贓

（…魚）

濛光山有状如鵲十翼鱗生羽端音亦如鵲可以禦火能飛西注河囂水出

（儵魚）

帯山彭水出西注河中多狀如鷄赤色三尾六足四首音如鵲食則憂可以禦火

（比目魚）

東南北海俱有狀如牛脾似鞋底二片兩片相合能行也不比不行

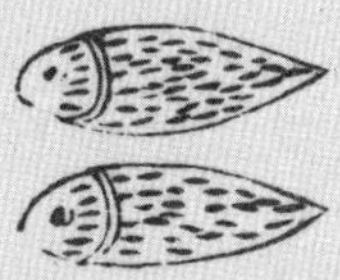

（登流眉国）

居真臘遶人作地主堆髻纏帛蔽身每朝蕃王出座名曰登場衆拜罷同座交手抱两膊為礼如中国人叉手

（紅夷国）

在安南西北其人不制衣以綿布渾身纏褁紅絹纏頭類回回安南以鹽貨易其珍宝無鹽

（木直夷）

在獨徐西以鹿角為器其死者則屈而燒之埋葬後小骨類人黑如漆　則拾收首処但出其面

（三伏馱国）

交趾南山曰攆流環類百里若大鉄圍不可蹐樊中皆良田唯一竅通交趾

（懸渡國）

在烏秅之西山溪不通但引繩而渡土人佃於石間壘石為室接手而飲所謂猿引

鰩魚

子桐水多鰩魚狀如魚鳥翼出入有光音如鴛見則天下大旱

蚌魚

其中多狀如龜而魚尾二足音如羊

長蛇

大咸山有維手身長百尋音如振鼓

珠鼈

葛山澤中多狀如肺六目六足腹内有珠可避時気

飛魚

騩山河中多狀如豚赤紋有翼有三足佩不畏雷亦可禦兵

蠵龜

波踵宋出似玳瑁有紋甲可卜緣

（烏萇国）

其国死罪不立殺刑惟徙於空山任其飲啄爭法以藥服之清濁自驗隨輕重而决之

（五溪蛮）

因遇父母死行歌踏歌親属宴一月三年不食塩斉為臨江山

（丁霊国）

在海内居膝下生毛馬蹄善走自鞭其脚一日行三百里至應天馬行二年

（撥抜刀国）

在南海中不識五谷食肉常針牛取乳血生飲之无衣用羊皮　腰掩之

（曼陀蛮国）

自藍无里国去細蘭国不順風飄至一両国地名晏陀蛮能食生人黒身

（猴孫国）

石名抹利剌国别国兵来衆猴防之有法即不敢侵至應天馬行三年

鮯魚

鯥鱺山有
状如鯉鳥
尾六足

泰器山現水
注于流沙出鳥
翼蒼紋晝遊
西海夜飛北
海食之癡
狂
鰩魚

訶條国

金遶岩
有黿如人
飲食其岡
黿作礼覲
飲食息
具

道明国

此人不着衣服
見着衣者則笑
無塩鉄常以竹
弩射鳥而食披
髪無五谷

西南夷

西南五姓方部龍羅方石自
宜州入境男人披髪跣足衣
斑花布披氈背刀帯劍

野人国

山林内多野人男子婦長貌狐
曾被韃靼趕將婦搭在手斧
走人言食藥

婆羅遮国

帯狗頭
衣面男
女不分
晝夜歌
舞八月
十五日行
象牙踏索為戲

乾陀国

昔尸毘王之倉庫被火所焚
粳米焦者至今尚存得一粒
服則終身不患瘧疾也

蒲甘国

其国有寮裏国大于稀之隔黒
水於泥河西番諸国相通三藏
金銀器皿金銀用錫瓦

龜茲国

其国元日鬪牛馬駝為戲七日
観勝負以占一年豐歉息也

西洋古里国

国近西南濵海地産蘇木胡椒珊瑚宝石等物所出綿布紵苧絲淨如紙其人髪首以白布纏頭金宝為錢

穿心国

其人胷前有一竅尊者去衣服以木棍穿胷令卑者擡之人物異宋特人致風吹舟到其國

女人国

其婦居東北海角無男子對南方照井則有孕生下者具女也

土麻

人烟多似韃靼至應天府馬行七个月

擺里荒

生長北地如韃靼一般至應天府馬行三箇月

波利

無城種田有房舍多林木韃靼曾到至應天府馬行一年

木思奚德

似韃靼一般至應天府馬行七箇月

深烈大

與韃靼一般至應天府馬行大箇月

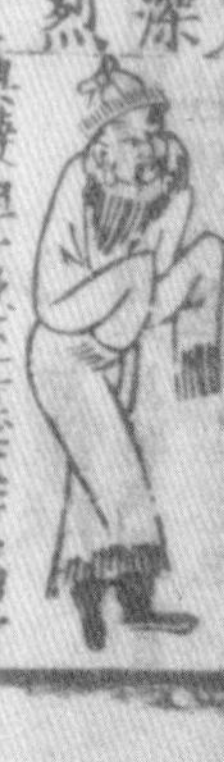

歇祭

平地多林木有房舍種田人背頭穿皮衣至應天府馬行一年

乞黑奚

無城似韃靼至應天馬行七箇月出羊馬

方連魯蠻

譯話難曉種田出騾馬至應天府馬行一年

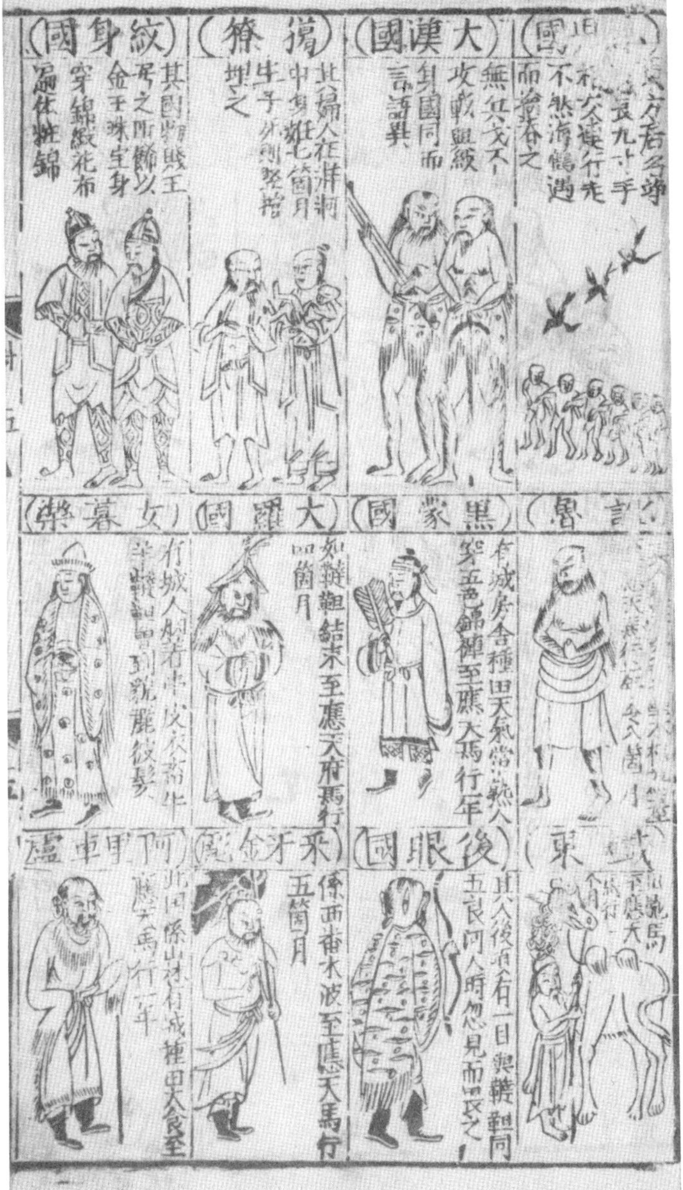
大漢國
無兵戈不攻戰與紋身國同而言語異
猲獠
紋身國
穿錦綉花布
遍体粧錦
黑蒙國
大羅國
如韃靼結束至應天府馬行
四箇月
女暮榮
後眼國
其人後有一目與韃靼同
采牙金
係西番木波至應天馬行
五箇月
阿里車盧

山神於此化上蟒以濟飢渴又與孔雀三象雀立於身傍眷身以衛森朕

（烏伏部國）

（擔波國）

天氣常熱有城池人種田地無草木産獅子至應天府行年二箇月

（沙華公國）

在東南海中常出大海邊刼奪人民販賣與闍婆國為奴

（蚍魯國）

其人與木魯一般至應天馬行七箇月

（的刺者刺國）

有城種田出明珠異寶至應天府行二年

（無腹國）

在海東南居男女皆無腹形

（聶耳國）

在無腹國東身虎紋耳長過膝手捧兩耳

（昏吾散僔）

居山林人種田諸加衣以至應天府馬行九箇月

（三首國）

在夏后塔北其人三首被髮

（三身國）

在鑿齒國東一身三首六手六尺

（交脛國）

其人脚脛交曲而相交也

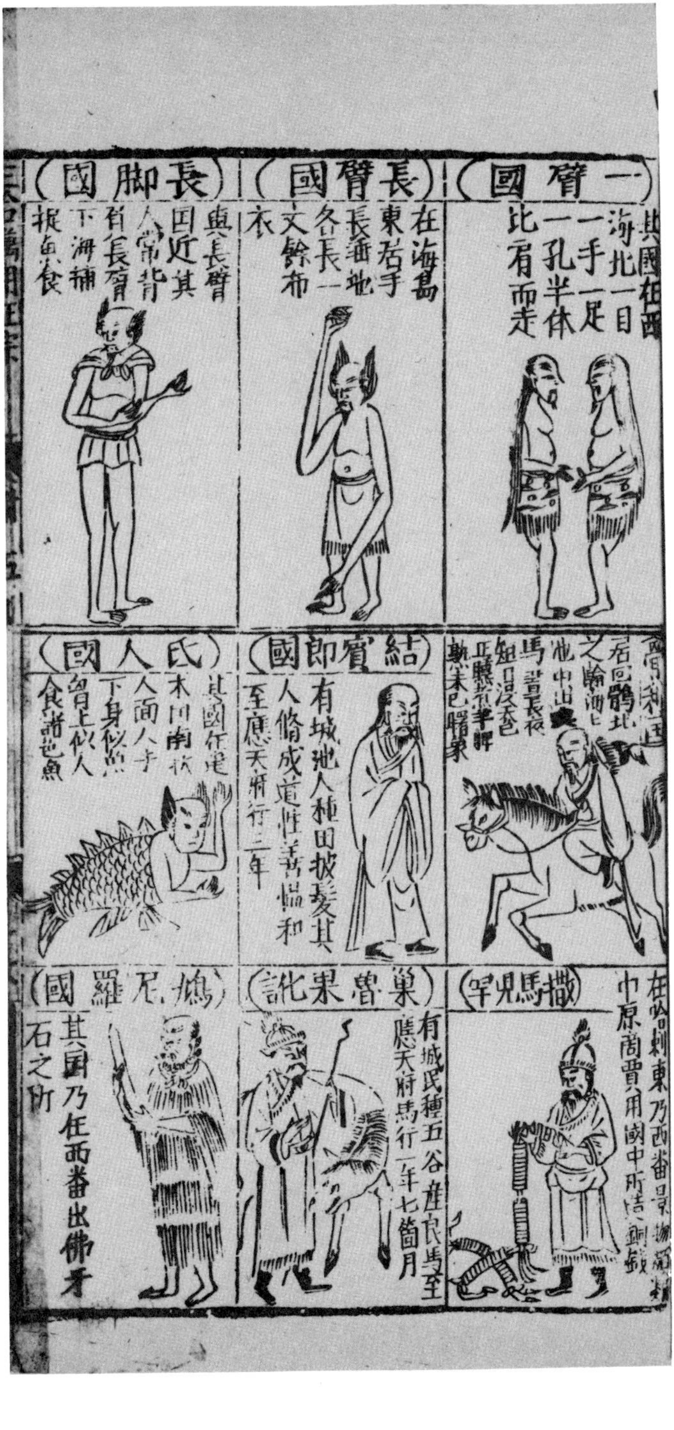
一臂國
其國在西海北一目一手一足一孔半体比肩而走
長臂國
在海島東若手長垂地各長一丈餘布衣
長脚國
與長臂國近其人常背負長臂下海捕捉魚食
居回鶻北之瀚海匕池中出馬背長衣短口沒香色正騾我羊騨勃米巴瞎家
結實郎國
有城池人種田披髮其人脩成道性善協和至應天府行二年
氐人國
其國在建木川南秋人面人手下身似魚胸上似人食諸色魚
撒馬兒罕
在哈剌東乃西番最盛中原商賈用國中所造銅鐵
巢䃊果訛
有城民種五谷產良馬至應天府馬行一年七箇月
鵜尼羅國
其國乃在西番出佛牙石之所

（柔利國）

在一目國東其人反膝曲足居上一手一足

（一目國）

在北海外一目當面而手足具披髮反觀百里

（阿黑驕）

人煙多畫（晝）若林木之內無羊馬射生打魚為活至應天行七箇月

（義渠國）

在秦之西其親屬死則聚積柴焚之熏（燻）烟上謂合烟霞

吼

西番大猫出此獸名吼Ⅰ來知食鬼嫈妖鎮宅妖邪不敢近也

（印都國）

人身黑如挨無雲亦無霜雪至應天府行一年零二箇月

（不剌國）

係近西番之所產羊馬至應天府行一年零八箇月

（蔵國）

有城池屋舍產大椰木至應天府行二年二箇月

新刻全補鰲頭群書彙錦帶餘[illegible]卷終

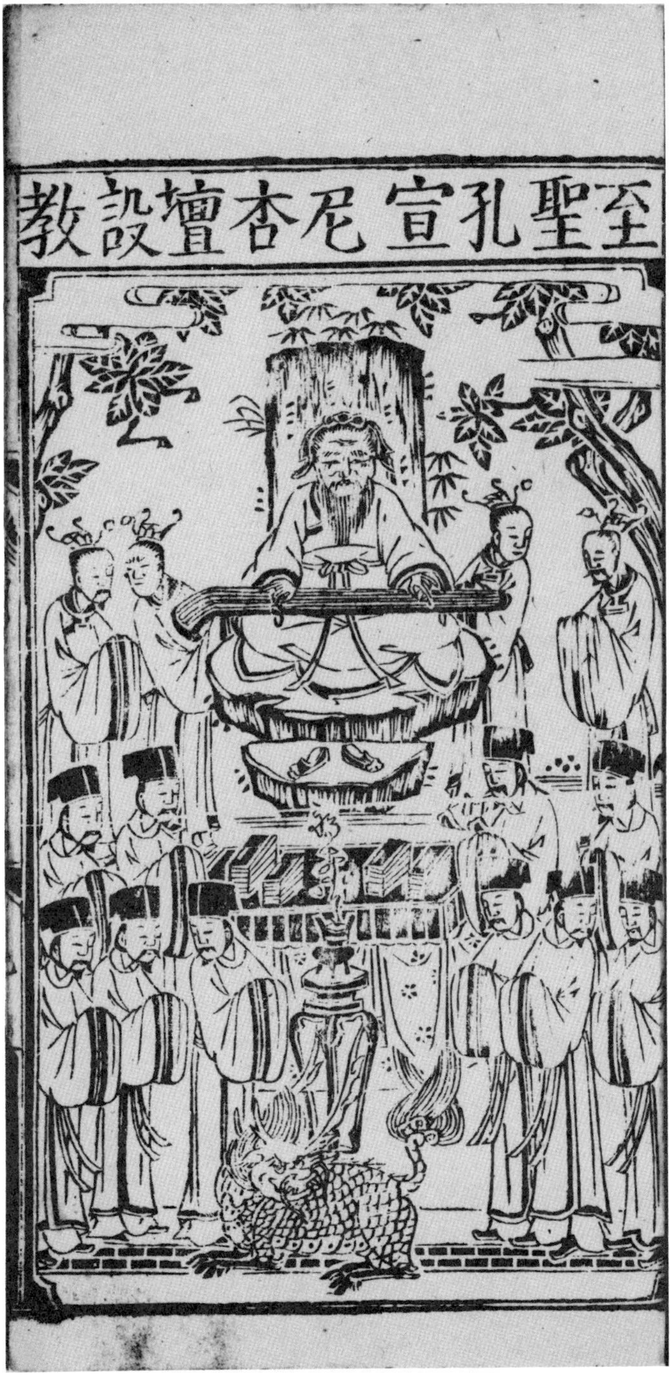
至聖孔宣尼杏壇設教

新刻天下四民便覽三台萬用正宗卷之六

師儒門

幼學須知

古者生男俟其稍有知識則教之以恭敬尊長禁其頑悖六七歲時始習書寫夙興夜寐毋容其惰怠衣服量其寒暖勿使其失時飲食必須樽節毋使其過度八歲始令入小學教之以灑掃應對之節令讀孝經四書始為講解使知礼義收其放心養其正性十歲出就外傅居宿于外乃讀經傳諸史使知善惡之所由來是非之別利害之端博視群書當知古今行事以崇學業日積月深自然成就故孔子曰少成若天性習慣如

○經史述作

上古之世結繩而治自龍馬負圖伏羲視河圖而畫八卦神龜授書大禹因洛書而闡九疇文籍之生蓋始諸此河圖洛書實出於天六經則出于聖人之手其後諸子百家之書十七史記傳之作與夫文人才士之所紀著第相內前作後述上下四千年間見諸載籍者浩如也然皆有所本始今考其制作之原各以序列于左使來者有故焉是亦記聞之一助也

自然此乃聖人之遺訓教人之法也今人少請此理習於常情始有其子頗有聰明之資便謂其必自能遂荒其業亦有見其子之性質魯鈍謂其終不能成遂廢其學或者恃其富貴倚其世祿乃驕其子孫以致情游失業習於下流如此之類是不愛其子忝辱祖宗是故養子不可以不學而教之不可以不嚴也學之篤教之嚴未有不成者也先儒有言學則庶人之子為公卿不學則公卿之子為庶人可不慎哉故匡不揣淺鄙之言為陋特於此幼學之門前則叮嚀反覆以垂告誡左叙童蒙叉手之啚以昭訓迪知務君子當鑒而行之是幸

【小兒學揖示訣】凡叉手之法以左手緊

龍馬負啚圖

龍馬出於孟河高八尺五寸長頸骼上有翼旁有垂尾聖人在位天不愛道地不愛寶聖人出焉

靈龜負書圖

允沉璧於洛玄龜負書出焉背上赤文朱書云天錫禹書神龜負文而出列于背有數皆九

把右手大拇指其左手小指則向右手腕右手四指皆直以左手大指向上如以右手掩其胸手不可太着胸須令稍去胸二三寸許方為叉手之定法也○凡作揖時用稍闊其足立則穩揖時須直其膝曲其身低其頭眼看自己鞋頭為準威儀方美使手以向至膝畔不得入膝尊長前作揖手須過膝下喏畢則手隨時起而叉於胸前揖時須令出手不得只出一大拇指在袖外謂之鮮礼非見尊長之禮也○凡下拜之礼一揖少退再一揖即俯伏以兩手齊按地先跪左足次伸右足思蹯過左畔稽首至地即起先跽右足以雙手齊按膝上次起左足連兩拜起進前叙寒暄少退揖

河圖數圖

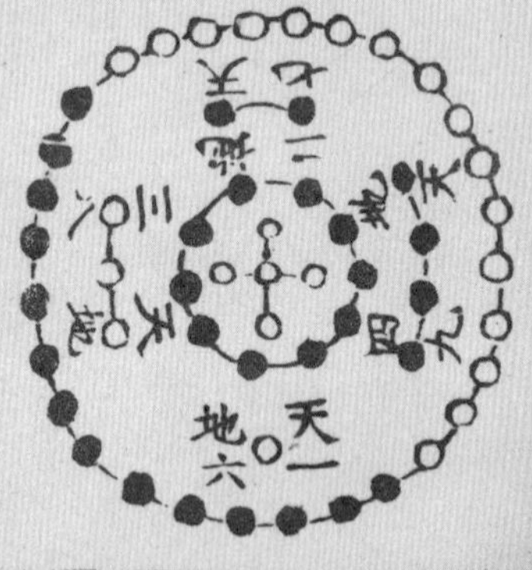

晦庵曰○河圖之數一與六居北二與七居南三與八居東四與九居西五與十居中蓋其為數不過一陰一陽一奇一偶以兩其五行而已陽数奇故一三五七九屬天陰数偶故二四六八十屬地天數五地數五各以類相求五位相得然也天生水地六成之地二生火天七成之天三生木地八成之地四生金天九成之天五生土地十成之所謂各有合也積五奇為二十五積五偶為三十為五十有五之数也

[illegible]兩手進前去叙寒暄叙賓語不然初
[illegible]拜。却叙寒暄亦可

【初入學法】六歲已令早晨上學食後不上學。勿困其精神讀書須是且從開宗明義章第一起不可便讀[illegible]孝經序。為學大難識且令每日見小學經一兩次每日常見則識字固不可貪多且讀三四句。[illegible]識之後食後亦上學

【小兒寫字法】[illegible]不得惜紙須令大寫長後寫得大字若寫小字則拘定手腕長後稍大字則寫不得。予親有此弊也。寫字時先寫上大二字。一日不得過兩字兩字端正方可換字。若貪字多必筆畫老草。寫得不好。寫得好時便放歸食後亦上學

洛書數圖

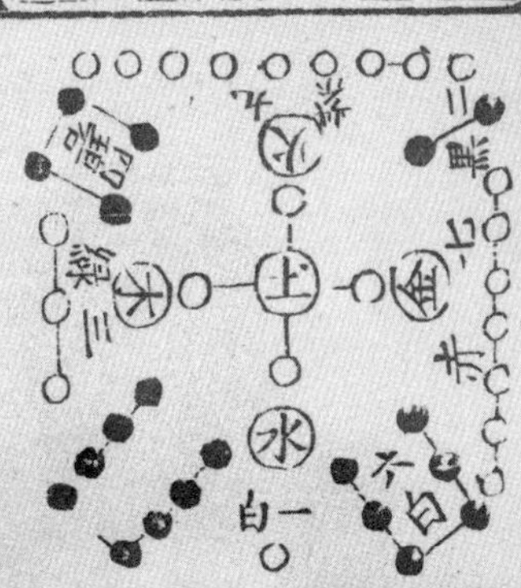

【邵康節曰】○圖者星也河圖之數百者土也洛書之文

【蔡元定曰】○洛書九宮之數戴九履一左三右七二四為肩。六八為足。正龜背之象也。關子明邵康節皆以十為河圖。九為洛書。惟劉牧意見以九為河圖。十為洛書。其易置圖書並無明驗。但謂伏羲兼取圖書。則為可疑。其實天地之理一而已。圖象圓。圓者天也。書象方。方者地也。圖數十偶贏而奇之全數也。書數九奇贏而偶之变数也

小兒讀書法 若初授兩句。不必多教遍数。且以教識字為上。既識字則可令其自讀。若未能盡讀。且讀兩句。其兩句識得字。又讀。稍熟則令識後兩句字。讀後兩句又稍熟。然後令通讀四句。既讀得四句盡熟。則放歸。似此数日。則可又添一句。須是熟了。即使放歸。小兒貪其歸則用心讀。而漸可添也。若其後授得字多。其初則分為三兩授。讀俟其口熟。則通讀。如其中有甚難讀者。則特讀数十遍。如甚易者。則分讀時不須讀。直待通一授讀。然後讀其易者。此亦讀書省為之良法也

小兒讀書法 若讀書當時須極熟。久而不逐亦必忘。平常誦一真言。凡十萬遍

伏羲八卦圖

大禹九疇圖

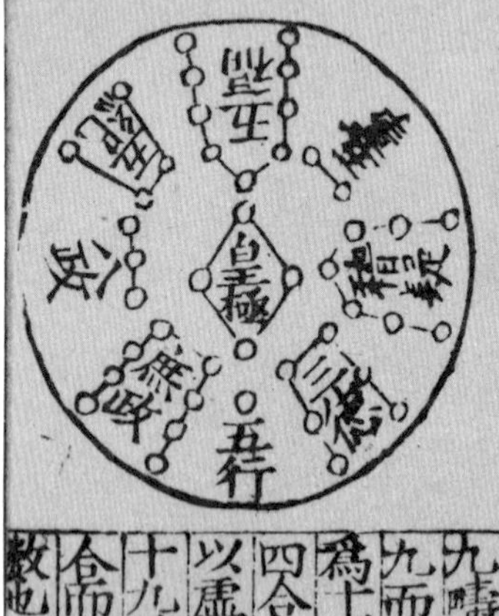

伏羲八卦圖說 乾三連。坤六斷。震仰盂。艮覆椀。離中虛。坎中滿。兌上缺。巽下短。

九疇本圖之数。一合九而為十。二合八而為十。三合七而為十。四合六而為十。河圖以虛数相合而為四十。九疇則以實数相合而為五十。自然之数也

久溫不讀者亦[illegible]八可六溫
其溫書之法。三若初讀書一卷。則一日
溫此一卷。其後讀過二卷。則二日溫一
遍。三卷則三日溫一遍。大約一日溫一
卷也。若讀過一百卷。則一百日能溫一
遍。二百卷則二百日能溫一遍。亦未不
忘。如長成者。讀過論孟六經。一放下則
周年未必溫一遍。所以不能記也。此乃
楊子呉秘之家傳溫書之法。如此則初
讀時不須四授以一日之工溫之亦不
須一卷了又分為兩授溫之既省工又
求未不忘真妙法也
【訓蒙八規】【一學禮】凡為人要識道理識
禮數在家庭事父母。入書院事先生並
要恭敬順從遵依教誨。與之言則應教

文繡木未
【千字文】南史文學傳周興嗣傳云武帝以三橋舊
宅為光宅寺敕興嗣與陸垂各製寺碑及
成俱奏帝以興嗣所製自題及銅表銘柵塘碣
檄魏文王羲之書千字並使興嗣為文每奏帝
稱善賜王帛○劉禹錫加誥梁武教諸王書令
殷鐵石為大王書中搨一千字不重者每字一
片紙雜碎無敘帝召興嗣曰卿有才思為我韻
之興嗣一夕編次進上鬢髮皆白賞賜甚厚國
朝寶訓太宗嘗行草千文賜李至至請模刻太
宗三千文乃梁武得鍾繇破碑非垂世立教之
道○【孝經】唐明皇註○按書序魯共王好治宮
室壞孔子之宅以廣其居壁中得所
藏古文孝經凡十有八
章共一千九百單三字○
【論語】何晏集解○孔
子弟子記諸善
言凡二十篇成於曾子有子之門人有齊論又
有魯論又有古論齊論有問王知道二篇凡二
十二篇古論分堯曰下章子張問為一篇有兩
子張凡二十一篇孔子魯人故謂之魯論魯語
又謂之論語語共一萬
五千九百一十六字○
【孟子】趙岐註并序○
弟子公孫丑萬
章之徒記其師弟子難疑答問為書七篇二百
六十一字大抵皆言仁義道乃闢揚墨之異端
明夫子之正學孟子鄒人也名軻故謂之鄒書
軻書又謂之孟子共三萬四千六百八十五字

之事。則行毋得怠慢自任己意○〔二學讀〕專心看字。斷句謾讀須要字字分明毋得自視東西手執他物○〔三學坐〕定坐端身齊脚斂手。毋得偃仰傾側○〔四學言〕朴實語事。勿得妄誕低細出聲。毋得叫喚○〔五學書〕臻志把筆。並要齊整圓淨毋得糊塗○〔六學揖〕低頭屈腰。出聲收手。毋得輕卒慢易○〔七學行〕籠袖隨行。毋得掉臂跳足○〔八學立〕拱手立身。毋得跛衣斜欹

○〔童蒙須知〕

〔晦庵先生曰〕夫童蒙之學。始於衣服冠履。次及語言步趨。次及灑掃涓潔。次及讀書寫文字。及有雜細事宜。皆所當知今逐目條列。名曰童蒙須知。若其脩身

○〔周易〕王弼註○自伏羲氏王天下龍馬負圖出河遂則其文以畫八卦文王重三爻為六爻推八卦為六十四卦後夫子作十翼九更三聖而成書其書言吉凶休咎悔吝之象可以占卜故秦人焚書而易以卜筮之書獨全其經十翼者上彖下彖上象下象上係下係文言說卦序卦雜卦是也其書畫于伏羲謂之羲經羲易文王作卦辭周公作爻辭謂之周易其書分八十經其二萬四千一百单七字○〔六十四卦總括歌〕易卦八八六十四卦乾坤屯蒙需訟師比與小畜履泰否同人大有謙豫隨蠱及臨觀噬嗑賁剝復無妄大畜頤大過而後坎離繼咸恒遯壯晉明夷家人睽蹇解損益共姤萃升困井革鼎震艮漸歸妹豐旅巽兌及分渙節中孚小過既済未濟終焉總包括○〔尚書〕孔安國序并傳註○舊書有五篇起於三墳載伏羲神農黃帝之事自孔子删去斷自唐虞以下迄於周所存四十九篇虞書五篇謨之五與夏商周之書皆訓誥誓命之文秦人焚書孔子以此書藏于壁至魯共王壞孔子舊宅因得所藏之書皆科斗文字舉世無能知者濟南伏生口以傳授二十五篇孔安國考其文又定五十八篇并序五十九篇末二篇乃秦穆書以其上古之書謂之尚書共二萬五千七百字○〔毛詩〕鄭康成註○古者有采詩之官天子巡狩命太師陳詩以

治心事親接物[illegible]有聖賢典訓。昭然可考、當次第曉達之[illegible]

復詳著云

衣服冠屨第一

大抵為人先要身體端整自冠巾衣服鞋襪皆須收拾愛護常令潔淨整齊我先人常訓子弟云男子有三緊謂頭緊腰緊脚緊頭謂頭巾未冠者總髻腰謂以條或帶連腰脚謂鞋襪此三者要緊束不可寬慢寬慢則身體放肆不端嚴為人所輕賤矣○凡着衣服必先提整衿領結兩袵紐帶不可令有闕落飲食照管勿令污壞行路看顧勿令泥漬○凡脫衣服必齊整摺疊箱篋中勿散亂頓放則不為塵埃雜穢所污仍易於尋取不致散失着衣既久

今[illegible]皆里巷歌詠之意大抵皆美刺時事托物以寓意多為鳥獸草木之名有風賦比興雅頌六義國風大雅小雅三頌初有三千餘篇孔子刪録凡三百一十一篇後亡六篇故藝文志云三百五篇論語所謂詩三百一言以蔽之曰思無邪者蓋言其大數也毛萇訓詁故謂之毛詩共三萬九千二百二十四字○周禮鄭康成註○乃周成王時周公所作謂之六典蓋其書有六官天官冢宰掌邦治地官司徒掌邦教春官宗伯掌邦禮夏官司馬掌邦政秋官司寇掌邦禁冬官司空掌邦土每官其屬六十共三百六十官是書專言周官之職掌百工技藝織悉皆具於冬官考工一記專言車輿等制或云冬官乃秦火後漢儒所纂起於周故謂之周禮共四萬五千八百六字○禮記鄭康成註○多言冠婚喪祭射鄉燕享等禮故謂之禮記今其書四十九篇非出一人之手中云則出於孔子之孫子思王制則出於漢儒刺六經而為之緇衣則公孫尼子所制月令則出於秦人呂不韋皆因秦火散亡漢儒以稽考今之記出於二戴○大戴德小戴聖[illegible]故謂之戴經共九萬九千二十字○春秋杜預作註○紀周末十二諸侯二百四十二年之行事周衰天子不能任賞罰之權故孔子褒善貶惡尊王黜霸內夏外夷可筆則筆可削則削以匹夫代天子賞罰其

則不免垢膩須要勤勤洗澣破綻則補
綴之儘補綴無害只用完潔○凡盥面
必以巾帕遮護衣領捲束兩袖勿令有
所濕○凡就勞役必去上籠衣服只着
短便愛護勿使損污○凡日中所着衣
服夜卧必更則不藏蚤虱不即敝壞苟
能如此則不但威儀可法又且不廢衣
服晏子一狐裘三十年雖猶在以倫化
裕亦其愛惜有道也此最飭身之要毋忽

語言步趨第二

凡為人子弟須是常低
聲下氣語言詳緩不可高聲喧鬨浮言
戲笑父兄長上有所教督但當低首聽
受不可妄有議論長上檢責或有過誤
不可便自分鮮姑且隱嘿久却徐徐細
意條陳云此事恐是如此向者當是偶

書編年月日時錯舉春秋二時以名其書時有
獲麟之瑞孔子以麟出非時見傷而絶筆於此
故謂之麟經共○

三傳　左氏

或以為左丘明者
一萬八千篇序○非比單姓左名夫
問魯人受經於仲尼為經作傳○

公羊

名高齊人受經於子夏為經作傳○

穀梁

名赤受經於子夏為經作傳○又有

五傳

若乃上三傳并
所謂鄒氏傳郟氏傳是也○

國語

出鄭玄訓註○國語者乃左氏擇出
本戰国策及述楚漢春秋接其後事
和國成敗陰陽律呂天時人事逆順之數以為
國語凡五十一篇其文不主於經故號外傳也
羅天六卧際則禍福發啓幽微章表善惡昭
然甚明此與經藝並陳非特朱子之論也○

家語

王肅註○家語者乃孔子二十二世孫孔猛
家藏之書皆聖人實事之迹五帝之德三王
之盛冠婚喪祭刑政獄訟山川物類與夫門弟
子之答問而成書皆類乎論語凡四十四篇○

爾雅

郭璞註○爾雅者周公所作孔子所增
子夏所足凡二十篇所以通詁訓之指
歸敘詩人之興詠總絶代之離詞辨同實而殊
號也誠九流之津涉六藝之鈐鍵學覽者之淵
與摘輪者之華苑可以博物不惑多
識鳥獸草木之名莫近於爾雅○

離騷

朱文公註
○離騷楚屈原所作屈原名平字靈均為楚懷
王左徒上官大夫讒之王怒疏平平疾王聽之

當適忘或曰當是偶爾思省未至若覆則無傷忤。爭理自明。至於朋友分上亦當如此○凡聞人所為不善。下至婢僕違過宜且包藏不應便爾聲言。當相告語使其知改○凡行步趨蹌須是端正不可疾走跳躑。若父母在上有所喚召。却當疾走而前不可舒緩

灑掃涓潔第三 凡為人子弟。當灑掃居處之地拂拭几案常令潔淨。文字筆硯凡百器用皆當嚴肅整齊頓放有常處取用既畢。復置原所父兄長上坐起處文字紙劄之屬或有散亂。當加意整齊不可輒自取用凡借人文字皆置簿鈔錄注名及時取還。窗壁几按文字間不可書字。前輩云壞筆汚墨瘝子弟職書

不曉也故一變慈恩應而作纂○太玄經揚子雲曬第一篇為經其餘皆傳作九一十九篇現玄者數其書而定之玄首四重首非卦之數也其用自天玄一晝一夜陰陽度數律曆之紀與太初曆相應揲之以三策閱之以休咎綵之以象類播之以人事文之以五行擬之以道德仁義禮智無○七書魏武帝註○七書臣無名要合五經者乃孫子吳子司馬法唐太宗李衛公問對繚子黃石公三略太公六韜共六一百一十四篇皆武經也三略者上略中略下略六韜者文韜武韜龍韜虎韜豹韜犬韜是也國子司業朱服奏聖旨校定合七書為一故謂之七書○老子傳奕註○老子周末老聃所著上下八十一章凡五千餘文其書微妙難識皆原於道德之意故謂之道德經又曰老子○莊子郭象註○莊子周末莊周所著有內篇外篇雜篇凡三十三章其言內聖內王之道深根固蒂之理無所不備故謂之南華經又謂之莊子○荀子楊倞註○荀子戰國荀況所作其書尊王黜霸貴仁義而賤功利輕退之讀荀篇曰其辭若不粹要其歸與孔子異者鮮矣抑猶在軻雄之間荀子嘗作蘭陵令故謂之蘭陵書又曰荀子○揚子五臣註○揚子西漢揚雄所作其書擬為語合問之意其序云揚子之文簡而奧韓愈讀荀篇曰揚雄書尤尊信孟氏則雄者

○凡書硯自黙其面此不最不雅業功宜深戒

讀書寫文字第四　凡讀書須整頓几案令潔淨端正將書冊整齊頓放正身對書冊詳緩看字仔細分明讀之須要讀得字字響喨不可誤一字不可倒一字不可牽強暗記只是要多誦遍数自然上口久遠不忘古人云讀書千遍其義自見謂讀得熟則不待解說自曉其義也余嘗謂讀書有三到謂心到眼到口到心不在此則眼不看仔細心眼既不專一却只漫浪誦讀決不能記記亦不能久也三到之中心到最急心既到矣眼口豈不到乎○凡書冊須要愛護不可損污縐摺濟陽江祿書讀未竟雖有

亦聖人之徒揚子談或人之問自謂之法言又曰揚子○【文仲子】阮逸註○文仲子隋季王通所作碑曰孟子亞孔聖而贊其道後十世而可[?]孟氏者何人哉先生亭述六經數為中説講道於河汾門人自遠而至者千餘人其[?]而曰河汾書又曰文仲子○【孔叢子】宋咸註○孔叢子孔子八世孫鮒所作鮒字子魚仕陳勝為博士○【管子】房玄齡注○管子管仲所作○【文子】默希子註○文子姓辛名鈃字文子周平王時蔡丘濮上人其先晉國公子也嘗南游沅湘得而事之老子弟子也著通玄真經○【劉子】名書字孔昭梁朝士八夫劉孝標撰○【抱朴子】晉葛洪稚川仙道之學○【韓非子】韓之諸公子也刑名法制之學而歸其本於黃老作說客辭○【淮南子】劉安屬王長子也著鴻烈解○【公孫龍子】戰國時辯士也平原之客也○【鄧析子】鄭人著刑名之書○【子思子】孔子之弟子也○【鬻子】名熊楚人也○【子華子】名本晉人也○【尹文子】周人齊宣王時若稷下與宋鈃彭蒙田駢同學於公孫龍也○【愼子】名到例陽人也○【鶡冠子】著道家之書○【[?]鳴子】著[?]欲瑣微論聲隅者辨物之名也[?]者無[?]美之声攢微者述之之謂

九

□□□□撤束整齊然後起此是為可
法○凡寫文字須高執墨錠端正研磨
勿使墨汁汚手。高執筆雙鈎端楷書字
不得令手揩着毫○凡寫字未問寫得
工拙如何且要一筆一畫嚴正分明不
可老草。○凡寫文字須要仔細看本不
可差誤。

雜細事宜第五　凡子弟須要早起晏眠
凡喧鬧鬪爭之處不可近無益之事不
可為　為如賭博籠養打毬踢毬放風禽等事
凡飲食有則食之無則不可思索
但粥飯充饑不可闕凡向火勿迫近火
傍不惟舉止不佳且防焚爇衣服凡相
揖必折腰凡對父母長上朋友必稱名
凡稱呼長上不可以字必云某丈如第

也○□□□子洞玄真經○□
○史記係一正文　司馬遷漢武帝時人續父太史公之業作史記　司馬
貞唐明皇時人撰史記索隱三皇記　裴駰宋人　徐廣晉人　譙周蜀人　虞
翻吳人　王肅魏人　鄭玄　賈逵
○西漢史係一史　班固後漢人廣父彪續史作前漢書　蔡謨東晉人
劉德　荀悅　應劭　文穎　李奇　伏儼並後
漢人　鄧展　張揖　孟康　如淳　崔浩並魏人　郭
璞　劉寶　晉灼並晉人　蘇林宋人　臣瓚不詳所出　張晏
常昭　李斐　鄭氏　項昭以上並頭注引用
○東漢史係一史　范曄宋文帝時人　章懷太子賢唐高宗子
集衆儒註　劉珍安帝朝校定東觀記撰建武以來名臣傳　謝沈　薛瑩
華嶠　袁崧　司馬彪並晉人　謝承吳人　劉昭梁人　劉
義慶○三國志係三史魏蜀吳　陳壽東晉人撰　習鑿齒　孫

行者。則云某姓某丈。凡出外及歸。必於長上前作揖。雖暫出亦然。凡飲食於長上之前。必輕嚼緩嚥。不可聞飲食之聲。凡飲食之物。勿爭較多少美惡。凡侍長者之側。必正言拱手。有所問則必誠實對言。不可妄。凡開門揭簾。雖徐徐輕手。不可令震驚聲響。凡衆坐必斂身。勿廣占坐席。凡侍長上出行。必居路之右。住必居左。凡飲酒不可令至醉。凡如厠必去上衣。下必完手。凡夜行必先整燭。无燭則止。凡待婢僕必端嚴。勿得與之嬉笑執器皿必端嚴。惟恐有失。凡危険不可近。凡道路遇長者。必正立拱手。疾趨而揖。凡夜臥必用枕。勿以寢衣覆首。凡飲食舉起必置筯。茶物必置盞。已則置用

盛並東晉人　魏澹　梁祚　環濟　裴松之宋人註三国志已上並裴駰註引用○【東西晉史】唐太宗御制撰晉書　高希嶠註晉書　何超撰晉書音義　王隱　虞預並東晉人　于寶東晉人　謝靈運宋人　朱鳳　已上並晉所引

○【南北史】南史宋齊梁陳北史魏北齊後周係七史後李延壽唐人追父志作南北史　沈約梁人　魏收隋人　徐爰撰宋史　孫嚴撰宋書　李德林撰北齊書　顧野王陳人　謝炅撰梁書　蕭子顯撰齊書　已上並南北史所參附

○【隋史】係一史　魏徵唐太宗時人撰帝紀列傳　長孫無忌唐人撰隋志　王劭隋人　張太素　已上並隋史參附

○【太史】　歐陽脩宋朝人撰唐書　劉昫後唐人撰舊唐史通鑑多引用　蔣係撰舊唐史贊　宋祁宋朝人撰新唐書列傳　韓愈撰順宗實錄　王綝唐人撰魏鄭公諫錄　吳兢唐人撰貞觀政要唐春秋實錄　評　董□

[illegible]雜細事宜品目且多如參且
要[illegible]其矣。凡此五者若能遵守不
讀[illegible]不失為謹愿之士。必又能讀聖賢
之書。擴大此心。進德脩業。入于大賢君
子之域無不可者。汝幼學宜勉之。

讀書五戒

一曰戒遊　孟子謂宋勾踐曰。子好遊乎。吾語子遊。古之所謂遊者。尊德樂義。遊於聖人之門。此所謂遊也。今子弟目不覩聖人之書。口不談德行之言。交結狂朋。以為市井之遊。見紛華靡麗而悅。無所拘檢。放僻邪侈。無不為之。久不悟所與遊者。非成業之子。即營私之徒也。乘其迷惑。為之引導。已窺覬其田廬與之費耗蕩盡。而後已。言耳如體心欲并棄

吳縝○五代史　五代共十七史　史記　歐陽脩　徐無黨。並宋朝人同撰○通鑑　司馬光撰資治通鑑　劉恕撰外紀　史炤[illegible]　朱熹撰綱目　李燾蜀人撰長編　並宋人○唐鑑　范祖禹撰二十卷　石介宋朝人撰五卷並○史通　劉知幾唐中宗時人撰○通典　杜佑唐德宗時人撰○編年通載　章衡宋朝元作狀○兩漢刊誤　三劉敞攽奉世刊誤互詳漢唐節　朱繪宋朝人撰歷代帝王年運銓要○經籍名數○二經　春秋　孝經○三經　論語　孟子　孝經○六經　周易　尚書　毛詩　周禮　禮記　春秋○三禮　周禮　禮記○三易　連山夏　歸藏商　周易○八卦　乾　坤　艮　巽　震　離　坎　兌　伏羲始畫八卦文王象易作六十四卦○十翼　上彖　下彖　上象　下象　上繫　下繫　文

俟其囊罄交情絶矣不可不爲深哀恥
情者與遊　何補於吾　黠者與遊
必有所圖　詢我先疇　窺我先廬
祖父艱勤　廣釋膏腴　胡爲不念
浮蕩與俱　資産罄竭　交遊絶跡
後園不窺　卓哉仲舒　以此思之
不如讀書
【二曰戒博】常洪嗣有博奕之論方斟之
戲尚嗟棄業何况呼盧之鄙賤也敎令
有市衆編管之條孝校有卧碑排斥之
法其可務乎
驕縱不儉　博奕爲娛　日勝日貪
忘寢與寐　微而服用　大而田廬
呼盧不已　委棄須臾　欲覩其效
請驗鄉閭　敗者紛紛　成者難致

言　說卦　序卦　離卦孔夫作所以輔易道也○【書十】
【例】典　謨　貢　歌　誥　訓　征
範○【二典】堯典　舜典○【三謨】大禹謨
皐陶謨　益稷○【九疇】【一】五行【二】五事
【三】八政【四】五紀【五】皇極【六】三德【七】稽
疑【八】庶徵【九】五福○【四詩】國風　小雅
大雅　頌○【六義】風　賦　比　興　雅
頌○【四始】周南國風之始鹿鳴小雅之始文王大雅之始清
廟周頌之始○【十五國風】周南　召南　邶　鄘
衛　王　鄭　齊　魏　唐　秦　陳　檜
曹　豳○【三雅】小雅　大雅○【三頌】周頌
魯頌　商頌○【周禮六官】天官　地官　春
官　夏官　秋官　冬官○【禮記二戴】大戴

而應之術 咸以賦吟 以此思之
不如讀書
【三曰戒飲】尚書酒誥曰群飲汝勿佚盡
執拘以歸于周予其殺 聖王之誡群飲
如此其峻焉 其亂之所由生也 其可貪乎
尊爵俎豆 典禮所須 祭祀賓客
制度不踰 若非典禮 是謂汚千
獻臣勖哉 彝酒惟 衘盃漱醪
昡惑當爐 棄其親養 忘其室廬
聖有明訓 群飲必誅 以此思之
不如讀書
【四曰戒鬭】先聖曰血氣方剛 戒之在鬭
孟子曰好勇鬭很 以危父母 在醜而爭
是謂不孝 而況着令 鬭毆之罪 不與士
齒 國有常憲 傷人者刑 殺人者死 其可犯乎

禮記 小戴聖○【春秋五始】元 氣之始 春 四時之始 王
命之始 正 政教之始 即位 三國之始也 ○【三傳】左氏傳
公羊傳 穀梁傳○【五傳】左氏 公羊 穀
梁 鄒氏 郟氏○【五子】老子 莊子 楊
子 荀子 文中子○【十七史】史記 西漢
東漢 蜀志 三國 魏志 吳志 西晉 東晉
晉書 宋史 齊史 梁史 陳史 後魏史
北齊 後周 隋書 唐書 五代史○【八書】
禮書 樂書 律書 曆書 天官書 封禪
書 河渠書 平準書○【十志】律曆志 禮
樂志 刑法志 食貨志 郊祀志 天文志
五行志 地理志 溝洫志 藝文志○【兩都
賦】西都賦 東都賦 班固作 ○【兩京賦】西京

睎顏之人　亦顏之徒　好勇鬪狠
狗彘與俱　受之父母　身體髮膚
一朝之忿　忘親喪軀　學有規矩
國有刑誅　東手有司　悔之晚乎
血氣方剛　戒之在初　以此思之
不如讀書

〔五曰戒逸〕周公戒成王作無逸篇欲成無淫于觀于逸于遊于田祗懼而不敢荒寧也况為士而自暇自逸早夜無為豈不勝可憂哉孟子曰飽食暖衣逸居而無教則近於禽獸矣

士農工商　四民異居　農勤於耕
商勤於塗　工勤繩墨　士勤典謨
皆業而嬉　流為下愚　損者三樂
佚遊之徒　飽食煖衣　禽獸一如

賦　東京賦張平子作　○〔三都賦〕蜀都賦　吳都賦　魏都賦

○〔辭章類〕文章緣起

梁太常卿任昉彥升曰六經素有歌詩書誄箴銘如尚書帝庸作歌毛詩三百篇左傳叔向詒子產書魯哀公孔子誄孔悝鼎銘虞人箴之類是也此盖取秦漢以来聖君賢士沿著為文之始故因錄之九八十五條抑亦新好事者之耳目

○〔三言〕晉散騎常侍夏侯湛　○〔詩四言〕前漢楚王傅韋孟諫楚夷王戊詩

○〔詩五言〕漢騎都尉李陵與蘇武詩　○〔詩六言〕漢大司農谷永　○〔詩

○〔七言〕漢武帝柏梁殿聯句　○〔詩八言〕魏高貴鄉公　○〔賦〕楚大夫宋玉

○〔歌〕戰國荊卿作易水歌　○〔離騷〕楚三閭大夫屈原　○〔詔〕秦始作之　○

〔璽文〕秦始皇傳國璽　○〔策文〕漢武帝三王策文　○〔表〕淮南王安諫伐閩表

日月逝矣　誰之過歟　以此思之
不如讀書

〔經驗効應方〕

〔靈龜吐氣仙香方〕又名延壽香　詩曰
奇哉玄哉妙非常正是仙家真品香尾
上撚出星子大口中吐出氣華光香烟
結篆如華盖換骨成灰似雪霜遶肴盤
中其可愛調如龜息壽延長　蘇合油
四两 白芷五錢乳香三錢没藥三錢沉
香三錢真檀香四錢樟腦一两共為細
末足秤入油内合成生意如龜外做皮
包法用
柳木炭六两黄丹五錢水粉四两右三
味為〇末白芷二两煎水搗如泥入前
藥在内做龜像中間留一孔通氣

〇漢東平王蒼上表而議驃騎將軍〇〔上書〕秦丞相李斯上治安書〇〔
漢太史令司馬遷報任少卿書〇〔對賢良策〕漢太子家令晁錯〇〔上疏〕
漢中大夫東方朔〇〔啓〕晋吏部郎山濤作選啓〇〔奏〕漢江都相董仲舒請公孫
弘奏記〇〔箴〕漢護軍班固說東平王箴〇〔離合詩〕漢孔融作四言離合詩
〇〔連珠〕漢楊雄作〇〔篇〕漢司馬相如作凡將篇〇〔歌詩〕漢枚皐作麗人
歌詩〇〔遺命〕晋散騎常侍江統作〇〔圖〕漢河間相張衡作玄圖〇〔勢〕漢濟
北相崔瑗作草勢〇〔約〕漢王褒僮約

右文章緣起一卷梁新安太守樂安任公書也。
按隋經籍志公文章始一卷有録無書郡之為
郡且千歲守將不知幾人獨公至今有名字並
城四十里曰村曰溪皆以任著旁有增坊亦借
公為則遺愛在人盖與古循比後公六百年而
适為州嘗欲會粹遺文刻識木石以慰邦人亡

金龜吐火香　詩曰　寄生玄武異非
常明點仙家出品香尾後燒着一星火
口中吐出白毫光飄烟撩成雲綉樣燒
骨成灰似雪霜清氣一時休用意試看
羽意慶源長　松香　芸香　甘松
三柰　藿香　白芷　大黃　白芨
玄參　獨活各五錢　官粉　黃丹少
許右爲細末用白芨水為丸用茄根柳
木燒灰為衣如要紫雲加金色毛狗脊
人參海馬寄生僧烟結香毬不散加寄
生草白雲鋪地加官粉黑雲裏鶴飛來加
水秀才雲裡二龍升降加蝎虎一雙好

合香方　檀香半兩　木香半兩　甘松[illegible]
三柰半兩　苓蔆香半兩　茅香一兩　茴香
半兩　藿香一錢　丁香半錢　沉香半錢　[illegible]

窮之思而不可得三館有集六卷悉見蕭氏類
書中疑後人掇拾傳著於傳亡益獨是書僅存
可藏去古所傳纂誌乃東漢人大隸此云始於
晉蓋丘中之刻當其時未露見也紹興三十年
四月二日鄱陽洪适識

○聲律類格

詩苑類格序畧五七言體起于漢梳于齊梁始
類以聲病前賢著評式論之詳矣宋真宗皇帝
一衍精題詠傳合格範謹取聖製五七言二篇條
刪聲律為常格別二篇為變為天下萬世之矜
式兼采古賢雜體四十餘篇編爲左方以備詩
壇之需。

常格凡吟詩約此格其平側在右者全叶聲律

香一錢結香一錢腦子一錢香白芷半
兩降眞香半兩丁皮一分甘草一分玄
參一分牋香半兩薰陸香半兩檀乳香
半兩茴香半兩右爲細末用錦囊盛貯
胸前或袖中
【浥衣香方】甘松　藿香　茴香　零陵
香各一兩黑糯檀香物研酒浸蒸過焙
乾丁香各半兩共爲麁末紙包近肉或
枕中放七日入腦麝少許則香透衣內
【洗衣香方】牡丹一兩甘松一分搗爲細
末每洗衣最後澤水入一錢
【內府香肥皂方】甘松四兩三柰半斤白
芷半斤細辛二兩大黃半斤丁香五錢
桂枝一兩廣靈香二兩藿香二兩肥皂
十斤研細炒過爲末用時量五斤發末

在左者亦通大抵偶對上下須平及相應即爲
律詩也
○【明文】漢太山太守應劭作○【樂府】古詩○【對問】楚宋玉對楚王問
○【傳】漢東方朔作非有先生傳○【上章】後漢孔融上章謝大中大夫○【解
嘲】漢揚雄作○【訓】漢丞相主簿繁欽祠具先生訓○【辭】漢武帝秋風辭○【官
箴】漢崔駰作達○【勸進】魏尚書令荀攸勸魏王進文○【難】漢司馬相如喩
巴蜀并難蜀父老○【誡】後漢杜篤作文誡○【弔】漢賈誼弔屈原文○【告】
魏阮瑀爲文帝作許告○【傳贊】漢劉歆列女傳贊○【謁文】後漢別部司馬
張超謁孔子文○【祈文】後漢傅毅作高闕祈文○【祝文】漢董仲舒祝日蝕文
○【行狀】漢丞相倉曹傅朝幹作楊元伯行狀○【哀策】漢樂安相李尤作和帝哀
策○【哀頌】漢會稽東部尉張紘有陶侯哀頌○【誄】漢武帝公孫弘誄○
【墓誌】晉東陽太守殷仲文作從弟墓誌○【愍文】蔡邕作悲溫舒文○【祭
文】後漢車騎郎杜篤作祭延鍾文○【哀詞】漢班固作梁氏女哀詞○【挽詞】

藥　樟腦五錢　麝香一分　乳香二錢　米片三分　酥合油二錢　黃臘一兩　化開爲衣有汗斑酒刺雀斑糟鼻加麝香五錢如無不用如無蜂蜜白糖代之擦末要極細

【德州香肥皂方】肥皂一斤　牙皂六兩　羌活　茴香　甘松　三柰各二兩　白芷　白及各四兩　樟腦二兩　當歸　地骨皮各一兩　右共十一味香料爲細末用肥皂搗極細再用棗肉半斤爲末搗千餘杵爲丸如雞頭實大任用洗面去酒刺

【香茶餅方】孩兒茶半斤　檀香一兩　沉香五錢　木香一兩半　乳香一兩半　甘松一兩半　三柰一兩半　丁香八錢　鬼茴一兩　小茴一兩　白芷二兩　紫蘇葉二兩　藿香

【文房備用】

魏光祿勳鄒鑿說詞〇【七發】漢枚乘作七發〇【謝恩】漢丞相魏相詣公車謝恩〇【令】漢淮南王有對郡公令〇【奏】漢枚乘奏書諫吳王濞〇【論】漢王褒四子講道德論〇【駁】漢侍中吾丘壽王駁公孫弘禁民不得挾弓弩議〇【議】漢韋玄成奏罷郡國廟議〇【反文】漢揚雄作反文〇【彈文】晉冀州刺史王深集有彈文〇【薦】後漢雲陽令朱雲薦伏湛〇【教】漢京兆尹王遵出教告屬縣〇【封事】漢魏相奏霍氏專權〇【白事】漢孔融主簿作白事書〇【銘】秦始皇登會稽山刻石銘〇【移書】漢劉歆移書太常博士論左氏春秋〇【箴】漢揚雄九州五官箴〇【封禪書】漢文園令司馬相如作〇【讚】漢司馬相如作荊軻讚〇【頌】漢王褒聖王得賢臣頌〇【序】漢南郡太守作和熹鄧后序〇【引】古琴操有箜篌引〇【志錄】漢揚雄作〇【記】漢揚雄作蜀記〇【碑】漢惠帝四皓碑〇【碣】晉潘岳作潘黃門碣〇【誥】漢司隸從事馮衍作德誥〇【誓】漢蔡邕作艱誓〇【露布】漢賈洪爲馬超伐曹操作〇【檄】漢祭酒陳琳作檄曹操文

麝香三錢　氷片一錢　硼砂四錢　薄
荷葉二两右爲末蒸餅打糊印成定或
用白糖爲餅或爲丸如栗子大噙化

【蘇合方】沉香　麝香　訶子　丁香
白朮　青木香　安息香　香附子
白檀香各二两　片腦　薰陸香　蘇合
油　烏犀角各一两右爲細末煉蜜爲
劑分作十丸用上等黄蠟包之油紙收
貯臨用切開隨引下

【梅蘇丸】西江月調　東方搖落時光誰
道梅花便放只因獨步狀元郎消息從
來說向變化堪須有此調羹自是無雙
如今加減有仙方。用治人間爲揆。
紫蘇　陳皮　茯苓　厚朴　薄荷
甘草　右爲末烏梅搗爛爲丸如彈子

孔子曰工欲善其事。必先利其器盖器者工之
用也事者工之任也利用以盡任工之道善矣
審斯言也則文房之友非士君子之器乎。故詳
述而作焉俾斯文道中倶諳斯文器品亦一助
之智耳。

【評紙】新增　上古無紙以竹簡書之所謂汗青是
也盖以火炙簡令汗出取其青易書漢和帝時
東陽蔡倫始造紙封龍亭侯今東陽縣北有漢
黄門蔡倫宅今西有石臼是倫造紙之臼也○
歙紙今直隷徽州府歙縣其紙有青光白滑水
覔凝霜之目今績溪縣界有地名龍鬚者紙出
其間○西山觀音紙江西々山置官局抄紙最
厚大而好者曰觀音連七紙尤妙○廣信紙江

大白砂糖為丸每用一丸噙化

治人忘事多道　詩曰

遠志石菖蒲　每日煎湯服

更加肉豆蔻　能通萬卷書

右各等分合煎常服有効

製紫霞杯方　服之延年益壽　硃砂一斤　鈆一斤四兩各研為末共一處播極細不見砂星入瓦礶内外用泥固濟打火三炷香冷定取出以井花水一桶要新倍子二十斤浸井花水燉滚加熬一日又麥芽三斤又熬一夜又麥芽三斤熬一日夜火完水盡藥乾硃砂自死聽用○再用紫粉做成堅厚酒鍾模子再用大麻子油煎過模子將前煉過硃砂高爐溶化傾瀉紫霞杯三日進服一

西鉛山縣奏本紙最妙○常山紙常山縣有榜紙并中夾紙奏本紙次㭘鉛山○英山紙直隷廬州府英山縣出榜紙好作帳○撫州紙江西撫州府臨川縣有小箋紙○連四紙開化縣有連三連四紙亦佳只要白厚無粉者為妙北紙用橫簾造紋必橫其質松而厚南紙用竪簾造其紋亦竪竪紋竹紙唐有麻紙其紙厚又有硬黄紙其質如漿光澤瑩潤用以書紙故善書者多取澄心堂紙觀音紙匹紙長三丈又有采色其色光滑白籙紙觀音紙清紅紙皆出江西又有倭紙出倭國以蚕繭為之細白光滑之甚皇明内用紙如前元但江西西山紙最高今時多用福建建陽荆川簾紙金箔紙極妙伏見高

中服之三年延壽一紀服十年與天齊
壽

延壽湯又鷓鴣天 一 四两白塩四椒姜
十斤炒麵四両茴香一斤杏仁和麩炒四
两甘草蜜炙黄枸杞子核桃穣芝麻山
藥最為良注顔和血能延壽此藥湯中
第一方 白塩四两炒川椒四两揀浄
焙干姜一两煨小茴四两浄炒甘草一
两去皮蜜炙杏仁一斤煮一次去皮換
水煮二次晒乾炒黄色枸杞子四两浄
水洗焙乾山藥四两核桃仁半两炒去
皮熟芝麻一升除塩外先将花椒等五
味俱為末又将杏仁核桃芝麻三味另
搗為羔子與前炒塩等藥俱和入麵内
細篩過如有粗者槎開再篩令浄用滚

覉鷄紙細白光滑又勝於倭紙厚又加倍咨禮
部咨文可見

評硯 一 夫硯出端溪有上下巖四坑餘處悉其下
也惟北巖為上北巖即上巖色理瑩潤有鋅者
尤發墨本以紫石為上紫石者在大石中生盖
精石也又有草家茸金線紋惟有眼者最貴謂
之鴝鵒眼石文精美如木有節今不知者蕪以
為石病惟上巖石有眼眼之佳者青緑黄三色
相重多者自外至心九九 其大者尤為希有
或布列硯中如北斗心房星之形世人以眼之
多少為價之輕重其生於墨池之外者謂之高
眼生於内者謂之低眼高眼尤為可尚然又有
活眼死眼黄黒相間黒精在内晶瑩可愛謂之

白湯磁礶調勻熬過加猪油蜂蜜猶佳

神仙法製半夏方 半夏一斤温水泡洗七次丁皮三两切片浸炒去絲生姜十二两切片或搗汁亦可晋州絳九八两研末草荳蔻四两去皮研碎右將半夏泡洗晒乾同前藥入瓦礶内加好酒數碗浸每三日以棍攪之春夏四十九日秋冬浸六十日上取出將半夏濾出清水洗净晒乾收藏餘藥不用每將半夏二三顆嚼碎津液送下或口乾滚白湯下日服三五顆消風化痰小兒有痰研一丸滚湯送下

上清丸方 專治咳嗽痰火 蘇州薄荷半斤白砂糖一斤烏梅肉四两孩兒茶二两柯子末四两白硼砂二两氷片五

活眼四傍浸漬不甚鮮明謂之淚眼形體畧具内外皆殊無光彩謂之死眼大抵活眼勝淚眼淚眼勝死眼死眼勝無眼學者須當辨之

洗硯 凡硯須日滌之過二三日即墨色差滅縱未能滌亦須易水春夏蒸温之時墨又留其間則膠力滯而不可用不要頻滌去洗硯不得使熱湯亦不得用毡片故紙惟得枯炭洗之最佳端溪自有洗硯石或挼皂角水洗亦可或將半夏切平洗硯大去滯墨又黃蠟補硯極佳

脩破硯法 瀝青溶開調石屑補之則無痕或用黃蠟亦可

評筆 番禺諸郡多以青羊毛為筆或用雞鴨毛或以雉毛五色可愛又有豐狐毛虎僕毛鼠鬚

分擣為丸彈子大嚼化日進三服

香身荳蔻丸 此藥在華山碑上出錄神効方一身香潤液氣黑髮延年清上明目堅固齒牙去脾熱口瘡滋肺經而不臭織寧心定志安五臟嚼化一丸則神清氣爽懸帶則身體馨香碎陰液氣去汗富貴之家不可無也

桂枝二兩 藿香 檀香 沉香 零蔆香各三錢羗活一兩三柰一兩蜘蛛香一兩半細辛七錢甘松一兩甘草一兩麝香少許片腦一兩右為末煉蜜為丸如大豆大每服嚼化一丸

神仙延壽酔烏 槐角四兩用子黑牛膽將槐子入在膽內懸吊陰干取出子蜜炒過用茯苓五錢巨勝子三錢用黑

毛羊毛麝毛狸毛羊鬚胎髮等然未若兎毫亦須取崇山絕仞之兎八九月收之若中秋無月則兎不孕則毫少筆貴夫筆須鋒齊勁健今世筆皆鋒長少損已禿不中用矣

收筆法 擣蓮汁或苦賣汁蘸筆曬乾又蘸如此三五次晒極乾收過則不蛀○又東坡以黃連煎湯調輕粉蘸筆頭候乾收起黃山谷以蜀椒黃蘗煎湯磨松煤染筆藏之不蛀尤佳妙

洗筆法 以器盛熱湯浸一飯久輕輕擺洗次却用冷水滌之若油膩皂角水佳

評墨 唐末墨工李超與子廷珪自易水渡江居歙本姓奚江南賜姓李氏故世有奚廷珪墨又有李廷珪墨今之言墨者亦以廷珪為第一易

豆皮煮一日自然銅三箇用核桃皮煮一日去皮不用生地黃　熟地黃　甘菊花　旱蓮花　覆盆子　桑椹子　天門冬各三錢右十三味為末每服一錢用老酒一小壺將藥入内封口煮一炷取出用竹筒吸吃不然恐黑齒也七日吸七次漸〻黑矣有能飲酒吸一醉即黑一烏十年再白又服之

不童丹詩曰　勿言鬚髮白如絲要黑仙方亦易之不用擦牙并染髮都來五味做工夫赤石脂與川椒同辰砂一味最為功茯苓能補心中血乳香分兩要相從棗肉為丸梧子大空心三十温酒送下服之後君休摘轉白為黑青髮同益髓明目并延壽老翁變作少年童

水張遇為第二佳復有二品龍紋雙脊為上一春次之遇亦有二品易水貢墨為上供堂次之近世兗州陳朗亦精為墨可以次之又有王君得墨紫珣朱君得小墨皆唐末五代知名者

李廷珪造墨正法

取煙清麻油十斤先取三斤以蘇木一兩半宣黃連二兩半杏仁二兩碎槌同煎候油變色放温濾去查傾入餘油内攪勻隨盞大小掘地作坑深淺令與盞平滿添油炷燈安在坑内以瓦盆子覆面闊八九寸底深三寸許者覆之仍用方寸瓦礶片揭起三面不可太高又不可太低每一炊久即掃一度只可作十盞盞多則掃不徹每取煙一炊即剪燈花勿拋油内仍勿頻揭見

赤石脂　好茶神　川椒　乳香
右四味各等分依法製之不問老少並
服神効

治髭鬚斑白染黑方 用紫茄一苗栽培
長大只留花一朶長結茄子一箇待半
大時帶盖下取一孔内放膽礬一小塊
皂礬少許茄下放碗一個授盛茄子成
熟有水滴下碗内用鷄素一個斵去食
蘸茄水染髭鬢鬚至老不白

勤馬黑髭鬚方 歌曰　五分倍子炒茶褐
色七厘塩分半銅末分半礬再加老鉛
二釐半烏黑霜灰即鍋與礬同濃茶調
熬如鏡面光似鏡面手撚搽髭須立見功

固牙散方 詩曰　養身不用煉丹砂每
日清晨只搽牙功効不過二八日自然

□風恐煙散去

合膠 黄牛皮水浸透拔去毛仰攤在平板上取
生黄上匀撒皮上良久以小刀刮去筋膜換水
頻洗研碎入無油膩鍋内水煎成膠傾出薄鏇
竹隔子上風乾凡煙四两用乾膠一两二分打
作小片以水浸軟却漉出入藥汁内同熬切忌
膠少少則不堅多又着筆不宜添減也

搜煙 每煙四两半用宣黄蓮半两蘇木四两各
搥碎水二盞同煎五七沸候色变用熟瀝吹用
腦半錢麝一錢半煎當水四两許再濾吹用腦
半錢麝一錢輕粉一錢半以藥汁半合研化先
將藥汁入膠同熬不住手攪令容後入腦麝汁
攪匀乘熱傾入煙内就無風處搜和吹就案上

鬚髮黑如鵶山皂一兩火炮過茯苓五倍細辛花各另三錢為細末隨時應用須仙家　皂莢一兩火煅茯苓　五倍子　北細辛　花椒　各三錢為末擦

華山陳希夷先生擦牙烏鬚固齒仙方

猪牙皂角　生姜　升麻　熟地黃　木律　旱蓮根　北細辛　槐角　荷葉　斗子青鹽右件各等分火煅存性為細末擦牙人令透嗽之為妙

擦牙烏鬚補腎明目白牙散方　熟地黃一兩焙乾破故紙一兩青鹽五錢右件為細末刷牙净然後將藥擦牙上良久嗽之

治牙疼方　川烏　細辛　已上二味各等分為細末擦牙疼處即愈

圓搾候光可照人方印作錠子先以活石為末塗墨上灰池頓無風處藏五七日候乾取出以棕刷子净刷且收衣笥中旬月後取出不然亦無害但欲堅勁故也

做硃墨法　用火硃一兩加好水粉一錢半入廣膠如前做墨調膠搜做法同

做雄黃墨法　雄黃研細用水飛過澄清撈去水用茶皮梔子皂角各一分巴豆一粒去皮黃明半两同煎汁和雌黃作錠子陰乾

做靛墨法　好靛花一两入水粉五錢調膠汁搜做與前做墨法同

做粉錠子法　白善土一兩半滑石半兩寒水石煅過者半兩研極細水飛過入鉛粉半兩研勻

白牙散方 治一切牙痛虚牙出血白牙
穿牙蛀牙並効 石羔半斤香附子半
斤炒黑升麻 槐角 生地黄各五錢
白芷稍二两已上右為細末搽牙上為
極効妙不可述

擦牙散方 兼治牙瀉不止 青塩三錢
細辛二錢牙皂一錢華撥 香白芷
川烏各五分草烏五分川椒二錢香附
子二錢燒存性石羔不拘多少
右為細末每日清晨擦牙極妙

剃髭鬚不用刀方 石灰假石黄 樟
腦各三錢 右為細末將水調搽於髭須
髮上一時以竹刀輕輕削下

淨身方 此治飲酒後遍身痒如風瘡抓
至出血作疼痛者 蟬蛻去頭足薄荷

裝入鷄子殼内紙糊口坐飯上蒸雞殼黒再換
鷄殼蒸至鷄殼不黒為度用阿膠一两水一两
二錢先浸膠軟重湯煮花和作錠子

脩墺墨法 墨蒸過者用爐灰燒過却燒炭火於
上待灰熱去火安墨以灰蓋之火特取出如新

藏墨法 用熟艾和墨收之過梅月藏石灰中蓋不

寫字真訣 真行草書之法其源出於蟲篆八分
飛白章草等圓勁古淡則出於蟲篆點書波發
則出於八分轉換向背則出於飛白簡便痛快
則出於章草然其真草與行書各有體製歐陽
率更顔平原輩以真為草李邕李西臺以行為
章是以古人有專攻正書者有專攻行書者信
乎其不能兼美也或云草書千字不抵行書一

藥各等分　右為細末每服三錢食後
温酒調服
【生眉毛鬚方】皂角刺　鹿角燒灰沙
參　蘆薈　苻蓯燒灰　巴戟煅過
右為各等分為細末用生薑鵝自然汁
調搽一七二七全妙
【治頭上虱方】用藜蘆根為末搽在髮鬢
之中經宿其虱皆死自落○【又方】用燒
酒噴髮內手帕裹之自落○【又方】細茶
嚼爛將水銀一同撚死入髮內帕包一
夜即死
【治身上虱方】九折洗衣服每於粉襯內
入水銀一錢研勻襯衣服永不生又不
點污神効
【治陰上生虱方】用檳榔為末煎水洗

字行書十字不抵直書一字意以為草至易而
真至難豈真知書哉大抵下筆之際盡效古人
則少神氣專務遒勁則俗病不除所貴熟習兼
通心手相應斯為妙矣○凡用筆不欲太肥太
肥則形濁又不欲太瘦太瘦則形枯多露鋒芒
則意不持重深藏圭角則體不精神不欲上小
下大不欲左低右高不欲前多後少草書之體
如人坐臥行立揖遜忿爭乘舟躍馬歌舞擗踊
一切應變非苟然者又一字之體率有多變有
起有應如此起者當如此應之各有義意唐太
宗云行行若縈蚯蚓字字若綰鰍蛇惡無骨也
大槩用筆有緩有急有鋒無鋒有承接上文有
牽引下字乍徐還疾或往復收緩以倣古急以

之立効

熏衣除虱方　用百部秦艽搗為末依焚香樣以竹籠覆盖放衣在上熏之虱自落若用二味煮湯洗衣尤妙

治羊皮襖生虱方　將皮襖鋪露天露一宿其虱俱皆上毛上乘濕拏下燒之

治木虱方　詩曰　華撥烏頭二味停雄黄加倍蜜和匀任他木虱三分大一炷明香永不生　華撥二两烏頭二两雄黄三两右為細末加火硝五錢煉蜜為丸作炷香臨卧時燃一炷於床下其木虱自死矣神効

治蚊虫方　詩曰　木別川芎分两同雄黄減半結為精煉蜜為丸如皂子一覺齁齁睡到明　木別子二錢川芎三錢

出奇有鋒則以耀其精神無鋒則以含其氣味横斜曲直鈎環盤紆皆以勢為主然不欲相帶相帶則近於俗横畫不欲太長太長則轉緩遅直書不欲太多太多則神癡以擦代入以發代豈亦以擦代之惟入則間用之意盡則用懸鍼意盡則再生筆意不若用垂露耳

遂延碑法　此法許道然傳　白芨　白礬各等分細粉之俗　酸漿草　右件先將白芨白礬為末羅淨以一分入細粉二分再同研匀以酸漿草取汁調如濃墨寫字㬹乾用筆蘸墨汁蒲紙塗黒再㬹乾去粉即成白字要光瑩用蠟擦之

白筆寫黒字法　用硇砂調水將白筆蘸水寫在紙上以火炙之其字如墨寫的朗然明白如有

雌黄一錢半　右為細末煉蜜為丸毎用
一丸燒點香爐内在房中將窓門緊閉
不可透風

辟蠅方　臘月内取楝樹子濃煎冲澄清
泥封藏用時取出些〻火先將抹布洗净
浸入楝汁内扭乾抹宴用付物則蠅自
去

辟蚊蟲諸蟲方　用鰻鱺魚乾於室中燒
之蚊蟲皆化為土若重擅物断蛀虫若
置其骨於衣箱中則斷蠧魚若熏屋宅
免竹及生以及殺白蟻之類

光古銅器法　○先將銅器水洗刷净拭
乾擣羅極細浮炭末遍擦了用硬靴刷
之然後用新綿揩擦光彩可玩矣

磨古劒法　○磨劒不得用水及鐵石磨

機密緊急私事家信甚妙

去墨畫跡法　白硇砂一両　鷹糞一両用白皮　馬蝗鷄一両
用竹筒一箇去青皮入前藥在内將竹筒塞孔
密固不可露孔浸在人糞内一日夜取出竹筒
洗净放在石礫及石板上候霜出掃之磁罐收
貯用時將白芨水調搽字上待乾彈去

黑裡畫跡法　白硇砂二錢　白硼砂二錢　馬蝗鷄十條　將
馬蝗鷄用新瓦焙乾三味共為末入竹筒内用
童便浸二七取出藥筒出霜為度磁罐收貯洗
字濕掃上其黑自去

辣拂去字法　白硇砂　鷹糞用白皮　白丁香　滚
灰霜　龍骨　右各等分共為細末用鷄彈白
調或燒酒調尤妙用新筆蘸刷字上待陰乾其

當以香油磁石慢慢磨去銹即用
打鐵爐邊打落鐵蝕兒三兩入木炭一
兩水銀一錢同為末糝刷上以布片蘸
油耐久磨擦其光如鏡綿子拭淨以酥
塗之掛壁間水不銹

藥擦古鏡法 ○不磨自明用猪羊犬龜
熊五件膽各陰乾合和為末以水濕鏡
糝藥末向上覆鏡面向地自然光明

磨鏡藥法 ○鹿骨角燒灰和白礬銀母
砂共為細末等分和勻先磨淨後用此
藥擦磨則人不昏

骨做象牙法 ○取驢骨用胡葱爛搗著
同驢骨煮勿令火歇兩伏時候骨軟以
細生布褁用物壓實令堅自如牙紋

造油紙法 ○詩云 桐三油四不須煎

字則落忘油器調藥

去差寫字法 用蔓荊子二錢栢子霜半錢定粉
少許同為末龍骨一錢先點水上字次用藥試
摻之候乾拂去

刺字去黑法 用大皂角蒸熟熟貼于其上則黑
自去矣照前一樣皮白

收書法 於未梅雨前曬極燥頓櫥櫃中厚以紙
糊門及小縫令不通風即不蒸古人藏書多用
芸香辟蠹即今之七里香也 **辟蠹法** 亦可辟蠹樟腦又佳

封書蠟汁法 每用黃蠟一兩入鬱金末少許同
熬看顏色深淺隨意加減乘熱絹濾去滓入白
膠香明淨者佳一兩皂角子大再熬則不透紙
又可省蠟凡上尊位書宜溫蠟淺蘸欲易於開

百粒蓖麻細細研　定粉一錢相和合
木楊一點便鮮研　用桐三兩　香油
四兩蓖麻仁百粒研極細入定粉一錢
相和以柳枝頻攪後用鵝毛刷紙上趁
透晒乾自然光明

【造雨衣法】　詩曰　茯苓狼毒與天仙
貝母蒼朮等分全　半夏浮萍加一倍
九升水煮不須添　騰騰慢火熬乾凈
兩下隨君到處穿　莫道單衫元是布
勝如披著幾重氊

【收氊物衣不蛀法】○用芫花末摻之或
用晒乾黃蒿布撒收捲則不蛀

【收皮物不蛀法】○用芫花末摻之則不
蛀或以艾捲置甕內泥封固甕口大可

【染木作花梨色法】○用蘇木濃煎汁刷

封家封宜熟蠟深蘸可防私拆之患

【書窓法】讀書須用明窓淨几須油紙則明凡湖
窓以皮紙糊訖用桐油白水等分打勻以刷子
刷上令勻則雨不透且明亮或用翎羽刷亦可

【調硃點書法】銀硃入藤黃或白芨水研則不落

【長命燈法】雄黃硫黃乳香瀝青大麥麪乾漆胡
蘆頭牙硝等分為末漆和為丸如彈子大穿一
孔用鐵線懸繫陰乾一丸可點一夜

【點書燈法】用麻油炷燈不損目每一斤入桐油
二兩則不燥又辟鼠耗若菜油每斤入桐油三
兩以鹽少許置盞中亦可省油以生薑擦盞不
生滓暈以蘇木煎燈心晒乾炷之無燼

【呂子竹書房萬金印色方】油浸皂角慢火煎鍋

三次後一次掺石灰在上良久拭去其
紋如花梨若梅木只用水温以石灰掺
之

刷紫斑竹法○蘇木二兩剉碎用水二
十盞煎至一盞以下去粗入鐵漿三兩
同熬少時以磁器或石器收用時點之

硬錫法○凡錫器用硇砂白砒鹽同
煎其硬如銀

點鐵爲鋼法○羊角亂髪俱煆灰細研
水調塗刀口燒紅磨之

補瓷碗法○先將瓷碗烘熱用鷄子清
調石灰補之甚牢○又法白芨一錢石
灰一錢水調補

宿火炭法○用好胡桃一個燒半紅埋
熱灰中三日尚不滅

冷用熟文成劑入絹囊乘磁玉器内妥香轉过
磨得珠勻若日久油乾復用前油於色囊上自
浸入蠟紙上可用　香油三抄　黃蠟二錢　花椒二錢
燈心半錢　阿交一錢　白芨二兩　皂角一斤半去皮絲子
又七味於銅器内用柳柴火緩熬三沸密絹濾
過冷定用好艾去梗揉𥻘水煮過晒乾量心紅
多少用前油同艾調勻顏色鮮明不変矣

耐點蠟燭法王西岩家傳本方註云醫者之家
倫傳極妙　黃蠟　松脂　槐花各一斤　浮石四兩
共爲一處溶用燈心布洗一晝夜僅點一寸

風前燭法蜀葵稭遇風雨中點不滅　乾漆搗碎
海金泥　硝石　硫黃各一兩　瀝青　黑豆末
白蠟各一兩　右件溶瀝青蠟成汁入前件袞和

造獸炭法　○炭十斤鐵屎十斤合搗成末生芙蓉葉三斤再搗入糯米膠和埋作獸物形狀晒乾要用却以燃炭燒全赤三日不滅如不用以灰埋之以舊布火上攤作條

萬里燭法　皂角花　黃花地丁　槐花　松花已上四味為末用蜜一斤入煎藥各二錢煎數沸　出入白芨二錢候赤暈時退火已凝結矣

六卷終

新刻天下四民便覽三台萬用正宗卷之七

官家要覽

○仕儀便覽

夫朝廷設官分職所以為民而樹職等儀将辨品級故官吏之多寡有職分之高低今為官者或膏梁子弟或故官名家輙起而登上第不知民間疾苦勞役艱難惟覬俸祿之求罔念国家之寄今將官員品級并依節儀服飾規格類次而成一帙庶精思學子亦當惕勵而學者亦致知之助耳

○文職品第

正一品 初授特進榮祿大夫 陞授特進

官品門

○南京文武官職衙門

吏部 尚書一 侍郎一 司務一 文選司 考功司 驗封司 稽勳司 郎中一各 主事一各 ○戶部 尚書一 侍郎一 司務一 照磨○ 十三道 浙江 江西 廣東 山東 湖廣 廣西 福建 雲南各道 郎中一各 員外一各 主事二各 陝西 山西 四川 河南 貴州 郎中一各 主事一各 ○禮部 尚書一 侍郎一 司務一 儀制司 祠祭司 主客司 精膳司 郎中一各 員外一各 主事二各 ○刑部 尚書一

光祿大夫。加授贈特進光祿大夫上柱國
從一品 初授榮祿大夫 陞授光祿大夫
加授贈光祿大夫柱國
正二品 初授資善大夫 陞授資政大夫
加授贈資德大夫治上卿
從二品 初授中奉大夫 陞授通奉大夫
加授贈正奉大夫正治卿
正三品 初授嘉議大夫 陞授通議大夫
加授贈正議大夫資治尹
從三品 初授亞中大夫 陞授大中大夫
加授贈大中大夫資治少尹
正四品 初授中順大夫 陞授中憲大夫
加授贈中議大夫贊治尹
從四品 初授朝列大夫 陞授朝議大夫
加授贈朝請大夫贊治少尹

侍郎一 司務一 照磨一 十三道 浙江 廣東
郎中一各 員外一各 主事二各 江西 湖廣 山東
山西 廣西 河南 陝西 福建 四川
雲南 貴州 郎中一各 員外一各 主事一各 ○ 工部
尚書一 侍郎一 司務一 營繕司 虞衡司 都水司
屯田司 郎中一各 主事二各 ○ 都察院 都御史二掌院
一排江一 經歷一 都事一 司務一 照磨一 檢校一
十三道 御史一各 提學一 巡按四 巡營一 巡江二
巡街一 巡倉一 屯田一 印馬一 ○ 通政司 通政
一 經歷一 知事一 ○ 大理寺 卿一 少卿一 寺丞
一 司務一 左右寺正一各 左右初事二各 ○ 翰林院
學士一 一 渝德一 孔目一 ○ 詹事府 主簿一 六科
給事中各 尚寶司 卿一 寺丞一 太常寺 卿一 少卿

正五品初授奉議大夫　陞授奉政大夫
加授贈奉政大夫脩正庶尹
從五品初授奉訓大夫　陞授奉直大夫
加授贈奉直大夫協正庶尹
正六品初授承直郎　陞授承德郎
從六品初授承務郎　陞授儒林郎儒
士出身宣德郎吏員材幹出身
正七品初授承事郎　陞授文林郎儒
士出身宣義郎吏員材幹出身
從七品初授從事郎　陞授徵仕郎
正八品初授迪功郎　陞授脩職郎
從八品初授迪功佐郎　陞授脩職佐郎
正九品初授将仕郎　陞授登仕郎
從九品初授将仕佐郎　陞授登仕佐郎
○武職品第

二博士一典簿一國子監祭酒一司業一監丞
典簿一典籍一五經博士五助教六學正四學
錄四光祿寺卿一少卿一典簿一大官署
珎羞署良醖署掌醢署署正各一署丞各一
鴻臚寺卿一主簿一司儀署司賓署署丞
各一鳴贊四序班八○太僕寺卿一少卿一寺丞
二主簿一欽天監監正一太醫院院判一行人
司行人正行人副五城兵馬司東城南城
西城北城指揮一正使一副使二吏目一
南京文官共三百二十餘員○南京武官宗人府宗
人令一經歷一五府都督一右都督一前都
督一後都督一中都督一經歷各一都事各一○公
魏國公徐○侯安邊抑○伯誠意劉錦衣衛指

正一品 初授特進榮祿大夫 陞授特進光祿大夫 加授贈特進光祿大夫上柱國
從一品 初授榮祿大夫 陞授光祿大夫 加授贈光祿大夫柱國
正二品 初授驃騎將軍 陞授金吾將軍 加授贈龍虎將軍上護軍
從二品 初授鎮國將軍 陞授定國將軍 加授贈奉國將軍護軍
正三品 初授昭勇將軍 陞授昭毅將軍 加授贈昭武將軍上輕車都尉
從三品 初授懷遠將軍 陞授定遠將軍 加授贈定遠將軍輕車都尉
正四品 初授明威將軍 陞授宣威將軍 加授贈廣威將軍上騎都尉
從四品 初授宣武將軍 陞授顯武將軍

揮使一同知一僉事一南京武官共一百零八員
南直隸 領府十四屬州一十三縣八十七又州四屬縣八大小官員共五百八十餘員總計里一萬三千七百四十三 戶 一百九十六萬二十八百一十八 口 九百九十六萬七千四百三十九 夏秋二稅共米麥五百九十九萬五千三十四石 絲 一十萬九千九百一十兩 絹 萬八十四百五十二匹麻布二千七十七匹 鈔 八千七百七十錠馬草五百八萬四十二百一十七包○欽差總督御史二漕運一駐淮安所在軍務一駐杭州欽差巡撫都御史三鳳陽一駐楊州應天一操江一俱駐應天巡按監察御史九泗州一太平一蘇州一批李一印馬一巡倉一上江一下江一京畿○南京 太僕寺 所屬應天等府備用馬七千五百匹京營馬步官軍舍餘夷人共二萬八千九百餘員名在外衛所除中都留守司二班京操外馬務官軍舍餘共四萬四千八百餘員名○兩淮 鹽運司 額辦小引鹽七十萬五[illegible]

加授贈信武將軍騎都尉

正五品 初授武德將軍 陞授武節將軍

加授贈武節將軍驍騎尉

從五品 初授武畧將軍 陞授武毅將軍

加授贈武毅將軍飛騎尉

正六品 初授昭信校尉 陞授承信校尉

加授贈承信校尉雲騎尉

從六品 初授忠顯校尉 陞授忠武校尉

加授贈忠武校尉武騎尉

正七品 初授忠翊校尉 陞授忠勇校尉

從七品 初授敦武校尉 陞授脩武校尉

正八品 初授進義校尉 陞授保義校尉

從八品 初授進義副尉 陞授保義副尉

○在京衙門官員品級

太師 太傅、太保正品 少師 少傅

一百八十引 鹽運司 揚州九 領 鹽課司 三十淮安九州十通州十一

○親軍衛一十六 屬所一百一十二 守禦千戶所一 在

京屬府衛二十二 屬所一百九十六 守禦千戶所一 在

外直隸衛三十八 屬所一百四十五 守禦千戶所十五 通

計大小官員共三千一十餘員

應天府 府尹一 府丞一 治中一 通判三 推官 經歷一 知事一 照磨一 檢校一 屬縣八 秋米二十一萬五千六百零

元縣 知縣一 縣丞一 主簿一 典史一 二百零一里

江寧 知縣一 縣丞一 主簿一 典史一 七十四里

句容 知縣一 丞一 主簿一 典史一 二百五十二里

江浦 知縣一 主簿一 典史一 二十里

溧陽 知縣一 縣丞一 主簿二 典史乙 二一百三十六里

溧水 知縣一 縣丞一 主簿一 典史一 二百五十五里

高淳 知縣一 縣丞一 主簿一 典史一 一十三里

六合 知縣一 典史一 十七里

安慶府 知府一 同知一 通判一 推官一 經歷一 知事一 照磨一 檢校一 屬縣六 秋米一十三萬七千八百零

懷寧 知縣一 縣丞一 主簿一 典史一 四十六里

桐

少保　太子太師　太子太傅　太子
太保從一品　太子少師　太子少傅　太
子少保正二品　太子賓客正三品
宗人府　宗人令　左右宗正　左右宗
人正一品　經歷司　經歷正五品
五軍都督府　左右都督正一品　都督同知
從一品　都督僉事正二品　經歷司　經歷從五
品　都事正七品
吏部　尚書正二品　左右侍郎正三品　文選
稽勳　驗封　考功　四司郎中正五品　員
外郎從五品　主事正六品　司務廳　司務從九品
戶部　尚書正二品　左右侍郎正三品　照磨所
照磨正八品　檢校正九品　司務廳　司務從九品
十三省　浙江湖廣江西福建四川雲南
貴州廣東廣西河南陝西山東山西十

城知縣一縣丞一主簿一典史一五十九里　太湖知縣一縣丞一主簿一典史一六十
五里　潛山知縣一縣丞一主簿一典史一五十八里　宿松知縣一縣丞一主簿一典
史一四十六里　望江知縣一主簿一典史三十二里
徽州府知府一同知一通判一推官一經歷一知事一照磨一檢校一　屬縣六
秋米一十二萬五百零　歙縣知縣一縣丞一主簿一典史一三百一十五里　婺
源知縣一縣丞一主簿一典史一一百六十四里　休寧知縣一縣丞一主簿一典史一
二百零五里　祁門知縣一主簿一典史一四十六里　黟縣知縣一主簿一典史
一一十四里　績溪知縣一主簿一典史一二十五里
寧國府知府一同知一通判一推官一經歷一知事一照磨一檢校一　屬縣六
秋米一十萬三千三百零　宣城知縣一縣丞一主簿典史一二百一十七里　太
平一知縣一典史一十九里　寧國知縣一縣丞一主簿一典史一六十里　涇縣
知縣一縣丞一主簿一典史一六十四里　旌德知縣一縣丞一主簿一典史一四十一里
南陵知縣一縣丞一主簿一典史一八十八里

三道清吏司郎中正五品員外郎從五品主
事正六品大通關提舉司寶鈔提舉司
龍江提舉司提舉正八品副提舉正九品典
史未入流軍儲倉大使從九品副使未入流內
府寶鈔廣惠庫甲乙丙丁戊字庫
承運庫贓罰庫大使正九品副使從九品
廣積庫大使正九品副使從九品典史未入流
廣盈庫大使從九品副使未入流御馬倉大使
從九品副使長安門倉東安門倉
西安門倉北安門倉副使抄紙局
印鈔局大使副使龍江鹽倉檢校
批驗所大使副使張家灣鹽倉檢
校批驗所大使副使已上俱未入流
禮部尚書正二品左右侍郎正三品儀制
祠祭主客精膳四司郎中正五品員外

池州府知府一同知一通判一推官一經歷一知事一照磨一檢校一屬縣六
秋米六萬一千九百零貴池知縣一縣丞一主簿一典史一二十七里銅陵
知縣一主簿一典史一十六里青陽知縣一典史一十六里石埭知縣一典
史一十二里建德知縣一典史一九里東流知縣一典史一七里
太平府知府一同知一通判一推官一經歷一知事一照磨一檢校一屬縣三
秋米四萬九千零當塗知縣一縣丞一主簿一典史一百六十九里蕪湖
知縣一縣丞一主簿一典史一三十八里繁昌知縣一典史一十二里○直隸
廣德州知州一州同一州判一吏目一屬縣一秋米
建平知縣一縣丞一主簿一典史一百十四里中都留守司二經
歷二都事一斷事一副斷一各衛經歷司
長淮留守中鳳陽中鳳陽皇陵衛
留守左鳳陽右懷遠共八
鳳陽府知府一同知一通判三推官一經歷一知事一照磨一檢校一領州五

郎從五品　主事正六品　司務廳　司務從九品
僧錄司　左右善世正六品　左右闡教從六品
左右講經正八品　左右覺義從八品　道錄司
左右正正六品　左右演法從六品　左右至靈
正八品　左右玄義從八品　鑄印局　大使未入流
副使未入流　教坊司　奉鑾正九品　左右韶舞
從九品　左右司樂從九品
兵部　尚書正二品　左右侍郎正三品　武選
車駕　職方　武庫　四司郎中正五品　員
外郎從五品　主事正六品　司務廳　司務從九品
典牧所　提領正八品　大使正九品　副使從九品
典使未入流　會同館　大使正九品　副使從九品
大通關　大使　副使　天勝關　大使
副使俱未入流
刑部　尚書正二品　左右侍郎正三品　折江湖

縣一十二　秋米二十萬五千七百零　鳳陽知縣一縣丞一主簿一典史一三十
九里　臨淮知縣乙縣丞一主簿一典史一四十里　懷遠知縣一縣丞一主簿一典
史一四十八里　定遠知縣一縣丞一主簿一典史一三十三里　五河知縣一典史一
二十五里　虹縣知縣一典史一十九里　壽州知州一州同二州判三吏目一四十
八里　屬縣二　秋米一萬二千一斗零　霍丘知縣一縣丞一主簿一典史一
二十七里　蒙城知縣一縣丞一主簿一典史一三十八里　宿州知州一州同一州判
一吏目一七十里　屬縣一　秋米三萬八千二百九十零　靈璧知縣一
丞一主簿一典史一四十一里　泗州知州一州同一州判一吏目一五十一里　屬縣
二　秋米三萬五千七石零　盱眙知縣一縣丞一主簿一典史一三十七里　天
長知縣一典史一十里　潁州知州一州同一州判一吏目一五十五里　屬縣二
秋米九千七百六十石零　潁上知縣一典史一十三里　太和知縣一典史一
三十里　亳州知州一州同一州判一吏目一四十一里　秋米五十五石零
廬州府知府一同知一通判三推官一經歷一知事一照磨一檢校一　領州二

廣江西福建四川雲貴州廣東廣西

河南陝西山東山西十三道清吏司郎

中正五品 員外郎從五品 主事正六品 照磨所

照磨正八品 檢校正九品 司務廳 司務從九品

司獄司 司獄從九品

工部 尚書正二品 左右侍郎正三品 營繕

虞衡 都水 屯田 四司郎中正五品 員

外郎從五品 主事正六品 司務廳 司務從九品

營繕所 所正正七品 所副正八品 所丞正九品

織染所 文思院 皮作局 顏料局

安樂局 寶源局 大使俱正九品 副使俱從九品

軍器局 大使從九品 副使未入流 抽分竹木

局 大使 副使俱未入流

都察院 左右都御史正二品 左右副都御

史正三品 左右僉都御史正四品 九十三道

縣六 秋米七萬七千二百石零 合肥 知縣一縣丞一主簿一典史一四里 舒

城 知縣一縣丞一主簿一典史一四十五里 無爲州 知州一州同一州判一吏目一

四十九里 屬縣一 秋米七萬七千二百石零 巢縣 知縣一典史一三十里

廬江 知縣一典史一一十四里 六安州 知州一州同一州判一吏目一七十里

屬縣二 秋米一萬四百一十石零 英山 知縣一縣丞一主簿一典史一二十

七里 霍山 知縣一典史一十二里

淮安府 知府一同知一通判三推官一經歷一知事一照磨一檢校一 領州二

縣九 秋米四十萬二千八百五十五石零 山陽 知縣一縣丞一主簿二典史一

一百二十里 鹽城 知縣一縣丞一主簿一典史一八十五里 清河 知縣一縣丞一

主簿一典史一四十六里 安東 知縣一縣丞一主簿典史一五十五里 桃源 知縣

一縣丞一主簿一典史一四十八里 沭陽 知縣一縣丞一主簿一典史一八十一里 〇

海州 知州一州同一州判一吏目一百一十六里 屬縣一 秋米一萬五千

九百九十石 贛榆 知縣一縣丞一主簿一典史一五十里 邳州 知州一州同一

監按監察御史七品俱正 經歷司經歷正八品
都事正七品 照磨所照磨正八品 檢校正九品
司務廳司務從九品 司獄司司獄從九品
通政司通政使正三品 左右通政正四品 左
右叅議正五品 經歷司經歷正七品 知事正八
大理寺卿正三品 左右少卿正四品 左右寺
丞正五品 司務廳司務從九品 左右寺正正六
品 左右寺副從六品 左右評事正七品
鴻臚寺卿正四品 左右少卿從五品 左右寺
丞從六品 主簿廳主簿從八品 司儀署署丞
司賓署署丞正九品 鳴賛從九品 序班從九品
大常寺卿正三品 少卿正四品 寺丞正六品 典
簿廳典簿正七品 博士從七品 恊律郎正八品
賛禮郎正九品 司樂從九品 神樂觀提點正六
品 知觀從八品 犧牲所吏目從九品 天地壇

州判三 吏目一 四十七里 屬縣二 秋米三千三百七十石零 宿遷知縣一縣
丞一 主簿一 典史一 五十九里 睢寧知縣一 縣丞一 主簿
一 典史一 二十六里
揚州府知府一 同知二 通判二 推官一 經歷一 知事一 照磨一 檢校一 領州三
縣七 秋米三十六萬二千六百石零 江都知縣一 縣丞一 主簿一 典史一 百
一十八里 儀真知縣一 縣丞一 主簿一 典史一 一十四里 泰興知縣一 縣丞一 主簿
一 典史一 百一十一里 高郵州知州一 州同二 州判二 吏目一 八十一里 屬縣
二 秋米三萬六千五百石零 興化知縣一 縣丞一 主簿一 典史一 七十二里 寶
應知縣一 縣丞一 主簿一 典史一 三十里 泰州知州一 州同一 州判一 吏目一 一百
七十八里 屬縣一 秋米一萬一千五百四十三石零 如皐知縣一 縣丞一
主簿一 典史一 四十二里 通州知州一 州同一 州判一 吏目一 一百七十里 屬縣
一 秋米二萬五千四百石零 海門知縣一 典史一 一十九里
兩淮塩運司運使一 運同一 運副一 運判一 經
歷二 知事一 直隸和州知州一 州同二 州判二 吏目一 屬縣一

祠祭署　山川壇籍田祠祭署　孝陵
祠祭署　長陵祠祭署　獻陵祠祭署
景陵祠祭署奉祀俱從七品　祀丞俱從八品
光祿寺卿從三品　少卿正五品　寺丞從六品　典
[illegible]典簿從七品　錄事從八品　大官署　珍
羞署　良醞署　掌醢署　正從六品　署丞
從七品　監事從八品　司牲司　司牧局　大使從九
品　副使未入流
太僕寺卿從三品　少卿正五品　寺丞正六品　主
簿廳　主簿從七品
尚寶司　卿正五品　少卿從五品　寺丞正六品
國子監　祭酒從四品　司業正六品　繩愆廳　監
丞正八品　博士廳　五經博士從八品　典簿廳
典簿從八品　典籍廳　典籍從九品　掌饌廳　掌
饌未入流　率性堂　修道堂　誠心堂

秋米　含山知縣一典史一一十八里　直隸滁州知州
一同知一州判一吏目一　屬縣二　秋米　全椒知縣一典史一十
里　來安知縣一典史一七里　直隸徐州　知州一州同一州判三吏目一　屬
縣四　秋米　豐縣知縣一典史一十九里　蕭縣知縣一
丞一主簿一典史一四十六里　碭山知縣一縣丞一主簿一典史一二十五里　沛縣
知縣一縣丞二主簿一典史一二十六里
蘇州府　知府一同知四通判二推官一經歷一知事一照磨一檢校一　領州一
屬縣七　秋米一百三萬八千零　崑山知縣一縣丞二主簿二典史一四百
五十一里　吳縣知縣一縣丞二主簿三典史一五百二里　長洲知縣一縣丞二主簿
二典史一七百七里　當熟知縣一縣丞二主簿三典史一六百四十一里　吳江知縣
一縣丞二主簿三典史一八百二十里　嘉定知縣一縣丞二主簿三典史一九百五十
里　太倉州　知州一州同二州判三吏目一二百三十里　屬縣一　秋米
一十二萬七十石零　崇明知縣一縣丞一主簿一典史一二百二十里

正義堂　崇志堂　廣業堂　助教俱從八品

學正正九品　學錄從九品

翰林院　學士正五品　侍講侍讀學士從五品

孔目未入流　侍講侍讀正六品　脩撰從六品　編

脩正七品　檢討從七品　五經博士正八品　典籍

從八品　侍書正九品　待詔從九品　中書科　中書

舍人從七品

華蓋殿　謹身殿　武英殿　文淵殿

文華殿　東閣大學士俱太師太傅同　閣門使

正六品　承天門　武英殿　右順門　待詔

從九品　○　六科　都給事中正七品　左右給事

中從七品　給事中從七品　行人司　司正正七品

左右司副從七品　行人正八品

詹事府　詹事正三品　少詹事正四品　府丞正六

品　主簿廳　主簿從七品　錄事從九品　左右春[illegible]守禦千戶所

松江府　知府一同知二通判二推官一經歷一知事一照磨一檢校一　屬縣二

秋米九十五萬九千零　華亭知縣一縣丞三主簿三典史一八百零四里　上

海知縣一縣丞三主簿三典史一八百二十一里

常州府　知府一同知一通判三推官一經歷一知事一照磨一檢校一　屬縣五

秋米七十六萬五千零　武進知縣一縣丞二主簿二典史一四百二十里　靖

江知縣一縣丞一主簿典史一五十五里　無錫知縣一縣丞三主簿二典史一四百

二里　江陰知縣一縣丞三主簿二典史一四百二十九里　宜興知縣一縣丞二主簿

二典史一三百四十二里

鎮江府　知府一同知一通判三推官一經歷一知事一照磨一檢校一　屬縣三

秋米三十一萬五千零　丹徒知縣一縣丞二主簿二典史一二百一十里　丹

陽知縣一縣丞一主簿一典史一二百七十里　金壇知縣一縣丞一主簿一典史一

二百一十里　南直隸所屬衛經歷司　領衛八　屬所十四

諭大學士正五品左右庶子正五品左右諭
德從五品左右中允正六品左右贊善從六品
左右司直郎從六品左右清紀郎從八品校
書正九品左右司諫從九品正字從九品司經
局洗馬從五品通事舍人從九品
欽天監 監正正五品監副正六品 主簿廳 主
簿正八品春夏中秋冬官正正六品五官靈
臺郎從六品五官保章正正八品五官挈壺
正從八品五官監候正九品五官司曆正九品
五官司晨從九品漏刻博士從九品
太醫院 使正五品院判正六品御醫正八品吏
目從九品 惠民藥局 大使副使 生藥庫 大
使副使俱未入流
京府 府尹正三品府丞正四品治中正五品通
判正六品推官從六品 經歷司 經歷從七品知

浙江承宣布政使司 左右布政二左右參政五
官糧二杭嘉湖一寧紹台一左右參議二金衢嚴一溫處一經歷一
都事一照磨一檢校一 理問所 正理問一案牘
一 提刑按察司 廉使二副使七兵備二巡海一提學一應大一
水利僉事七水利一杭嚴一金衢一嘉湖一寧紹一溫處一分道五杭嚴
道嘉湖道寧紹道金衢道溫處道經歷一知事一照磨一檢校
一 ○欽差總督南直隸浙福都御史一暫設駐浙江
巡按監察御史一巡鹽一或清軍一俱駐杭州領府
十一州一縣七十五大小官員共四百七十餘員總計里一萬
八百九廿九 戶 一百二十四萬二千一百三十五 口 四百五十一萬五千四百七十
一 夏秋二稅 共米麥二百五十一萬百九十九石 絲綿 共二百七
十萬二千二百七十兩 絹 三千一五百七十四疋 鈔 五萬一千二百九十三錠 馬草
八十七萬四千四百九十一包 浙江都指揮使司 隸左軍都督府 都指

事從八品　照磨所　照磨從九品　檢校未入流　司
獄司　司獄從九品　儒學　教授從九品　訓導未入
流　都稅司　宣課司　各門　稅課司　大
使從九品　副使未入流　各門分司　副使未入流
織染局　草場　大使從九品　副使　倉　遞運所
金銀場　鐵冶　批驗所　大使　副使俱未入流
京縣　知縣正六品　縣丞正七品　主簿正八品　典
史未入流
五城兵馬指揮司　指揮正六品　副指揮正七
品　吏目未入流
上林苑監　左右監正正五品　左右監副正六
品　左右監丞正七品　蕃育署　嘉蔬署　典
署正七品　署丞正八品　錄事正九品　典簿廳　典
簿正九品

○在外衙門官員品級

揮使三　掌印一　僉書二　經歷一　都事一　斷事一　副斷一
領衛一十六　屬所一百零二　守御千戶所三十五　本都司
所屬馬步官軍三萬九千九百餘員名　大小官員共一千九百
一十五員　○兩浙都轉運鹽使司　一在杭州　領　鹽課司二十
六杭州二松江二溫台八嘉興五寧　歲辦鹽四十四萬四千七百六十九引
市舶提舉司　一在寧波　通計大小官員共四千四百九十餘員
杭州府　知府一同知一通判三推官一經歷一知事一照磨一檢校一　屬縣九
秋米　仁和　知縣一縣丞二主簿三典史一三百七十三里　錢
塘　知縣一縣丞一主簿一典史二二百七十三里　海寧　知縣一縣丞二主簿二典史一
四百八十四里　富陽　知縣一縣丞一主簿一典史一七十五里　新城　知縣一典史一
一十四里　昌化　知縣一典史一十里　餘杭　知縣一縣丞一主簿一典史一七十三里
於潛　知縣一典史一十二里　臨安　知縣一縣丞一主簿一典史一四十六里　新
登　知縣一典史一三十二里

虎山太上清宮正一嗣教道合無為
光範真人　教事張天師正二品
宣聖府　宣聖襲封衍聖公孔氏子孫正二
品　司樂　管勾　曲籍俱未入流
孔顏孟三世教授從九品　李錄未入流
中都留守司　留守正二品　副留守正三品　經
歷司　經歷正六品　都事正七品　司獄司　司獄
從九品　斷事司　斷事正六品　副斷事正七品　吏
目未入流
各都司　都指揮使正二品　都指揮同知從二
品　僉事正三品　經歷司　經歷正六品　斷事司
斷事正六品　司獄司　司獄從九品　都事正七品
副斷事正七品　儒學　教授從九品　訓導未入流
庫　大使從九品　副使未入流　草場　大使未入流
倉　副使未入流　所　鎮撫從六品　吏目從九品

嘉興府　知府一同知一通判三推官一經歷一知事一照磨一檢校一　屬縣七
秋米　嘉興　知縣一縣丞二主簿三典史一三百八十里　秀水
知縣一縣丞二主簿三典史一二百三十二里　嘉善　知縣一縣丞二主簿二典史一二百
四里　崇德　知縣一縣丞一主簿一典史一三百十二里　平胡　知縣一縣丞二主簿二典
史一一百一十一里　海塩　知縣一縣丞二主簿二典史一二百八十里　桐鄉　知縣
一縣丞二主簿二典史一一百七十八里
湖州府　知府一同知一通判四推官一經歷一知事一照磨一檢校一　領州一
縣六　秋米四十七萬石零　烏程　知縣一縣丞二主簿二典史一六十七里　歸
安　知縣一縣丞二主簿二典史一三百零九里　長興　知縣一縣丞二主簿二典史一
二百六十七里　武康　知縣一縣丞一主簿一典史一六十三里　德清　知縣一縣丞二
主簿二典史一三百五十七里　安吉州　知州一州同一州判一吏目一九十三里　屬
縣一　秋米一萬石零　孝豐　知縣一縣丞一典史一三十五里
嚴州府　知府一同知一通判一推官一經歷一知事一照磨一檢校一　屬縣六

各布政司 左右布政 從二品 左右參政 從三品 左右參議 從四品 經歷司 經歷 從六品 都事 從七品 照磨所 照磨 從八品 檢校 正九品 理問所 理問 從六品
各衛 指揮使 正三品 指揮同知 從三品 僉事 正四品 鎮撫 從五品 經歷司 經歷 從七品 知事 正九品 各所 正千戶 正五品 副千戶 從五品 百戶 正六品 副理問 從七品 提控案牘 未入流
市舶提舉司 河渠提舉司 提舉 從五品 副提舉 從六品 吏目 從九品 衛河提舉司 清江提舉司 提舉 正八品 副提舉 正九品 典史 未入流
茶馬司 大使 正九品 副使 從九品 倉庫司 大使 從九品 副使 未入流 茶課司 茶鹽批驗所 茶鹽大使 副使 俱未入流
各按察司 按察使 正三品 副使 正四品 僉事 正五

秋米四萬石有零 建德 知縣一縣丞一主簿一典史一八十六里 桐廬 知縣一縣丞一主簿一典史一五十三里 遂安 知縣一縣丞一主簿一典史一五十八里 分水 知縣一縣丞一主簿一典史一十八里 壽昌 知縣一縣丞一主簿一典史一一十九里 淳安 知縣一縣丞一主簿一典史一八十一里

金華府 知府一同知一通判一推官一經歷一知事一照磨一檢校一 屬縣八
秋米一十七萬石零 金華 知縣一縣丞一主簿一典史一二百五里 蘭谿 知縣一縣丞一主簿一典史一二百四十五里 東陽 知縣一縣丞一主簿一典史一二百二里 義烏 知縣一縣丞一主簿一典史一一百四十五里 武義 知縣一縣丞一主簿一典史一九十三里 浦江 知縣一縣丞一主簿一典史一一百三里 湯谿 知縣一縣丞一主簿一典史一八十五里 永康 知縣一縣丞一主簿一典史一一百二十二里

衢州府 知府一同知一通判一推官一經歷一知事一照磨一檢校一 屬縣五
秋米九萬石零 西安 知縣一縣丞一主簿一典史一一百六十五里 龍游 知縣一縣丞一主簿一典史一一百九十三里 常[illegible] [illegible]知縣一縣丞一主簿 [illegible]一百六里

品吏目從九品　經歷司正七品　知事正八品　照

從九品　〔照磨所〕照磨正九品　檢校從九品　〔司獄司〕司獄

〔都轉運塩司〕運使從三品　同知從四品　副使

從五品　判官從六品　〔經歷司〕從七品　知事從八品

〔儒學〕教授從九品　訓導未入流　〔批驗塩引所〕

[illegible]一　〔塩倉分司〕倉庫大使副使俱未

入流　〔塩課提舉司〕提舉從五品　同提舉從六品

副提舉從七品　吏目從九品　〔煎塩提舉司〕提

舉正七品　同提舉正八品　副提舉正九品　庫大

使　副使　典史未入流

〔苑馬寺〕卿從三品　少卿正四品　寺丞正六品　主

簿廳主簿從七品　各監上正正七品　監副正八

品　録事未入流　苑圍長從九品

〔各府〕知府正四品　同知正五品　通判正六品　推

江山知縣一縣丞一主簿一典史一一百二十七里　開化知縣一縣丞一主簿一典

史一一百六十里

〔處州府〕知府一同知一通判一推官一經歷一知事一照磨一檢校一　屬縣十

秋米十一萬一千石零　麗水知縣一縣丞一主簿一典史一一百二十八里　晉雲

知縣一縣丞一主簿一典史一一百八里　慶元知縣一縣丞一主簿一典史一五十九里

青田知縣一縣丞一主簿一典史一一百六十六里　遂昌知縣一縣丞一主簿一典

史一七十五里　宣平知縣一縣丞一典史一六十里　景寧知縣一縣丞一典史一六

十六里　龍泉知縣一縣丞一主簿一典史一一百六十六里　雲和知縣一典史一

五十九里　松陽知縣一縣丞一主簿一典史一一百六里

〔紹興府〕知府一同知一通判三推官一經歷一知事一照磨一檢校一　屬縣八

秋米二十八萬石零　山陰知縣一縣丞一主簿一典史一二百三十里　會稽

知縣一縣丞一主簿一典史一百三十一里　蕭山知縣一縣丞一主簿一典史一百

四十二里　餘姚知縣一縣丞一主簿一典史一二百里　諸暨知縣一縣丞主簿

官正七品 經歷正八品 知事正九品 照磨從九品
檢校未入流 司獄司從九品 儒學 教授從九品
訓導未入流 醫學 正科 陰陽學 正術俱從九品
稅課司 大使從九品 副使未入流 倉庫局大
使從九品 副使未入流 僧綱道紀司 都綱從九
品 副都綱 遞運所 大使 副使 茶塩批
驗所大使 副使 魚課司 鐵冶所
茶倉大使 分司 副使 金銀場局 大
使 副使 水馬驛丞 河泊所 官俱未入流
各州 知州從五品 州同從六品 州判從七品 吏
目從九品 儒學 學正 訓導 醫學 典科
陰陽學 典術 僧正司 僧正 道正司
道正 倉庫局 大使 織染局 大使
副使 閘壩官俱未入流 巡檢司 巡檢 副
巡檢從九品

一典史一一百七十五里 上虞 知縣一縣丞一主簿一典史一一百八十四里 嵊縣 一知縣一縣丞一主簿一一典史一九十九里 新昌 知縣一縣丞一典史一三十二里

寧波府 知府一同知二通判二推官一經歷一知事一照磨一檢校一 屬縣五

秋米一十七萬 鄞縣 知縣一縣丞一主簿一典史一一百五十七里 慈谿 知一縣丞一主簿一典史一三百八里 定海 知縣一縣丞一主簿一典史一九十六里 奉化 知縣一縣丞一主簿一典史一一百四十九里 象山 知縣一縣丞一主簿一典史一三十二里

溫州府 知府一同知一通判一推官一經歷一知事一照磨一檢校一 屬縣五

秋米十萬一千石零 永嘉 知縣一縣丞一主簿一典史一二百八十四里 樂清 知縣一縣丞一主簿一典史一一百七十一里 平陽 知縣一縣丞一主簿一典史一二百四十一里 瑞安 知縣一縣丞一主簿一典史一一百三十八里 泰順 知縣一典史一一十八里

臺州府 知府一同知一通判二推官一經歷一知事一照磨一檢校一 屬縣六

各處知縣品正七 縣丞品正八 主簿品正九 典
史流未入 儒學教諭 訓導 醫學訓科
陰陽學訓術 水馬驛丞 河泊所官
閘壩官流未入 巡檢司巡檢 副巡檢從九
品 天岳太和山 太嶽太和宮 玄天
玉虛宮 遇真宮 清微宮 淨樂宮
興聖五龍宮 太聖南岩宮 太玄紫
霄宮提點俱正六品
句容縣三茅山 元符宮 華陽洞靈官
正八品 副靈官品從八 泗州祠祭署 鳳陽
祠祭署 盱眙祠祭署 宿州祠祭署
奉祀品從七 祀丞品從八 遼陽稅課司大使
陝西河州衛庫大使 宣德倉大使
副使俱未入流
王府官員品級

秋米十萬石零臨海知縣一縣丞一主簿一典史一一百七十三里黃巖縣知
縣一縣丞一主簿一典史一八十六里仙居知縣一縣丞一主簿一典史一八十八里太
平知縣一縣丞一主簿一典史一五十六里天臺知縣一縣丞一主簿一典史一三十
八里寧海知縣一縣丞一主簿一典史一百一十里
都司所屬衛經歷司衛十六屬所一百零二守禦千
戶所五十一
江西承宣布政使司左右布政使二清軍左右參政
三分守二督冊一左右參議三糧儲一分守二經歷一都事一
照磨一檢校一理問所正理問一案牘一
提刑按察司廉使一副使六提學一清軍一兵備三驛傳一僉
事七分巡五屯田一經歷一知事一照磨一檢校一
欽差巡撫都御史南昌駐一提督南贛等處軍務都
御史贛州駐一巡按監察御史一或清軍一分道五

長史司 左右長史 正五品 典簿廳 典簿 正九
品 審理所 審理 正六品 審理副 正七品 紀
善所 紀善 正八品 典寶所 典寶 正八品 典
寶副 從八品 典膳所 典膳 正八品 典膳副 從八
品 奉祀所 奉祀 正八品 奉祀副 從八品 典
儀所 典儀 正九品 典儀副 從九品 典樂 正九
品 伴讀 從九品 教授 從九品 良醫所 良醫 正
八品 良醫副 從八品 工正所 工正 正八品 工
副 從八品 引礼舍人 倉庫 大使 副使 未入流

土官品級

宣慰使司 宣慰使 從三品 同知 正四品 副使
從四品 僉事 正五品 經歷司 從七品 都事 正八品
儒學 教授 從九品 訓導 未入流
宣撫司 宣撫使 從四品 同知 正五品 副使 從五
品 僉事 正六品 吏目 從九品 經歷司 從八品 知

南昌道 湖東道 湖西道 九江道 嶺北道 領府一十三 州一 縣七十三 大
小官員共四百十餘員 總計里九千九百五十六里半 戶一百五十
八萬三千九十七 口七百九十二萬五千一百八十五 夏秋二稅共米
麥八萬八千五十九石五升八合三勺 秋粮官民米二百五十七二萬八千十三石
五十五石八斗二作 絲八千二百零三斤 絹一萬一千五百一十六匹 布一千三百
四十一匹 鈔一九千九百七十九錠 都指揮使司 隷前軍都督府 都指揮
使三 掌印一 僉書二 經歷一 都事一 斷事一 副斷事一 守
備二 會 鄱湖一 領衛三 屬所十五 守禦千戶所一 本
司馬步官軍一萬二千七百餘員 儀衛司二 大小官員共
二百四十餘員 王府 三 淮府 封韶州 徙饒州 益王 封建昌 弋陽 臨川
宜春 樂安 瑞昌 石城附 建安 鐘陵附 已上封 大
附 安城附 王寧 徙南昌 国除
郡王府 十三 淮府十 益府二 通總計大小官員共六百餘
南昌府 知府一 同知一 通判二 推官一 經歷一 知事一 照磨一 檢校一 領州一

事品　照磨品
招討使司　招討品從五　招討副品正六　吏目從九品　經歷品從七
安撫司　安撫品從五　同知品正六　副使品從六　僉事品正七　吏目品從九
長官司　長官品正六　副長官品從六　吏目品從九　教諭　訓導未入流
蠻夷長官司　長官品正七　副長官品從七

○醒貪簡要錄

方今居官者不以爵位為重不以祿食艱難若將所得俸祿養家餘自有餘却乃不守本分俸祿貪贓壞法殺身亡家以致寡父孤子棄父母者有之其所食俸祿皆出於民供詞其頃畝牛椇合用人力不勝艱難假如正一品月支米八十七石計歲支米一千四十四石該稻

縣七　秋米五十□石零　南昌知縣一縣丞一主簿一典史一五百九十三里　新建知縣一縣丞一主簿一典史一二百一十四里　豐城知縣一縣丞一主簿一典史一三百七十七里　進賢知縣一縣丞一主簿一典史一二百零八里　奉新知縣一縣丞一主簿一典史一一百四十九里　靖安知縣一主簿一典史一二十八里　武寧知縣一縣丞一主簿一典史一二百零八里

寧州　知州一州同一州判二吏目一　八十七里　秋米二萬石零

饒州府　知府一同知一通判三推官一經歷一知事一照磨一檢校一　屬縣七　秋米二十一萬石零　鄱陽知縣一縣丞一主簿一典史一三百二十一里　餘干知縣一縣丞一主簿一典史一一百五十四里　樂平知縣一縣丞一主簿一典史一二百四十里　德興知縣一縣丞一主簿一典史一七十二里　浮梁知縣一縣丞一主簿一典史一一百一十三里　安仁知縣一縣丞一主簿一典史一七十二里　萬年知縣一縣丞一主簿一典史一六十四里

廣信府　知府一同知一通判三推官一經歷一知事一照磨一檢校一　屬縣七

穀二千六百二十石以頃畝論合用田八頃七十三畝以牛犋論之每牛犋田五十畝合用牛一十七犋以人論之每人種田五十畝合用五十七人以挑擔論之每擔稻禾一挑約得四斗共該禾六千五十挑且如田所至場内相去一里復往便是二里通筭往回行路一萬三千一百里如此觔骨勞苦方得許多粮米為官者既受朝廷重禄尚無厭足不肯為民造福専一貪贓壞法亡家果可怨乎嗚呼為官之心多不知足且如軍人披堅執鋭卧雪眠霜不勝勞苦每月只是関粮一石當水馬驛站人户其家三丁一丁應役本户田土已自拋下雖有二丁在家又不時齎送盤纏本户

秋米一十二萬三千石零　上饒知縣一縣丞一主簿一典史一一百一十二里　玉山知縣一縣丞一主簿一典史一五十九里　貴溪知縣一縣丞主簿一典史一百十二里　永豐知縣一縣丞一主簿一典史一六十七里　弋陽知縣一縣丞一主簿一典史一七十四里　鉛山知縣一縣丞一主簿一典史一五十七里　興安知縣一典史一八里

南康府　知府一同知一通判二推官一經歷一知事一照磨一檢校一　屬縣四

秋米七萬石零　星子知縣一主簿一典史一二十八里　都昌知縣一縣丞一主簿一典史一五十九里　建昌知縣一縣丞一主簿一典史一八十四里　安義知縣一主簿一典史一四十六里

臨江府　知府一同知一通判三推官一經歷一知事一照磨一檢校一　屬縣四

秋米二十三萬兩石零　清江知縣一縣丞一主簿一典史一一五十三里　新喻知縣一縣丞一主簿一典史一二百六十七里　峽江知縣一縣丞一主簿一典史一一百八十二里　新淦知縣一縣丞一主簿一一二百二十五里

田土止有一丁耕種人力不敷多有拋荒[illegible]此艱難猶且趨事赴功不敢有違其各衙門吏員止是書寫夏坐凉房冬居煖室比當軍當站的十分安閑當了本戶差役又每品支米二石五斗者二石者一石者心尚不足仍復貪贓壞法百般害民不立文案甚者積惡既深故將衙門卷宗盡行棄毀意在無所稽考得以肆其奸頑及至事發法司究問終莫能逃以致殺身亡家者有之黥刺書寫者有之全家充軍者有之如此犯者連年不已智者鑒之

○文武品級月俸

正一品 每月支米八十七石　每歲該米一千四十四石

建昌府 知府一同知一通判一推官一經歷一知事一照磨一檢校一 屬縣五

秋米一十萬零

南城 知縣一縣丞一主簿一典史一一百五十三里

新城 知縣一縣丞一主簿一典史一七十八里

南豐 知縣一縣丞一主簿一典史一百二十三里

廣昌 知縣一縣丞一主簿一典史一二十八里

瀘溪 知縣一典史一二十里

撫州府 知府一同知一通判三推官一經歷一知事一照磨一檢校一 屬縣六

秋米三十一萬有零

臨川 知縣一縣丞一主簿一典史一四百四十八里

金谿 知縣一縣丞一主簿一典史一一百八十三里

東鄉 知縣一縣丞一主簿一典史一一百二十一里

崇仁 知縣一縣丞一主簿一典史一二百二十四里

宜黃 知縣一縣丞一主簿一典史一六十五里半

樂安 知縣一縣丞一主簿一典史一二百一十六里

九江府 知府一同知一通判一推官一經歷一知事一照磨一檢校一 屬縣五

秋米一十萬石零

德化 知縣一縣丞一主簿一典史一一十六里

德安 知縣一縣丞一主簿一典史一十八里

瑞昌 知縣一縣丞一主簿一典史一一十三里

彭澤 知縣一縣丞一主簿一典史一一十八里

湖口 知縣一縣丞一主簿一典史一十七里

從一品每月支米七十四石　每歲該米八百八十八石

正二品每月支米六十一石　每歲該米七百三十二石

從二品每月支米四十八石　每歲該米五百七十六石

正三品每月支米三十五石　每歲該米四百二十石

從三品每月支米二十一石　每歲該米三百一十二石

正四品每月支米二十四石　每歲該米二百八十八石

從四品每月支米二十一石　每歲該米二百五十二石

正五品每月支米一十六石　每歲該

吉安府 知府一同知一通判一推官一經歷一知事一照磨一檢校一屬縣九

秋米四十四萬

廬陵知縣一縣丞一主簿一典史一六百零三里

太和知縣一縣丞一主簿一典史一二百五十五里

永豐知縣一縣丞一主簿一典史一三百二十五里

吉水知縣一縣丞一主簿一典史一四百三十一里半

安福知縣一縣丞一主簿一典史一二百乙十七里

龍泉知縣一縣丞一主簿一典史一六十七里

萬安知縣一縣丞一主簿一典史一九十三里

永新知縣一縣丞一主簿一典史一一百八十三里

永寧知縣一縣丞一主簿一典史一四十二里

瑞州府 知府一同知一通判二推官一經歷一知事一照磨一檢校一屬縣三

秋米二十二萬五千石零

高知縣一縣丞一主簿一典史一二百八十六里

上高知縣一縣丞一主簿一典史一一百六十七里

新昌知縣一縣丞一主簿一典史一二百二十三里

袁州府 知府一同知一通判一推官一經歷一知事一照磨一檢校一屬縣四

秋米二十一萬石零

宜春知縣一縣丞一主簿一典史一一百四十八里

分宜

米一百九十二石

從五品每月支米一十四石　每歲該米一百六十八石

正六品每月支米一十石　每歲該米一百二十石

從六品每月支米八石　每歲該米九十六石

正七品每月支米七石五斗　每歲該米九十石

從七品每月支米七石　每歲該米八十四石

正八品每月支米六石五斗　每歲該米七十八石

從八品每月支米六石　每歲該米七十二石

知縣一縣丞一主簿一典史一一百九里　萍鄉知縣一縣丞一主簿一典史一一百二十里　萬載知縣一縣丞一主簿一典史一一百四里

贛州府　知府一同知一通判三推官一經歷一知事一照磨一檢校一　屬縣十　秋米十萬石零　贛縣知縣一縣丞一主簿二典史一一百一十一里　興國知縣一主簿一典史一七十七里　信豐知縣一主簿一典史一六里　會昌知縣一主簿一典史一六里半　雩都知縣一主簿一典史一一十五里　安遠知縣一主簿一典史一五里　石城知縣一主簿一典史一九里　瑞金知縣一主簿一典史一八里　寧都知縣一縣丞一主簿一典史一一百一十七里　龍南知縣一主簿一典史一五里

南安府　知府一通判一推官一經歷一照磨一　屬縣四　秋米二萬石　大庾知縣一主簿一典史一一十六里　南康知縣一縣丞一主簿一典史一四十一里　猶知縣一主簿一典史一六里　崇義知縣一典史一七里

都司所屬衛經歷司　領衛四　屬所一十五

守禦千

正九品 每月支米五石五斗 每歲該米六十六石

從九品 每月支米五石 每歲該米六十石

未入流 每月支米三石 每歲該米三十六石

〇王府祿米

周府 親王 每歲支本色祿米二萬石

襲封 每歲支祿米一萬二千石

郡正 初封 每歲支祿米二千石

襲封 每歲支祿米一千石俱米鈔中半兼支

鎮国將軍 每歲支祿米一千石

輔国將軍 每歲支祿米八百石

奉國將軍 每歲支祿米六百石

戶所一十二

福建 承宣布政使司 左右布政二 左右叅政三 分守二 管粮一 左右叅議三 粮儲一 分守二 經歷一 都事一 照磨一 檢校一 理問所 正理問一 叅牘

提刑按察司 廉使一 副使四 巡海一 提學一 清軍一 建寧一 僉事五 兵備二 汀章一 經歷一 知事一 照磨一 檢校一

欽差 提督浙福都御史一 分道四 福寧道武平道建寧道漳南道 巡按監察御史一 或清軍一 領府八 州二 縣五十三 大小官員共三百二十餘員 總計里三千七百九十七里

戶五十萬九千二百 口二百零八萬二千六百七十七 夏秋二稅 共米麥一八十八萬三千一百一十五石 絲綿一百九十四兩 絹六百四匹 苧六十五斤 鈔一萬七百九十九錠

都指揮使司 隸前軍都督府 都指揮使三 掌印一 僉書二 經歷一 都事一 斷事一 副斷一 鎮衛十

[illegible]尉 每歲支祿米四百石

[illegible]中尉 每歲支祿米三百石

奉國中尉 每歲支祿米二百石

○宗室祿米

公主及駙馬 每歲食祿米二千

郡王及儀賓 每歲食祿米八百石

縣主及儀賓 每歲食祿米六百石

郡君及儀賓 每歲食祿米四百石

縣君及儀賓 每歲食祿米三百石

郡君及儀賓 每歲食祿米二百石

○王府祿米

秦府 楚府 魯府 蜀府 慶府

寧府 潘府 趙府 鄭府 襄府

荆府 德府 秀府 崇府 吉府

徽府 興府 岐府絶 益府

屬所六 守禦千戶所 建寧所 行都指揮使司 都指揮使三 掌印一 僉書二 領衛五 屬所二十 守禦千戶所四 本司所屬馬步官軍共四萬八千三百餘員名 大小官員共一千二百九十餘員 ○欽差都轉運鹽使司 在福清領鹽課司七 歲辦鹽價八千八百七十八兩 通總計大小官員共一千五百七十餘員

福州府 知府一 同知一 通判四 推官一 經歷一 知事一 照磨一 檢校一 領州一 縣一十二 秋米一十六萬六千五佰零 閩縣 知縣一 縣丞一 主簿一 典史一 一百一十八里 侯官 知縣一 縣丞一 主簿一 典史一 六十三里 懷安 知縣一 典史一 四十五里 羅源 知縣一 典史一 一十六里 古田 知縣一 縣丞一 主簿一 典史一 五十三里 長樂 知縣一 縣丞一 主簿一 典史一 百一十五里 連江 知縣一 縣丞一 主簿一 典史一 三十五里 福清 知縣一 縣丞一 主簿一 典史一 一百三十里 閩清 知縣一 縣丞一 主簿一 典史一 七里 永福 知縣一 典史一 九里 福寧州 知州一 州同一

衡府絶　雍府絶　壽府　汝府　淮府
榮府
親王　每歳支禄米一萬石
郡王初封　每歳支禄米二千石
襲封　每歳支禄米一千石
鎮国将軍　每歳支禄米一千石
輔国将軍　每歳支禄米八百石
奉国将軍　每歳支禄米六百石
鎮国中尉　每歳支禄米四百石
輔国中尉　每歳支禄米三百石
奉國中尉　每歳支禄米二百石
代府本王　每歳支禄米六千石
郡王　每歳支禄米二千石
鎮國將軍　每歳支禄米一千石
輔国将軍　每歳支禄米八百石

州判一吏目一五十一里屬縣二秋米二萬八千五百五石福安知縣一縣
丞一主簿一典史一三十三里寧德知縣一縣丞一主簿一典史一四十五里
都轉塩運司　運使一運同一運副一運判一經
歷一知事一
泉州府　知府一同知一通判一推官一經歷一知事一照磨一檢校一屬縣七
秋米一十一萬九千石零晉江知縣一縣丞一主簿一典史一一百五十三里南
安知縣一縣丞一主簿一典史一四十八里惠安知縣一縣丞一主簿一典史一三十
五里同安知縣一縣丞一主簿一典史一四十八里永春知縣一典史一一十四里
安溪知縣一典史一一十八里德化知縣一典史一一十三里
市舶提舉司　一正舉一副舉一吏目一
建寧府　知府一同知一通判一推官一經歷二知事一照磨一檢校一屬縣八
秋米一十六萬二千石零建安知縣一縣丞一主簿一典史一一百五十里甌
寧知縣一縣丞一主簿一典史一一百九十九里建陽知縣一縣丞一主簿一典史一

[illegible]每歲支祿米六百石

伊府

郡王每歲支祿米二千石

郡王初封每歲支祿米二千石

襲封每歲支祿米一千石

鎮國將軍每歲支祿米一千石

輔國將軍每歲支祿米八百石

奉國將軍每歲支祿米六百石

鎮國中尉每歲支祿米四百石

輔國中尉每歲支祿米三百石

奉國中尉每歲支祿米二百石

韓府本王每歲支祿米三千石

郡王初封每歲支祿米二千石

襲封每歲支祿米一千石

鎮國將軍每歲支祿米一千石

三[illegible]一十里崇安知縣一典史一[illegible]八十四里浦城[illegible]縣丞一

主簿一典史一一百五十八里松溪知縣一縣丞一主簿一典史一六十八里政和

知縣一縣丞一主簿一典史一五十九里壽寧知縣一典史一二十五里

行都使司都指揮使三掌印一僉書二經歷一都事一

斷事一副斷一

延平府知府一同知一通判一推官一經歷一知事一照磨一檢校一屬縣八

秋米八萬六千三百有零南平知縣一縣丞一主簿一典史一九十九里龍溪

知縣一縣丞一主簿一典史一一百零九里將樂知縣一縣丞一主簿一典史一六十

四里沙縣知縣一縣丞一主簿一典史一一百一十四里大田知縣一主簿一典史

一四十里順昌知縣一縣丞一主簿一典史一五十八里永安知縣一縣丞一主簿

一典史一六十五里寧洋知縣一縣丞一主簿一典史一三十一里

汀州府知府一同知一通判一推官一經歷一知事一照磨一檢校一屬縣八

秋米[illegible]長汀知縣一縣丞一主簿一典史一五十一里寧化知[illegible]

輔國將軍　每歲支祿米八百石
本國將軍　每歲支祿米六百石
鎮國中尉　每歲支祿米四百石
輔國中尉　每歲支祿米三百石
奉國中尉　每歲支祿米二百石
岷府親王　每歲支祿米一千五百石
郡王初封　每歲支祿米一千石
鎮國將軍　每歲支祿米一千石
輔國將軍　每歲支祿米八百石
奉國將軍　每歲支祿米六百石
鎮國中尉　每歲支祿米四百石
輔國中尉　每歲支祿米三百石
本國中尉　每歲支祿米二百石
唐府親王　每歲支本色祿米五千石
郡王初封　每歲支祿米二千石

一縣丞一主簿一典史一六十里

上杭　知縣一縣丞一主簿一典史一五十九里

武平　一知縣一典史一十九里

永定　一知縣一典史一十九里

歸化　知縣一縣丞一主簿一典史一四十五里

連城　知縣一縣丞一主簿一典史一三十二里

清流　知縣一縣丞一主簿一典史一七十九里

興化府　知府一同知一通判一推官一經歷一知事一照磨一檢校一屬縣二

秋米六萬七十石零

莆田　知縣一縣丞一主簿一典史一三百零九里

仙遊　知縣一典史一一十三里

邵武府　知府一同知一通判一推官一經歷一知事一照磨一檢校一屬縣四

秋米二千三百石零

邵武　知縣一縣丞一主簿一典史一百七十一里

光澤　知縣一縣丞一主簿一典史一五十二里

泰寧　知縣一縣丞一主簿一典史一一十里

建寧　知縣一縣丞一主簿一典史一十里

漳州府　知府一同知一通判一推官一經歷一知事一照磨一檢校一屬縣八

秋米一十一萬六千石零

龍溪　知縣一縣丞一主簿一典史一一百六十里

漳浦

襲封 每歲支禄米一千石
鎮國將軍 每歲支禄米一千石
輔國將軍 每歲支禄米八百石
奉國將軍 每歲支禄米六百石
鎮國中尉 每歲支禄米四百石
輔國中尉 每歲支禄米三百石
奉國中尉 每歲支禄米二百石

○靖江府

親王 每歲支禄米一千石
郡王初封 每歲支禄米一千石
襲封 每歲支禄米九百石
鎮國將軍 每歲支禄米八百石
輔國將軍 每歲支禄米六百石
奉國將軍 每歲支禄米四百石
鎮國中尉 每歲支禄米四百石

知縣一縣丞一主簿一典史一四十四里 龍岩 知縣一縣丞一主簿一典史一六十八里
南靖 知縣一縣丞一主簿一典史一二十八里 詔安 知縣一主簿一典史一二十二
里 長泰 知縣一典史一十九里 平和 知縣一典史一十二里 漳平 知縣
一主簿一典史一三十五里 海澄 知縣一縣丞一主簿一典史一五十三里
都司所屬衛經歷司 領衛十一 經歷一各 知事一各 屬
所五十所六 守禦千戶所 一
廣東 承宣布政使司 左右布政二 左右參政二
嶺東嶺西一 左右參議三 嶺南嶺北一 經歷一 都事一 照
磨一 檢校一 理問所 正理問一 案牘一
提刑按察司 廉使一 副使四 驛傳一提學一清軍一屯田一兵備一
僉事七 屯鹽一清戎一分巡道五 經歷一 知事一 照磨一 檢
校一 ○欽差總督兩廣軍務都御史一 駐劄西[illegible]
巡按監察御史一 或清軍一 分道五 嶺南西道

輔國中尉　每歲支祿米三百石
奉國中尉　每歲支祿米二百石
〇儒學監士月俸
教授學正　每員月支米二石五斗
教諭訓導　每員月支米二石
生員　每月支米五斗
歷事監生　每月支米一石
天文生　每月支米六斗
醫士　有家小者二斗無者五斗
醫生　每支米三斗
〇吏員月俸
五府提控　六部都吏　都察院都吏
布政使司通吏　每月支米二石五斗
〇五府掾吏　六部令史　都察院令
吏　通政使司令吏　各布政司令吏

道海南道海北道　領府十　屬州七　縣六十九　大小官員共
四百一十餘員　總計里四千二十八　戶四十八萬三千三百八十零　口百
九十七萬八千二十二　夏秋二稅　共米麥一百一萬七千七百七十二石
廣東都指揮司隷前軍都督府　都指揮使三掌印一僉書二
經歷一　都事一　斷事一　副斷一　領衛十五　屬所十六
八守禦千戶所四十五　本都司所屬馬步官軍共
三萬九千四百餘員名　〇欽差鎮守太監一　平蠻將軍總
兵官一俱住劄廣西梧州　大小官員共一千六百八十七員　鹽課
提舉司　領鹽課一十四　海北鹽課提舉司　領鹽課
十五　二司本折色鹽價并引價銀八共三萬七千二百八十兩
市舶提舉司　一在廣州　通總計大小官員共二千
二百九十餘員
廣州府　知府一同知一通判三推官一經歷一知事一照磨一檢校一　領州一

士

各[illegible]司令吏　應天府令吏　太常寺
令吏　光祿寺令吏　太僕寺令吏
各衛令吏　大理寺胥吏　國子監司
吏　按察司書吏　鹽運司書吏　[illegible]
鴻臚寺司吏　各府司吏　內府庫局司
吏　司牧局司吏　顏料局司吏　御
察院典史　太医院典吏　欽天監司
吏　俱每月支米二石
五府典吏　六部典吏　千戶所司吏
光祿寺典吏　翰林院司吏　斷事司
司吏　衛鎮撫司吏　應天府典吏
大理寺典吏　各道書吏　各衛典吏
所鎮撫司吏　各牧監司吏　巡按書
吏　典牧所司吏　光祿各署司吏
各郡司吏　國子監典吏　欽天監司

縣十五　秋米三十二萬石零　南海知縣一縣丞一主簿一典史一百三十九里
番禺知縣一縣丞一主簿一典史一一百三十九里　順德知縣一縣丞一主簿一典
史一一百六十四里　東莞知縣一縣丞一主簿一典史一一百八十里　香山知縣
一縣丞一主簿一典史一三十六里　清遠知縣一縣丞一主簿一典史一一十七里　新
會知縣一縣丞一主簿一典史一二百一十八里　新寧知縣一典史一四十里　龍
門知縣一典史一一十七里　增城知縣一縣丞一主簿一典史一九十八里　三水
知縣一縣丞一主簿一典史一五十一里　崇化知縣一典史一三十里　連州知州
一州判一吏目一十七里　屬縣三　秋米　陽山知縣一典
史一六里　連山知縣一典史一二里　從化知縣一典史一二十里
市舶提舉司　正舉一副舉一吏目一　鹽課提舉司
正舉一副舉一吏目一
韶州府知府一同知一通判一推官一經歷一知事一照磨一檢校一　屬縣六
秋米五萬石零　曲江知縣一縣丞一主簿一典史一二十六里　乳源知縣一主

曆吏　會同館司吏　織染局司吏
皮作局司吏　鑄印局司吏　各都司
典吏　太常寺祠祭署司吏　惠民局
司吏　雜造局司吏　鞍轡局司吏
軍器局司吏　龍江提舉司司吏　各
州司吏　寶源局司吏　營繕所司吏
內府庫司吏　寶鈔提舉司司吏　按
察司典吏　各縣司吏　各布政司典
吏　各鹽運典吏　龍江石灰山關司
吏　孳牧犧牲所司吏　各長使司司
吏　理問所司吏　各百戶所司吏
紀善所司吏　五城兵馬司司吏　典
膳所司吏　奉祀典寶　審理工正
良医典儀　各塩課提舉司司吏　每
月支米一石

簿一典史一四里　仁化知縣一主簿一典史一二里　英德知縣一主簿一典史
一十里　樂昌知縣一主簿一典史一十五里　翁源知縣主簿一典史十二里
南雄府知府一同知一通判一推官經歷一知事一照磨一檢校　屬縣二
秋米二萬五千石零　保昌知縣一縣丞一主簿典史一四十四里　始興知縣
一主簿一典史一七里
惠州府知府一同知一通判一推官經歷一知事一照磨一檢校　屬縣八
秋米六萬七千石零　歸善知縣一縣丞一主簿典史一四十五里　博羅知縣
一縣丞一主簿一典史一五十六里　和平知縣一主簿一典史一三里　海豐知縣
一主簿一典史一四十里　龍川知縣一主簿一典史一八里　長樂知縣一主簿一
典史一一十里　興寧知縣一主簿一典史一七里　河源知縣一主簿一典史一
十里　大甬知縣一典史一三里
潮州府知府一同知三通判三推官經歷一知事一照磨一檢校　屬縣七
秋米一十六萬四千石零　海陽知縣一縣丞一主簿一典史一三百里　程鄉

兩司各衙門辦事吏　每月支米五斗
各省都察院布政司按察司知印
承差　每月支米三斗
戶部書算　每月支米五斗
○旗軍月糧
某衛千戶所百戶旗軍一百二十二名
總旗　支米一石五斗　二名
小旗　支米一石六斗　十名
頭軍　支米一石　五十八名
吹軍　支米八斗　三十三名
隻身　支米六斗　一十九名
實支米一百零二石八斗
○吏員出身資格
一品二品衙門提控　都吏　通吏出
身從七品　掾吏　令吏　典吏出身

知縣一縣丞一主簿一典史一一十八里潮陽知縣一縣丞一主簿一典史一百四十
三里揭陽知縣一縣丞一主簿一典史一一百三十里饒平知縣一縣丞一主簿
一典史一一百四十六里平遠知縣一主簿一典史一一十里惠來知縣一典史一
澄海知縣一典史一大埔知縣一典史一一二十七里普寧知縣一典史一
肇慶府知府一同知一通判三推官一經歷一知事一照磨一檢校一領州一
縣十一秋米一十六萬石有零高要知縣一縣丞一主簿一典史一一百里
四會知縣一主簿一典史一六十二里陽江知縣一縣丞一主簿一典史一五十
里高明知縣一典史一陽春知縣一典史一一二十四里新興知縣一縣丞一
主簿一典史一一五十八里恩平知縣一典史一一二十二里德慶州知州一州同一
州判一吏目一六十三里屬縣三瀧水知縣一縣丞一主簿一典史一二十六里
開建知縣一典史一四里封川知縣一典史一一十四里廣寧知縣一典史一
高州府知府一同知一通判三推官一經歷一照磨一領州一縣五秋
米六萬六千零茂名知縣一縣丞一典史一四十六里電白知縣一典史一

正八品內府門吏出身正八品
三品衙門令吏　胥吏　典吏　書吏
典吏出身從八品典吏及四品衙門
令吏出身俱正九品
四品衙門典吏　五品衙門司吏
典吏　巡按書吏　各道書吏出身
二俱從九品　六品　七品　八品
一九品　雜職衙門吏典　都察院各
道典吏俱出身雜職

服飾

○衣服儀制

衣者身之章也自黃帝堯舜氏作取諸
乾坤垂衣裳而天下治上衣下裳之制
蓋始諸此是以君子正其衣冠尊其瞻

四十六里信宜知縣一典史一十五里化州知州一州同一吏目一三十七里
屬縣二吳川知縣一縣丞一典史一三十七里石城知縣一典史一四十六里
雷州府知府一同知一通判一推官一經歷一照磨一屬縣三秋米五萬
五千石零海康知縣一縣丞一主簿一典史一二百里遂溪知縣一縣丞一主簿
一典史一四十八里徐聞知縣一縣丞一主簿一典史一九十里
廉州府知府一同知一通判二推官一經歷一照磨一領州一縣三秋
米二萬六千石零合浦知縣一縣丞一主簿一典史一二十六里石康知縣一典
一十里欽州知州一州判一吏目一十里屬縣一靈山知縣一縣丞一
典史一三十里海北塩課提舉司正舉一副舉一吏目一
瓊州府知府一同知一通判一推官一經歷一知事一照磨一檢校一領州三
縣十秋米八萬石零瓊山知縣一縣丞一主簿一典史一百四里臨高
知縣一縣丞一主簿一典史一六十七里澄邁知縣一縣丞一主簿一典史一五十六里
文昌知縣一縣丞一主簿一典史一三十八里會同知縣一典史一七里定安

視則儼然人敬而畏之彼其之子不稱
其服則見刺於詩人服之不衷身之災
也則見譏於左傳然則人之於衣服也
可不慎哉有如冠冕深衣體式載在禮
經粲然可也

○冕服十二章

冕旒

冕玉藻天子玉藻十有
二旒冕之旒有五采藻
貫玉爲飾法天子十二
衣諸侯九上大夫七下
大夫五十三

日

月

星辰

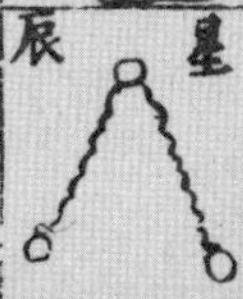

山

龍

華蟲

知縣一典史一三十里渠惠知縣一典史一十二里〔儋州〕知州一同知一州判一
一吏目一四十六里屬縣一昌化知縣一典史一九里〔萬州〕知州一州判一
吏目一三十九里屬縣一陵水知縣一典史一九里〔崖州〕知州一州判一
吏目一二十一里屬縣一感恩知縣一典史一九里
〔都司所屬衛經歷司〕領衛十五經歷一各知事一各屬
所六十八守禦千戶所四十五
〔廣西〕〔承宣布政使司〕左右布政二左右參政三
官糧一蒼梧一桂平一左右參議二柳州一潯州一經歷一都事
一照磨一檢校一〔理問所〕正理問一案牘一
〔提刑按察司〕廉使一副使五清軍一提學一八巡二府江一僉
事四分巡四經歷一知事一照磨一檢校一
欽差總督都御史一駐梧州巡按監察御史一或清
軍一供駐桂林領府一十內羈縻四屬州四十六內羈縻

皇帝衮冕十二章冕版廣一尺二寸
長二尺四寸冠上有覆玄表朱裏前後
各有十二旒每旒五綵玉珠十二玉簪導
朱纓圭長一尺二寸玄衣纁裳衣六章
織日月星辰山龍華蟲裳六章織宗彝
藻火粉米黼黻○中单以素紗爲之○
紅羅蔽膝上廣一尺長三尺織火龍山
三章○革帶珮玉長三尺三寸大帶素
表朱裏兩邊用緑上以朱錦下以緑錦

三十縣五十内羈縻四長官司三大小官員共
三縣七
三百九十餘員總計里一千一百八十三里半戶一十八萬六千九十口一百
五萬四千七百六十七夏秋二税共米麥四十三萬一千三百五十九石
零鈔四錠一百都指揮使司在右軍都督府都指揮使三掌印
書一僉經歷一都事一斷事一副斷一領衛十屬
所五十所五守禦千戶所二十一儀衛司一本都司所
屬馬步官軍一萬三百餘員欽差副總兵一駐桂林平蠻將
總兵一鎮守太監一俱駐梧州廣東大小官員一十二百餘員
王府一靖江府封桂林護衛分道四桂平道蒼梧道左江道右江道
通總計大小官員一千六百餘員
桂林府知府一同知一通判三推官一領州一經歷一知事一照磨一檢校一
縣九秋米一十二萬五十石零臨桂知縣一縣丞一主簿一典史一百三十
九靈川知縣一縣丞一主簿一典史一五十里求福知縣一典史一二十二里

大綬六采用黃白赤玄縹綠織成純
玄質五百首○小綬三色同大綬間織
三玉環○朱韈赤舃
東宮 袞冕 九章冕九旒旒九玉金簪
導紅組纓兩玉瑱 圭 長九寸五分○玄
衣纁裳衣五章織山龍華蟲宗彝火裳
四章織藻粉米黼黻○中單白紗黼領
○蔽膝隨裳色織火山二章○革帶金
鉤䚢玉珮○綬五采用赤白玄縹綠織
成純赤質三百三十首○小綬三色同
大綬間織三玉環○大帶白表朱裏上
緣以紅下緣以綠○白韈赤舃
親王 袞冕 九章冕五采玉珠九旒紅
組纓青纊充耳金簪 圭 長九寸二分五
釐 青衣纁裳 衣五章織山龍華蟲火宗

陽朔知縣一典史一一十三里 永寧州 知州一州判一典吏目一一十四里 興安
知縣一典史一二十里 義寧 知縣一典史一十三里 理定 知縣一典史一五里
全州 知州一州同一州判一吏目一八十九里 屬縣一 秋米
灌陽 知縣一典史一八里
柳州府 知府一同知一通判一推官一經歷一知事一照磨一檢校一 領州二
縣十 秋米 五萬二千石零 馬平 知縣一典史一七里 洛容 知縣一典史一
五里 柳城 知縣一典史一十二里 羅城 知縣一典史一五十里 來賓 知縣
一典史一十里 懷遠 知縣一典史一九里 融縣 知縣一縣丞一主簿一典史一七十
里 象州 知州一吏目一十里 屬縣一 秋米 三千石零 宣武 知縣一典
史一八里 賓州 知州一州判一吏目一十五里 屬縣二 秋米 一萬一千
石零 遷江 知縣一典史一二里 上林 知縣一典史一八里
慶遠府 知府一同知一通判一推官經歷一知事一照磨一 領州三縣
六 秋米 一萬四千石零 宜山 知縣一縣丞一主簿典史一三十七里 思恩

裳四章織藻粉米黼黻○白紗中單
黼領青緣、蔽膝隨裳色織火山二章
革帶金鈎艓珮玉○綬五綵赤白玄縹
綠織成純赤質三百二十首○小綬三
色同大綬間織三玉環○大帶表裏白
羅朱綠緣○白襪朱履
世子 袞冕 七章冕三綵玉珠七旒紅
組纓青纊充耳金簪導○圭長九尺
青衣纁裳 衣三章織華蟲火宗彝裳四
章織藻粉米黼黻○素紗中單青領褾
赤韍○革帶珮白玉玄組綬○綬紫綬貫
用紫黄赤三綵織成間織三白玉環○
白襪赤舄
郡王 袞冕 五章冕三綵玉珠七旒紅
組纓青纊充耳金簪導○圭長九寸

知縣一縣丞一主簿一典史一二十二里 天河 知縣一典史一十八里 忻城 知縣
一典史一一里 河池 知縣一典史一十八里 南丹州 知州一吏目一十九里
今為十二甲 貢錫草菓 僊縣 一十 秋米七百三十石 荔波 知縣一典史一
一十六里 東蘭州 知州一吏目一十一千一 二里今為二十四里秋米十三石
貢馬草菓 那地州 知州一吏目一二里 秋米 四百一十石 貢錫馬草菓
永定長官司 六里一百八十四村秋米三十五石 永順長官司 六里
一百二十四村秋米三百五十九石
平樂府 知府一同知一通判一推官一經歷一知事一照磨一 領州一縣
六 平樂 知縣一典史一六里 恭城 知縣一典史一百里 富川 知縣一典
史一二里 賀縣 知縣一典史一六里 荔浦 知縣一典史一三里 仁修 知縣一典
史一二里 永安州 知州一吏目一里 秋米一千石零
梧州府 知府一同知一通判一推官一經歷一知事一照磨一檢校一 領州一
縣九 秋米萬一十 蒼梧 知縣一縣丞一主簿典史一三十三里 懷集

衣三章織粉米藻宗彝裳二
章織黼黻○素紗中單青領褾襈裾玉
珮○綬間織二玉環○襪舃
長子朝服○七梁冠大紅素羅衣白
素紗中單大紅素羅裳及蔽膝大紅素
羅白素紗二色大帶玉朝帶用礬紅花
錦錦鷄玉珮象牙笏白絹襪皂皮雲頭
履鞋
文武官朝服一文武官朝服梁冠赤羅
衣白紗中單俱用青飾領縁赤羅裳青
縁赤羅蔽膝大帶用赤白二色絹革帶
用珮綬白襪黒履一品至九品俱以冠
上梁數分等第
公冠八梁加籠巾貂蟬立筆五折四
柱香草五段前後用玉為蟬

知縣一典史一四里岑溪知縣一典史一七里半容縣知縣一縣丞一主簿一典
史一六里鬱林州知州一州同一州判二吏目一四十二里屬縣四秋米
北流知縣一典史一二十里博白知縣一典史一三十三里六
川知縣一典史一十五里興業知縣一典史一七里
潯州府知府一通判一推官經歷一知事一照磨一領州一縣三秋
米三萬六千石零桂平知縣一典史二十四里平南知縣一典史一三十六里
貴縣知縣一縣丞一主簿一典史一三十六里武靖州知州一吏目一二十一里
秋米八十九石零
南寧府知府一同知一通判一推官經歷一知事一照磨一檢校一領州三
縣三秋米四萬七千石零宣化知縣一縣丞一主簿一典史一五十二里隆
安知縣一典史一十里武緣知縣一典史一十五里横州知州一州判一十
五里屬縣一秋米八千石永淳知縣一典史一七里上思州知州
一吏目一三里秋米六十七石零歸德州知州一吏目一里秋米百

侯冠七梁加籠巾貂蟬立筆四折四柱香巾四段前後用金為蟬

伯冠七梁加籠巾貂蟬加籠巾貂蟬立筆二折四柱香草四段前後俱玳瑁為蟬俱左插雉

附馬冠與侯同不用雉尾

一品冠七梁不用籠巾貂蟬革帶俱珮俱用玉綬用綠黃赤紫四色織成雲鳳四色花錦下結青絲網綬環二用玉笏

二品冠六梁革帶綬環用犀餘同一品俱用象牙

三品冠五梁革帶用金珮用玉綬用黃綠赤紫四織雲鶴花錦下結青絲網綬環二用金笏用象牙

四品冠四梁革帶用金珮用藥玉餘用

一十石有零

太寧府知府一通判一推官一經歷一知事一照磨一領州十縣四秋米三千石零

左州知州一吏目一四里秋米二百三十一石四斗貢馬

羅陽知縣一典史一一里秋米一百五十五石貢馬

崇善知縣一典史一一里秋米二百八十六石貢馬

永康知縣一典史一

陀陵知縣一典史一四里秋米百六十七石貢馬

太平州吏目一四里秋米二百三十九石貢馬

思城州吏目一二里秋米一百八十六石貢馬

安平州吏目一五里秋米一百九十一石貢馬

養利州知州一吏目一二里秋米四百四十八石一斗五升六勺

萬承州吏目一二里秋米五十六石貢馬

全茗州吏目一一里秋米一百二十石

鎮遠州吏目一一里秋米九十九石貢馬

思同州吏目一四里秋米八十八石貢馬

茗盈州吏目一一里秋米一百零三石貢馬

龍英州吏目一三里秋米三百七十五石貢馬

結安州吏目一一里秋米七十八石貢馬

結倫州吏目一一里秋米一百二十石貢

俱同三品

【五品冠】三梁革帶用銀鈒花綬用黃綠赤紫四色織成盤鵰花錦下結青絲網綬環二用銀鍍金笏用象牙

【六品七品冠】二梁御史加獬豸革用銀珮用藥玉綬用黃綠赤三色織成練鵲花錦下結青絲網綬環二用銀笏用槐木

【八品九品冠】一梁革帶用烏角珮用藥玉綬用黃綠二色織成鸂鶒花錦下結青絲網綬環二用銅笏用槐木

【公服】○一文武官公服用盤領右衽袍或紵絲紗羅絹從宜制造袖寬三尺○一品至四品緋袍○五品至七品青袍○八品九品綠袍○未入流雜職官袍笏與八品以下同

縣【都結州】吏目一一里 秋米加廾八石貢馬上下【陳州】一吏

里 秋米一百零二石貢馬兵守欽趾臨不調【思誠州】

【思恩府】知府一通判一推官一經歷一照磨二十一里舊縣一近華去 屬縣

一【鳳化】知縣一典史近華去【田州】府判一田即府屬州四因降州俱俛附止

縣一秋米四千八百六十五石貢綠爊并馬【龍州】吏目一五里 秋米四百五十

五石貢馬【歸順州】吏目一許四峒縣朗二十四村 秋米一百五十石貢馬○

【憑祥州】吏目一二里 秋米一百六十石貢馬近欽趾不調【興化州】吏目

一【上林】知縣一典史一一里

【思明府】同知一經歷一照磨一舊領州八壽藥州六近趾四 秋米六百三十七石

貢馬【上石思州】知州一吏目一近改思石西二里 秋米

【利州】知州一州判一二里共交趾不調 秋米一百石貢馬【思明州】吏目

里一 秋米【下石思州】吏目一一里 秋米

【向武州】吏目一七里 屬縣一 秋米八百六十八石貢馬[illegible]

公服花樣○一品用大獨科花徑五寸
○二品小獨科花徑三寸○三品散搭
花無枝葉徑二寸○四品五品小雜花
紋徑一寸五分○六品七品小雜花徑
一寸八品以下無紋
幞頭用漆紗二等展角各長一尺二
寸其雜職官員幞頭用垂帶
腰帶一品用玉或花或素○二品用
犀○三品四品用金荔枝○五品以下
用烏角鞓用青革仍垂撻尾於下靴用皂
祭服一文武官陪祭服一品至九品
青羅衣白紗中單俱用皂領緣赤羅裳
皂緣赤羅蔽膝方心曲領其冠帶珮綬
等第並同朝服
常服一品官常服用雜色紵絲綾羅

一典史一二里秋米二百一十四石　下思州知州一吏目一　思州州同一吏目一
忠州吏目一一里秋米二百四十石貢馬　禄州○西平州
沒入安南憑祥知縣一典史一一里
鎮安府同知一知事一里所屬二十八峒秋米一千二百五十石貢馬○
都康州吏目一二里秋米二百三十七石貢馬　思陵州州判一二里近
交趾不調秋米三十石貢馬　奉議州吏目一二里秋米二百八十六石
貢馬　泗城州吏目一二里屬縣一秋米一千六百四十石貢銀爐并
馬　程縣知縣一典史一一里○直隸布政司　江州吏目一二里
領縣一秋米一百四十石貢馬　羅白知縣一典史一里秋米一十五石
利州吏目一　歸州吏目一　龍州吏目一　唐州吏目一上林
長官司甲十五秋米十二石　安隆長官司秋米一十一石
直隸都司　遷江屯堡二十二五里古黨峒八寨相連五屯西縣北蒙州南
大藤峽子巢撞兵六一千風門隘　都司所屬衛經歷司領衛十處

民士用紬絹紗布不許別用
服色 公侯伯駙馬麒麟白澤
文官 一品二品仙鶴錦雞○三品四品孔雀雲鴈○五品白鷴○六品七品鷺鷥鸂鶒○八品九品黄鸝鵪鶉練鵲

詩曰

一二仙鶴與錦雞　三四孔雀雲鴈飛
五品白鷴惟一樣　六七鷺鷥鸂鶒宜
八九品官并雜職　鵪鶉練鵲與黄鸝
風憲衙門專執法　特加獬豸邁倫夷

武官 一品二品獅子○三品四品虎豹○五品熊羆○六品七品彪○八品九品犀牛海馬

詩曰

公侯駙馬伯　麒麟白澤裘　一二繡獅子

所五十 守禦千戶所一十 桂林中 桂林右○
廣西 潯州一吏目 慶遠州一吏目 郴州 南冊○
奉議 南寧 馴象等衛 經歷各一 知事各一

雲南承宣布政使司 左右布政二 左右叅政四
左右叅議三 經歷一 都事一 照磨一 檢校一
理問所 正理問一 案牘一 提刑按察司 廉使一
副使一 僉事一 分道四 安晋道 臨沅道 洱海道 金滄道 ○欽差
巡撫都御史一 駐雲南 巡按監察御史一 駐雲南 領府十二
六 内羈縻一十 屬州三十八 内羈縻一十 縣三十三 内羈縻
一 長官司十 宣慰司三 宣撫司三 大小官員共
三百九十餘員 總計里六百二十四 戶一十三萬二千九百五十八 口一百
四十三萬三千一百一十 夏秋二稅共米麥一十四萬五百八十八石
都指揮使司 隸右軍都督府 指揮使三 掌印一 僉書二 經歷一

三四虎豹優　五品熊羆俊　六七定為彪
八九是海馬　花様有犀牛
【儀賓冠服】朝服公服常服俱照品級與
文武官同惟笏皆
【命婦冠服】一品官用金事件○珠翟五
個○珠牡丹開頭二個○珠半開三個
○翠雲二十四片○翠牡丹葉十八片
翠口圈一副上帶金宝鈿花八個金翟
二個口啣珠結二個○二品至四品冠
用金事件○珠翟四個○珠牡丹開頭
二個○珠半開四個○翠雲二十四片
○翠牡丹葉一十八片○翠口圈一副
上帶金宝鈿花八個○金翟二個口啣
珠結二個○一品至四品霞帔用雲霞
紋銀花金墜子楷子用雲霞紋○五品

都事一斷事一副斷一領衛七一十屬所一六百【安
撫司】三【守禦千戶所】一十本都司所屬漢土軍
馬步官軍共八萬一千四百餘員○欽差征蠻將軍總兵
黔國公一世守雲南大小官員共一千九百七十餘員○【鹽課
提舉司】黑白等鹽并額辦本折色小引鹽五萬六千
九百六十五引通計大小官員共二千二百餘員
【雲南府】知府一同知一通判三推官一經歷一知事一照磨一檢校一領州四
縣十秋米【昆明】知縣一縣丞一主簿一典史一二十七里【富
民】知縣一典史一三里【宜良】知縣一典史一四里【嵩明州】知州一州同一吏目
一九里秋米【晉寧州】知州一州同一吏目一五里屬縣
二秋米【呈貢】知縣一典史一四里【歸化】知縣一典史一二里
【安寧州】知州一州同一吏目一十里屬縣一秋米
【祿豐】知縣一典史一三里【昆陽州】知州一州同一吏目一四里屬縣三

至□□冠用抹銀事件○珠翟三個
○珠牡丹開頭二個○珠半開二個○
翠雲二十四片○翠牡丹葉一十八片
○翠口圈一副上帶抹金銀宝鈿花八
個○抹金銀翟一個口啣珠結子二個
○五品鍍金釵花銀墜子○六品釵花
銀墜子○七品至九品冠用抹金銀事
件○珠翟二個○珠月桂開頭二個○
珠半開六個○翠雲二十四片○翠月
桂葉一十八片翠口圈一副上帶抹金
銀宝鈿花八個○抹金銀翟二個口啣
珠結子二個○七品霞帔褙子與八品
同○八品九品霞帔用綉纏枝花墜子
與七品同褙子綉枝團花

生員巾服　洪武二十四年定生員襴衫

秋米　三泊 知縣一典史一三里　羅次 知縣一典史一三里
門 知縣一典史一三里 ○安寧塩井塩課提擧司　正擧一
副擧一吏目一
大理府 知府一同知一通判一推官一 經歷一知事一照磨一檢校一　領州四
縣三　長官司一　秋米　大和 知縣一縣丞一主簿一典
史一六十六里　趙州 知州一州同一吏目一八里　屬縣一　秋米
雲南 知縣一縣丞一典史一一十五里　鄧州 知州一州同一吏目一一十二里
屬縣一　秋米　浪穹 知縣一縣丞一典史一二十五里
賓川 知州一吏目一一十二里　雲龍州 知州一吏目一二里　十二關長
官司　五井塩課提擧司　正擧一副擧一吏目一
臨安府 知府一同知一通判一推官一 經歷一知事一照磨一檢校一　領州五
縣四　長官司九　秋米　建水州 知州一州同一吏目
一八里　秋米　石屏州 知州一州判一吏目一八里　秋米

用五色絹為之寬袖皂緣皂縧軟巾垂帶

【吏員巾服】洪武四年各衙門掾吏令吏書吏司吏典吏穿皂盤領衫繫絲縧戴四方平定巾〇十四年令吏員皂衣改用青色〇三十年令令吏典吏皆服皂[illegible]縧不與庶民同[illegible]庶仍戴四帶巾今改四方平定巾雜色[illegible]之[illegible]年用黃〇靴[illegible]之士首服鏤金額交腳幞頭用諸色群[illegible]寶相花裙襖銅葵花束帶皂紋靴刻期冠方頂巾衣胸背鷹鷂花腰線襖子諸色闊絲匾條象牙雕花環行縢入帶鞋〇皂隸冠圓頂巾衣皂衣〇洪武四年令皂隸公使人穿皁盤領戴平頂巾[illegible]白搭膊帶錫牌〇十六年皂衣同淡

一【阿㢲州】知州一州通一吏目一一十四里秋米

【寧遠州】知州一吏目一七里秋米【寧州】知州一州同一州判

一吏目一十里秋米　西河知縣一典史一四里　通海知縣一典

史一二里　蒙自知縣一典史一十里　習峨知縣一縣丞一主簿一典史一一十里

【長官司】九　納樓　教化　王弄　虧容　溪處

思陀　左能　落恐　安南

【楚雄府】知府一同知一通判一推官一經歷一知事一照磨一檢校一領州二

縣五秋米八千九百二十一石　楚雄知縣一典史一十里　碍嘉知縣一典

史一一里　定遠知縣一典史一五里　定邊知縣一典史一五里　廣通知縣一典

史一四里【南安州】知州一吏目一五里秋米七百一十六石零【鎮南州】

知州一吏目一十五里秋米一千四百六十石【黑鹽井課提舉司】正

舉一副舉一吏目一

【徵江府】知府一通判一推官一經歷一照磨一檢校一領州二屬縣四

紬○洪武十四年令農民之家許穿紬
紗絹布商賈之家止許穿絹布農民之
家但有二為商亦不許穿紬紗○九僧
道服色禪僧常服褐青條五色袈裟
講僧玉色常服綠條淺紅袈裟教僧皂
皂色常服黑條淺紅袈裟僧官皆如之
○道士常服青法服朝服皆用赤色道
官亦如之惟僧錄司官袈裟道錄司法
服朝服皆綠紋飾以金○校尉只令繫束
帶幞頭靴鞋刻期雕刻雜花象牙條環
○十四年用金鵝帽黑漆戧金荔枝改
作銅釘樣每五釘攢成四面稍起邊攔
鞋同青緊束外餘同庶民
【士庶妻冠服】士庶妻首飾許用銀鍍金
耳環用金珠釧鐲用銀服淺色團衫許

秋米九千六十三石江川知縣一典史一二里河陽知縣一典史一六里
宗知縣一典史一五里【新興州】知州一吏目一二里秋米一千八百零五石
【路南州】知州一州同一吏目一三里屬縣一秋米一千零三石邑
市知縣一典史一一里
【姚安軍民府】知府一通判一經歷一領州一縣一秋米三千
六百二十石【姚州】知州一吏目一四里大姚知縣一典史一四里半
【白鹽井提舉司】正舉一副舉一吏目一
【曲靖軍民府】知府一通判一推官一經歷一知事一照磨一領州四縣
二秋米南寧知縣一典史一三里亦佐知縣一典史一二里
【霑益州】知州一州同一吏目一十四里秋米三千三百四十九石【陸涼州】
知州一州同一吏目一六里秋米七百九十七石【馬龍州】知州一州同一吏目
一四里秋米九百五十七石【羅雄州】知州一吏目一三里半秋米四百
五十四石零

用紵絲綾羅紬絹布止用紫綠桃紅及
諸浅淡顔色不許用大紅鴉青黄色○
凡婢子在室者服飾之制皆作三丫髻
金釵珠頭須窄袖褙子○凡婢使人等
綰高頂髻用絹布狹領長襖長裙小婢
使綰双髻長袖短衣長裙
樂人巾服○樂藝冠青卍字頂巾繫紅
綠褡褙樂妓則戴明角冠皂褙子不許
與庶民妻同
命服洪武五年定命婦員衫之制以
紅羅為之綉重雉二十四年定命婦冠
服○公侯伯與一品同大袖衫用真紅
色一品至五品紵絲綾羅隨用六品至
九品綾羅紬絹隨用霞帔褙子皆用深
常服公侯及一品二品金綉雲霞翟

永昌府 知府一通判一推官一經歷一照磨一 領州一縣二秋米
保山 知縣一縣丞一主簿一典史一八里半 永平 知縣一典史一
八里 騰越州 知州一州同一州判一八里 潞江安撫司 鳳溪長
官五里二十 施甸長官二百里 騰衝軍民指揮司
尋甸軍民府 知府一通判一推官一經歷一五里 秋米三千七百九十五石
廣南府 知府一通判一經歷一照磨一三里 秋米一千石有零 富州 吏目
一四里 秋米
廣西府 知府一同知一經歷一 領州三 秋米二千七百七十九石零
師宗州 知州一吏目一十六里 秋米十一千一百八石零 彌勒州
知州一州同一吏目一十六里 秋米 維摩州 知州一吏目一五里
秋米五百七十石有零
鶴慶軍民府 知府一通判一經歷一 領州二 秋米一千二百三十
六石零 順州 知州一吏目一三里 秋米一百四十二石零 劍川州 知

文三品四品金繡雲霞孔雀文五品繡雲霞鷺鷥文六品七品繡雲霞練鵲文

天下州縣田土

○諸司職掌

凡各州縣田土必須開豁名户若干及條段田至係官田者照依官田則例起科係民田者照依民田則例徵歛務要編入黄冊以憑徵收稅糧如有出賣其買者聽令增收賣者即當過割不許洒派詭寄犯者律有常憲其民間開墾荒田從公自首首實三年後官為收科仍仰所在官司每歲開報本部以憑稽考

弘治十五年十三布政司并直隷府州實在田土總計四百二十二萬八千五

吏目一一十八里秋米一千六百二十六石

武定軍民府　知府一同知一推官一照磨一　領州二縣原五革二存三

和曲州　知州一吏目一七里　秋米二千五十二石　祿勸州　知州一吏目二

八里　元謀　知縣一縣丞一十簿一典史一五里　石舊　知縣一典史一六里　近華

南甸　知縣一典史一四里　近華

麗江軍民府　同知一經歷一照磨一　領州四縣一　秋米二千二

一百七十五石　通安州　知州一吏目一一十三里　寶山州　吏目一六里　○

巨津州　知州一吏目一六里　蘭州　州判一吏目一四里　臨西　典史一二里

直隷北勝州　知州一吏目一　直隷新化州　知州一州同一吏目一

直隷蒗蕖州　知州一州同一吏目一　瀾滄衛一

蒙化府　通判一經歷一三十五里　秋米四千八百二十石零

景東府　通判一經歷一八里　秋米一千一百一十五石

順寧府　通判一經歷一二里　秋米

十八頃九十二畝零
官田共五十九萬八千四百五十六頃
九十二畝零
民田共三百六千二萬九十六百一頃
九十七畝零
浙江布政司○官田五萬四千七百八
十一頃九十三畝九分六厘○民田四
十一萬七千五百六十頃七十七畝八
分一厘
湖廣布政司○官田一十八萬五千八
百九十六頃二十三畝六分○民田五
萬二百三十二頃二十三畝二厘
河南布政司○官田三千八萬四頃四
十六畝○民田四十一萬二千二百九
十五頃二十二畝四分七厘

鎮沅府經歷一知事一五里秋米一百石外折色領司一谷祿長官司
永寧府同知一經歷一領司四秋米　剌次　革
甸　瓦魯　香羅
沅江府通判一經歷一直隸宣慰司七車里　木邦緬安
撫一有孟養　緬甸　八百大甸　老撾　大古
剌○府二孟定五里孟良○州四威遠四里灣甸五里
鎮康六里大侯四里○宣撫司三南甸　千崖　隴
川○安撫司一孟密○長官司八蒙樂　者樂
鈕兀　馬龍　者市　孟璉　茶山　麻里
都司所屬衛經歷司領衛十七○等衛經歷各一知事各一舊
所一百六守禦千戶所一十二
貴州承宣布政使司左右布政一　左右參政二
清軍一總督糧儲一左右參議三八畢貴寧安平二道新鎮道一撫苗思仁道二

河南布政司○官田一萬六千八百七
十頃四十二畝九分六厘○民田三十
七萬五千四百八十二頃三畝七分厘
陝西布政司○官田六千八百六十三
頃九十五畝二分四毫○民田二十五
萬二千七百九十九頃八十六畝六分
廣西布政司○官田二千八百四十一
頃五十四畝四分七毫○民田一十萬
五千六頃四十七畝三分二厘七毫
山東布政司○官田二千八百九十二
頃九十畝三分三厘九毫○民田五十
四萬三十六頃四十七畝二分九厘
山西布政司○官田一萬一千九百五
十七頃九十一畝五分七厘○民田三
十七萬八千八百五十一頃四十二畝

經歷一都事一照磨一檢校一理問所正理
一案牘一提刑按察司廉使一副使四驛傳一提學一
兵備二僉事二貴寧道思石道經歷一知事一照磨一檢
校一○欽差巡撫都御史一駐貴州巡按貴州監
察御史一駐貴州欽差清軍兼理雲貴御史一駐貴
州分道四貴寧道威清道都清道思石道領府八州二縣四安
撫一長官司五十六宣慰司一屬長官司十州四
屬長官司六官解附三衛成內一十二大小官員共一百五十餘員
總計里七十九戶一十四萬八千九百五十七口五十一萬二千二百八十
九夏秋二稅共麥米一十四萬八千九百四十八石零湖廣布
政司坐派解納本司糧米一十萬二千四百石每石折解白銀三錢
共該銀三萬七百二十两正四川布政司坐派解納本司糧
米一十萬九千七百五十二石內五萬石每石折銀三錢三萬石每石折布二疋每疋折銀

三分六釐

廣東布政司〇官田一萬七千九百六十一頃九十六畝二分三釐〇民田五萬四千三百六十二頃四十九畝九分三釐

四川布政司〇官田二千一百三十四頃一十二畝三分五釐六系〇民田一十萬五千七百二十五頃五十畝三分三毫

福建布政司〇官田一萬二百九十頃八十五畝一釐八系〇民田一十二萬三千八百七十五頃三十二畝七分八釐

雲南布政司〇官田二百五頃五十六畝四分三釐〇民田三千四百二十五頃七十八畝五分七釐

錢二原運貴寧倉今改豐濟庫布米二萬九千二百二十二石每石折布二疋每疋徵銀一錢七分五釐綦江縣秋米五百二十石每石折銀五錢五分四川播州宣慰司坐派解納本省豐濟平越青平興隆黃平等倉夏秋粮米共一萬六百石零三斗六升八合四勺三抄五撮烏撒倉秋米九千四百石烏蒙府起運烏撒倉秋粮米三千八百五十石東川府起運烏撒倉秋粮米三千九百石鎮雄府起運烏撒倉秋粮米四千九十二石四斗蠻洞麻布二百五十九條零課程稅鈔一十三金萬六仟四十六貫四千三百八十八文稅銀三百二十九兩九錢三分三釐九毫

貴州都指揮使司隷右軍都督府指揮使三掌印一管屯一管操捕經歷一都事一副事一斷副一領衛一十八屬所三九十守禦千戶所二本都司所屬馬步官軍共三萬七千四百一十七員◎欽差鎮守貴州兼提督平清

〔貴州布政司〕○田地自來原無大畝頃畝每歲該納糧差俱於土官名下認行認納如洪武年間例

〔直隸蘇州府〕○官田九萬七千七百八十六頃三十五畝三分六釐六毫○民田五萬七千四百六十三頃六十二畝四分六釐三毫

〔寧國府〕○官由九千七百七十頃八十八畝六釐三毫○民田五萬九百一十一頃九畝一毫

〔徐州〕○官田二百三頃三十五畝二分二釐毫○民田二萬九千八百八頃八十七畝七分四釐

〔滁州〕○官田二百四十頃六十五畝九分七毫○民田二千六百七十二頃廿七畝九分二毫

〔池州府〕○官田一千八百廿三頃五十七畝四分

等衛地方總兵官一 鎮守總同參將二 駐永寧鎮遠一 守備三 烏撒一 普安一 都勻一 大小官員共一千五百餘員 ○貴州宣慰使司二 永寧安氏 鎮遠宋氏一 同知一〔長官司〕三 一十 通

總共計大小官員共一千七百餘員

〔宣慰司〕領長官司十 衛六 所四 秋米八千三百五十石 長官司十 貴竹 水東 青山 龍里 中曹 剳佐 白納 底寨 乖西 養龍○衛六 貴州 貴州前 畢節 赤水 烏撒 永寧○所四 摩泥 阿落邵 白撒 已上三所俱屬烏撒 普市 屬府

〔程番府〕同知一 通判一 推官一 經歷一 領長官司十二 安撫一 衛六 州四 所四 秋米六千五百零

〔安順州〕屬普定衛 領長官司二 〔鎮寧州〕領長官司三 〔永寧州〕領長官司二 俱屬安莊衛 〔普安州〕屬普安衛 ○所四 關索嶺 屬安莊衛 樂民 安南 安龍 以上屬普安衛 ○衛二 威

九厘三毫○民田七千九十六頃五畝六分五厘八毫

揚州府 ○官田七千九百卌四頃五十七畝二分三厘○民田五萬四千三百六十二頃四十九畝九分三厘

廬州府 ○官田五百六十八頃七十六畝一分七厘七毫一系○民田二萬四千八百六十一頃六十九畝八分一厘

安慶府 ○官田四百九十七頃八十二畝三分九厘○民田三萬一千三百九十三頃三畝八分四厘

松江府 ○官田三萬九千八百五十六頃卌十三畝五分二厘○民田七千三百頃三十六畝四分五厘

鳳陽府 ○官田一千五百八十五頃五十六畝○民田五萬九千八百七十七頃一十畝七分六厘七毫

應天府 ○官田一萬九千九百八十四頃卌九畝四分四厘○民田五萬九頃八十八畝七分四厘七毫

靖 平垻 普定領州二長官司二 安莊領州一所一長官司四

安南 普定領州二所三 長官司二十 程番 常番

方番 洪番 小龍番 大龍番 小程番

卧龍番 盧番 羅番 盧山 金石番 上

馬橋府俱屬 外木官里克度里通州里亦屬府不知詳不敢載 木瓜 麻

嚮 大華屬金筑安撫司 寧谷領寨二十九 西堡領寨四俱屬安順州

十二營領營三十九 康佐領寨四俱屬鎮寧州 慕役領寨四 頂營

領寨三俱屬安寧州安撫司一 金筑領司三

思州府 知府一推官一經歷一領長官司四 秋米八百石零 都坪四里 都

素二里 黃道二里 施溪一里

黎平府 知府一推官一經歷一領長官十三 屬縣一 秋米二千六百石零

求從知縣一典史一二里 司十三 西山二里 洪舟四里 新化蠻夷

一里 湖耳一里 潭溪三里 赤溪一里 亮寨一里 八舟三里 曹滴

廬州府〇官田一千三十九頃三十六畝六分毫
〇民田一萬四千三百八十四頃九十三畝八分毫
淮安府〇官田五千三十九頃八十六畝三分五釐
六毫九系〇民田九萬六千三十二頃八十七畝九釐五毫
徽州府〇官田八百二十頃五十七畝四分六釐八
毫〇民田二萬四千四百五十五頃九十四畝六分三釐
常州府〇官田九千四百頃五十五畝六分八釐
四毫〇民田五萬二千七百二十六頃七十九畝分
鎮江府〇官田一萬三百五十六頃八十六畝六分
四毫〇民田五萬一千七百三十六頃七十九畝八分
太平府〇官田四千四百五十五頃六十三畝四分
三釐三毫〇民田一萬二千七百八十八頃七十九畝分
蘇州〇官田六千五十八頃七十三畝一分七釐
九毫〇民田五千八百四十三頃五十六畝二分八釐
應天府〇官田八百三十五頃五十五畝七分九
釐一系三忽〇民田一萬七千八百六十四頃五十七畝七
分八釐一系
永平府〇官田二百四頃一千八畝九分七釐八毫
〇民田一萬四千七百四十三頃八十八畝六分三釐
真定府〇官田五百三十頃三六分二釐八毫五

洞里六　中林驗洞里一　龍里里一　古州里二　歐陽里一
鎮遠府　知府一　推官一　經歷一　照磨一　司二　屬縣二　秋米八百石有零
鎮遠知縣一典史一三里　施秉知縣一典史一一里　領司二　邛水五里
偏橋里一
思南府　知府一　推官一　經歷一　照磨一　秋米一千八百石有零　屬縣二
婺川知縣一典史一四里　印江知縣一典史一四里　領司四　水德里四
祐溪里三　朗溪里二　蠻夷隸思州
石阡府　知府一　推官一　經歷一　領司四　秋米八百五十二石零石
阡里五　龍泉里二　葛彰　苗民
都勻府　知府一　推官一　經歷一　領州二　秋米二千六百石零　〇麻
哈州屬長官二　〇獨山州屬長官三　清平知縣一典史一　司八　都
勻　邦水　平州　平浪屬府　樂平　平定屬麻哈州
合江　豐寧屬獨山州　衛六　都勻　新添屬長官五　平越

官品門（蓬左文庫本）

系九忽○民田三萬八千四百七十一頃二十二畝九分七釐
保定府○官田四百八頃五十二畝三分五釐九毫三
系○民田三萬五千二百二十頃八十八畝五分八釐
順德府○官田七十九頃二十五畝八分三毫五
系○民田萬三千七百四十三頃三十四畝八分三釐
廣平府○官田百一十六頃八十九畝八釐三毫
○民田三萬一百一十一頃卅五畝一分四釐
大名府○官田五萬一千七百三十九頃六十二
畝一分四釐○民田三百五十四頃四分三釐三毫
河間府○官田百一十九頃三十六畝四釐四毫
四系○民田三萬四千二十頃二十五畝八分四釐二毫
保安州○民田三百四頃五十七畝七分五釐
延慶州○民田一千五百一十九頃四十二畝四分
二釐

屬長官一　龍里　稱長官二　清平一　興隆所一　黄平一　長
官司八　新添一　小平　把平　册平　册行　俱屬
新添衛　楊义　屬平越衛　平伐　太平　俱屬龍里衛
銅仁府　知府一　推官一　通判一　照磨一　領長官司六　秋米四百八十
石　銅仁里五　提溪里一　省溪里一　平頭著里二　烏羅里三　○
大萬山里一　都司所屬衛經歷司　領衛一十八　屬所
九十三　守禦千戶所二　貴州等衛經歷各一　知事各一

新刻天下四民便覽三台萬用正宗卷之八

招擬指南

一問得乃問官之荅語也一名某人乃犯人之供稱也招有先以官吏為之無以共犯罪重者若婦人罪雖重不得與也名歲貫址之下如文職則云由進士舉人監生歲貢吏員知印承差除授某官年月日到任軍職則云某都司衛所某官若犯杖以上必須論功云原籍某處人高曾祖父某人或己身從軍履歷出征某處得功歷陞某職或故某人襲職或年老某人替職某年月日到職軍政考選或掌印管操巡捕巡塩等項如

律例門

〇鳴情均化錄

〇總論

古法以結繩爲政畫地為牢制事物而相平束人心而咸服蕭何究律以安天下之非夫子明道以法君臣之則是詞訟者由法度之主也蓋詞訟者出於人心不是強弱相併物欲不平乎是故天生不能無慾慾動情勝詐偽日滋強暴愈甚侵凌柔懦無以自立是五刑之法彰著八議之條益嚴用有限之條治無窮之理律令所

吏則云以農民奉例納銀叅充其衙門其房科司典吏知僧道該還俗者法名下務要即出俗名云自幼捨入某寺觀與某人為徒奉例納銀給領禮部度牒一道剃髮為僧簪為道又有尊卑謗犯律該照服加減罪者亦要列叙宗枝其八議之人亦按註開寫故議下定罪請後論功定議及應議八數之說由此始也狀招下即入所事雖曰萬变無窮則用招首一人統說衆犯盡者詳悉大抵所犯多繫六贓之罪七殺之刑蓋六贓何所謂也如被人盜財而盜悔還或被人毆傷而毆者醫療或被人毀壞器物各賠償之外受人財者是謂坐贓一也如官吏人等受為事人財物不曾違

以槩載大誥所以減刑理詞訟於争辯决人心強弱推事物之公平剖詞訟之邪正非詞訟則不能闡理非理則不能治人天下之物莫不有理人心之靈莫不有知知者智也律條有限事變無窮乘法網以治人冤事精以理政使惡者畏懼善者獲寃誠白黎之中而去其砂礫禾黍之中而去其稂莠若非仁者之能何有於此代啞言扶瞎步伸愚志伐強梁鋤塞枉裨不足去有餘辱奸徒磨惡輩砌鈌路渡深河濟弱扶危褒善貶惡興利除害筆削不平詞訟強在善人之師為之訟事乎

○詞訟體製規格

先須觀其事理情勢輕重大小緩急而後用其

法者是謂不枉法贓者二也若有逆理枉斷枉為者是謂枉法贓者三也如潛形隱面穿窬取者是謂竊盜贓者四也如凡人盜官府及倉庫錢粮等物是謂常人盜贓者五也但有職役之人或監管或專主官府及倉庫錢粮等物而自盜者是謂監守盜贓者六也故總名曰六贓乃正條也尚以六律稱以准名贓科筭理同一致其強盜得財者乃賊中之最不待以贓為罪蓋七殺者何所謂也如見人有財肆力刼掠殺人者是謂刼殺者一也與人致讎蓄設心不善積慮百端乘其不設用計而殺者是謂謀殺者二也如事有懷恨心無宿謀彼無因鬪之機我有臨時之怒徑情而殺者是

律意該合其條乃從其條揀其緊要字眼切于事情者敷達其詞使人一看便知其寃抑誣告或牽連之類務要局訐或因一事起一事止或因一事又一事或二罪俱發取其重者為首情輕者輔助正事不可言來言去過捏艱異字眼徒取刀名無益於事明者宜辯之

歌曰

立起先書事由主意貫通律義先須原因何由簡繁不要失志中間細事變情緊要機關挽起正理當要切言不可糊塗亂擬後段可宜辯別提出一團道理

○體段格式

凡做狀如作文法一般分作三段硃語即破題禍因以下即同講說切思以下如同繳結中間

謂故殺者三也如兩訟相搥彼此交毆而打死者毋分金刃他物是謂鬪殺者四也如立約相打或水火兵刃相戲兩和相害而致死者是謂戲殺者五也如本害乎甲錯中乎乙避逅而死者是謂誤殺者六也如因公馳驟或共舉重物或行船使風力不能支持或耳目不及思慮不到而致死者是謂過失殺者七也故總名七殺乃正條也尚有六律稱以各殺者義亦不殊也其無以准自依本條科斷凌剮處死乃法外之刑不待以殺為名也但六贓七殺乃律之樞要貫統以准諸條與凡天下之事舉在其中矣須要開寫名人何年月日所犯先後為序招說擬犯詞理必真六如行路

轉換在乎心巧前段推寫事因情由來歷分明又要簡切中間或毆打或相言辯或因強占或相騙財某事等項要見證贓仗分明後段切要取理辯別事情言語嚴切顯出本理以閉前項不可寬疎中間若有不接之處當虛餙掩過無妨

○忌箴歌

不可溷沌不紊不可繁亂枝葉不可妄空招回不可中間斷節不可錯用字眼不可狀後無結不可言詞寬慢不可語無緊切不可捜羅事砌不可虛空扯拽

○詞訟體段貫串活套

詞狀書姓名年紀縣都里下有段硃語或四字或二字各因事情而言故云狀告某事如告土

然後門先徙湛處又[illegible]豪民云。狀告豪家激變事。○**硃語**
至悲處止年曰開戶曰仍順行毋逆君
過人犯姓名惟物叙到官者稱在官犯
罪時在事發時死者稱先存今故死在
先有事干犯者稱已故已獲到官脫走
者稱在逃監禁死者稱監故不在稱未
到者有罪已到官稱犯人未到官稱罪
人已成招禁者稱獄未成招禁者稱罪
[illegible]連坐父母者稱家口連坐妻子者稱
不小照提者稱前案或別卷有犯死罪
皆稱已未決雜犯死罪徒以下納贖
者稱問結發配與充軍為民者稱問發
秋決者稱省發供明者稱省令供實姓
名之上後覽重用所以便查議也不合
字樣此係招眼須犯律例者隨人串事

十豪　巨豪激變　強橫藐法　一鋤強勦惡
挾勢凌逼　搆黨為非　聚衆抄家　抄家勒命
截路打搶　架賊騙害　架賊抄家　不鎖嚇騙
捲擄抄勍　黑天詐騙　土豪欺騙　攔截喪柩
強占房屋　謀占田地　打奪粮銀　強奪田產
侵占魚塘　罩霸基地　強霸墳山　平治墳墓
拋散骸骨　強占妻妾　強占子女　強役子女
奪良為奴
鬪毆　鬪毆緊要見証以傷為重器械為犯兄弟叔姪以服為重　一毆打嚇騙
欺孤毆奪　恃尊欺毆　恃頑毆騙　一毆打期親
欺毆伯叔　毆奪卑幼　毆觸父母　一欺毆尊長
毆罵親兄　毆繼父母　毆辱業師　一毆罵家長

用管奴名之下若人死或先案問過或
别各有行人犯招眼皆不必用為無識
罪故耳如有犯者先不合坎又不合亦
不合亦就不合却不合却就不合各又
不合仍又不合各不合各又不合若犯
有例者則云某不合故違何充軍為民
枷號等事例摘引在内以係誥下發落
使相領藏過有贓物各色罪犯各别者
須以利之贓若與多者或些少者就隨
入招内計鈔若干不必外結矣若止一
二事者照詳計結招尾云外結得每銀
錢物若干值鈔若干若招首無贓仍要
另言結得某人等每銀鈔若干不可混
云若遇有職官姓名只稱某職衙不須
空名罪人避諱既不敢稱轉達又恐失

毆罵職官　毆罵生員　凌辱學校　法正尊卑
強豪奴毆主　悍奴毆主　妬姦欺毆　酗酒毆奪
干名犯義

婚姻

強奪生妻　謀娶生妻　悔負婚姻
同姓結婚　良賤成婚　勢占生妻　勢豪奪占
強奪婚姻　謀娶姊妹　強娶閨女　強娶孀婦
強嫁服婦　逐婿嫁婿　因姦計娶　娶良為妾
棄妻置妾　典僱妻女　匹配不均　姑舅成婚

姦情

男必有婦女必有夫人倫風化律法為綱
一夫一婦雖作違條姦論重夫重婦拐串
律法難容以附娼妓　欺姦幼女　強姦閨女　強姦妾小
欺姦親嬸　欺姦男婦　蒸姦父妾　欺姦繼母
淫姦子女　縱妻賣姦　指姦誆騙　誘姦轄騙
誣姦欺騙　買良為娼　誣執翁姦　土娼騙害

填亦聚閱也亦忌行移字樣既係罪人陳說言詞亦當間有明白俗狀勿混文詞如依蒙近蒙承奉依奉等字皆不可用大畧如是臨事或異亦須變通未是照提或駁問辯明人犯稱述前案與別卷招情只宜撮其緊要不可全録也如遇原案稱未到脫逃者今既到官當変稱者變之若原先照眼稱不合已經問說今不用稱者去之其間有該償命身死必須委官撿驗定傷不該償命者只是相視而已說至見問衙門則云致蒙提吊一干人卷到官連日再三研審各情明仍不能隱諱取問實招罪犯外結得每銀一兩值鈔八十貫招結是實

一共各人年貫里址有罪者招與共人

戶口

拐誘人財　串拐子女　拐帶人口

收留迷失　略賣人口　覇占軍丁　窩隱逃軍

藏匿逃民　強占匠丁　逃躲差役　隱蔽差役

脫軍詐民　冒亂宗枝　師巫邪術　窩匿徒流

書符掮禁　賴佛逃生

錢債田產

重復磊騙　磊債謀業

軍利磊債　磊折妻子　折償騙業　挾勢夯業

重復田土　盜賣田產　謀業車債　獻賣基業

誘獻産業　強奪風水　強占山場　閉塞古路

漲塞池塘　棄毀器物　盜竊瓜菓　詭寄錢粮

那移差役　拖欠錢粮　差役不均　逃躲差役

財本

拴串騙客　嚶騙財本　欺騙財本

挾奪資本　串騙客貨　拖欠貨物　沉溺財本

招同罪者稱供與某人招同
一議得議當作擬似也欲似諸律故問
刑者未敢自以為是稱議者謙詞
一某人等所犯姓名雖多招首者一人
為議頭以提綱而項下皆枝徒流死務
必由重至輕五刑之次序也引用條律
雖曰有限必須躰認得其案名例律有
犯二罪以上者從重論罪（是謂除輕不坐也）各
等者從一科斷（是謂去彼留此也）數事共條只
引所犯罪者聽（是謂摘引聽坐也）如云某人除
某律輕罪或某律若干罪名不坐外合
依非因事受財坐贓致罪各主通筭折
半科罪幾十貫律某某俱依竊盜已行
而但得財者以一主為重併贓論罪幾
十貫律又云某依官受財不枉法各主

沉溺書信　寄受財物　擡陷財本　私充牙行
把持行市
人命（凡告人命以傷為重激切急救死者要致死根原器械物件）　因財殺命
毆傷父命　打傷人命　急救人命　打死兄命
致死人命　殺死人命　法究叔命　毒死人命
威逼人命　謀累死弟命　攔私和人命　謀財刦命
詐賴人命　誣陷人命　登時打死　因姦致死
姤姦殺命　刦財傷命　溺死人命
賊情（凡強盜要真贓正犯竊盜要見贓証分明）　竊盜害民
勦盜安民　明火刦劫　強刦財命　刦財殺命
巨寇擄掠　誘賊刦本　通賊害民　窩誘強盜
攔路刦財　買賊攀害　指賊騙害　燒毀房屋
吏書皂快
虎吏害民　奸吏瘠民

仍折半科罪有禄人鈔貫同上無禄人減等科罪又云共謀俱依常人盗倉粮等物不分首從併贓論罪幾十貫律又云其依吏受財枉法各主者通筭全科有禄人鈔貫同上無禄人減一等至一百二十貫亦擬絞罪又云共謀俱依監守自盗倉庫錢等物不分首從併贓論罪幾十貫律至滿貫該絞斬者俱雜犯照例准徒五年六律之内猶有恐嚇求索等項稱以准各贓者科罪倣此其如七殺者共謀俱依謀殺人因而得財同強盗已行但得財不分首從律皆斬俱決不待時又云共謀俱依謀殺人命謀造意者律斬共從而加功者律絞謀不加功者律杖一百流三千里又云共謀依故

畯逆問民　桎吏陷冤　積書害民　虎書枉法
賣富差貧　積皂嚇騙　積快詐騙　虎役搏噬
獄卒陷命　指官借騙　聽許財物　軍牢嚇騙
官兵擄掠　囑官作弊　侮法蔽冤
[吿官]　枉法虐民　貪贓賣法　賣法殃民
倚法削民　貪酷枉民　聽囑偏枉　酷殘民命
苦刑傷命
[鄉官]　土官勒騙　倚官轄騙　勢官欺騙
恃官占業　倚官覇占　縱僕欺騙　恃勢毆命
倚官誆騙　恃官隱粮　恃官騙財　土官殺命
[地方教唆]　黒天騙害　不鎖詐騙
指官誆騙　恃洞欺騙　私置非刑　漁獵鄉村
侮斷鄉曲　把持一方　教唆詞訟　冒名頂替

殺者律斬又云某依鬬毆殺人者律絞
又云某某某依同謀鬬毆人因而致死
以致命傷最重某下手者律絞某原同
謀者律杖一百流三千里某餘人者律
杖一百又云某依因戲而殺人以鬬殺
論不問手足他物金刃律絞又云某依
因鬬而誤殺傍人以鬬殺論不問手足
他物金刃律絞又云某依因謀殺或故
殺人而誤殺傷人者以故殺律斬又云
某依過失殺人者准鬬殺人論律絞依
律收贖自謀故以下該斬絞俱秋後處
决其餘凡人謀儻犯六律稍以准與
鬬毆傷論者亦倣此如五七人共招律
雖各別而罪相等者併擬之如贓價相
同者亦併言之議間有遷徙之律乃折

恃刀拒捕　賄託私和　蠱計害民
硃語以下入某耕讀生理○商賈某領資本置買
某貨前往某處發賣○坐店某向賃住某人店房
做某生理度活下入如人命賊情則云究遇究因如
戶婚田土等下則云禍遇禍因土豪某
土豪　勢豪　富豪　權豪　惡豪　奸豪
虎豪　虎惡　狼惡　梟惡　雄惡　勢惡
蠆惡　巖惡　稔惡　積惡　慣惡　叢惡
刁惡　黨惡　兇惡　土虎　喇虎　翅虎
狼虎　翼虎　彪虎　飛虎　虎黨　狼黨
惡黨　群黨　兇黨　強黨　惡棍　虎棍
喇棍　刁棍　積棍　棍徒　遊徒　流徒
積訪　積快　虎快　屢訪　積皂　虎皂

中之法五刑之餘緒或加以評守議與
常律不同及誣輕為重或輕實重處與
故出入人罪增輕作重或減重作輕者
徒流兩刑雖皆折杖用法不侔三者律
之難事初學之士誠易惑因取決語以
賦之於篇或有未盡如充軍總徒等項
者須留意　大誥下有無力之後發落
似前云耳引　大誥乃
太祖高皇帝御製昭示天下凡七十四
條開載率皆問過罪人事跡蓋欲後人
懼法向善意也按篇末云一切軍民人
等戶戶有此一本若犯笞杖徒流罪名
每減一等無者每加一等乘法者至今
不廢故必稱有減等亦由重至輕其中
有死刑者不敢槩言減等既後將犯罪

如土豪之下後入前段

○前段

土豪　此套告大戶富豪等通用　○某素倚強橫不遵法紀交
結衙門互為漁獵倚仗隱蔽○某恃財勢招亡
納叛畜為爪牙欺壓良民○某逞刁譎鬭引奸
徒聚黨資為鷹犬夜聚曉散出沒無時害衆成
家○某威震如雷勢焰滔天故將伊男營充縣
學誇稱生員近官說話契結鄉宦賄相往來賄
通囑託○或着伊男營充縣吏勢挾縣權任由
起例把持民訟動輒嚇官行移作弊槩縣遵依
從所轄○某耦親六房濃交吏皂預計後來先
防事發抽換文卷禁伏不行○仗此威勢轉加
虎翼展開鵬翅亂舞遮天蔽日○倚此威權真

有首容隱免科老小篤疾等項之人置
於此也再叙各犯名色其係官吏軍職
生員監生承差知印陰陽樂舞天文生
或舍人舍餘軍人軍餘民匠竈婦人姦
婦僧道工樂樂戶廚役勇士力士之類
以便發落各照例発充有力次稍有力
再次無力如官吏等項該還職役者與
命婦強竊盜搶奪掏摸犯姦立功軍職口
外為民者不必混眾稍有無力若官吏
已經罷職役者亦得隨衆審也其有力
者在京稍運灰在外稍納米婦人納鈔
各贖罪軍職犯雜犯該立功者發邊方
立功五年滿日還職帶俸差操不許管
軍管事充軍者免其徒杖在京送兵部
定發在外招申知會口外為民者亦免

如虎兕哮吼一聲民驚膽碎風聲揷外聞者畏
藏○其白乘高頭駿馬夜卧龍鳳花林出入鄉
村烟銃火砲倚此威權真如山嶽火放肆志猛
如狼虎○其倚仗刁豪勢無敵威震如雷氣
燄若天○倚山恃洞肆惡張威騙財害人如狼
似虎○占人田產姦人妻小發人墳塚事實可
勘詢藏強盜坐地分贓以此巨富姦盜詐偽四
犯俱全民被陷溺

鬪毆 其專兇暴習學拳棍交結黨類一呼百諾
無不響應○其專恃武勇欺壓平民寄交心腹
狼黨四路分截如臂運指莫敢或違○兇惡挾
讎張標身徃其處徒被邀截嗷聲捉拿四路紛
紛多人圍遶

枚徒解送戶部編發其無力該徒者
京不拘軍民人等免杖俱送工部做工
在外決訖所犯杖數民發驛遞擺站軍
發墩臺哨瞭竈調場煎鹽另項結課工
匠樂戶各從本色發落與併罪緫徒以
充後數者一體發落合杖的決婦人犯
姦去衣受刑內使有犯招行司禮監施
自發落文武官例該降調者起送吏兵
二部施行其間有緣坐之官賠償贓物
餘罪收贖之數罷職革役從夫嫁賣顧
留辭與給親完娶剌字等項者各盡本
法以盡遣斷遣意而數目又歸照出云
爲發落各樣如贓盡無科或家人共犯
免科以至餘罪稱免罪勿論無罪稱供
明充軍者稱發遣徒罪者稱發配文官

婚姻 憑媒傳至某人某女年庚命紙與男婚配
兩家合吉備用財禮擇日鼓樂送至伊家鄰里
皆知○憑媒說合某人某女與男納聘結案批
囬姻書作証為定何與合禮節次往來無異恩
男長大托媒婚娶○憑媒娶到某人之女經今
過門始肉消乏不敢聲言指望結髮生育我家○
同姓為婚 中華之地安敢同姓為婚服須無序姓則
尚同的 良賤成婚 良家子弟無幾豈婁賤僕之奴怎與
良人為配○ 服婦女某 不幸夫故痛極何堪哀痛無
門望天亡訴○ 姑舅成婚 姑舅兩姨豈容相為匹配
堂姑姊妹安敢婚娶為親○ 喪孝成親 作樂忘親背
服儀條婚娶不思乳哺難容暴逆成親○匿服
成婚頓犯喪親之律拋麻穿紫豈應背服成親

并非犯罪者稱復職殺軍職稱遠戍知
印承差充吏或犯姦犯贓及私罪杖以
上與一應行止有虧者并軍戍姦盜者
俱稱罷職革職役為民若監生生員不
革衣巾者稱肄業僧道犯公罪稱為僧
為道茨經但經決斷稱還俗凡該刺字
者稱充警該離異者稱歸宗其廢民稱
寧家軍着伍在官當差若卑幼與尊
長共犯及婦人與屯軍軍丁之類稱隨
住有參究者稱參照云云緣其係八議人
數其係比附律條其係軍戍論功定議
某係在外五品以上文職某係京官某
係命婦某係重刑合請　旨若係在外
者則稱未敢擅便以候上裁請　旨量
刑轉詳行報會無違礙矣

○某女愚嫞某人婚嫁某人為妻當至伊家貧
如水洗女將奩儀攣賣易盡湊作本銀助夫營
運起積成家續置田業屋宇等項奉待公姑百
年歸土

〔姦情〕某素肆淫妬不恤彝倫內蒸既有醜聲來
亂又多與跡○某性本淫貪滅絕天理見人妻
女姿色輒動㮣心姦占○某恃富恣淫千金不
惜○某日乘駿馬夜歇雙妻出入鄉村威勢難
敵○人倫顛倒不異禽獸子蒸父妾絕法無規
弟姦兄妻罔欺律令有此奸頑不知楷式毀壞風俗

〔戶口〕某奉吻方略拐騙人財誘男女如餌魚
蠹人民如攣鷄犬○某割人父子而吳越異地
拆人夫婦而夷夏殊方劓人心上肉毉已眼前

一照出如火之照物蓋照顯切據之內各犯紙米鈔貫并還官入官給主等項贓物之類不容遺漏誠所謂總結上文之意耳某某名下某贓物紙劄在京多不照在外先查免追後稱應追人犯官民告紙各一分折價不一因革隨時繼而各犯納米贖鈔之類各若干官私等物各若干須先照下落然後總稱俱合追完則又分某物入官還官某物發倉備用某物發庫聽用俱稱作正支銷發物給還某人庶使言順不重入官還官給主按名例律彼此俱罪之贓及犯應禁之物則入官若取與不和用強生事逼取求索之類則給主云若以贓入罪正贓見在還官主已費用者若犯人

落鄉邑著聞生民受害○其有男女年方幾歲無故出遊當時跟訪係某收留叫明地方報証明白○收留迷失在家術占為妻妾轉行貨賣藏軍民匠籍○賦役雖憑戶籍人丁豈容隱藏○田土萬大明之業人丁係國役之徒普天王土率土王民丁糧里役理在一均○無後為大應當立繼親枝乞養義男宗派豈容紊亂○同宗之嗣理宜繼立傳家別姓之人難容挿入奪產○本上附生枝葉終須各異同枝根植理當繼立向疎○外來異子無從挿入在家遠業親兒賤物知何作子○人以正道為格心以理性為端假託邪神惑人心于魍魎扶鸞禱聖扇世俗於崇邪○自號端公演閃民間弊病妄稱太

身死勿徵餘者徵之又如官物有干者亦還官私物應得者當還主若違法者亦入官若弟來卷冊則云發其衙門倚照餘可類推實收領狀收管如上文還官入官之贓米穀取倉收錢帛銀兩取庫收該兩處者則總言取倉庫實收給主取領狀充軍為民充徒發遣者取收管通云繳照來到人犯查無罪者稱供狀人與誣告贓物俱稱並免追提若有罪者與應參奏官員之類則稱合問其人俱另行提問所謂照提

【串招套式】假如某府某縣民人同弟壯乙先因發塚事發問擬某驛擺站遞回來家販賣私鹽當被里甲張三要行捉拿問罪有甲等慣罪通將前情具首

保假能驅鬼除邪。○僧家彌勒佛白蓮社。左道亂正明尊教白雲宗。煽惑人心。○道士書符呪水。鳴鑼擊鼓降神。圖像燒香。夜聚曉散崇術。○奸黨無知妄作窩藏外郡。軍民匠籍異樣奸人。充為義男。習學武藝。○某專倚威勢。誘拐人財。買販人口良家子女被陷為奴。視此可憐。心吁墮泪。○為犯法已問充軍使奸詐私逃軍所。埋名改姓。冒詐為民

錢債田產某平素不仁。為富非義。害民糶點圈圈強奪孤兒之業。打成草稿。畧占寡婦之產。○其兼人乾逼盧錢實契以成交。剝人孤孀入千較百計以豕騙割裂肥己。天人共惡。○某承祖田園續置產業。今與某人地土相連。本家傳業。

到縣為縣官者作何理斷施行

一直隸徽州府祁門縣為有首販賣私鹽等事據本縣一都民人杜甲等首稱成化八年二月初四日夜為因家貧與弟杜乙發本都民人李四墳塚事發問擬甲與乙各減等徒罪俱發淸河縣擺站未滿在彼艱難同弟乙越關逃回本處販賣私鹽當被里甲張三等捉拿問甲等懼罪遂將前情連販鹽等因具首到官參照杜甲等所首前情未委虛的緣係販賣私鹽知人捉拿自首律合有罪除將各犯再三聽審干問取訖鹽辦在官外別無餘問事理擬合引律議擬斷照例發落施行

一問得

一何無異○某續置山園有契存証稅粮在户過割辦納種作祖苗自無前與保簿字號四字可查○緣有土地本家經業荒洲荒岸用工開墾廣費資財挑擔砂土堆築堤圍栽種樹木工作累年方得成收告官起科累年辦稅○祖代墳山向與相連素無過混祖傳父襲已承三代受管無異○天地之間物各有主大明田地稅契為憑承祖田園奸徒無由盜賣本户稅粮乞查便知見明白○某父手置買田產若干坐落地名某處與惡某業相連屢謀成片未遂鬪父出外身單○朝廷國課水利為本原塘經業保簿字號稅係若干向自洪武丈量額業同納稅粮傳業無異積水澆灌夏秋乾旱○某家蓄千工

一名杜甲年三十六歲係本縣一都民
狀招成化八年二月初四日夜為家貧
糾同合在官弟杜乙去發本都未到官
民人李四家墳塚事發問擬甲減等杖
一百徒三年弟杜乙杖九十徒二年半
俱發淮安府清河縣遞運所擺站未滿
在彼因是過後艱難甲與乙各不合越
關逃回本處地名魚梁洗遇見不知姓
名客人裝載私鹽一船在彼販賣有甲
等要得尋利使用與乙又各不合當將
綿布二疋問伊買鹽二百斤挑擔回家
販賣致被里甲張三等緝知要行捉拿
問是甲等聞知俱怕事發有罪通將前
情連鹽首告到縣今蒙再三鞫問前情
研審明白不能隱諱取問罪犯

殫貯萬鎰放債違禁以取利挾勢毒筭以剝民
只顧己富不恤他瘠○土豪非法百計害人私
債車筭滾估家業蓄積巨富財多勢大致壓鄉
人做造違禁房屋異勝皇宮殿閣○某極富極
豪至奸至詐拘取私債動經捉鎖私獄禁追吊
打逼取准賣兒女更改為奴田產基屋任從變
賣○富豪大戶專一放債滾估小民騙財溢債
違禁起利竹節重筭利〻生利展轉換約利本
加混轉作新借原借一文轉加倍還○凡物有
主彼此掌管有田凡業有稅必須輸粮辦納○
業山養木為納本土之需強徒毀伐不當暗害
損人○耕鋤苦力克勤種菜植蔬盜竊難容非
理盡被踐踏○農心苦力始因田地輸差種作

一名杜乙年三十二歲招與兄杜甲招
內相同
一議得 杜甲所犯除越關輕罪外合依
販賣私鹽者緣本犯知人欲告而自首
減二等律杖八十徒二年杜乙同兄販
賣私鹽係家人干犯免科依越度關津
者律杖九十俱有大誥減等杜甲杖七
十徒一年半杜乙杖八十查得各犯先
為發塚事發門擬減等各徒罪俱發擺
站未滿在逃人數今又犯該前罪合依
已徒而又犯徒者杜甲加杖一百總徒
四年杜乙杖八十照前徒年半決訖仍
發配所從新拘役滿各放寧家
一照出 杜甲等所首私盐合收入官張
三等係供狀人免提

艱難。多為土粮稅解。○種果栽桑。繫解本土之
差。豈容盜竊枉自虛勞農力。○墳塋碑石標註
傳于後人証料奸徒非法故行打毀。○奸徒蹈
法。打毀祖立碑石。似此為非不勝毀人墳塋。○
砌石費財用功成于堤水防秋備旱。誠為國課
救民。○極刁奸惡窺毀私通船載家奉神主。緊
被打毀如泥。
財本 某領父娘資本為利抛家。宿水飡波心勞
跋涉離鄉別井。勞苦因財挑擔貨物飢渴汗侵
早苦風霜夜眠草覆披星戴月。受此艱辛。○交
易買賣係干父財娘本奸心不逮。豈應偽造騙人
○銀面包銅詐作細絲使用。灌鉛車底偽作行
使騙人。○一塊純銅認出火燒似鐵鬼心行使

串招活套語類

總論　一凡問囚串招將罪重者作招頭通將各人事情招出已到者稱任官未到者稱未到官逃後獲到稱先逃今獲未發人先死者稱已故事發行提問死者稱先存今故如題內有官吏罪雖輕而庶民罪雖重必須官吏為招首無官吏以庶民罪重者為招首婦人罪雖重男子罪雖輕亦以男子為招首至于議罪則不論官吏及婦人仍以重罪者為先凌遲斬絞流徒杖笞次序議擬不可溷亂其招轉灣句語如後所云者亦不可缺今將各類句語其載于後

官吏監生生員類　不守官箴○不守藏

奸刁偽造假銀○人以信誠為本物以行正為先苟且騙財是為竊用封寄財物豈容擅費物受附寄托心為義○事物以中見為議客商以牙行為鑑城市鄉村必立當官經紀船稍埠岸應有承攬之人有名者當官之保無名者私係交人○買賣必通時價交易切要和同物有行市難從把持貴賤貨有高低豈許通同奸詐○經紀欺心把持以貴為賤牙人設法任由以賤作貴○某結交奸徒黨做造諸般假銀貨行使用贗買百般貨物害衆成家明瞞暗騙勝如打劫

人命類　某素性為非不遵法紀屢次諫言因而懷恨要得洩忿○某當踰石崇惡過陽虎窺王法若土梗視人命如草芥諫觸成仇謀害無由○

業肆意罔為○不顧行止○不惜行檢
○不顧名節○不肯監守學規罔顧儒
行○大壞官常存心卑汚○心存貨殖
志在奸貪○行檢不修貪饕覓肆
僧道類○有玷清規○罔修戒行○不
思喪服祭祀同常人○不顧師同伯叔
○不念誼同兄弟
婦人類○不守婦道罔顧羞恥○輒肆
才潑○心生毒害○心生妬忌○輒起
淫心○心起奸淫○罔顧醜行○誓不
改適○志不可奪○不能承順輒發譏
言○素無孝敬○被逼無柰○受辱不
過○受抑不過○不修婦德
奴婢雇工人等類○不顧家長名分○
不思恩養年久即同父母子孫忘恩背

暴横鄉村凌轢宗黨恣意妄為世莫敢伍
賊情某遊手好閑不務生理專一結交外人在
鄉鑽竇穿窬偷盜財物生民莫不受害○某素
不守分結交一類光棍在家不習生業夜來暗
去窩毒池魚盜人禾稲損害田菊偷砍墳樹百
般施為民皆受害○或云夜聚曉散出没無常動
驚嚇言放火燒屋偷猪雞犬輟拐人財○某結
黨成群夆囤蟻聚鳴鑼吶喊公然直進屋廬放
火殺人巍然不顧王章一方震動四隣驚惶○
某等擄掠良民妻女而次第姦汚強執官家而
恊為徒衆勢焰焰天威聲動地○某等横行鄉
村倚山恃洞鳴鑼發喊碎壁穿門車擁進家殺
人放火生民受害罪惡滔天

義〇輙忘恩義〇明知家長不行容忍〇誣告家長如子孫誣告祖父母〇背主悖義

【鬭毆類】忿氣不平〇怒氣相加〇常懷忿恨〇積恨在心〇因懷宿怨〇欲要還毆要得毆打一頓出氣〇不合逞兇〇不合在傍不行勸救〇驗已未成形已成其疾〇肆行毒行以快私忿〇輙行助悪〇逞忿肆悪〇率領〇糾令〇嗾令〇喝令〇統令〇主令〇謀令〇領同〇糾同〇帶同〇發怒〇逞悪〇發惡〇醫已平復〇醫治不痊

【殺人類】〇因而懷恨要得洩忿〇要得謀殺杜絶後患〇要行殺害〇思起前怨要得報復〇要得謀害〇心生毒害

【吏書皂快】某不遵憲紀侮弄文法裁紙條以為戈矛假牌票以為鈎餌民遭非殃莫敢喘息〇登龍斷以網利百般機巧設紙棺以埋人無非變詐〇或云扛作威福吸民骨髓〇書手某屢經訪察積惡不悛丁粮弊病任由揑作奸為民役十年丁粮誰有不報〇飛洒銭粮虚空使民受枉欺瞞丁口奸計以死作生〇無丁揑作有丁妄空上冊有粮虚作無粮懸天弄弊〇某屢訪問徒不悛愈行肆志幾經納贖仍前不改施為虎役噬人指官措騙

【告官】故違官箴罔恤民困威福在手賞罰于心媢之者生背之者死〇貪婪無厭罔念民命擬情罪之輕重視喜怒為増减非矜情於法中則

○明知諳情○蹤至無人去所潛伏躲
【賊盜類】○不務生理○專一為盜○探
知家有財物○不守本分○不改盜行
○盜心未滿○不改前非○肆惡不悛
○專一糾集為非○窺見某家殷富要
得偷盜使分用○不合輒起盜心約於某
月某日二更時分各帶盜具齊到某家
門首探聽人犬睡熟用鐵錐尖刀挖牆
進入家內○要得劫財分用糾合某等
各不合依聽約于某月某日夜各帶器
械齊到本家門首點起火把打開大門
擁入房內齊聲吶喊喝殺驚散本家人
口劫去某物出外到於某野地內或某
家將原劫贓物俵分人己器械丟棄無
存各散回家

求罪於律外合屬百姓莫不被害
【刁宦】專倚官勢欺轄下民動輒稟官嚇吏不敢
聲言每遣虎僕強奴坐家豢食捉拿提拷監禁
水年○倚宦行威縱僕作惡霸占田地基屋強
奪子女妻奴橫行鄉村勢莫敵
【地方積年】某但聞民間尋趁插入起滅生休任
由扒置生死由伊毒手割肉削貧顛倒是非百
般設計無役人員私家放告攬受民詞錢多得
勝錢少遭虧○刁徒健訟教唆捏寫狀詞平白
誣人妄空架橋造害○顛倒是非砌捏搜邏聳
告貪緣扒志扛幇稱作狀師○罷閑刁吏勢倚
衙門舊日人情廣恃裝飾繁詞或煩官府奸巧
○刁徒唆民亂詞在以主使插入扶同專一教

強盜轉為竊盜　窺見某家積有財物不
合輒起盜心商謀某等齊去打刼分用
某等各不合依聽約於某日夜上盜臨
時遇有事故不得同行只某等齊到本
家門首俱怕強盜事發罪重臨時了謀
轉為竊盜伺候人犬睡熟用鐵錐挖墻
進入房內

竊盜轉為強盜　齊到某家門首見得墻
壁堅固難以挖入某却不合臨時主意
轉為強盜某等亦不合依聽用某物撞
開大門齊擁入內納喊唱殺驚散本家
人口云云

竊盜類　官吏監守見得錢粮數多要得侵盜
使用○心起奸貪要得乘機侵用○要
得插官侵資○商同盜用應合正收作

唆百端生事風聞尋趂攬訟興詞○誘人犯法奸徒
詭詐故弄良民犯法本心立意裝捏故陷罪同
○用計教唆調弄誘人犯法因私取忿故行坑
陷良民○罪人拒捕已犯罪愆避刑逃走歐傷拒捕
律有加刑○拒捕打公差欺公抗縣法刁奸不
服藐法　欺公○縲絏相拘尚不容故脫逃走
問成擬罪豈可容拒捕抗官○徒流人逃犯法遷移
逃走回家避役理當具首摩無容隱瞞官○配
所逃回脫避遷徒不役懼人呈首伏乞仍解加
遷○奸惡罪滿私自逃回配所在家躲迺仍前
依舊害民○為犯法已問充軍察奸計私逃軍
所○因獨撥拐問經府縣問擬軍流解僉配所
未役半年私自逃回埋名隱跡不悛犯法文卷

數○不思領解即同監守○不思責專
主守○不思顧役即同監守○不合同
情分受○要得展轉營求取利○希圖
省費不合不運本色輒得財貨○要得
實緣作弊上下為奸○關防○防範不
嚴防閑　某某等
犯贓類○要得尋覓錢使用○各就要索需錢
使用○心生詭計○不合輒起貪心○
向伊索取常利○詐稱替伊打點使用
○面說替伊幹辦○不合貪圖賄賂○
要得彌縫解脫○見利動心○覬物生
貪○見利忘刑○求覓方便利心愈熾
○利心未滿
毆罵親屬師長類○不思有服親屬○
不顧其親大功小功緦麻尊屬○不思

尚存○嚇詐騙財被告結問招贓依律家縣閘
擬流罪起解配所豈憑私逃回家○私置非法事有
枉直當罣言於官豈可逞兇威擅行禁恃強凌弱
威方私擅縛人○威力縛人打拷私家監禁枉
置非刑笞杖任由拷訊○買名頂替建律教唆奸惡
訟師扛幇健訟蠹惡良民隱真駕偽影射瞞官
虛空駕捏非比泛常○奸惡假財求息欺公囑
衆返情網告到害買求以事情托求息復番○
某伏先貧窮衣食不充身心以仁篤思親義已
出本錢出名代借共計若干幇同買賣經今幾
年利益成家
○後段
土豪蠹被前惡統聚多兵肆擁上門盡將住基

姨姑舅無服有親○不念親屬情誼○不顧倫理○不念大功小功緦麻卑幼○不尊師長○不顧師同伯叔相視○不行視臨監視却就朦朧供結回報

【干証】○不合當場不言實情故行供結其謀殺是實

【毆罵官長類】○罔顧本管官員○不顧同僚官長○知係職官○逞兇毆罵

【相為容隱類】○斷念親識容情藏匿在家潛住○斷念手足至情伊恩至親法相容隱

【縱放軍人類】○不合不守紀律○不以征操為重○要得買求歇役○要得包納月錢○不行鈐束○知係逃軍妻女○縱放買賣○不合私使出境○不思

房屋家財什物抄札一空逐趕全家東奔西竄生死莫保○鳩集狼黨綱紬歸家非刑拷打監禁絶食勒寫基屋墳地田産屋被拆去塚被發毀平為地土伊得祖苗坑身祖脉骸骨飄無情悼不已○奸豪勢惡滔天打死人命廣用金銀在鄉賣息勢大任煞命如砂土當如草芥府縣人情孰能敢敵但有仇者動輙用奸買通巡捕財拴刑房衙門人等更將盗賊指使機關指攀坐陷各執貧民有口無伸冤枉無辜屈遭死地

【毆鬪】偶於某特鬪某孤身嗚令狼伴鷹犬多人扠某鎖押伊家私置土牢非法監打遍身青紫頭面破碎惛憒在地渠得某捨命向前力救扶歸現今命若懸絲生死罔測○統集兇黨猛如

空歇役

【迯避差役類】○要得脫免差役○要得買求脫戶○要得買求詭計○明知迯避人民○不合隱蔽在戶

【婚姻類】○明知部民子女○知係為軍婦女○罔顧風化○不顧人倫○苟合成婚○知係孀婦○不顧夫喪未滿○不顧尊長名分○不思有服親屬○知係應離人散

【姦婦類】○窺見本婦頗有姿色○容貌丰姿○輒起淫心○時日用言調戲○要得勾引出外姦宿○某氏亦不合喜允或笑允與伊姦訖一度之後往來通姦不絕○姦逼情熟○某故將本婦扯姦一度

狼虎勢若陣猴各執柴棍俱拿器械任打遍身
黑紫頭傷肢損痛切肝心傍人畏惡不敢近救
負傷倒地暈死不知辛某見兇力救扶回用湯
灌醒幾命可憐殘生難保命在須臾呻吟旦夕
苦楚難當○或遍身青紫氣浮滿面手脚沉癱
生死難期傷重極甚內損吐血血水長流扯去
頭髮傷痕可證飛石亂打致傷頭腦穢糞澆潑
遍身淋漓亂拳脚踢手執石拳頭上一傷血流
遍眼打落牙齒唇喉腫痛不能進食打折手指
不能舉動刺瞎眼目終身篤疾兇惡非法鐵尺
苦打致傷兩脚骨折肉浮生死未卜○陡被兇
惡挾仇張捕身往某處鳩集狼黨半途邀截嘁
聲拿捉四路圍繞擒揪亂打性命須臾當得某

【奸惡類】倚恃慣熟衙門○專一教唆害人○倚恃刁橫○一向恣役尋事害人未曾爭鬧

【奸細類】○輒起叛心○輒起離心○輒起異心

【軍職冐功類】○要得貪高陞賞○希圖要功○要得冐功求賞○希圖陞受世職

【過失類】○失於備慮○失于瞻視○失于關防○思慮不及○失於防閑

【失機類】○不以軍情為重○不思機密大事○應合設策備禦○應合奮勇向敵○不合玩視偷安○不合畏懼退縮○要來乘機掠擄○見得賊勢猖獗○應合固守○自知有罪奮勇立功

【緝捕類】○應合捕捉○自合星速○應

力救方甦○吋令一黨兇暴猛如狼虎將身擲髮脚踢亂拳叢手打傷昏迷倒地扯破衣衫巾帽無存袖包帳簿身上荷包銀兩文引鼇等俱被打失混去聲吋地方衆目皆見

【婚姻】勢惡因覘某妻姿交節被起心謀姦未從詎惡公然肆強統衆奪占為妾餂民失配情切何辜○思男長大托媒婚娶不期奸親非法畐富棄貧貪財不義又將伊女聽信奸人唆令反悔背理不仁律法繩規親難悔拆一女一夫媒証結定接受聘禮終身不異焉有一女豈許二夫媒証尚存婚盟可証○豈婿不仁不自思省得攵成殷尊富大剩心行不足恃好貪淫娶娼作樂棄寵妾為妻棄舊戀新貪淫樂禍顛倒人倫

今用心緝捕○旨合[illegible]送官○不合
故縱不捕○不合不行送官○不合不
行捕官
藏匿類 ○知係掠來人口○知係被誘
之人○知係來歷不明之人○知係罪
人不合藏匿在家潜住甜言引誘
犯罪逃走類 ○聞風懼罪○要得脫走
○却行躲避○欲行逃罪○畏懼遠方
艱苦要得避難解脫
誣告類 ○自恐虛告為當○要得誣伊
罪重○要得誣陷報復○思誣被枉不
甘○欲要掩飾已非○要藏已过○故
自傷殘希圖收贖○隱下真情○曲為
辯理○不合隱下壯丁故令老幼疾篤
之人或婦人抱告希啚難贖○捏情誣

已幾作煞將女打落餓[illegible]謫賤衣不遮身食不
充口形如枯木命若懸絲要行將女出賣為奴
○豪勢奸徒強奪良家子女姦為妻妾是雖婚
配第姪必須所願相從律有法規豈容姦占○
只望結髮生育我家何期不守婦道多言多假
好食貪淫耗財如土以致家道潜被敗墜不孝
公姑背夫造食偷財貪嘴報往挨來妯娌不和
致傷骨肉累結訟端思知被陷生世難終望無
結果根之不良守如律法思飢不足從夫嫁賣
○殊料奸豪倚伊財寶買衆勢大害人搆交奸
徒某等貪財壞義強為媒妁糾同不仁某等只
欲金銀為愛不思故婿之情將氏許與奸豪為
妻寧死不從終身不改思夫存日結髮為親今

諂○无由遮掩○掩飾不過

【故禁故勘類】○懷其目前舊怨○逞肆威怒以濟巳私○心生殘忿○心懷仇恨○恣任威福○任情苛刻○心存偏

【故失出入類】○自合厓心詳審○憑合稟官究正○明知可疑○失於查明○見得兩相爭論不服招承○任情偏拗○徇情偏向○止據原詞逼令招承○不由分說○不容訴辯任情挾怨○買求捏結曲為回護○被虐不过○受刑不过○自知法虛○自知非理○阿意曲從○聽從主使

【屬託類】○不顧名節○徇私聽允○承順逢迎○徇情聽囑

【違累致罪類】○不行阻當○救護勸解

夫巳故拋尚未乾守服三年乃婦之本服雖平滿誓死不從○豈詎其辱父死未久肉尚未寒居喪嫁娶律令遠犯

【姦情】殊料勢惡日逐來家見妻美貌豁耳交情倘若不從即生禍變或買賊擊指或架賊騙害威勢難敵情慘黑天○幼女未笄難強宿姦被汚良緣玷辱終身有傷親族○縱容妻妾貪財與人通姦敗俗傷風乞法惟施治革○先姦後娶買休賣休之情逼勒夫休姦女姦婦之弊○同宗無服豈容姦亂人倫乞治非人頹敗稱呼之義○義父不姦義女如若相通律理甚是難容後女不義逼姦母女同夫情若禽獸之甚○私姦義妹犯倫逆理奴姦良婦理犯良賤之條

○首出○首正○檢舉○告寃○自首
○緻毆
切怨類　切怨　痛怨　哭怨
富豪激變良民法律固不縱容故私
挾情理果何堪忍○橫強藐法桀賊誣
陷良民聚衆抄家非法枉民究辨○勢
豪枉法強占為妻毀壞人倫甚傷風化
○勢力縛人勢豪奸詐倚威擅行綁縛私家
非刑拷虐肆无忌憚情法難容
鬪毆激變良民私監鎖縛非法毆民情
理何堪○義以為上古訓昭然力以相
角明戒具在問法毆民律法難縱○某
不事詩書以爭鬪為奇管問循礼義以
詰毆以加謀○良賤相毆賤以事貴上下莫
踰尊以臨卑分定不易強奴毆主情法

傷道犯姦理實不容風化○父姦義男之婦違
犯隣里皆知夫姦妻之母姨乞治親屬不足○
奴姦家長之妻世間異事俯蒙施治姦刑正綱
常俗○官吏風騷一埶姦娼失法吏巾易服貪
淫夙世娼家○官吏淫情交娼共枕官吏私慾
愛恋娼妓心或淫聲無此不議
略口　某頻起雄心欺隱背賣得價肥巳男女
不知下落隱民骨肉天各一方人分兩地情法
何忍○收留在逃子女價賣出入奴婢情法難
容理行舉首○收留迷失奴婢轉販得賣為私
隱藏背賣謂之設方知情不舉發露貽干○迷
失女子不當姦為妻妾理宜招主送官仍復還
良豈容藏隱姦污情虧○不期某違律迯回照

何苦○某名義覓顧惟血氣之是尚貴
賤倒置恣憑刁而自逞肆兇毆主據法
何堪○毆期親某視期親若秦越待尊長
如寇讎交臂相稽挾讐入室診臂相奪
孌兮交射恃強欺毆倫理乖傷○惡姪
非人逞兇悖逆毆傷服叔理法何當○
打傷胎兩命難保遇全天理何在橫惡倚
勢欺毆律法難容

婚姻生妻死墓国有定刑匠人林頂背
肴何堪○遠嫁娶之條滅綱常之義表
術之于呂布是何心哉管彥之於王褒
尚可言也受聘負約犯律違條○典僱妻女
文婚姻人倫大義受財典僱風化乖
理蕩然綱常掃地○逐婿嫁女以女配
一定逐婿圖財令女別嫁厭貧

律加殺遣法充軍鮮衛逃軍情甚不敢容隱○
奸徒欺法詭譎若將容隱誠恐惹罪無辜庶免
奸詐仍前不悛依舊為非本縣文卷問軍理宜
具首○某嚇詐騙財被告結問招贓依律蒙縣
問伊流罪起解配所豈應私逃回家○刁奸枉
法欺公逃避若是隱情不首恐發貽累相連○
刁惡抗法欺官打傷捕捉差人理宜照例依律
郵邱○中途邀截打奪犯人抗縣欺公拒捕避
罪○刁豪極惡欺縣不服拘拿拒捕集衆打傷
扯毀批文

錢債田土賊父出外身畢每被倚富操奸捉某
挾寫虛錢實契恃鉄腹捏共為証統衆搶佃標
甲各種租致陷一家衣食絶望情痛何堪○今被

求富貪利傷倫○一女一夫逐婿豈容嫁女招婿逐婿一夫又換一夫綱常大壞於理難容○喪服婚姻忍心害理作樂忘親情甚不堪律有明禁○同姓婚姻曾之于昊聖人所諱從之于偃君子所嫌同姓匹配亂倫敗常○其無水木本源之思有內外贓穢續之行夫不夫而婦不婦稱是何名劉配劉而王配王禮義何據○尊卑婚姻尊卑有等難結姻親上下有章豈為夫婦外姻有服成婚同母異父結配敗壞綱常故違法律○尊卑親屬難容結婚同母異父理實違例○諸秦晉之約紊亂尊卑訂朱陳之盟反傷風化○妻妾失序其但知好色之可好不顧風化之有乖以妻為妾天理難容以妾為妻律

豪惡不察前項先人後業舊界為規覷迺行欺擅將古額私自墾毀平空過占湊局兩頭舊跡明白現存拘審田隣占情可斷○始因謀買湊為基地恠身不允倒生荊棘尋田究占欺身懦善不敢抵敵○強占謀業挾制要買近伊立計陷害租苗霸截水利不與澆灌百般措勒賤價叠買累被陷害不得租收致陷粮差被坑虛解○刁家一旦平空飛占盜割禾稻踐毀粟苗稱是典賣強霸耕鋤打毀禾稻農從占一年靠望盡空粮差虛納業被混占何人盜賣誰人典當既稱故田豈無賣主○未審何人妄將本家承父田地朦朧典獻富豪勢耀坑陷家貧告爭無杜○刁徒奸計盡賣絕又行重賣貪財重復情犯律

何在○律有七出之條有三不去之義
婿先貧窮今享富貴賣妾何辜以妾為
正律有明條人倫何在○以妻為妾寵
妾賣妻律有明條難容顛倒○[illegible]
人不納乎蠻婦柳下惠實為仁人勢豪
財大強娶服婦律法何容
【姦情】人倫風化律法為綱倚勢強姦婦
女敗條壞法何甚○男女有別授受不親
君子別嫌淫蕩是戒恃強調戲倚勢強
姦敗壞人倫大乖風化○閨門內戒淫
化端原杜約淫奔有傷風化○縱容縱姦夫
婦夙緣一分妻妾嫡庶之原其喪其廉
恥縱容妻妾通姦惟圖利賂實與禽獸
何異○夫婦萬化之原妻妾綱常之植
縱姦捉姦蹤此向亂之行責杖責杖責

法無規○圖財枉法典價又作賣價奸謀拴串
重復分明奪業○身思一業非是重復貪財切
緣二主俱是謀局爭強○兩家忿氣奸心不由
張主扣身逼賣捶價豈得受回○奸謀基地勸
作重復之情兩主相爭將價掗身硬受○陡被
豪惡方將本家蔭庇墳山賊行盜砍致損不安
謟害墳塚○忽被豪雄侵謀風水懷占無由暗
機計害賊將幼男及賤諸骨妄將埋塟本山計
圖謀占事係欄根○却被族惡立心不仁在其
祖墳逼遷畔挨立生塋占做假堆侵損祖塚踐龍
截脉哈穆不應或騎墳埋塟命脉相干生亡不
利○刁惡鋤毀墳堆湊爲園業上面耕鋤栽種
求榮下面棺息擬思存否○蓋已損毀無行出

傷風化之體○親屬相姦親屬之分倫理昭
然私通姦宿天理滅絕貪淫恣慾牛馬
同途○天倫分定尊卑分嚴氏潑惡而
不守婦道思離異而誣執翁姦悖亂人
倫大傷風化○買良為娼良賤不以為婚娼
優豈可類論買良為娼違條犯律
戶口　累買累賣故違法紀割人供家子
心何安○漏脫戶口心懷詭詐有出入莫測
之神事變靡常有指東號西之術丁雖
壯而素不附籍賦雖重而何嘗當差○
強占子女倚勢欺人恃強壓衆奪良家女子
以為妻妾占婦女在家而配弟姪子孫家人
條律昭然而敢違刑法可畏而敢犯○
收留迷失利其迷失何曾入井之憐輒居奇
停久坐下石之計圖轉[illegible]賣深藏隱識

入兩頭顯跡存證可勘雖有私開遠還不便遂
近鄰人心皆不服○今被勢豪不以國課救民
為重只此占業陂岸為強益一己之私失百民
之望或用木石疊出丈餘架造凉亭水閣于上
形影可辯曲直蹤跡顯然被占一丈池塘致旱
數畝粮稅○因被占出塘面卑狹不能涵蓄高
上開濬空崩塘塝高流瀉下砂土漲滿以致淺
狹至夏秋乾旱民皆失望農苦無收或致忿相
爭打傷命告○陡被強惡恃伊勢豪霸截水利
霸上截下強者得利弱者受害○豪惡計着瘋
殘聾跛縱潑賤役病人來家坐逼炒罵撒尿放
屎只得忍氣浼托原中懇求寬限疊轉約利重

〇伊係妝罷律不宜為妻妾天緣配就
一夫一婦為良〇隱蔽差役賦役以紀丁粮
均徭以當差役戶不附籍而躲避當差
丁口隱蔽而相冒合戶受財作弊倚官
害民〇有田則有賦有丁則有役賦役不
均民安得所〇逃避差役賦以定差丁以着
役畏懼差徭而避難躲重脫輕背離鄉
井以逋逃希圖脫免〇離鄉背籍希圖
脫免差徭越境逋逃實乃躲避賦役〇
立嫡違法服族別而規踈不齊長幼明而繼
立斯衣其廢長幼之節亂嫡庶之倫公
不容私難以微啓受辛恩不勝義毋以
泰伯季歷〇宗道乃人綱之正紊亂乃
是姓之非律有正條理當改立〇私創庵院
私度僧道不給度牒遷服緇黄不請披剃擅

債深貧委難還〇帶領伴僕虎勢來家親臨取
討勝比官追僅有田土基地幼男被立奸心拉
身前去伊家房禁不放牢吊拷勒任由施展黒
天扣筭一錢還十心尤不足逼寫租田賤價騙
佔准折兒女縱為奴婢變賣房屋宛轉用計拴
人出名承過價銀不見分毫空手放回痛剜心
肉逐身出屋如鳥失巢家敗流移豪債滚陷思
要告理勢大難攀若不具告一家無安〇遠年
私債父子相傳一倍十倍不敢聲言騙心不足
或殺過天准折兒女滚估萬千勒寫房屋措准
租田豪勢制壓任由筭騙綞續還納本利倍餘
貧難抵敵准折難言仍執陳約騙無了年有此
豪惡懇告青天與民作主塗約除冤

營寺觀正道攙雜而可慨異端淆天所
當除〇術師術巫人以正道爲格心以怍理
爲端重道崇釋道律犯禁皈巫邪術理
實難容
錢債田土賦欺隱錢糧脫隱指糧虧
損正稅雖尹鐸之保障亦所不容賊耗
軍需雖白圭之務道亦所當毀用本其
弊以懲其奸〇稅糧國家命脈實
係生民膏脂徵科輸納一毫不敢過取
〇錢糧雖曰當出當之理法必須
正收正支那移完納玩法欺公那移支
放懷奸作弊〇貪財民生脂膏
積貯天下大命欲府庫之充實在出納
之得人官豪虛出通關赦票實爲監守
自盜〇某不知畏法干上惟事欺瞞不

財本投落經紀牙歹毋托爲發貨孰知欺瞞
異鄉孤客人路生踈舉眼不識任山展轉推東
掩西兩名影射搆搶光棍一路心腹貨物賒去
計價約限依期去取推托哄延百般調弄纏陷
一年半載不見任山設法〇拴通光棍欺騙立
意議賺負騙推拖哄延分文不與憂思父母影
途兩天素手空拳不得還鄉〇奸惡明欺坐視
不還上門取討支吾不見返嗔催取觸怒辱罵
將言理辯唱令叢手亂打混失在身銀兩若干
〇強惡勢欺孤客怒賣換勢交易不由情願價
爲低銀賤價喬賞折本不久明驗異鄉不由分
辯〇經紀拴通坐騙如賊作賊作貴欺騙客錢
行止過虧乞嚴禁革〇私充交易瞞官騙客之

知輩解子下專斎賄賂無而為有虛出逼閣塞而為多偽摽硃票監守自盜律法難容○倉庫侵欺設倉庫所以儲蓄錢糧金斗庫所以嚴防盜賊奸猾私竊侵欺擅自那移借貸○猶鼠相賍通同作弊鵲鮮相視覺察舉呈那借以為故常侵欺以為無害○徵收錢粮收支自有定制有司出納必有定期勘悪刁蹬晋[illegible]遷延添為民害○盜賣田宅民有居室世業相傳国有徵輸版圖是貢物既有常管應盜賣○不顧欺公惟圖利已移坵換段不循禹甸之規以舊作新妄指界高之宅土宇版章国同輸也出作入息民何賴焉○重復典賣先典私賣准折倍還[illegible]賣復賣相真契實得受賣價○[illegible]

徒自充經紀誠是詐偽之黨[illegible]拉客商私充把持賊心奸詐騙客任由○面目是人中心賊臉把背私抽騙財明為暗賊輯同賍瞽皆是以賊分贓洛心叫忍痛捶胸○詐言故失如網如人偷寄之且與心交昧之乃欺天理費用理合賠還死失貲無蹤跡

人命　畢不被兇惡於某月某日嗽某隻身往某處商同悮從其等各執鎗棍隱藏兵戈在於山內將某登時頭心或腦門一下打死在地將屍身藏焚斂跡負冤無伸情痛何堪○奸謀害命計將毒藥殺人造意圖財違法陰謀過甚○被奸屠縊勒逼站死人冤族服致傷陷命孤情負枉○因奸釀致死情犯違律殺人行威勢逼事致

地之間物各有主欺孤吞弱理法何容
○田土稅粮為主業被混占錢粮虛納
旣稱故田豈無賣主○典賣田宅貪心四
起奸計百端不稅契書欲使朦朧照證
不收籍冊復置隱蔽錢粮○山雖可棄
祖骨難拋柴木衣毛豈可斷剝○灌塘
灌溉禾苗允民渴望奸豪勞占塘業損
陷衆民○塘稅均納水利當勻恃強欺
弱霸截何耳○世今古路通衆往來奸
雄枉法閉塞難容○生財大道為富不
仁違禁取息法所難容○勢豪嗜利加
倍剝民割肉醫瘡經年不了負債傭身
顧口卒歲難免饑寒○受寄財物人以信誠
為本物以行正為先封寄財物豈容擅
費心懷奸險法律何甚○擄騙某慣習

至死人命○造意謀殺枉傷命危逞兇打碎頭
腦幾命即刻死亡○同行知有謀故替某起意
圖財暗使弓箭射傷貫乃遂意併殺○採生殺害
持刀白日殺人魘魅害人甚是主謀同殺○奸
惡欺條違法計將毒藥殺人謀害性命律法難
容○主意行殺情犯律令何容過失殺傷致使
律當處絞○故殺子孫律法難容誣賴妄將奴
命抵虛發告惑官○難容圖賴他人子幼奸心
計將親死圖謀設法或將家長死屍誣人○騎
馬奔馳馬足踏傷人命推車勢勇以致速急傷
人○命強走馬踏死屍于非命擲石拋磚打死
命于非法○蠱藥殺人奸仇故行陷命鍼醫到
穴傷命腑坑至下○威力尊縛拷打致死人命

踰墻鑽穴不嫌納履整冠隱鼠首而齧
瓜掉猿臂而摘果種作艱難豈容盗竊
◉瓜田納履君子不為李下整冠達人
所忌種瓜栽果養贍稅粮苦力勞心豈
宜擅取○蹂毀器物稼穡樹木入民籍
以聊生逆心害物棄毀抗法欺公何忍
財本　朝廷設商天下通行携本出外貿
利營家今被蠱騙情律難容○以有易
無先王之制因人任事占者之常商賈
往來財貨牙行爲東交通賊心奸詐騙
客任由○某抱斗管之器舐刀錐之腥
估計不平至增減乎物價美惡雜監用
欺騙乎民財○行使把持買賣貴乎兩實交
易合宜和平恃強把持取利通同販鬻
僭價作貴作賤肆志長奸

綑縛捉於伊家威力打殺人命威權力勢非法
納人打傷肢躰篤疾可憐命在須臾生難必死
○胎有一性一胎即一命究強勢惡踢傷小腹胎痛
將危極惡強梁逞兇踢傷小腹胎痛難安妻命
沉吟叫哀苦楚○強惡行兇非法打傷胎命妻
聲叫苦痛哭幾於命危被陷子母冤屈可憐打
傷妻腹胎落存證非法行兇妻危胎死○律然
公事不許私和雖售欺終難息訟也私和必有求
財之弊求和事有買息之情理不足宜經官判
決事遠犯舉憑官施彰○貪財賣放實是奸巧
之徒賄托私和無非欺公蹈法○私和人命案
無情可圖財買休得其財朋相撩息未得者必
自行首○人和私和甚是欺公玩法廣財買息

【人命】人命関天地聚知問地方事干官
情望天急救○其素肆兇狠不畏法規
視人命如草芥覩骨肉如路人忿氣直
財殺人害命○折辨雖其悲為盜賊之計
敢施折割之謀分解人之肢體視若割
中之瓜劓剮人之面目譬如几上之豚
法律難容寬慘黑地○弓箭傷人某弓箭妄
射至毀人之體膚矢石亂投誤中人之
耳目雖云偶爾有傷實乃幾乎喪命
【賊情】巨寇若不速剿小民難以安生事
関地方非比細務○強盜引類呼聚屯
聚郊野鳴鑼哨指刧掠鄉村明火持鎗
殺害人命淫姦婦女罪惡滔天○強寇
横行鄉村無不受害動輙殺人放火情
慘昏天○強賊聚衆刧掠鄉村殺人放

以到有司斷究
【賊情】偶於某夜幾更時分忽被一夥強賊將撬
棍打開大門各執鎗刀塗黑形貌高舉火把設
立公座懸掛旗張盡將家下金銀首飾衣服牛
畜等物刧掠一空殺死數命一家婦女盡遭姦
汚情慘法弛含冤莫伸○鳴鑼吶喊碎壁穿籬
車擁進家房財器物掃刧一空吊懸拷打殺傷
殘命姦汚婦女恥辱風聲燒毀房屋搶擄家財
殺人放火違法盜民○陡於某夜被惡某等帶
領多人盜去池魚一塘後時知風跟踪隨至某
家聲喊四隣知証反觸虎怒嗚黨叢打暈地幾
死當得某救扶灌醒匍匐逃回情慘昏天○陡
被仇徒行害放火故燒房屋一家老幼裸體逃

火車擁搜尋姦污動地驚天○叛亂屋被
燒毀財被擄去人被戮傷欺法過天其
強太甚
吏書邑快　惡嚇人財故違法律出入人
罪情理何居○權惡欺公侮法作弊瞞
官抽詞搭案陷罪無天○奸貪濫污科
派侵斂枉法受贓虐民害民○倚勢恃
刁懷奸作弊指官嚇騙冤屈無伸
告官　豺狼當道雖大犯寔貪贓枉法已
失天朝立官之意故遞出入夫豈王者
刑戮之章徇欲虐民陷弊何辜○居官
以廉潔為主守己以道義為先某外飾
公直內懷貪婪廣納貨賄枉法受贓法
弊不懲貪風肆濫
訟方積年　恃刁設計用言誘人犯法去[illegible]

生衣財諸物化燼成灰哭叫皇天可憐靡盡強
盜放火故燒民間房屋盜擄家財劫燒情甚
吏書邑快　某訟誤落惡手承行已被欺公枉法
唬詐紙筆禮銀若干嫌少而欲復詐無由就被
瞞官作弊移詞改案起滅情罪增輕作重陷民
死地冤黑滔天○吏舞官權賣法食民膏肉贓
官作弊抽詞搭案衙究接錢當如送餅枉民身
若倒懸權威壓縣起滅貪緣貪財益已罪惡滔
天○書手奸[illegible]有錢者生[illegible]不報無錢者死丁不除
百般刁詐千計騙錢只得從權勢所轄○任
由筆下詭計飛粮灑派聽從紙上生亡進出那
移○盜剋稅粮私受枉民冤斂貪財肥已欺公
紙上戕[illegible]○素騙民財[illegible]打劫百端設法害[illegible]

心不善懼罪枉法害人立意圖財其公
利己○刁奸健訟捏告誣人起滅欺公
違條越律○某存心奸詐狐假虎威術
無作有千方悚懼乎人耳捏小作大百
計嚇騙乎人財大膽欺人瞞天謊地○
奸徒計策故陷良民說謗誣人豈容造
告○刁徒拒捕不服拘拿抗法欺官情難
容恕○豪霸罪人某應役受遣互推托而不
行與惡為援且隱匿而不報抗法違條
情何堪忍○奸刁枉法欺公逃避者是
隱情不首恐發貽累相連

○結段

富豪冒死懇天勦除強惡民得安生陰
隲萬代投光上告○告向青天與民作
主勦虎分獎塗約除冤○伏乞准理祛

詐騙財[illegible]產業賣[illegible]養家暗指稅糧作
弊移山穿井瞞官換鈔枉法殃民○放富差貧
里長私相作弊丁多粮少具由作故瞞官有錢
者生無錢者死○悍快指官揹騙百般設計害人
私置非刑動輒綑綁吊拷枉法欺公民受冤抑
○積快奸刁害民無厭駕空設法平地翻船捏
計陷人塗誣枉害

告官某不幸冤遇惡隣某恃富操奸懸捏虛詞
聳告惡官某處貪緣鄉官囑行賄賂暗地偏聽
一面之詞不容冤民分訴拗曲作直屈打枉招
可憐情蔽覆盆無門伸告○琴堂如賭賻之房
六房如交易之肆受塞一面之詞不許冤民開
口聽吏禀告或左或右信差人言或捉或拿不

惡除奸深為恩便老幼感恩激切奔告
【鬬毆】奔狠青天垂救危亡嚴拏兇惡仍
令卄限保辜醫治免致臨危難辨上告
○狠辜准理急救危命着醫治卄限保
辜臨卒難辜哀切上告
【婚姻】告乞懲究以正綱常以安風化上
告○告乞准究斧斷給親與男完娶庶
不垂傷風化亂法違條哀鳴上告○冐
死奔告伏乞正倫以正卑序庶無枉法
免致辜恩○伏乞清判庶免終身失配
依律斧斷免致趕逐○告乞青天霜威
孽當憫憐乾獨望乞批嚴終身不嫁存
殺感恩哀告
【終情】狠告天臺准提鞫究以彰法紀庶
使風化不致垂傷綱常毋[illegible]切

恤民酷刑亡罪懶理詞訟好酒沉眠告狀一張
週年半載監禁犯人滿歲不明如斯貪酷民任民冤
【鄉宦】被某乘機執事為由專倚官勢假虎張威
氣然作勢欺見愚痴孤兒寡婦驚嚇銀兩親手
接受肥家入已○陡被官豪勢焰利害縱軍擄
掠某衛指揮某所千戶百戶某名統領部下贊
惡強軍某等下鄉巡捕為由縱容軍衆聚如蜂
蟻兇湧來家擄掠財物驚散旋倪無安身所兇
民膏血實受其殃下石壓穿何日超生○官官
勢利囑託公事留難殃民霸占田產毆打騙害
身情奔告人情財賄囑託沉匿不行埋捺告詞
如石沉海[illegible]落覆盆難見天日落陷小民無路超生
[illegible]被叫屈[illegible]言殺豬擔酒[illegible]

恩隣職尚知分秩鶩鴻凡……
不以為重法度甚是難容鈞行正化伏
乞彰刑戮奸除悪正俗輔端免致傷敗
五常頽壊風化不顧人倫
詳曰告乞仁天作主追究絵迷父子重見
□寃造上告〇具情哀哭作主乞賜
□□結髪伏判完聚〇告乞作主行関
□□復業服役各得其所免致貽累〇
□□告乞行提革息異端免致左道惑
亂世俗〇告乞准提以蘇民困廃得超
生〇備情奔告乞賜收養甦活残生廃
毋失所匍匐表告
錢債田土 懇哭訊究詳的毋陥死塡濆
壑陰德彌布望光上告〇乞查税粮灼
見虚實免母貽累免致欺占〇□告乞

……分付原被詞證
務要加□□得彼依変賣□□登門叩首如若
不從觸發雷怒被告點頭拳心切切湏吏忿氣
遭經唆競〇地方豪强猛狠似虎扛擡四轎漁
獵郷村來家虎坐閙一科十灑派良民詐騙民
財害衆成家欺民無猒沉没財物托囑官長説
事過錢計囑典吏通同作弊恐唬財本受贓入
己帶領狼僕身騎高馬縱容虎伴各執棍棒竹
椑剃條枝鎖斉全紐綁在地私置非法逼拷掇
打需索酒食詐騙民財欺壓良善有錢放生無
錢毆打苦痛難當受刑不過酷害良民妄生事
端排陥細民有屈無伸〇豪要科派閙一科十
灑派小民黒心毒害酷騙民財多科料錢過徵

委差臨勘着令遷移改正[illegible]虐○乞煩
研究祖宗骸骨存無下落庶免傷殘命
脉生亡被陷○告乞檢勘照分均判改
正還業釁起華禁庶死安生○黏告乞
疏通責令改正照舊衆便實為民益○
陂塘告乞疏通水利蘇民因陀庶無倚強
侵占亦無霸截○告乞審救斷還田業
庶免蕩散流離良善安生得所○奔懇
華除頑蠹免遭冤陷庶遂更生民得存
濟○趟趂奔告匡扶小民免被鈎距剌
骨吸髓痛情匕告○告乞憐憫下民斧
斷杜患庶免私債騙害冨食貧肉○伏
乞准理如黑光天救度小民日曬冰泮
禁華豪蒙竹節放債判還田產一家安
身追還兒女免致坑陷○大[illegible]救

粮米強拿頭牲准折㹀畜勒要金銀三倍作一
常行慣便受贓入己稟囑本官賂托人情監禁
拷打日夜逼刑只得曲從寃無伸訴害衆成家
貪心得志○稔惡屢訪撥志教唆陰謀僥倖文
過飾詞教唆扶撥強帮硬証纏告擠陷如石覆
穽寃屈難伸昏天黑地○奸徒撥志故陷良民
虛空造害毀謗誣人不識不知理宜教於理直
奸心奸計何當故誘罪犯○勢暴因公專擅科
歛民財損人利己慣惡粮里長領票徵收粮料若
干不依官價一槩倍徵多收銀兩刻剝肥家私
到人己○伊冨我貧傍人譏論絕義老無結果
人親耻譏[illegible]仁獵步得[illegible]貧于五吾楚思身
[illegible]告中[illegible]旦條[illegible]長詭譎撥忐教

〔賛謝〕皐華惡除奸聦常銀本位名筆選
〔□□〕告乞准提照帳追還超鋑冀䉼早
得遂鄉庾使客路䟽通深為恩便上
〇懇天怜准行提斧断追還父娘財本
超紙還籍免致經紀狊悪扞拴通坐騙〇
〔天命〕告乞准提超生憐死陰隲萬代上
告〇告乞檢驗傷証明正典刑生死嗗
恩九泉感戴〇懇告天臺乞委清正甂
明官員檢驗明白庶使律法昭彰不致
乞賜覆盆投光上告
〔□□〕告乞嚴令精兵人役張捕緝拿以
〔□〕民害上告〇告乞准行緝拿癄捕救
民除害庶地方寧謐國法昭彰上告
〔亊害覓伏〕懇天洞掲覆盆嚴除悪弊不
㥀欺枉投光上告〇奔臺俯垂親提擒

歩手来　誠恐懇　私訪強梁詐官
欺官里吏隷某人來家　衙門某官名色
斗ヒ某件使用後知入己果實不井〇某遵當
役某鋪鋪兵遞送公文並無故悞今被猾吏皀
快舍人故將行李勒要挑送稍若不從逞兇檑
楚跡打貧弱只得聽從〇專倚官勢某事下鄉
私役人夫扛擡四轎把傘挑囊遍到民戶索需
鷄酒誆騙財物托穽陷民〇窺人爭競則激以
興狀詞因人病故則唆以使番賴浸潤官長說
事過錢交通吏典生事害民
〇附結段尾附遺
〔鄉宦〕懇告青天勦除強梟追給田土基業還貧庶使
良善得生法無欺枉陰德萬便上告〇奔臺告

拿剪兇勢奬不致冤蔽覆盆庚無欺枉
告官昧死懇天奮乾用離大彰國法以
除民害萬代瞻仰上告○冒死懇甚代
天行戮剪暴除奇以蘇民困投光上告

乞准提剪鐵殘横以正國法救拯塗炭激切上告
地方積年告乞拘拿姦除民害彰行國法代天
理物拯救良善含究上告○伏乞准呈差人訪
察擒拿懲治庚卑法紀彰施民無儆儆○伏乞
准行僉解原流庚免在家愈加民害○伏乞准
理行拘遊軍僉解配所免致貽累

八卷終

三五七

音樂　五譜
書法　畫譜
萬用正宗
三

樂奏宮商

新刻天下四民便覽三台萬用正宗卷之九

音樂捷徑

三弦點譜式

夫三絃之作其來尚矣皆前人點指表
[illegible]分查略節句點明白若能唱清彈熟
[illegible]感譜已[illegible]管開此甲乙丙丁戊己庚
辛壬癸乃由中算學也[illegible]內分中大乃
三弦點也凡一點一彈二點二彈三點
三彈勿不可[illegible]

音樂門

琴譜

〇太音[illegible]法

伏羲制琴長三尺六寸六分法月[illegible]數[illegible]史公曰琴長八尺一寸風俗通云琴長四尺五寸今以伏羲[illegible]為準蔡邕曰琴者天之正音得其材可以合天地之正氣得其人可以合天地之正道得其[illegible]可以合天地之正音否莊老人曰今之為琴者多不求良材多不從古式欲求合天地之正道[illegible]音者難矣故有志於琴者必求良材必象古式必法明師必[illegible]正道必協正音材

[illegible]

之不[illegible]琴之實也式之[illegible]否琴之忒也師之不
善琴之善[illegible]正道其何能合正音其何能協乎

○琴面諸稱考圖

㊀額 ㊁承露 ㊂絃眼 ㊃岳山 ㊄肩
㊅鳳翅 ㊆腰 ㊇冠角 ㊈[illegible]

○琴背諸稱考圖

龍齦 刻 又鳳足 蜂腰 又軫溝

㊀[illegible] ㊁護軫 ㊂軫池 ㊃龍池

尺●巳●尺○巳○齊　巳○○巳○
戊●巳丙○●乙○尺○庚●尺○○
乙○尺●丙○○乙○丙○巳●戊●
丙●●巳●丙●乙●尺○庚○尺○
甲●乙○丙●乙○尺●○中○○庚
○巳●●庚●尺○重和句　巳○
戊○○丙○○乙●尺●庚○尺○○
乙○尺○丙○○乙●丙○○巳○戊
●丙○○巳○○戊○丙○○乙○丙
○巳○甲○尺○庚●乙○○尺●庚
●巳○庚○○乙○丙○乙○庚○○
乙○戊○中○巳○○撥巳重一和
戊　●尺○巳●戊○中○巳○庚
乙○丙●乙●甲●庚●
○丙○乙●●合[illegible]一和　乙

五 鳳足　六 鳳沼　七 托尾　八 [illegible]

上絃手法

凡上絃當以小指纏絃而有力用之則在大指上絃須用左小指纏絃凡法也

調絃手法

凡[illegible]絃須用間勾譜作[illegible]假[illegible]食指[illegible]七絃中指勾四絃乃為之大間列也

○抑絃手法

得道仙翁得道仙翁得道仙翁得道仙翁

[illegible]

五音正調　大指對九徽　名指對十徽　第三絃退十徽半

[illegible]

○秘[illegible]若[illegible]法

○尺○庚○巳●尺○庚●●●巳○

○真○下中●

[illegible]合 乙●庚●乙●尺○庚○巳

●尺○○庚●○巳○庚●○巳○戊

○中○辛○壬●中○壬○中○乙○

尺○丙○○乙●丙○巳●●戊○中

○乙○全按一和 甲○辛○中○巳

○戊○中○辛○齊 中○中庚○巳

○戊●齊 中○辛○中○巳○中○

辛○中○齊 巳○尺○甲○丙●乙

●甲○尺●庚○巳●戊○尺○巳○

戊●●尺○齊

滿江引 戊○中○辛○中○戊○巳○

尺○戊○中○辛○中齊 中○尺○

甲○丙○丁○[illegible]●甲○尺○齊 丙

右手名中指遊魚擺尾勢

魯國[illegible]有鳥獨足[illegible]而知雨

魚[illegible]變化[illegible]則

爰比興以取象

聯兩指而[illegible]響

右手無名指商羊鼓舞勢

天欲滂沱會其舞

假名指以臨絃

象參差而異本

右手食中指鸞鳳和鳴勢

[illegible]

○疋○丙○○甲○疋○甲○丙○乙
○甲○疋○庚○巳○㪅一和 中○
戊○中○中○戊○巳○戊○○中○
辛○中
劉王深疋○巳○疋○齊 疋○中○
丙○乙○甲○疋○齊○疋○甲○丙
○疋○甲○疋○庚○巳○戊○中○
戊○巳○◐戊○中○辛○中○甲○
巳○疋○齊 疋○甲○丙○○甲○
疋○齊 疋○丙○疋○甲◐疋◐巳
○戊◐中◐戊○巳○◐戊◐中◐辛
○中◐齊 疋◐甲◐丙◐疋◐甲◐
疋◐乙◐戊○中◐戊○巳○○戊○
十○
劉疋○庚◐疋○甲◐乙◐

（右手食指法鶴鳴在陰勢）

（右手大食指賓鳴啣芦勢）

（右食中名指鶤鷄鳴舞勢）

鶴鳴九臯声聞于野 寥風悠至鴻雁來賓 繳人静遊鶤即知

清音洛上自合韶雅 啣芦南鄉將以依仁 鳴則延頸舞則翼舒

惟飛折以取象 兔度周而委去 歌和合於声韻

[illegible] [illegible]人 [illegible]之疾隨

戊●○庚○巳○太●巳○○戊○定○
甲◐◐庚◐定○庚○定○和 定◐
乙○甲◐定◐庚○定○一和 甲○
乙◐丙◐乙○丙◐乙○定○和 定
○乙◐定◐庚○巳◐中◐巳○庚○
定○一和一 丙◐乙○丙◐◐按丙
和中◐巳◐庚◐巳◐戊◐中◐ 一和
乙◐◐戊◐中◐辛◐壬◐中◐壬
○中○一和 中○巳◐◐戊○中○
壬○中●一和 戊●巳◐庚◐巳◐
戊○中○巳◐○戊◐中○大○奏
壬○辛○壬○中○壬○辛○定◐○
乙○甲○定○庚◐定○一和一丙◐
○乙○丙○乙◐定○巳○全扶一
甲乙◐甲◐乙◐○又◐○庚○巳○

右手大中指飛龍拏雲勢

象物為龍升池可容頭角崢嶸變化无窮拉正九五時當泰通拏峯而上渝然雲從

右手食中指風送輕雲勢

舟〻溶〻聚氣以成油然而起勢逐風輕愉度有人如雲[illegible]不欲重而有声

右手食名指神龜出水勢

負書出圖後載九欲從其有以[illegible]愛此用[illegible]信音其美之[illegible]

○戊◑巳○齊　從前起重一遍　疋
◑乙◑疋○巳◑戊◑中○疋◑齊
丙○乙○甲○疋◑庚⊙巳○戊◑中
◑疋○齊　丙○乙◑甲◑疋◑庚◑
巳○疋○　一和中⊙巳○戊◑中
○◑巳◑◑戊◑中○辛◑壬◑中○
壬○中○一和　庚◑巳◑◑庚◑巳
◑戊◑中○一和重一句　巳◑庚◑
乙⊙疋○巳◑戊○中一和　乙○○
甲◑疋○庚◑疋◑巳◑◑戊○中◑
甲◑乙○丙○乙○丙○按丙一和
巳○戊○中○疋○齊　丙○乙○甲
◑疋◑庚◑巳◑戊◑中◑疋○　齊
丙◑乙◑甲○疋◑庚○巳庚◑○
入◑一和　中○巳◑○戊◑中○◑

左大中名指飛鳥啣蟬勢

左大中名指蜻蜓點水勢

左手大指法號猿升木勢

蟬入鳥口鳥飛蟬咽　無數蜻蜓谷水之媚　瞻彼號猿兮升于喬
有西祖東其状嬴嬴　欸乚而飛點擊遊荷　木欲上不上谷其勢
通諸聖以道妙　一揖對飛而互足　逐乚重接指於分寸
雖以音而詳識　一類物象於自如　若欲去來之神速

【商】

巳◑◑戊◑中○羊○壬◑中○壬○
中○一和 庚◑巳◑庚◑巳◑戊◑
中○一和重一句 巳◑庚◑乙○疋
○巳○戊○中○一和 乙◑○甲◑
疋○庚◑疋◑○巳◑◑戊○中◑中
◑乙◑丙◑乙◑丙◑按丙一和
【辟對鴈兒落】疋○丙◑乙○疋○丙◑
○乙◑丙◑乙◑戊◑丙◑○乙○○
戊○丙◑乙◑疋◑庚◑乙○◑疋◑
庚◑巳◑庚○巳◑○潑卜壬一和
乙○丙○乙○庚○疋○甲○疋○○
庚◑◑巳○庚○按庚癸一和重一句
庚○巳○中◑巳◑◑庚◑丙◑甲◑
疋◑庚◑乙◑疋○○庚◑巳◑○庚
○乙◑丙◑乙◑庚○○○巳○戊○

【左手大指法神鳳銜書勢】

【左手大指法幽禽啄木勢】

【左手名指法文豹抱物勢】

鳳兮鳳兮[illegible]而至 銜書[illegible]鳴 謂[illegible]長而[illegible]後 敢夫味之相類

幽鳥避人兮遊樹而有[illegible] 尋[illegible]剝啄兮止習 丁丁因取喻於虛庵 兮故[illegible]然而有声

豹將[illegible]隱于南[illegible] 山抱物而食兮執[illegible] 其[illegible]狀其形而[illegible] 盖在乎[illegible]

甲○巳◑撥巳壬一和　疋◑庚◑巳
○中○庚○○巳○中○壬○中○○○
乙○疋○丙○○○巳○○戊○丙◑
乙◑丙○撥丙乙和重一句　疋◑乙
◑丙○◑乙◑◑丙◑乙◑疋○乙◑
疋○庚○巳○庚○巳○撥巳壬一和
乙◑丙◑乙◑庚◑疋◑甲◑疋◑
◑庚◑巳◑庚◑撥庚癸乙和
乙○丙○乙○庚○疋○甲○疋○○
庚○巳○庚○撥庚癸一和○庚○巳
○中○巳○○庚○丙○○甲○疋○
庚○乙○○疋○○庚◑巳◑◑乙◑
丙◑乙◑庚◑◑○巳○戊○中○巳
○○撥巳壬一和

醉對[illegible]酒

疋◑◑丙◑乙○○丙○

左手大名指鳴鳩喚雨勢

左大中名指落花隨水勢

左手大中名燕逐飛蟲勢

天欲陰雨兮雞鳴知之鳥首長鳴兮尚未其雌兮[illegible]兮以其音兮鳴[illegible]
落花隨水兮順流而去逆浪所激兮欲往不住因其勢以取喻角求其意而自悟
燕上于飛兮差池其羽逐彼飛蟲兮作來忽然抑上抑下兮取夫勢而為喻

巳◑庚○巳○戊○中○丙○◑乙○
疋○庚○大○疋○甲○乙○内○乙
○丙●●㐫○疋○庚○大○疋○甲
●乙○丙●巳○丙●○撥丙一和
疋●●丙●乙●○丙○巳○庚○巳
○戊○中●丙●○乙●◑疋●乙◑
疋◑乙◑金撥一和乙◑甲◑乙○
丙◑乙◑疋●庚●疋●十和巳
●戊○○丙◑●乙◑丙◑●乙◑甲
●疋●巳●庚●疋◑一一疋◑丙
●巳○疋○丙○撥丙一和巳◑庚
●巳◑戊●中◑◑巳◑◑●戊◑中◑
乙◑甲◑乙◑丙◑乙◑疋◑○庚◑
巳◑庚●●一和巳◑戊◑○丙○
●乙●丙●●乙○丙○○乙●甲◑

○十三徽弦五為君徽一六為臣徽

第一徽 名大簇屬正月律其音在角
第三徽 名姑洗屬三月律其音在宮
第五徽 名蕤賓屬五月律其音在徵
第七徽 名為君居於中以象閏月也
第九徽 名南呂屬八月名其音在商
第十一徽 名應鐘爲十月呂其音在羽
第十三徽 名大呂爲十二月呂其音在宮

第二徽 名夾鐘爲二月呂其音在角
第四徽 名中呂爲四月律其音在徵
第六徽 名林鍾爲六月呂其音在宮
第八徽 名夷則爲七月律其音在商
第十徽 名無射爲九月律其音在商
第十二徽 名黃鍾爲十一月律其音在羽

○七絃弦
琴凡七絃其五絃之說五音之意備矣辨琴以
琴身外大絃為一絃為宮數至身邊絃第[illegible]
二絃文武之説乃堯帝加之六絃柔而為[illegible]
絃剛而為武剛柔相應以合君臣之德世人[illegible]

丙◐巳◐黄(合)定○一和乛尺○丙○
乙○定○丙○接丙子和乛巳◐庚◐
巳◐戊○中○◐巳◐◐戊◐中◐乙
◐甲○◐巳◐丙◐乙○定◐庚◐巳
◐庚◐定　三絃譜終

簫笛譜

合即六　高低
四即五　不同
高低不
合字未起　笛
合六四五
簫式
五尺尺一
上上四
凡五

傍粧臺　五工尺四五凡○工尺○五一
五凡工五凡工尺一尺工五凡工尺工
尺四　一尺工尺尺工五凡工凡
五凡工尺○五一五凡工○尺工五凡

知音自俗誤傳三絃為文武王所加非也

一絃屬土　為宮在天符七星分旺四季最大用八十一絲声重而尊故為君

二絃為金　主商在天符金星應秋之節絃用七十二絲為决斷次宮故為臣

三絃屬木　主角在天符木星應春之節絃用六十四絲以其觸地出故為民

四絃屬火　主徵在天符火星應夏之節絃用五十四絲萬物皆成休故為事

五絃屬水　主羽在天符水星應冬之節絃用四十八絲聚清物之象故為物

六絃文聲　主少宮在符文文星於人為文德柔以應剛

七絃武聲　主少商在天符星武於人為武功剛以應柔也

○五譜音

宮屬土信　商屬金義　角屬木仁　徵屬火禮　羽屬水智

○彈琴須知

凡學彈琴之士先究琴中意義辨察音律㸔記

指法洒掃淨室正其衣冠嚴肅如對長者以身

工尺工尺一四一一四尺一四凡〇尺
工凡工尺一尺〇結尾此句要重一句
合五一五凡工五凡工尺一尺工五尺
凡工尺工尺一四
要撥見尺一五凡五一五五一〇五一
五五〇五尺一五凡〇尺工五凡工尺
工尺一四〇尺凡工尺〇凡工尺一一
尺一尺工尺尺工五一五六凡〇又撥
賓鷹起〇五一五〇凡工尺工凡〇五
一五五〇五一五凡〇尺工五凡工尺
工尺一四〇尺凡工尺凡工尺一〇一
尺一尺工尺尺工五一五六凡
一封書凡工尺一〇尺工凡〇五一五
五尺工凡工〇尺工凡五五凡工尺〇
工五凡工尺四一尺一〇五一五凡〇

斜對六徽之間足以守安定左右二股起[illegible]
鳳翅右手入絃如滄海龍吟左手按絃如鳳鸞
鶴舞不可搖身作勢縱目斜視不可不法古人
音律錯亂宮商凡以和暢為本清雅為韻下指
工夫貴乎古淡清美悲切嬌雄慷慨變態無常
不可執一必欲知其所忌塵中過俗不遇知音
勿可妄動聖賢大樂宜對明月清風蒼松老石
為佳五音端正實難辨之而宮和平沉厚雄洪
商音鏘鏘角音長哽咽徵音抑揚戲七然而有
嘆息之音羽音嘹上而透徹細小而高清長[illegible]
琴者煩為鑒之勿損古意

○彈琴八法

尸作擘大指向外 毛作托以大指向內 勹作勾以中指入 [illegible]

夏工九工尺○工五九工尺四一尺一
○結尾此句要重二句重工五九工尺
四一尺
南江兒五一五九五一五九○五九工
尺五九工尺○五五九尺一尺工
尺五尺一四尺一○四尺一四尺一四
尺○五九五一尺一五九○工九五尺
工五九工尺○五一五九尺一尺工九
工尺一四尺此後三句與起首三句同
五一五九五一五九○五九工尺工五
九五尺此句要合五一五九尺一尺工
乙工尺一四尺一再重一句
師江引尺工一○五一五○五六五○
清江尺一四尺尺○工尺六五六尺一
○尺工尺一四乙合四四尺工尺○尺

…木作…以食指入也　乙作挑以食指出也　亐作…出也…丁
以名指入也

五指名圖

…可也

一曰大指大者言為指之最大也○二曰食指
食者言其可以就食於口也○三曰中指中者
言其居四指之中也○四曰名指名者取孟子
所謂無名指也○五曰禁指禁者言其無所用
直而不動也
右手指法…

一尺四門合工尺五[illegible]

[illegible]

[illegible]排歌五尺一一尺五工一〇五一五凡工

〇五工五凡〇五一尺五五五六凡工

凡工尺〇尺五凡[illegible]尺五工五〇凡工

尺工尺〇[illegible]工凡工凡工[illegible]尺五尺

工〇此調從頭再入一轉[illegible]是[illegible]

〇鼓經

[illegible]太平[illegible]讀書人今泉[illegible]盛世雨順風調

[illegible]國泰[illegible]過立冬除夕新年[illegible]事當

[illegible]風[illegible]月又花[illegible]壽[illegible]處七開筵

[illegible]會古云筵前無樂不成歡[illegible]筵

前有[illegible]上添花又云脾神好樂近世

以來[illegible]中[illegible]欲花[illegible]意[illegible]不

[illegible]古[illegible]者又[illegible]者又[illegible]

[illegible]入声[illegible]外[illegible]木食指[illegible]弦曰抹以乙向外[illegible]食[illegible]

挑為之勹弦作勾以為之勾[illegible]出作踢以中指向外[illegible]之挑丁

[illegible]弦曰為之名[illegible]弦以名指[illegible]為之摘向乃作擘以[illegible]入弦以[illegible]

為之[illegible]以大指向內[illegible]作[illegible]

擘之毛[illegible]托[illegible]曰為之托乃兩[illegible]也三弦以為食之[illegible]指連[illegible]

早開弦也[illegible]用食中[illegible]指大摘輪用名中食三指[illegible]也[illegible]

弹弦不[illegible]左指[illegible]衮也[illegible]弦至以名指[illegible]指撇[illegible]也[illegible]

拨弦为[illegible]散[illegible]也弦至[illegible]指撇[illegible]

也绕打同也勾[illegible]挑七[illegible]弦[illegible]指[illegible]

[illegible]也同連弹[illegible]同[illegible]抹長鎖[illegible]抹[illegible]声[illegible]又

[illegible]又挑短鎖也先抹挑二声又[illegible]食小[illegible]

抹[illegible]声[illegible]抹[illegible]其五声[illegible]声[illegible]

又[illegible]息也得声[illegible]抹[illegible]

二声[illegible]又弹也[illegible]刺以中[illegible]

[illegible]食中[illegible]夹定先入[illegible]

[illegible]先[illegible]後[illegible]

指也一[illegible]弹[illegible]大指以[illegible]指[illegible]

撥之有声[illegible]食指挑出發声[illegible]指[illegible]

一急[illegible]先挑次抹[illegible]大間[illegible]先打三

[illegible]又[illegible]抹有四声[illegible]句二巨又[illegible]

[illegible]

執是棄非誠可笑也今將古躰皷板刋
成一帙與兩京各省皆同文者照此数
打焉無一失謹白
錢塘虎跑山人　謹識

○皷經次序
圈者皷也○點者腔也○乂者邊也○
相連者急也○稀者緩也○亙者板也
從頭至尾打四轉為一套也後皆放此

○皷經目録
大德勝○小德勝○陣七贏○急三鎗
㊀倒上橋○鷺鷥撇脚　又名老鴉弹牙
曲東桌　又名編裊陽　曲和樂　又名重東桌
摘豆荚○狗厮咬

○大德勝
● ● ● ● ● ● ○ ○ ○ ○ ○ ○ ○ ● ● ● ○ ○
● ● ● ● 亙 亙 亙 亙 ○ ○ ○ ○ ○ ○ 亙

左手指法

衣譜作對　寸譜作之　丿譜作外　卜譜作[illegible]譜作
四跪　疋譜作散　挼右手得声　女左手不按也右手鳴絃　譜作[illegible]
ナ吟也得声慢七　疋跪也用指曲按六　芒名指對起
挼大指按九右手　爪徽指也若大指按九　[?]大指也
踢起左手摇起　巛徽指起有声便是
得声以名指　乜就也如勾一絃處　亏引也得声
漁往大指上　乜就再弹一絃是也　絪動而上
汁注吟得声　丿泛也以指絃上　正泛上也浮點
泛絪退而下　丿浮點為之　夭者正完又按木為
上　巳從此而起　立下撞也得声急上而下　声急綽也得
上　芑帶起用名指按徽　巳搯起以大指按徽
搯　芑得声即帶起一声即搯一声
掯出搯出一絃在徽　我下飛吟得声舞　近声且吟得
外　[?]三徽下是也　下而退是也　一
且行有　徐往來得声自上　起声而退須是　人也合
以[?]絃合一　意　方以手扣上絃放　[?]也　撥
如[?]　搯　風　之而按下絃長也　分搯得徽
引出急上　拵　譜作[?]用勾二散挑　用指撮左大指
復[?]履　譜之不動餘数此[?]　合食中指[?]
車　運也或勾四絃
[?]撥踢内三絃

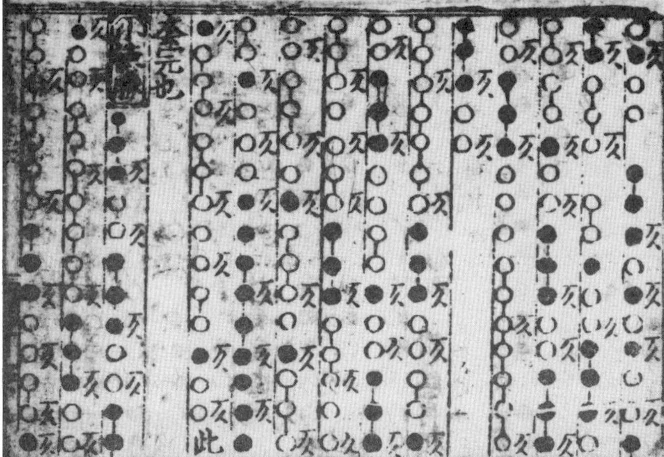

琴有七要(一曰)學琴者欲得風韻瀟洒無塵俗氣而與聖人雅樂相稱者佳(二曰)蓄琴者欲其九徳俱備無枚膚材九德者奇古透潤静句員清方是也(三曰)下指沉静而不暴燥匀踢分明勿得乱錯(四曰)曲調雅正不挾淫哇(五曰)不為俗奏以玷古人之高風(六曰)聲無映奪欲得純正(七曰)聽欲静慮不逐声色下指沉静而不暴燥唯貴輕重得中大重無清韻之声大輕無真全之韻唯随琴之強弱施指則取吟猱俱有準也臨音未作声之韻也

十指撮要○(一)心不散亂○(二)審辨音律(三)指法向背○(四)指不鬪争○(五)指用不疊(六)指勢輕重○(七)[illegible]急○(八)[illegible]

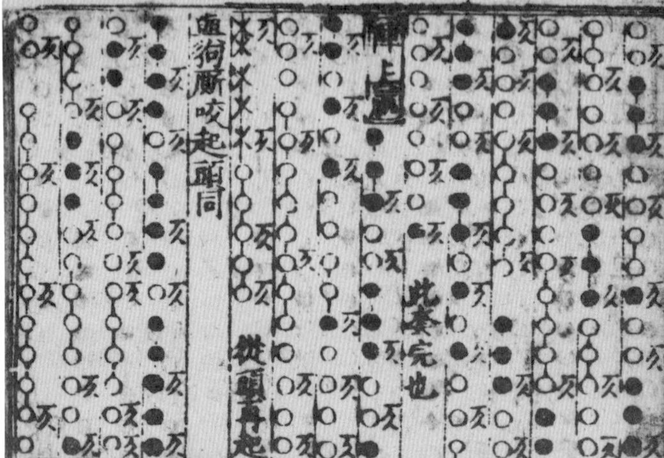

九絃調和平○十左右朝撣○右手弾絃不得過第四徽凢按絃如入木凢弾如断絃

五功

○一指法合宜○二竅縶不雜○三吟揉不露○四起伏有序○五作用有勢

十善

○淡欲今古○取欲中矩○輕欲不浮○重欲不麄○拘欲不權○逸欲自然○緩欲不慢○縱欲自若○力欲不蠹○急欲不亂

五能

○坐欲安　○視欲專　○意欲閑○神欲鮮○指欲堅

九不祥

○不應正聲○乏按失度○不調入弄○五音具雜○指曲不直○緩急失度○不新吟猱○不察音律○不按法轂人

五病

○布指拙惡○挑摘混淆○取作不圓

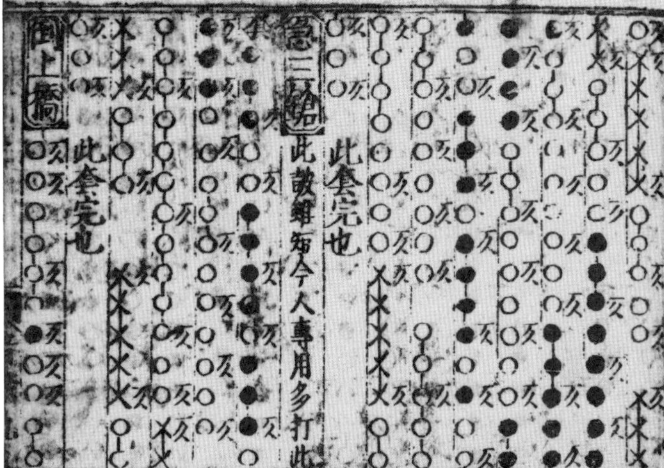

〇銷ゝ奏不成〇走作猖狂

下疏 〇太淡而濁〇多取如雜〇其輕如眞
其重如懼〇纖指而剛〇其拘如怯〇其逸若歐
用力而艱〇其緩若昏〇其急如昏

五診 〇頭足搖動〇妄賜瞻視〇錯乱中輟
〇精神散慢〇下指疎懶

五不彈 疾風暴雨不彈〇塵中不彈
對俗子不彈〇不坐不彈〇不衣冠不彈

大病有七 坐無規法搖頭動足一也〇開口努
目作驟志氣或覷覷上下瞻顧左右二也〇眼
目疾速喘息氣粗進退無度形神散慢三也〇面
色變易或青或赤如慚四也〇攻之歲久取声
雜乱無次五音雖能取声不雜用者寺務眉體

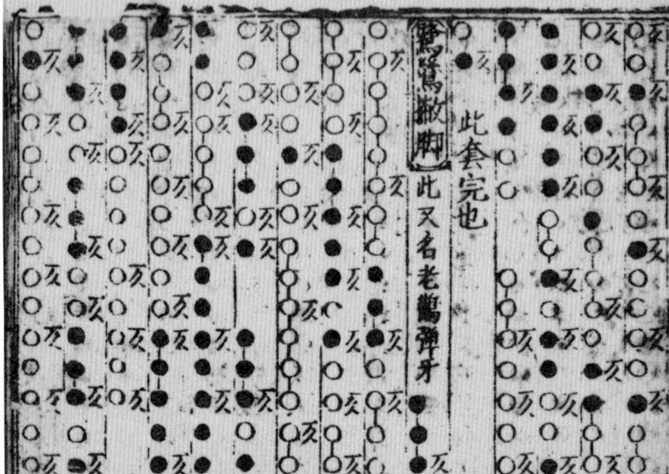

欲指不當五也〇調絃不切音韻不律動失正意聴無眞声六也〇弾琴之時吟咏過度節奏失宜而其音韻繁雜反自以為能有失古意七也

小病有五　弾琴之時身側欲偏手勢繁乱絃用指輕重不均一也〇若左右総用甲其声焦枯雖有悲思全無韻声不均平二也〇左右用肉多其声輕重濁鈍音韻不清取声太重散其清爽三也〇左右用甲多肉少音韻不均律声輕重々疊平過々度急燥不較其音韻四也〇取声輕而遅緩音律六韵制度不成調律無味同也

五士操　（宮）黄鍾土伏羲養徳（商）金相許由楽志以自隠（角）木相軒轅運神以楽道（徴）火相孔子養性以致治（羽）水相東方朔以頌於徳

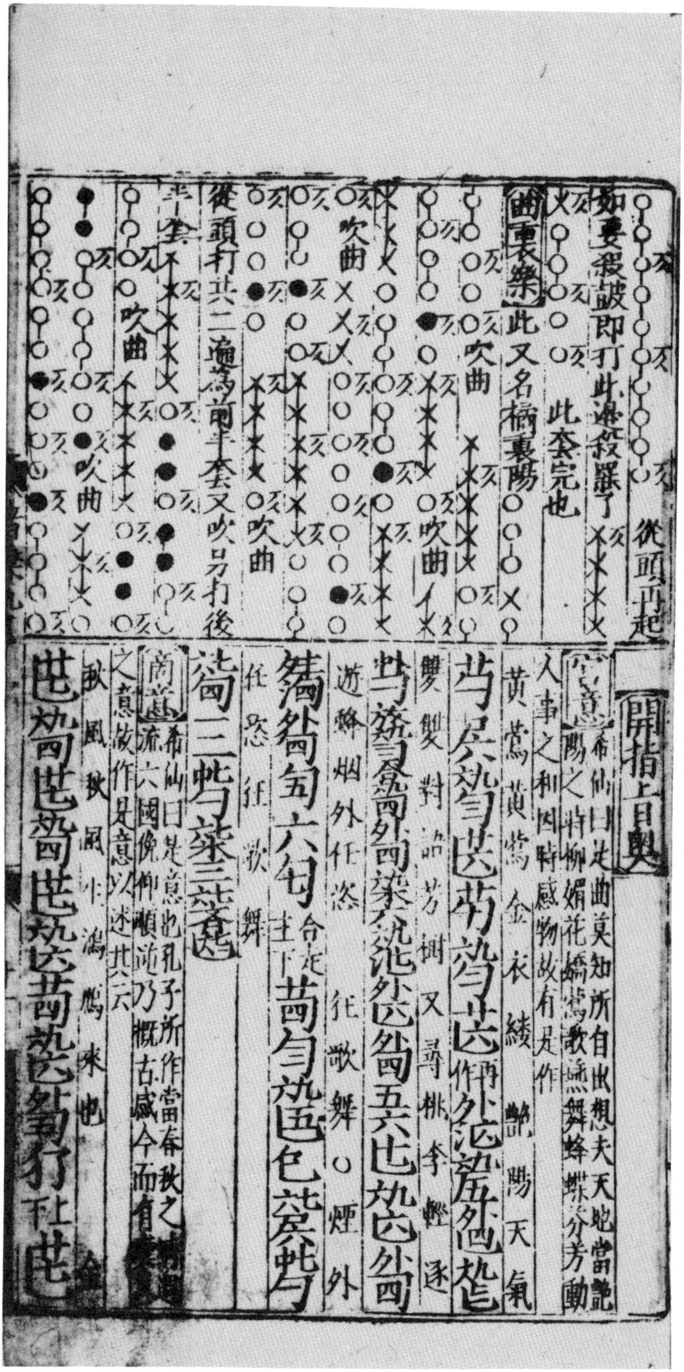
從頭再起
如要盤跋即打此過段罷了
此套完也
曲裏樂
此又名橋裏陽
吹曲
從頭打共二遍爲前半套又吹另打後半套
開指
宮意
希仙曰是曲莫知所自出想夫天地當艶陽之時柳媚花嬌鶯歌燕舞蜂蝶芬芳動人事之和因時感物故有是作
黄鶯黄鶯金衣縷
嬰嬰對語芳樹又尋桃李蹤逐
遊蜂烟外任恣狂歌舞
任恣狂歌舞
商意
希仙曰是意也孔子所作當春秋之時周流六國俛仰順逆乃慨古感今而有
之意故作是意以述其六
秋風秋風中鴻鴈來也

從後半套打起共二轉連前半套二轉總共四轉然後打煞尾　此套完也

曲和樂　此又名裹寒陽

吹曲

井梧桐飄一葉少……

也幾何許追思古往今來多少

興亡事俱已把成如春夢○恍

然而對西風長嘆息

角意　是調也非孔子所作始爲漢武拍渫春秋之世未嘗有之此必晋人之所作也○或有認作秋風曲

秋風秋風清白雲飛草木黃落兮

雁南歸蘭有秀兮菊有芳懷

佳人兮不能忘……古

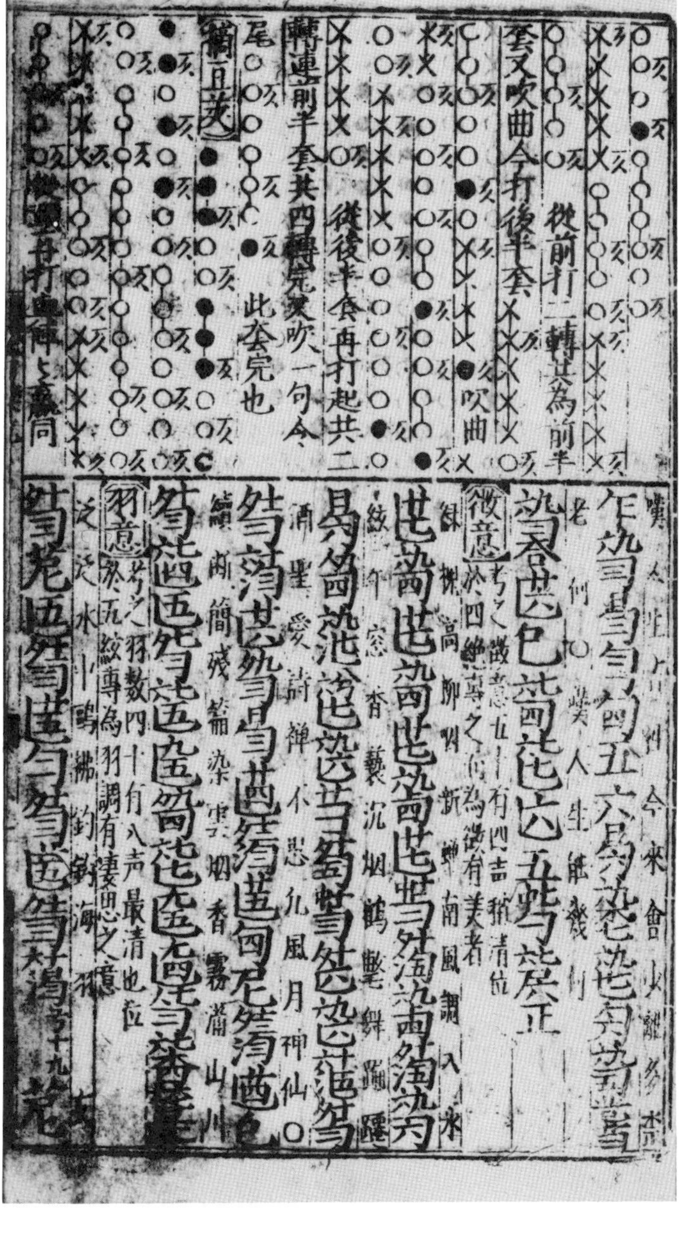
從前打二轉共爲前半
套又吹曲令打後半套
吹曲
從後半套再打起共二
轉連前半套共四轉完又吹一句令
此套完也
徵意
考之徵意五十有四声猶清位
於四絃專之所爲徵有美者
羽意
考之羽數四十有八声最清也位
於五絃專爲羽調有凄思之意

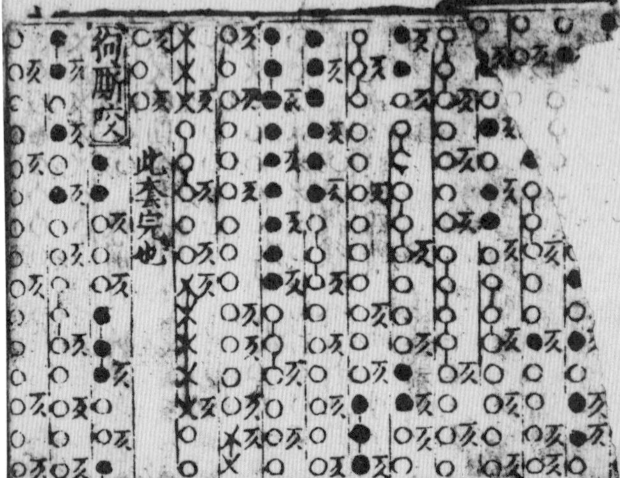

為傳濮……也那

柳……絆……絲繆泳……細草柔

羽白蘋洲夷猶机忘淡淡向

中流○烟波一任浮沉

○外調凄涼意

蕭疑海天秋○凄凉調今古愁與

亡世事浮漚從漢英雄也只是

休休門……也家頭有計也難留

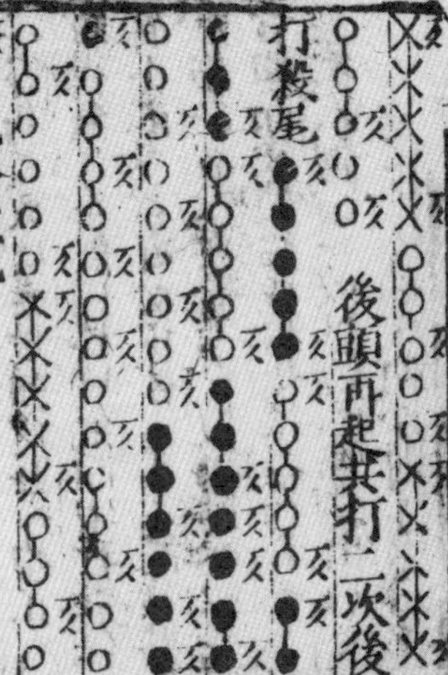

此套完也

○樂律本原

樂主音聲已定於律單出為聲已成文為音比音以為歌曲被之八音之器而樂之及干戚羽旄則謂之樂以陰陽升降之氣數定管以為音樂之法則謂之律所以然者蓋天地之間只是陰陽五行之氣而天地人物皆由是以生有氣

○不如隨[illegible]騎月[illegible]身農[illegible]

[illegible]

香壇吟 又名思賢操

○第一段 顏道無傳

大哉顏回噫嘻大哉顏回思憶

[illegible]

顏回賢哉顏回一[illegible]著也顏回家

[illegible]

苦也顏回痛傷情也顏回痛傷

[illegible]

情也悼道無專悟乎顏回天喪

[illegible]

子惜乎顏回道無傳惜乎顏[illegible]

[illegible]

則有声十二律之声天地之声也其在
於物則出於八音之器其在於人則出
於喉牙舌齒唇但天地得其氣之全故
其氣之流行於十二辰之間升降進退
必有贏縮多寡之数一定而不可易故
其發而為声也必有高下清濁之殊亦
一定而不可易物則得其氣之偏故必
須制造成器而後其声始發又必以七
二條為之数度齊畳而後其声始正人
雖得氣之全然囿於風氣而字音声氣
有不能齊者亦必以律声正之而後其
声始一合人與器之声均調節奏以成
音曲而後樂始成焉是樂之為音也合
天地人物而一以貫之也惟其出於一
貫是以用之於郊廟朝廷則可以治神

(合)天喪予慨乎歎而好學痛傷
芭芭芭[illegible]业巳[illegible][illegible][illegible][illegible]
情也顔回顔回也顔回賢道何
业巳茜[illegible]茜[illegible]芍茜[illegible]茜芍四
存今也則亡天喪斯文壽不長
五芭六[illegible][illegible]芭芭[illegible]芭芍[illegible]芭

○第二段（簞瓢陋巷）

一簞食也顔回二瓢飲也顔回
芍芭[illegible]芭芍芭[illegible][illegible]芭芍
在陋巷加不改其樂賢哉顔回憶
芭[illegible]盆巳[illegible]七[illegible][illegible]业巳芭[illegible]
昔當初在陳在蔡絶糧惜乎顔回
[illegible][illegible][illegible][illegible][illegible][illegible][illegible][illegible]巳芭[illegible]
(合)前天喪予一節

○第三段（默識心通）

人和上下用之於修己治人則可以変化氣質轉移風俗以至於鳥獸風氣而皆可以感召其為用也豈細故哉然自孟子既沒以後斯道失傳幾千八百餘年矣有志於世道者幸留意焉

古之聖人本陰陽以審風声別清濁之氣于是命伶倫採荆山之銅鑄鐘十二以王十二月之声而作焉

磬制垂下以象天下西也後氏為磬鋸鉤一短有半上曲為鼓下宜為圓上廣而短下狹而長務適中爲聲爲樂之終一

盡美思憶顏回

[illegible]

第四段（行藏用舍）

用之則行舍之則藏天下歸仁

[illegible]

焉也顏回無施勞也顏回無伐善

[illegible]

行夏之時時之中也乘殷之輅

[illegible]

時之正也服周之冕蓋亦以為文

[illegible]

而的其中也樂則韶舞取其盡善

[illegible]

也顏回非禮勿視聽言動也

[illegible]

琴

瑟

笙

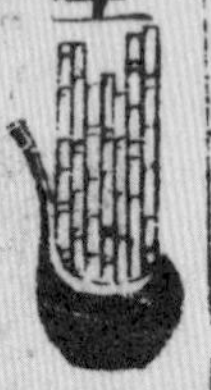

簧

上古之世簣桴而土鼓周有建鼓鼖鼓鼛鼓路鼓之類員以鼓韗方者擊鼓其制不一木為匡以革為面

琴瑟皆絲爲琴長三尺六寸六分七絃雅琴長八尺一寸廣一尺八寸二十五絃頌瑟長七尺二寸二十五絃

笙以匏為之十三管列匏中而施簧吹笙則鼓動其簧而發聲大者十九簧小者十三簧

回三十歲不幸短命痛傷情也顏回

合前段天喪予

○第五段（悠然自嘆）

哀哉顏回命何天苦哉顏回命何促顏回顏回嘆吾琴聲上為汝顏回嘆

正

○第六段（仰鑽聖道）

一日克己復禮為仁由己天下歸仁焉也顏回無施勞也顏回無伐

簫

敔

柷

編小竹為之大者二十三管長尺四寸小者十六管長尺二寸參差象鳳翼其声鳳聲

敔狀如伏虎形背上有二十七鉏鋙刻以木長尺許以木戛之所以止樂也二十七鉏鋙者陽數也

柷狀如漆桶以木為之方二尺四寸深一尺八寸中有椎柄連底撞而擊其傍所以起樂也方二尺四寸陰數也

[illegible]
善也顏回吾將歸夫魯之邦終
[illegible]
作春秋視予猶父今也不幸短命死
[illegible]
也顏回有德行也顏回顏路請
[illegible]
子之車以為之椁吾不徒行椁
[illegible]
乎顏回
[illegible]

○第七段

敏而好學

惜乎顏回洞洞屬屬と開一知十敏
[illegible]
而好李惜乎顏回三千徒第惟尔
[illegible]
最賢痛傷情也顏回吾見其進未
[illegible]

篪

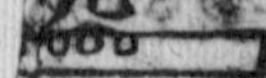

塤

塤以土為之如鵝卵大銳上平底形鑄樣有六孔篪以竹為之長尺四寸七孔一孔上出徑三分此八孔橫吹之以五聲取声[illegible]細則為黃鍾

[illegible]退詣之而不備者精乎[illegible]間

[illegible]

㊀前段天[illegible]子節

○飾犀

泛首起

暑往寒來春復秋夕陽西下

[illegible]

新刻天下四民便覽三台萬用正宗卷之十

五譜門

牙牌適興

宋宣和二年臣某等上疏謂觀民風而驗治故設牙牌三十有二扇共計二百二十七以按星宿布列之位謂天牌二扇二十四點象夫天之二十四氣地牌二扇四點象夫地之東南西北人牌二扇一十六點象夫仁義礼智人性之剛發而為惻隱羞惡辞讓是非和牌二扇八點象夫大和元氣流行于八節之間其他牌名類合倫理庶物器用因此表上此黙貯于御庫疑藁未行及至高宗仁明納諫聖意欲式頒行天下咸

○象棋秘旨

總括歌曰

將軍不離九宮內　士止一尖不離宮
象飛四方营四角　馬行一直一尖衝
砲須隔子打一子　車行直路任西東
惟卒止能行一步　過河橫進退無蹤

中砲局勢

起砲在中宮　棋觀氣象雄
馬常守中卒　士上必相圓
象眼深防塞　卒宜左右攻
居將砲車敵　馬出渡河容

士象局勢

砲向士角安　車行兩路開

人士子樂取鬬智輸贏無非忠君孝親之稱以習綱常倫理之正法善懲之類族辯物繼世傳播其美

○鋪牌体格

凡牙牌三人同鋪每人以八片為率信手抓牌已完即先过在各出一牌餘二牌要取色牌出若論點数亦要取極多者為勝其牌勢取三色者為定若合湊雜色要上四點以上至於十八點方可成牌如十三點以下則八不搭五十不搭三謂之亡牌或遇半分及後三綱五常以下正牌勢不在點数取也或得天不同地不同者并八黑不紅一様該賞十籌若斷么絕六孤么孤紅并八不就等牌一様俱當五籌天地人和四牌一

過河車包上　砲在後為先　集車拿士象
仍教砲向前　敵人輕不守　捉將不為難

〔飛砲局勢〕　砲居邊塞上　臨陣勢如飛
虛際并圖像　衝前敵勢危　絶摘尋先子
無語自沉吟　車將車破敵　變花少人知

〔象局勢〕　象局勢能安　行車出两邊
車先河上立　馬在後遮攔　砲急尋常動
上士必相圓　相眼深防塞　中心卒莫行
勢急防動砲　攻敵两河邊　勸君依此訣
捉將有何難

〔破車勢〕　一車在中宮　鴛鴦馬上攻
一車河上立　中卒向前衝　引車塞相眼
砲在後從容

樣該賞四籌天念三天地分一牌一樣
該賞三籌對子不論紅黑一樣俱賞二
籌若出色全無大牌只数點以四轍[illegible]
則多一點者亦賞一籌其大壓小小賞
大俱依上以點天牌三十二扇計點一
百二十有七定局按譜者如八紅沉斷
幺絕六八黑大四對七紅沉孤紅一念
香孤幺鶴頂珠八不就之類以難定規
但臨局机変而已江湖好樂君子當細
覧之

○詩曰

開来尋樂事逸興共牌間法象森羅列
陰陽変化裁机心無着処道氣自生来
但得其中趣休猜曲板猜

○楚[illegible]陵七泉譚光進書

象棋局面圖式

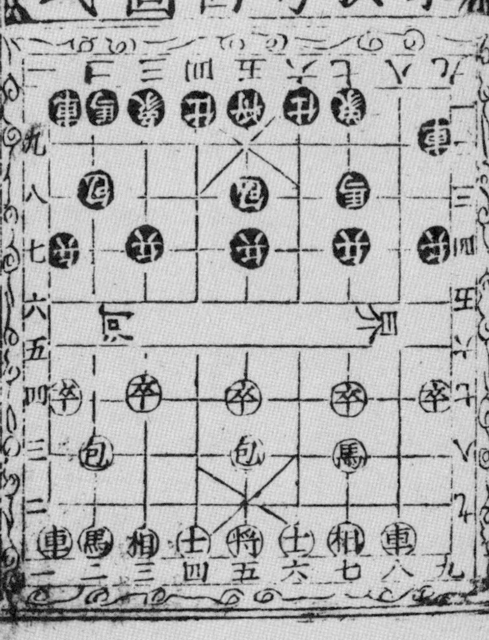

行子指明 向彼行曰進向巳面曰退横走曰平
一進十以巳為一路上子行至彼一路是進
曰十退一一平九從巳為左手一路横行至[illegible]

牙牌共三十二面

正牌共有二十四面　雜牌八面

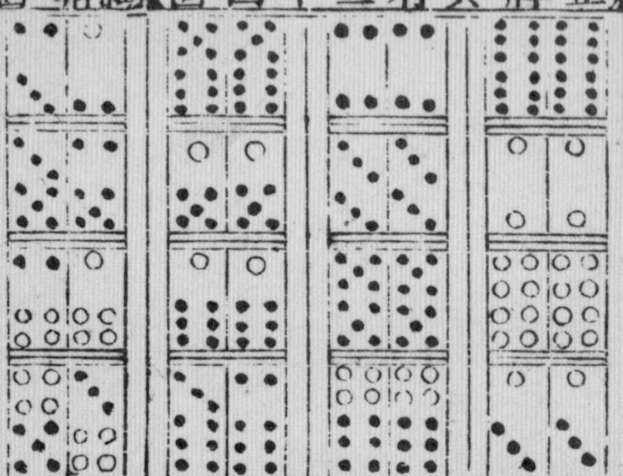

九路是也如局內有變着九局未着必有機變輸贏之妙守定局只可守和觀彼後着動靜如何宜細詳之

宜用心機　詩曰

象棋易習最難精　妙着神機自巧生
得勢捨車方有益　失先棄子必無成
他強我弱宜堅守　彼弱吾強可橫行
更熟此書心意足　管教到處有芳名
得子得先名得子　得子失先却是輸
車前馬後須相應　進退應須要付車

○凡觀勢變只把書看似乎難曉必須將棋盤擺成勢局看書對下至易至明

棋勢新式

共一十六局

一

雙拐脚

雙龍尾

雙小不同

順天不同

雙騎馬奪錢五

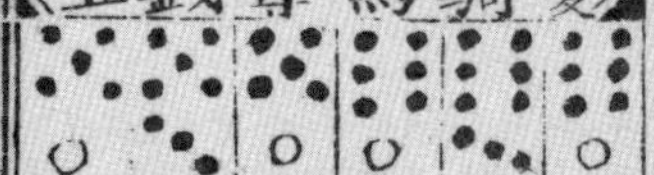

地不同

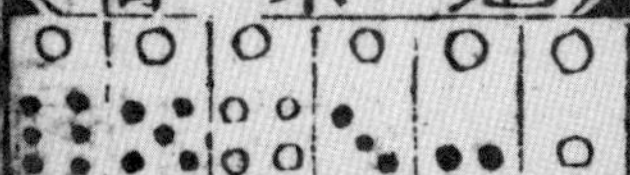

雙飛燕

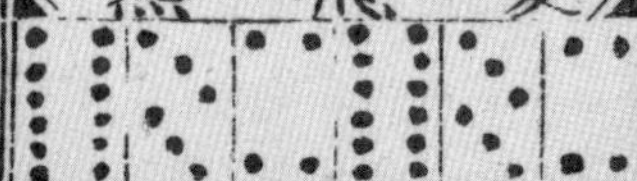

天不同

青雲得路

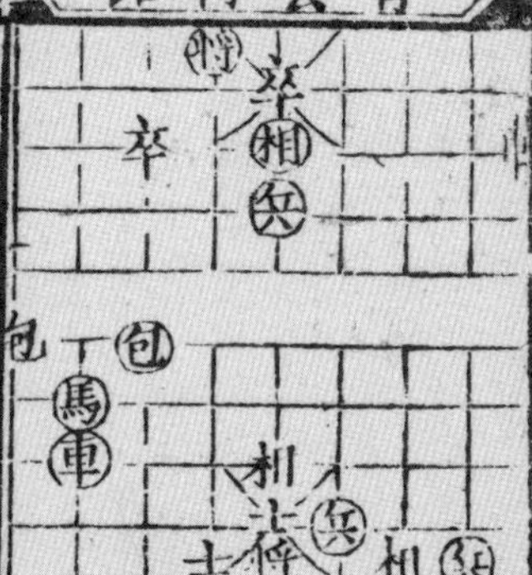

兵六平五 車八進十 馬七進八 車二平四 車十退九 車四平七 將六平五 將五平六 將六平五 車九退三 車三平六 包三平五

士四上五 士五下四 將五平六 將一上二 將二上三 卒九進十 車一平五 車五平六 車八退三 車三進八 卒七平六

九子十登科

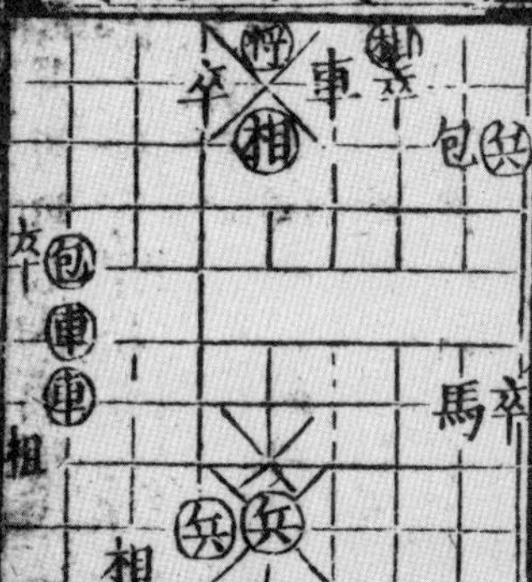

車二平六 車六退二 相三上一 車二平八 將五平六 車七退一 將六平五 兵五平四

馬四退三 包七進十 卒二平四 卒六平五 卒九進十 卒四平五 馬三退二 卒九平八

人不同

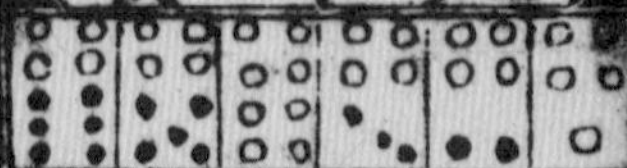

和不同

蝶趐不同

梅花不同

孤紅一捻香

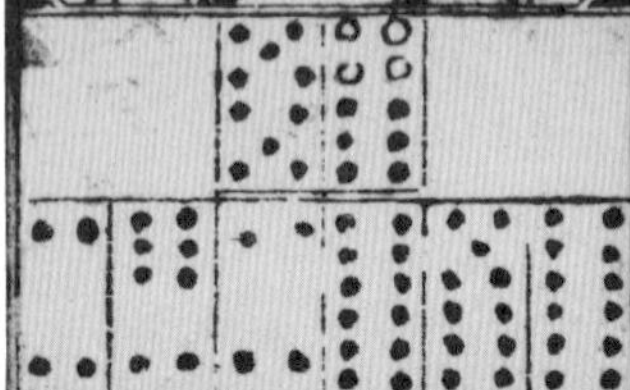

孤么鶴頂珠

新二氣周瑜局

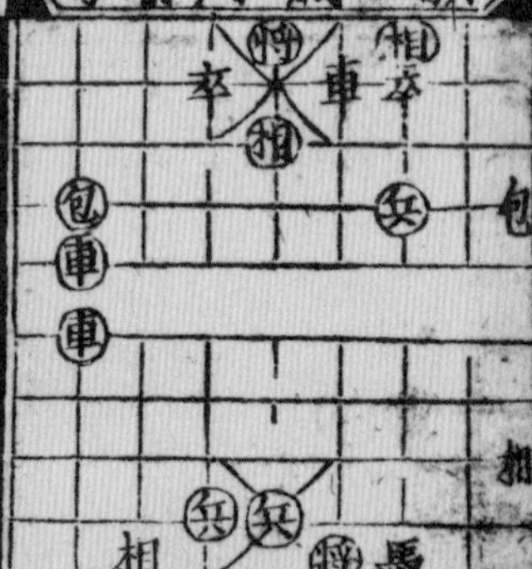

卒	車	包	車	車	將	將	將	將	將	車	兵	兵
八平四	五退二	八平四	六退二	八平五	一上二	五平四	二下一	四平五	五平四	九進十一	四平五	九進十

馬	卒	馬	卒	卒	馬	包	包	包	包	包	包	將
一上三	三平四	三上五	六平五	四平五	五進七	七退四	九平六	六平五	四進七	七退四	四退一	六平五

三氣周瑜

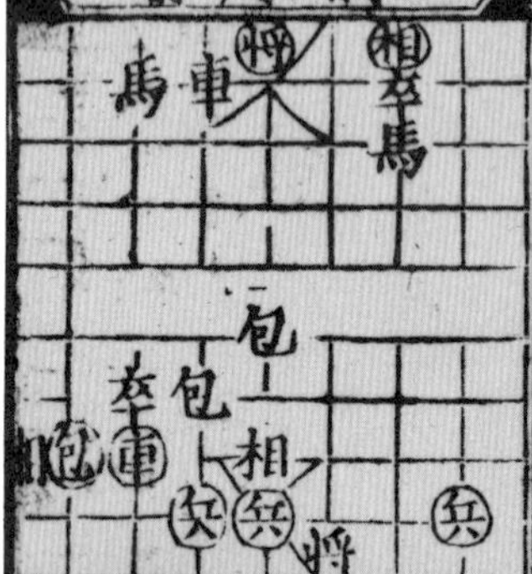

兵	兵	車	車	車	車	車	車	車	將
五平六	八進七	八退七	七退八	八退二一	三進八	八退六	三平五	六退二	一上二

將	將	相	相	相	相	相	車	馬
一上二	二上三	五上七	七下五	五上七	七下五	五上七	六平五	八進九

大四對

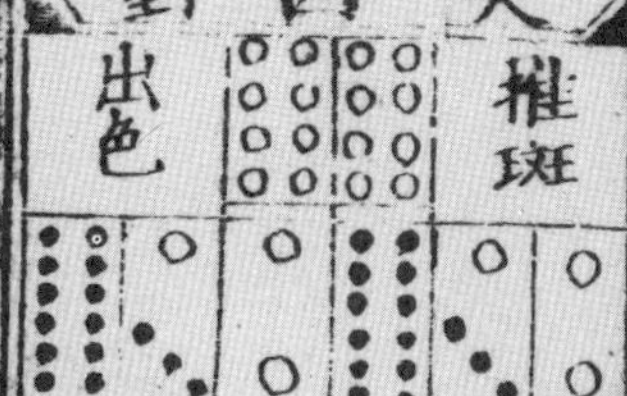

八不就

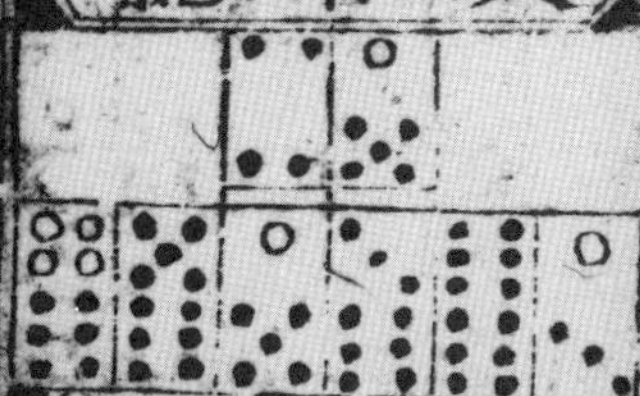

四大對

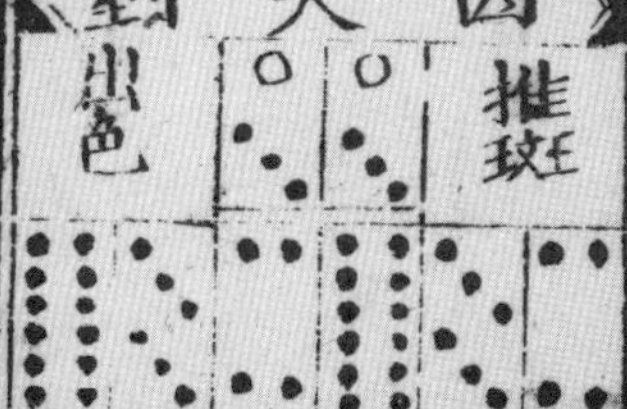

八黑

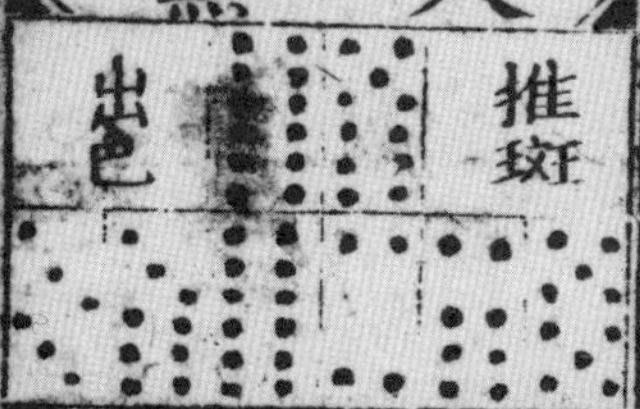

新烏龍擺尾局

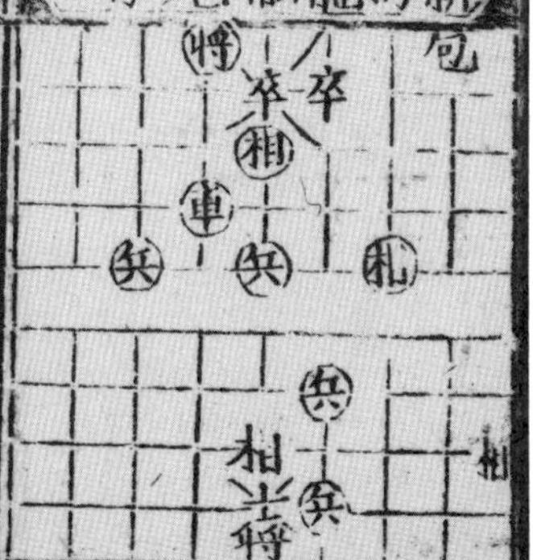

車	車	車	將	兵	相	將	車
六平八	二平三	三平九	六平五	五進六	五上七	五平四	四退一
包	包	卒	包	包	卒	卒	卒
二平三	十退九	五平六	九退十	三平五	四平五	九進十	六平五

新小七縱局

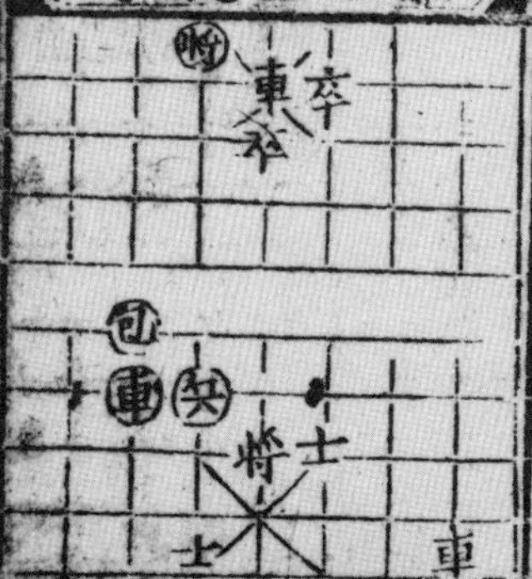

兵	兵	車	車	包	兵	車	兵	相	車	車	[illegible]
七進八	八進九	三平五	七進十	六進九	四平五	五平八	五平四	六平五	八平五	十退二	[illegible]卒
將	將	將	將	士	將	將	車	將	卒	卒	卒
三下二	三下一	五平六	一上二	六下五	二上三	六平五	九進十	五平四	八進[illegible]	四[illegible]	[illegible]

八紅沉醉西施

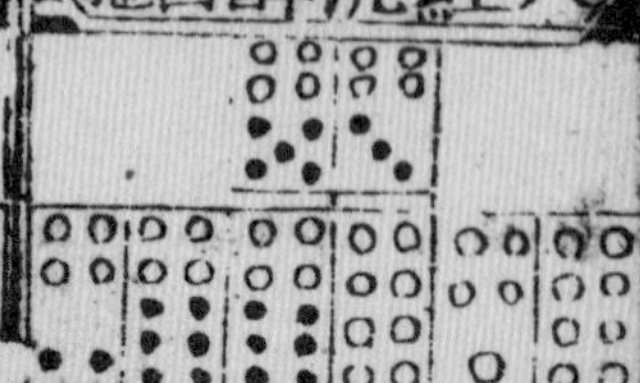

斷幺

七紅沉醉楊妃

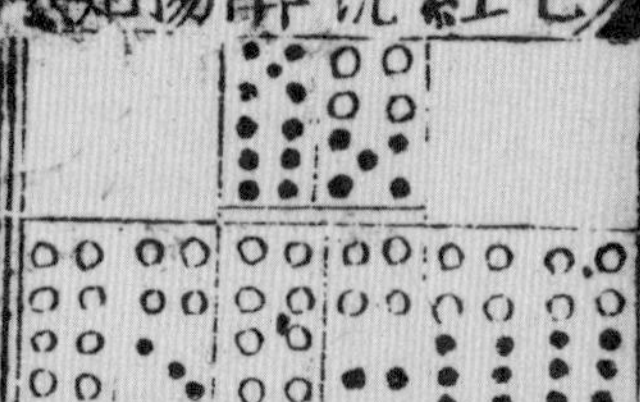

絕六

香風穿[illegible]

雙蝶恋[illegible]

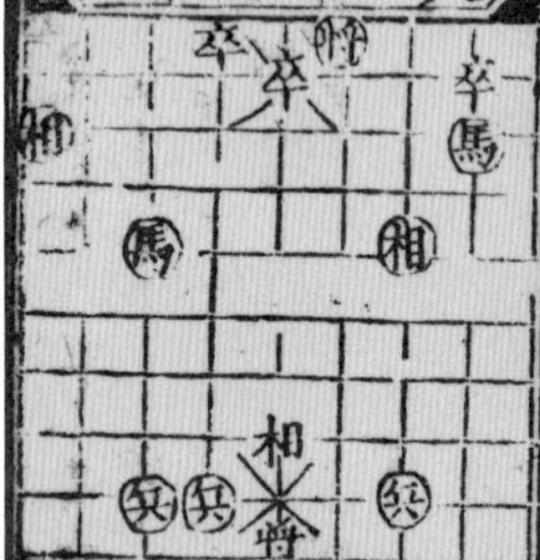

兵三平二　包三進十　兵二平三　馬七退五　馬五進六　包十退五　包五進九　馬五進三　包九退五　馬七退六　相九上二　包九平五　包五進七　馬六退四　馬四退二

兵六平五　兵七平六　兵九進十　馬五下三　相三下一

士五上六　將一上二　將二上三　相五上三　將四平五　將三下二　將二上三　將五平四　車九退六　將四平五　車六退四　車九平五　卒七進八

卒八進九　卒四平三

新增和句

將上二　將二下一　將五平四　卒三平二

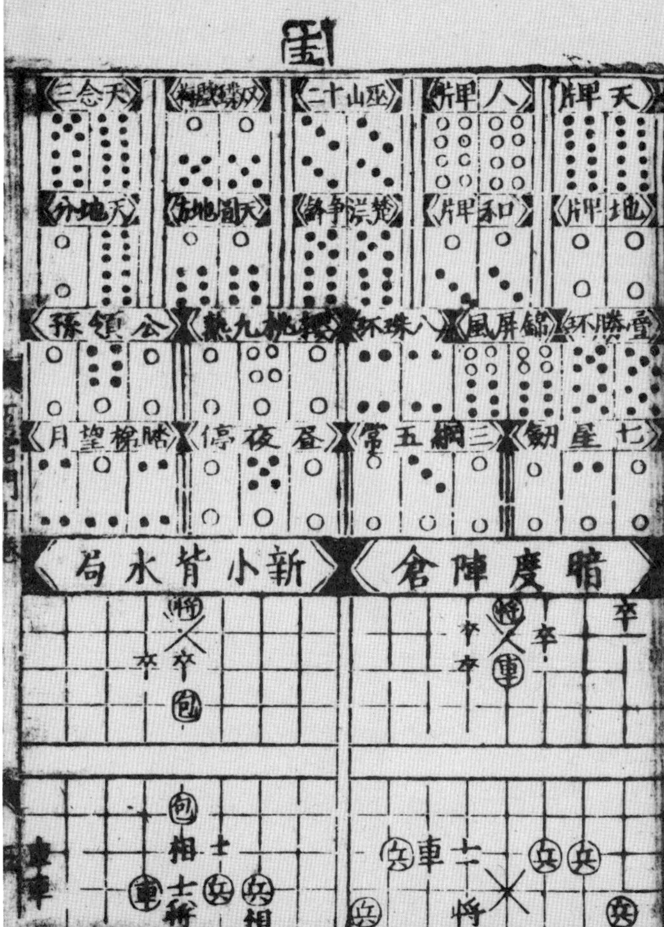

賭度陣倉

車？進十　兵二平三　将五平六　兵三平四　兵六平五　車五平三　車十退八　兵七平六　車八進九　車九進十　兵八進九　車十退二　車七平六　将一上二

将一上二　卒九進十　士四下五　将二上三　将四平五　卒四平五　士五上四　将三下二　将二下一　将一上二　将五平六　卒八進九　卒五平大

新小背水局

包四進八　車九進十　車四平一　車九進十　車一平四　兵七平六　車四平五　車五平七　車三平五　将一上二

和局

車一平五　将五平大　車三進四　士五下四　車一退一　将一上二　士六下五　卒八進九　卒大平四

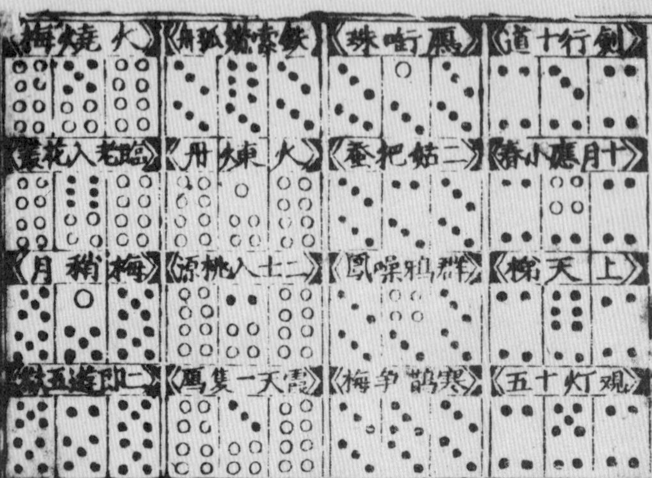

四馬投唐　董卓鎖二喬

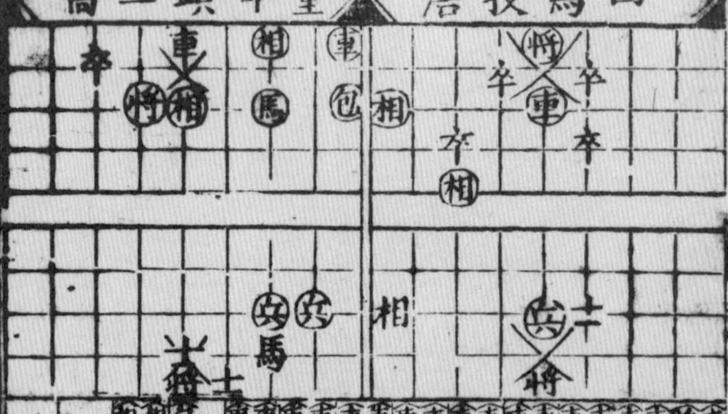

車五平二	卒四平五
將五平四	士六下五
車三進九	士五下六
車入平二	將五平四
車九進十	將一上二
車十退八	將二下一
車二平四	將四平五
車四平一	將五平四
車入進十	將一上二
車十退七	將二下一
車五平四	將四平五
車二平五	將五平四
車七退三	卒七進八
車五平七	士六上五
車七平六	士五上六
車二進八	將四平五
車四平五	將五平四
車入退三	將二下一
包入進十	馬二退一
相三上一	車五平一
相五下一	

和局

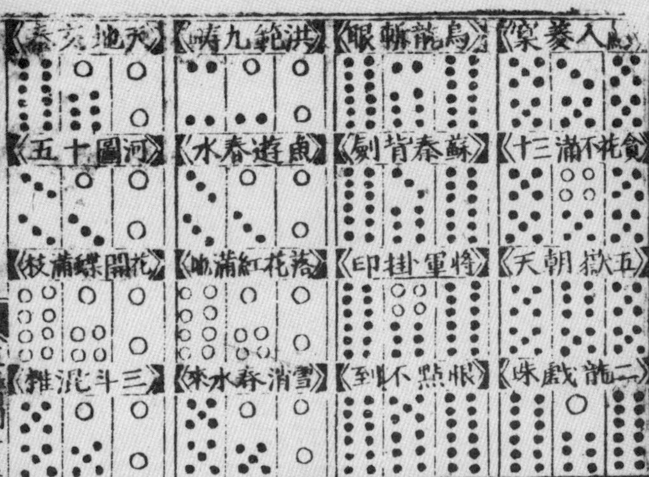

五虎下西川

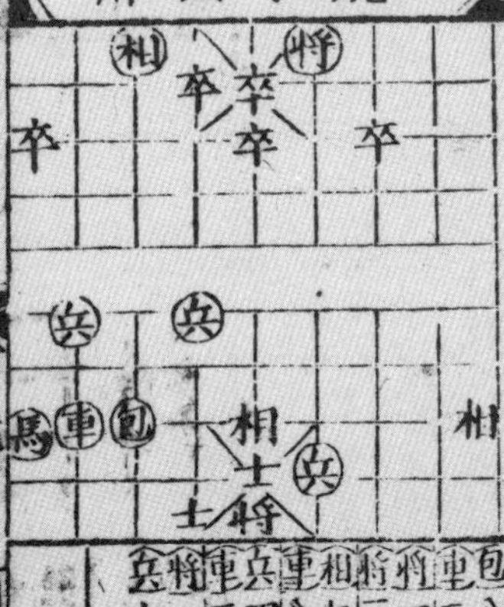

包八進十　車二平七　將一上二　將二下一　相七上九　車八退二　兵四平五　車三平四　將一上二　兵六進七

相五退三　卒五平四　卒三平四　相三上二　卒八進九　士五退六　卒八進九　卒五平四　士四上五　相九上七

步步隨

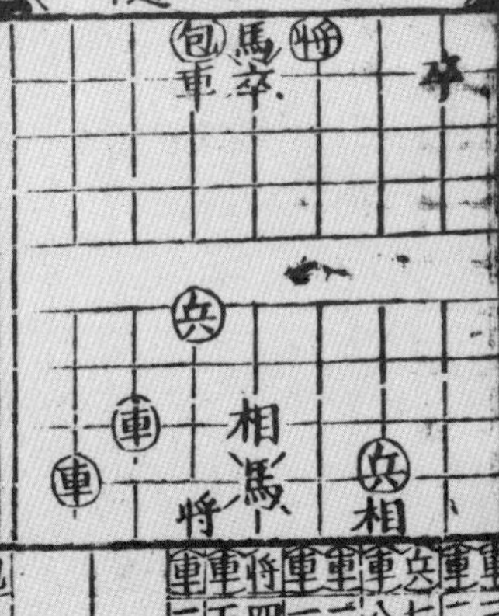

車三平四　車二平五　兵七平六　車八退二　車二退一　車一進二　將四平五　車五平二　車二平七

將四平四　將一上二　將二下一　車九進十　車十退五　車四平六　車五退二　車六平四

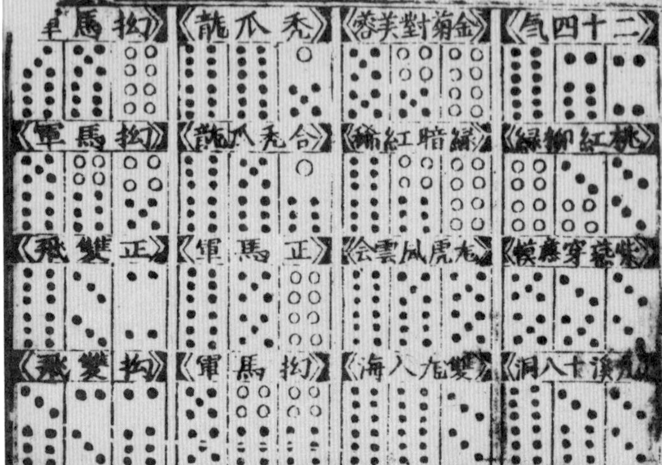

老馬還鄉

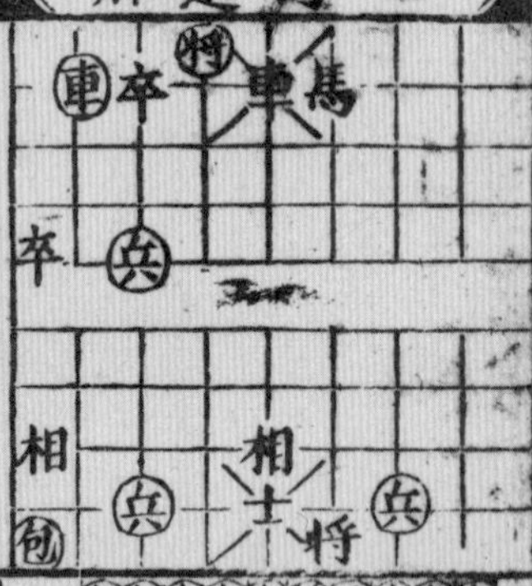

兵九進十	兵二平四	車八平七	將六平五	將五平六	兵四平三	兵三平四	兵四平五	包十退五	包五進七
士五下四	相五下三	車五平七	馬九退八	車七平五	車九退一	馬八去六	將六平五	馬六退四	馬四進六

力追四寇

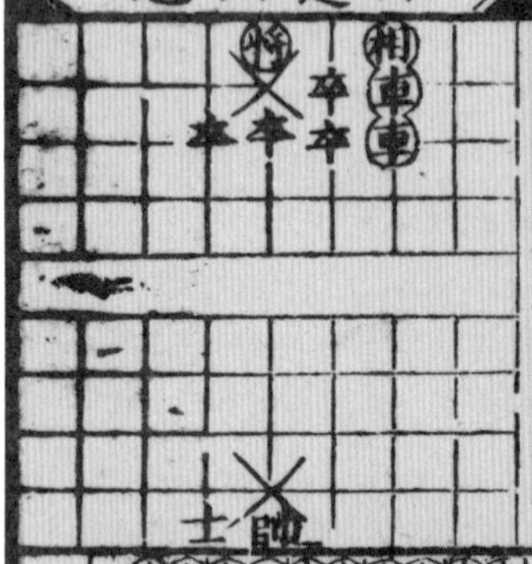

車三進十	車二進九	車九退八	車十退九	車七平五	車九退三	相三上五	車五平七	車七平六	車八退三
將一上二	將二上三	將三下二	將二下一	將五平四	卒四平三	卒四平五	卒三平二	將六平五	卒九進十

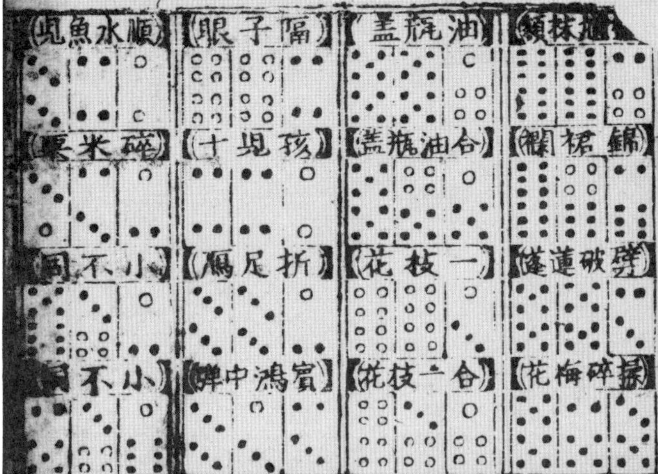
抹額
油瓶盞
隔子眼
順水魚兒
錦裙襴
合油瓶盞
孩兒十
碎米
劈破蓮蓬
一枝花
折足鴈
小不同
碎梅花
合一枝花
賓鴻中彈
小不

圍棋盤路圖式

圍棋規範

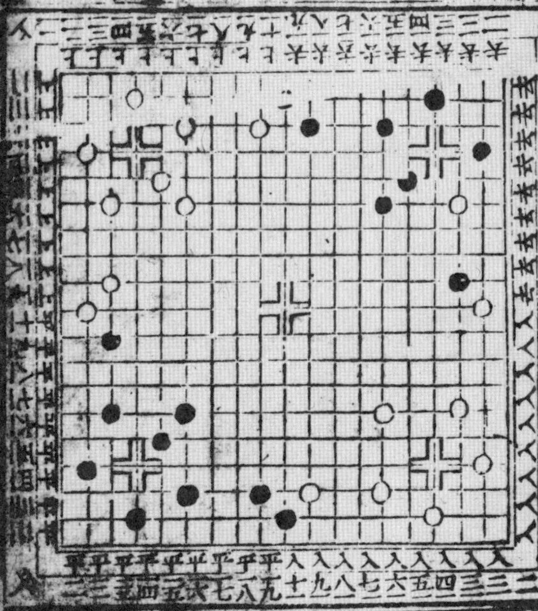

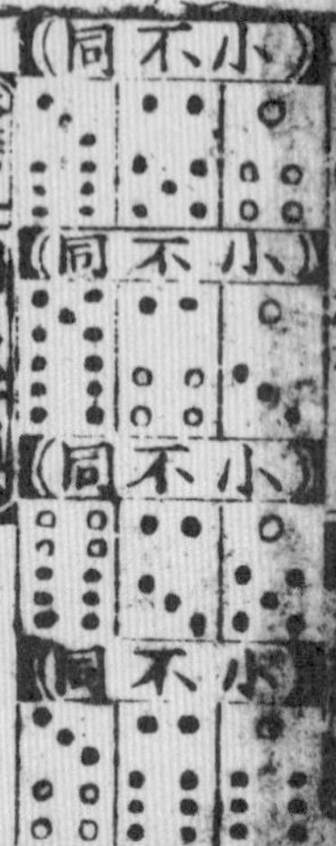

樗蒲逸興

○双陸定法說

夫雙陸者司馬文正公新定格局斥僥倖之勝其意欲歸之正也夫博奕猶賢乎已則是書之故孰謂無補哉

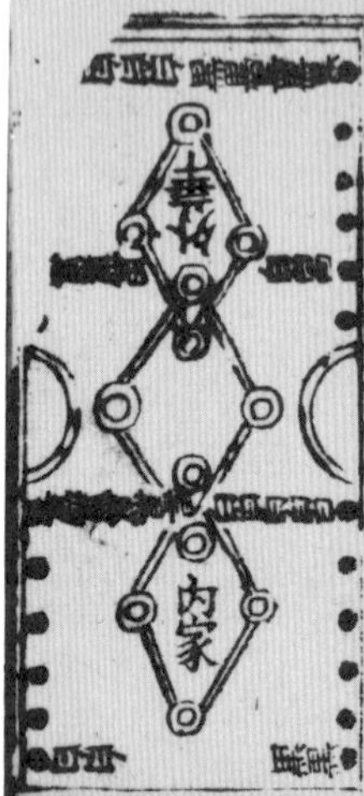

棋經十三篇（[illegible]）[illegible]食終日無所用心不有博奕者乎[illegible]桓譚新論曰世有圍棋之戲或言兵法之類上者遠其疏張智以會圍因而成得道之勝中者則務相絶遮要以爭便求利故勝負狐疑須定類以定下者則守邊隅趨作罹以自生于小地春秋代有其人則奕棋之道從來尚矣今取勝敗之要分十三篇有與兵法合者亦附于中云耳

論局第一　局奕秤也（說文奕大圍棋局也萬言叡傳謂之秤）夫萬物之數從一而起局之路三百六十有一且一者生數之主據其極而連四方也三百六十以象周天之數（日行遲一歲一周天月行速一月一周天凡十三交會合朔一十位故周天變數三百有六十而局法象焉）分而為四隅以象四時

○打雙陸起例歌

【西江月】幺六把門已定，二四三五成梁，須知四六作爍梁，五六單行為障。○擲得幺三采出，填疊此處為强，到家先起少無雙陸，曰全贏取賞。○凡擲得重色遇花俱呼為雙，謂如雙幺雙陸之類是。

【本采例】○凡第一擲謂之本采，凡擲賞入罰色即不得認作本采，到飛龍既真本采方許過，如卓鶴是真本采，凡十三大二之類是也，皆是傍本采。

【行馬例】○凡行馬每遇入窩不行，賞擲後來者馬雖多亦不許行去。九陽敵也取九而窩。○凡疊成十馬方許過函谷關，十馬先過，然後餘馬隨多少得過，自至函谷關則少馬不許輪，剛入多馬 [illegible] 多馬 [illegible] 后馬

各九十路，以象其日，四時各九十日，外周七十二路，以象其候。夫棋三百六十，白黑相伴，以法陰陽。黑白各一百八十，陽明而顯，故白子句之，陰晦而暗，故黑子先定，陰陽之義也。線道謂之枰，今棋局以黑平線道塗之，線道之間謂之罫。呂氏常[illegible]傳論曰所出不出一枰之上，所務不過方罫之間，方井也，枰碑也，罫絕田也，言一折者先下子於路也。一局方而靜，棋圓而動，自古及今，變者無同局。傳曰：日日新，故宜用意深而存慮精，以求其勝負之由，則至其所未至矣。枰字者從木從平，至篇曰傳旬也，從木從平，至篇云罫也。

【得算第二】棋者以正合其勢，以權制其敵，兵家謂斂，其家謂制。戰未合而算勝者，得算多也，算不勝者，得算少也。戰已合而不知勝負者，無算也。兵曰：多算勝，少算不勝，其中勝負見矣。

行直待多馬勢方許馬行○凡骰是彩同即許行自家不擲
二十疋馬到飛龍院雜采不得行直待
自擲諸渾花賞采及擲真本采別人擲
自家真本采上次擲罰采許過

倒行例 ○凡遇打馬遇疊馬遇入窩許
倒行

下馬例 ○凡馬二十疋用犀角刻成或
鑄銅爲之大如錢樣刻雲文為馬文各
以馬名別之 如驄騮騧之類 或只用錢文
為別仍雜采其文 須用當二當三 以防
交錯之患○堂印 下八疋賞入帖始遇 十二本采 下五疋
碧油 下六疋當六帖 桃花重五 下五疋賞五帖 柏板兒
下四疋賞四帖 雁行兒 九本采下二疋 下四疋賞四帖如 滿盤
星 下四疋賞四帖 真本采 下三疋賞三帖 傍本采 下二疋賞
三采人真撞 下欠人擲采與上 欠人同目真撞 ○又如上次

權輿第三 權輿者奕棋布置務守綱格 權輿猶言布置 其子守綱格之規範而已 先於四隅分定 平上去入 勢子然後折二
斜飛下勢一等 或于三六或于六三下子是也不然則非 立二可以
折三 白折三路黑不可 立三可以折四 黑折四路不可
入立謂直立其子也 與子相望可以折五 謂如平四四上四四皆有勢于
平十四着乃是折五路與勢相望也 近不必比遠不必乖 比猶近也乖遠也 離也乖猶背也

合戰第四 博奕之道貴乎謹嚴 高者在腹 高者遠其
嘴張有斷而來下者多習邊隅之着以求生于
小也故高者多于腹中取勝諺云強邊不如弱
腹 下者在邊 中者在角 邊不如角角不如腹 邊角雖生得路必促 法曰
寧輸數子勿失一先 先 輸子雖多猶得外勢則棄 而爭先若懷其腰居之
地 子雖少亦不可棄 擊左則視右 攻後則瞻前 欲下一子則遍觀一
局之中乎 有先而後 有後而先 敵着之際自有先後 后先之法局例置

人若擲得地九下次隨擲得九即是下三疋賞三帖承人傍撞
如上次人先擲得地九下次應擲得謂九采皆是傍撞下三疋賞三帖
自擲賞色銀十之類下二疋賞二帖別人擲得自家
真本采賞下三疋賞三帖別人擲得自家傍本采
各下二疋賞二帖一上次擲罰采賞下二疋賞二帖餘散采
下一疋○凡下次人未有本采上次人雖擲得賞采不理作賞采
打馬例○凡多馬遇少馬點数相及即
打去馬上数同亦許打去任便再下凡
打去垜馬謂一十疋作一垜者倒半盆被人打出
尚如願再下者聽
入夾例○凡遇飛龍院下三路謂之夾
散采不許行遇諸夾采方許行遇諸夾
采謂如六幺行路幺上不行六路之類是也
落塹例○凡上乘高下一路謂之塹不
行不打雖有馬到亦同落塹謂之同其

官則敗矣兩生忽斷皆活勿連彼棊兩處皆生雖斷皆
活何必連之何益我棊兩處皆為一也闊不可太踈密不可太促與其戀子
以求生不若棄之而取勝凡棊者多惜其子愛其少而失也貪小利
不顧失大則墮吾巧計之中與其無事而強行不若因之而
自補強縱強也謂不當行而行也于已無益于敵無損又或因無事而行則彼疑上則顧
顧則必補其虛彼衆我寡先謀其生然後侵他境勿與敵抗所謂弱而
遊之我衆彼寡務張其勢張吾三軍之勢言取其勢不必專殺兵法曰敵
強則用智敵弱則用勢善勝者不爭善陣者不戰善戰者
不敗善敗者不亂勝敗棊家之常苟知其敗謹守疆境亦不至乎紛亂奔敗
也中則闘小則攻倍則分敵敗則戰少則逃寡則避此謂善棊士也夫棊始以正
合終以奇勝當敵為一正奇出為一奇是謂合奇正之義四顧則也宰不可迎
掩人不備昧者不知其害專圖其利凡敵無事深入敵境戰勝相攻衛不除連敗
而自補者有侵絕之意也宜謹防之棄小而不救者

患难直待自擲諸渾花賞采真本須要本采別人擲自家直傍本采上次擲罰采下次擲直傍撞方許依元初下馬之数飛出飛盡為倒盆每飛定一疋賞一帖

【倒盆例】○凡十疋先到函谷関半盆倒打去別人全馬倒半盆全馬先至尚乘局為細滿倒倍盆如過ト乘局于分先滿到盆落過尚盡滿到盆

【賞帖例】○凡謂賞帖者臨特商度用義為帖不過三錢多即復重以供自擲諸渾花賞真傍本采各随下馬疋数下十疋賞十帖下一疋賞一帖在局人皆供別人擲真傍本采随手真傍撞上○馬疋数謂如一疋賞一帖犯事人供凡打得一馬賞一帖被打人供○滿盤飛出馬一疋賞一帖

有闘大之心也宜察之随手而下者無謀之人也強者計先定方下一子弱者随手而下不思遠慮若失先後不思而應者取敗之道也應者取其應對之義弱者款以西北下子以許敵則先于東南急下弱者不思而急應則必中其計故取敗

【虛實第五】夫奕棋緒多則勢分緒若綵絲有頭緒也傳曰奕忌分勢分則難救強者務格弱者務多起頭緒然後驅東則擊西遂左則救右使奔走之不暇也救棋勿逼逼則使彼實而我虛虛則易攻實則难破実則勿後行宜緊緩吟瀧以後行臨時変通宜勿執一執一者如守株待兎是也

【自知第六】夫智者見於未萌愚者暗於成事故知己之害而圖彼之利者勝知可以戰不可以戰者勝不知不可以進為之進不知不可以退為之退故取其敗識衆寡之用者勝知衆可以敵寡猶宜勿擊知寡不能敵衆故宜先來其先也以虞待

采例〇凡起初若擲得三五行馬則
成梁二四為成梁么六亦成梁凡馬単
行便成梁不成么三二四三五四六皆
做得成梁或単行任意
到家例〇凡行馬須擲本采行馬左行
右轉到家右行左轉到家左右一同下
盡得起只得人起小如擲采未出仍要
依采行凡持馬先後宜擲色用之
雙陸格制雙陸率以六為根其法左右
各十二路號曰梁白黒各十五馬右前
六梁左後一梁各布十五馬右後六梁
二馬左前二梁三馬白黒相偶用骰子
二其采行白馬自右歸左黒馬自左歸
右或以二骰之数兵行一馬或行二馬
或移或疊凡馬單立則敵馬可擊而為

不虞者勝設詐覆使之贏佯敗使以殺彼攻我巳為之備敵來戰必敗也以逸
待勞者勝不戰而屈人者勝我先活則逸彼未生則勞布棋入格
自知者明不戰自勝

審局第七

夫奕棋布勢務相接連連則棋勢不分分則脈背
受敵故脣亡則齒寒也
自始至終着着求先下子必原乃得先手善変
者戰人而不戰于人我欲戰彼不得不与我戰我不欲戰彼不得與我戰此是得先手也臨
局交爭雖雄未决毫釐不可以差焉着〻入局自然勝也
局勢已羸專精求生局勢已弱銳意侵綽勿謂巳弱
長予于死地以求僥倖之勢或在疑之間必須死中求生敗中取勝此智也入敵不可為
常沿邊而走雖得其生者敗強者壓弱者尋邊亂走焉能得勝
弱而不伏者愈屈躁而求勝者多敗兩勢相圍
先促其外從迫也勿欲貪中先謹其外者勝勢孤援寡則勿走
走則彼棋勢堅因勢壓則後行否則难以施其巧也是故棋有不走之走

相比為一梁他馬既不得打亦不得同途凡遇打必假元入局處空位與采相當始得下謂如第三梁空今乃得三采則下聽打者未下則他馬不得行至後六梁謂之歸梁凡登梁已滿如打得他馬即併馬於近下五路只開後一梁為敵人地右不獲他馬即不移歸頭梁之内每擲視其采拈出二馬數有餘則取不足則否采小不取則併移歸下梁常須固兩馬不可移動動則頭破後六梁謂之末梁馬先出不為勝〻而他馬未歸或歸梁而無一馬出局則勝双籌凡賞罰之籌唯所約元有定数

南為外學逢門不作

歌曰

凡推

有不下之下不定則勢[illegible]〻則後手矣之則死不下則生乃存誤人者多方成功者一路而已奕棋兩敵均焉一着或失終莫能救况多失者乎古今勝負皆因一誤而已棊説本来只許滿一路便是成功明智達此防以百戰不怠古云頭尾只求多一路不須大敗笑傍觀如唐用兵未常大勝亦未大敗守法故也薛萬徹若不大勝即須大敗貪殺故也能審局者則多勝

度情第八

棊勝負可得而先驗曰夫持重而廉者多得輕易而貪者多喪不爭而自保者多勝務殺而不顧者多敗因敗而思者其勢進思其所以之尚戰勝而驕者其勢退將心自驕則患生于怠求已弊而不求人弊者益攻其敵而不知敵之攻已者損矣法曰知彼而知已百戰百勝自凝一局者其思周心役他事者其慮散戒在專意孟子曰奕之為數小數也不專心致志則不得也奕秋通國之善奕者也使奕秋誨二人奕其一人專心致意惟奕秋之為聽其一人雖聽之一心以為有鴻

太公灌壇之勢

右西分次序上下無言裏外為左東

立位 不須 怯囚 將御 假定 吹嘘

設網拿鵞之勢

後為營梁前為外華掛得重紅必當作四梁為外華 哥曰 外華

為是其智弗若歟曰非然也謂其不專心致志也故行遠而正者吉機淺而詐者凶不見則勝見之則敗能自畏敵者強謂人莫己若者亡料人不如己者亡意旁通者高心執一者卑如下一子要旁通三生二活四面相照令人不測者勝執一无謀必無遠行乃為卑見語默有思敵難量動靜無度招人所惡他人有心予忖度之

紏正第九

兵本不尚詐謀言論道者乃戰国縱橫之說棊雖小道實與兵合故棊之品甚繁而奕之者不一自敵手爭先至于饒着皆得入品有不入品者豈可勝計耶得品之下者舉無思慮動則變詐或用手以影其勢或欲下而復止或欲去而復去或發言以泄其機或得勝而言輸或先悔而后失得品之上者則異於是皆沉思而遠慮用形而用權神游局內意在子先

四梁即缺時擲見重紅正可施心防他
出無尋覓勸君早作莫遲〻
前三梁必當作外華定局
骰擲得一對三必作外華三梁以待捉

金猫捕鼠之勢

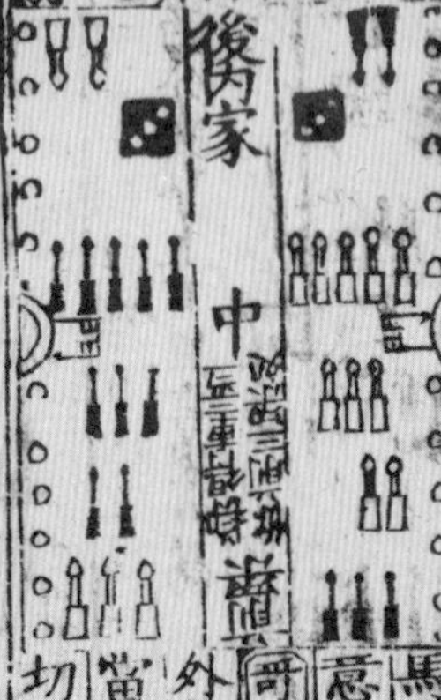

馬之意
哥曰
外華
當作
切莫
盧豈待臨期但有㪽骰擲重三真可用
三梁盈滿意毋遲
前二梁定局擲骰若遇重二當作外華
二梁
歌曰
前梁二上欲缺之擲
得二三正當畏他若待他出須還打此是

圖勝於無朕勝有先勝而後戰敗者先戰而後敗滅行於未然人敵
訶意即塵而滅使不得施發其謀也豈假言詐喋〻手勢翩〻哉
傳曰正而不譎其是之謂也

洞微第十一

先棊有益之而損者損之則[illegible]益之則生雖益而反
有損而益之者損我少益我多有侵之而利者有侵
之而害者得先則利失先則害有宜左投者有宜右投者
棊於左右下子皆活更宜思之使一着防后而行有先着者有後着者
先着者而必而尤得先手后着待彼先着我方應之有緊鬬者[illegible]義謂持把
子取其截彼社之頭緒吹着必斷使之急應也有慢行者与敵子相靠而有曰慢行
棊有緊行大勢在于外夫故慢行以緩之也粘子勿前棄子思後其勢
聯絡而斷必死粘棊之時宜先粘其后以防争局打刧或有所棄亦不多棄思后雖棄棊思後
着有緩先後也有始近而終遠者有始少而終多者小大
斷於外形之類少多謂未活是先示有活處先粘然後緩而後始得路少然得路多欲強

子爲打兎之勢

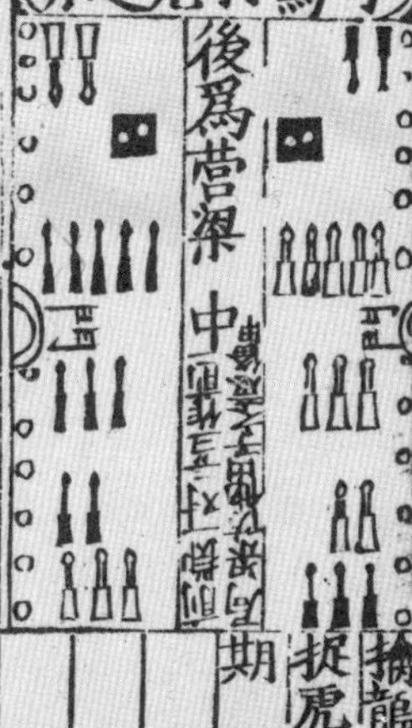

藏馬定局○未把之際擲骰得五六定當藏也前至五立之處謂曰藏馬之局

五立過吾關勢

歌曰

五六欽當出早藏莫待遲依快直是美過了失便宜

外先攻内欲實東先擊西内虛則外實擊則東自實西路虛而無眼則先覷見路雖多而盡未有實則點而覷之矣無害于他棋則[illegible]敵未知其我子次着猶害於我則不可打劫也饒路則宜蹺受路則勿戰[illegible]不失亡則勿戰[illegible]敵智弱不敵強擇地而侵無礙則進先于空地缺處侵之礙前有碁相礙則行之不得進乃止而勿行此皆碁家之幽微不可不知也

多數第十二

夫奕棋者凡下一子皆有定名棋之形勢死生存亡因名可見有衝有斡不連子而入日斡直連子而入關曰衝有綽有約以我子斜侵彼頭而[illegible]其子曰綽以我子[illegible]約有飛有關若羽翩之斜飛也小飛折一大[illegible]折二隔一路下子若關之狀有[illegible]有兩[illegible]有劄有粘有頂有尖有覷覷也劄者詐[illegible]粘者[illegible]而為有門有打用之使不得出曰有斷有行有一也打者擊也擊其前[illegible]立[illegible]而為二曰有[illegible]自有緊有捺有點[illegible]而撥之下[illegible]

當出他邊二梁定局殺邊重二者急出

鷺鷥入鳳巢勢

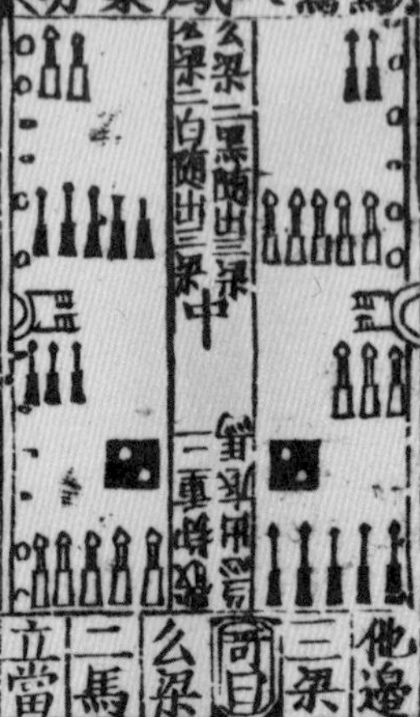

知急宜早出莫遲 占斷三梁猶等出 上臨危欲■士難迦

當出他腹梁定局巳梁并外華將滿掛

二仙傳道之勢

破眼曰點傍通其手曰透點 有聚有跪 跪有三四五六聚為一路子曰跪有斷

之意 有挾有拶 以子促而迫之曰拶一子曰実夾兩子曰虛夾 有辟

有剌 辟見上篇有剌連子而入曰剌如戟直傷物 有勒有撲 求其眼緊曰勒

以我子接彼活眼中令必殺曰撲所以提其着也 有征有刼 兩邊遂殺之隨手而

却殺者謂之征殺先動謂之刼彼應謂之回剥 有持有殺 兩棋相圍各生曰持

而離局曰殺隨手而下而却者曰復殺 有鬆有盤 俗謂虛空曰鬆取其玲瓏虛空

跌而不漏之意也盤圓轉而殺之使彼不敢歇也 用棋之名三十有二

圍棋之人意在萬周臨局變化遠近縱橫我不

得而前知也用休倖取勝難逃此名哉九品之

外勝計未能入格者法曰生而知之者上也奔

而知之者次也

品格第十二

夫圍棋之名有九一曰入神 變化不測 而能先知精義入神不戰而屈人之兵無與之敵者天下 二曰坐照 入神

馬任他边膝梁上 歌曰 他边膝梁
未得填色遇重紅可出迁双馬出立他
膝上被寺接塗用無偏
出他边三梁定局已梁由滿禦見公公
急出他边二梁上 歌曰 骰禦

双錆焔園之勢

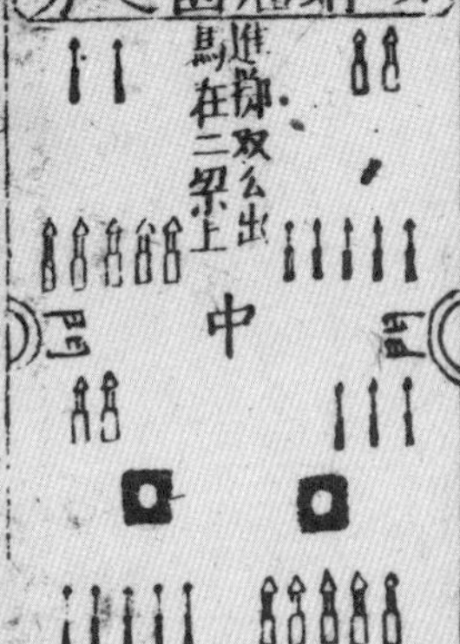

ㄆ公 急用 之二 梁上 定早 死知

雖然不應焔時用早早隄防莫待遅
當边出边四梁定局骰禦得匣當出他
为公梁上二馬在他边四梁上立寺
出門 歌曰 公梁双馬立争功

半先則不勉而中不思而得坐照三曰具体入
者至虚善応並近入神厥品上中神
若鋭一先焔局之際造形則悟其四曰通微受
入神之体而微者也厥品上下高
者品先焔局之際見形陰能善応五曰用智受
変或戦或否意亦通幽厥品中上緩
三子未能通幽戦則用六曰小巧小巧受饒四
智以敝其亦厥品中中子不務遠敵
好施小巧七曰闘力受饒五子動則交戦
厥品中下相坑不用其智而専闘力
厥品八曰若愚九曰守拙九品之外不可勝計
下上
未能入格今不復云傳曰生而知之者上也學
而知之者次也困而学之又其次也
雑説第十三夫棋边不如角角不如腹約輕於
捺捺輕于辟夾有虚実打有情偽此打節有実
逢約多綽遇捺多粘因綽則多約不粘亦死之大眼可
亦小眼局面線道相交之地以棊圖之曰眼有
眼則活孤眼則死若白黒

三仮逐台之勢

只為　他若　遇重　三色　四梁　立不差

投壺譜

○投壺總括旨要

司馬溫公曰投壺可以治心可以脩身可以為国可以观人何以言之夫投壺者不使之过亦不使之不及所以為中也不使之偸倚流散所以正也中正道之根抵也圣人作礼樂脩刑政立教化垂典謨凡所施為不啻万端要在底民

大眼地狹而路少曰小眼斜行不如正行謂之不正斜用而必中曰正兩關對直則先觀彼此有關相对宜先觀々則力勢以存後活前途有碍則勿征先欲征某先觀前路有无某子相碍施行未成不可先動盤角曲四局終乃亡直四板六皆是活棋花聚透点多無生路花䕤六聚七終非吉祥十字不可先紐四路十字不可先絕四角之中有十字之着取其状貌也勢了在心勿打角圖奕不欲數々則怠々則不精奕數則疲而体倦故不精奕不欲疎々則忘々則多失疎稀疎也忘遺也奕疎則麽忘而局生致多失而必勝勝不言敗不語振謙讓者君子也起忿怒者小人也高者勿亢卑者勿怯氣和而意舒者喜其將勝也心動而色变者憂其將敗也赧莫赧於易恥莫恥於盜劫莫妙于用緩昏莫昏於覆劫凡棋直行三則

心於中正雖不能久可以習爲豈非治心之道歟一矢之失猶一行之虧也豈非脩身之道歟兢〻業〻謹終如始豈非為国之道歟君子之為也確然不動其心懍然不改其容未得之而不懾既得之亦不驕小人之為也俯身引臂挾巧取其苟得而無愧豈非观人之道歟由是言之聖人取以為礼宜矣彼傳奕者以詭譎相高以殘賊相勝孔子猶曰飽食終日無所用心為之猶賢乎已况投壺者又可鄙塞而輕廢哉古者壺矢之制揖遜之容今雖訣爲然其遺風餘像猶彷彿也世傳投壺者以奇舊难得者為右是亦投瓊探鬮之意也非古礼之本然耳余今更定新格增損舊圖以

敗直行三子多是斜飛単関必肯直行四子若壓敵了沿边而走者雖多亦許方聚四則非但古国手少有聚四者以四子聚方惟名四方聚四勝而路多名曰竊局敗而無路名曰輸筭局蒲而有餘子曰竊筭無餘子曰実局皆筭為溢筭為溢器中積水滿而溢出曰益孝經云滿而不溢是也白子黑子两棊非滿局路各有多者為竊停路為帀打筭不过二帀相當也两家不勝不敗故名帀俗謂停棊局家許連下三子打筭雖用二將殺則卄淘子轆軳有無休之勢有交遁之圖而突棊者不可不知也非生非死非刦非特又曰瑞环势凡棋有敵手燈弱均而争先謂之敵手有饒先燈若鮮弱者两局先弱者復饒燈者一先所饒之子燈者在以三局為之周有先两燈者两局之中饒弱者二子故謂之先两也有桃花五有北斗七燈者两局之中饒弱者七子取北斗之象夫棋有無之相生遠近之相成強弱之相形利害之相傾是以不不察也

精𥮅者為右偶中者為下使矢用机儌倖者無所措手焉〻

投壺制法　壺口徑三寸耳徑一寸高一尺实以小頭壺去席二箭半箭有十二矢長二尺有四寸以全壺不失為貧苟不能全則積美先滿百二十者勝後負俱滿則以餘算多者勝少者負列圖以示其意

鞦韆壺

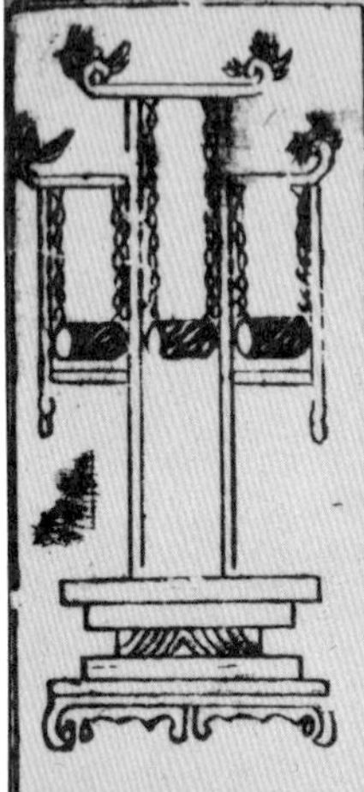

雲?成讓勢白先勝

白六六断黑五五行　白四六門黑五六冲　白五七頂黑六八行　白十九出黑五八糸　白四七粘黑五六提　白四五[illegible]黑六六粘　白四九門黑六九行　白十七綽黑十七打　白十六出黑十五綽　白九六出黑六五粘　白十八四飛黑十四行　白十二綽黑十三打　白十七立黑十四退　白三八勸黑二八打　白三七粘黑二九粘　白三八立黑九三綽　白九二約黑八三打　白九四断勝

八圣擒妖勢白先

白三四六黑二五大　白二五綽黑一六結　白四六起黑不歇三　白三四粘黑五五粘　白一四粘黑三三打　白五打勝　白十二四黑二六行　白四六五黑三五[illegible]　白三七立黑二六立　白五六[illegible]黑二三[illegible]

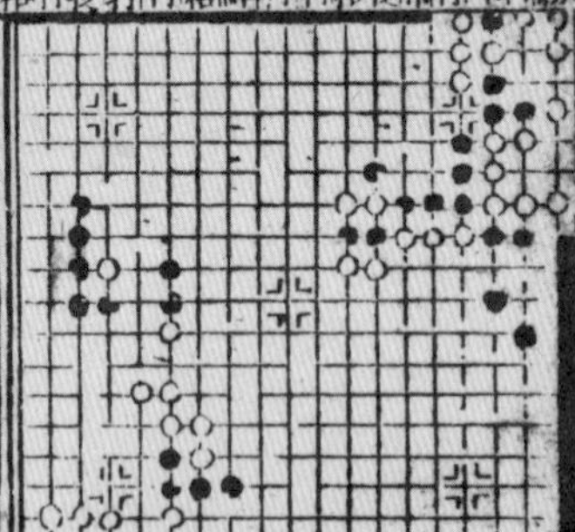

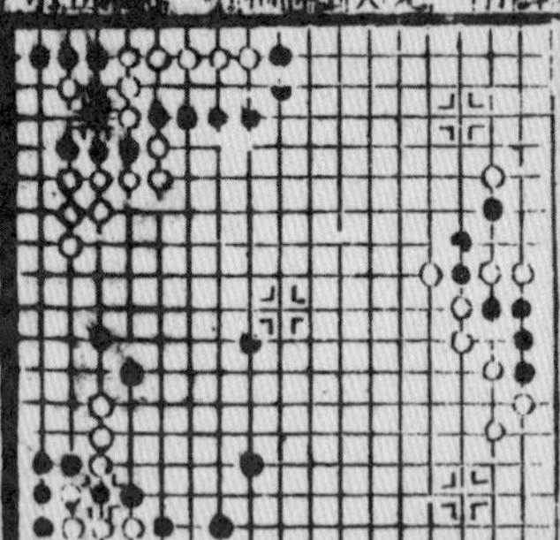

金鎖勢白先

白十五三[illegible]黑不六[illegible]　白六三[illegible]黑六三行　白三七[illegible]黑六三出　白七立黑四[illegible]　白五一立黑四[illegible]　白三三[illegible]黑七[illegible]　白四三[illegible]黑六一提　白九二單関勝

[illegible]勢白先

白六八[illegible]黑八二[illegible]　白六一関黑六二[illegible]　白七五頂黑七二粘　白七一[illegible]黑五二打　白四行勝

千金不惜勢

白先要活

白四四[illegible]黑五五出　白五六撥黑五五六出　白六六[illegible]黑[illegible]　白六六[illegible]黑六六出　白六七綽黑七七打　白四七出黑四八打　白三八撥黑三七打　白七五[illegible]黑四[illegible]提　白七六粘黑七七打　白五二打勝

投壺式

投壺說

夫投壺者遡其源流乃東漢祭遵所製
晉晁武延攬之餘休任講義高像雲臺
則見天下之澄清也斯時政安務本四
境晏然祭公當是事之暇群僚晏集樂
意相酬設此投壺一則以勸侑佳賓二
則以紀綱律度三則亦以習射鵠之儀
舊謂有矜貫耳連中散等式無意趣今
因纂集勢法圖像于后一云云耳

[illegible]勢

白三[illegible] 黑三一綽
白二立 黑一四点
白二立 黑三三夫
白三粘 黑三綽勝
相撲勢 力黑三四尖
白二四粘 黑三三行
白三頂 黑五过
白四撲 黑三三拐
白二立 黑三三幹
白三过 黑三[illegible]勝
尤牙勢 黑[illegible]五[illegible]
白六三捺 黑六三断
白四尖 黑四点
白五立 黑二四撲
白三提 黑三四撲
白五粘 黑六起
白四提 黑四[illegible]勝
採樵勢 黑七[illegible]
白五冲 黑三六頂
白四立 黑四六粘
白六打 黑二七打
白五提 黑五[illegible]幹
白四出 黑二七起
白四八出 黑四九打
白三八出 黑二八起
白六八提 黑三九起
白五八粘 黑七八起
白十五出 黑九五起

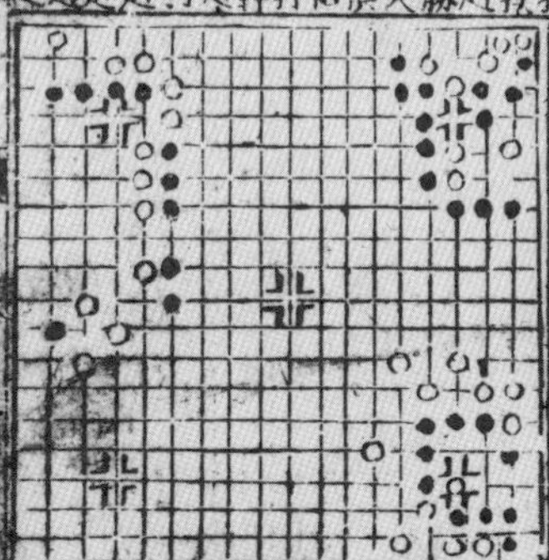

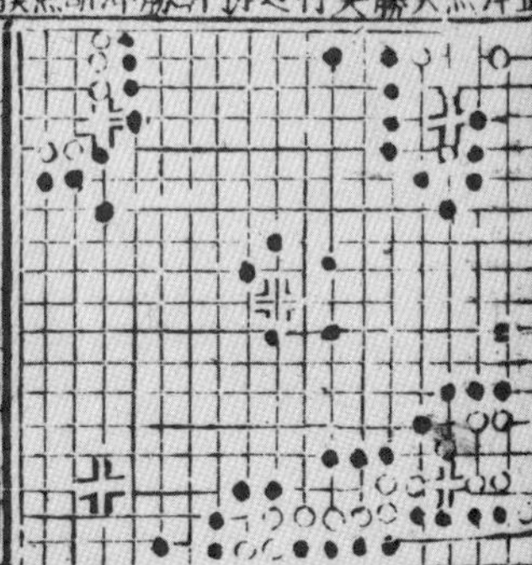

[illegible]龍戲身勢

白五[illegible]
白八[illegible]綽[illegible]
白二立 黑[illegible]撲
白二四粘 黑六[illegible]綽
白四點 黑三[illegible]立
白五尖 黑三[illegible]提
白二撲 黑二[illegible]
白九綽 黑八立
白六綽勝

明珠出海勢

白九行 黑平九行
白平[illegible] 黑平七行
白[illegible]九行 黑[illegible]九[illegible]
白[illegible]九斷 黑平九[illegible]粘
白[illegible]亂 黑先九粘
白十大打出

吉祥勢

白先勝
白八一四冲 黑[illegible]
白三夾[illegible] 黑[illegible]
白三撲 黑二[illegible]
白三丹撲

雙象登科式

一人對坐每人手執三箭離壺三尺將箭重擲于地再跳入壺箭頭向上凡三者為上

雙鳳朝陽

二人平立將壺橫架于高柱上用箭二根將手托送射入中壺為十若入左右則為偏山故君子以陽位中正取乎中也

大長生勢　黑先

黑十三夾白十四綽
黑二三行白二三粘
黑二六提白二七綽
黑八行白三綽
黑四行白四粘
黑三立白四綽
黑六撲白三撲
黑五提白四復提
黑六撲白三提
黑成長生也

小長生勢　白先

白十三四行黑三四粘
白二三行黑二三綽
白二二立黑四起
白四撲黑一赶
白三提黑三提
白四撲成長生也

出奇勢　白先

白十三搽黑三斷
白三行黑二約
白十三行黑三粘
白二五點黑二三提
白乘黑三提
白三點

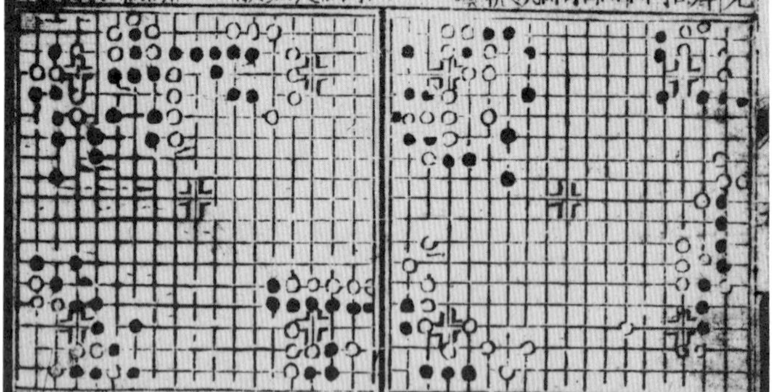

倒撲勢　黑先

黑八三行白二四奎
黑十五夾白十三綽
黑四斷白四四提
黑四五白十五救三
黑十九二白十六粘
黑二成活

入殺勢　白先

白三單閣黑三
白彈炮黑三粘
白四觀黑三立
白五斷黑三提
白五撲黑四撲
白八打勝

五將被擒勢

黑四粘白三粘
黑三點白二綽
黑三立白四立
黑一四打勝

彩雲勢　白先

白五夾黑三五条
白四行黑三彈
白三殺黑一六提
白三立勝

投壺同源式

三人品坐每人手執四箭分中左右三口同將箭一齊擲入壺口方為上巧若在右乱雜罰酒當依坐次北勢係樂天、所傳

戲冠拖入式

将壺頓于几上退三步用方巾頂架箭一根行三步近壺將巾頭低垂下箭入壺中者為妙此係斯文樂玩之局

十面埋伏勢

白先勝
白八一撲黑九一提
白九三点妙黑十三立
白十二刺黑九四粘
白十一行勝

通仙勢

黑先勝
黑六頂妙白七二行
黑六五冲白五三約
黑五二行白四四行
黑七行妙勝

危失珠勢

黑先勝
黑七七觀白三八粘
黑三八立白三六粘
黑三九行白七七立
黑四二斷白七五提
黑七九綽白二四出
黑三三關白三三行
黑三二綽勝

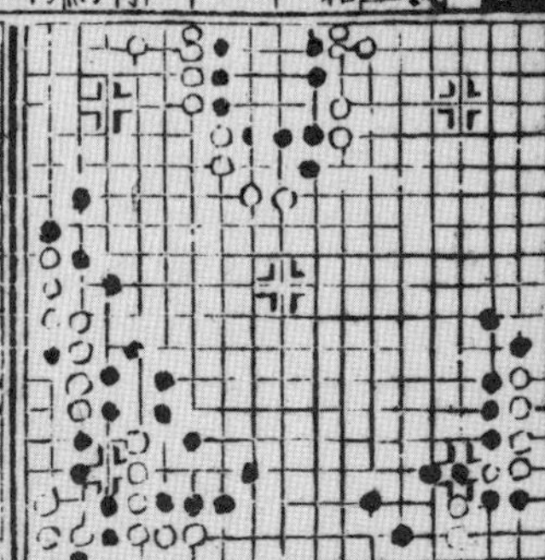

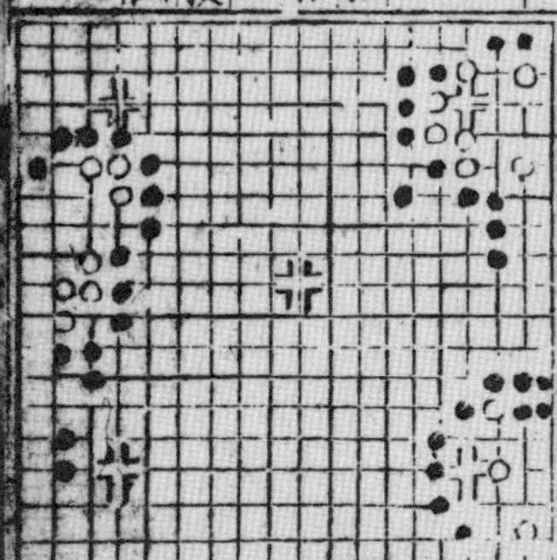

擒縱勢

黑先勝
黑八二点白三一頂
黑三五立白三三粘
黑七九綽白三二粘
黑十六行白二一走
黑二三聚勝

三生勢

白先皆活
白四三壓行黑五三殺
白三三割黑四三[illegible]
白四四斷黑六二行
白七二行黑六[illegible]
白八一提

文昌勢

黑先
黑六三頂白二五
黑三三綽白[illegible]
黑二四行白[illegible]
黑三五撲勝
一月変
黑八[illegible]白[illegible]
黑[illegible]点白[illegible]
黑[illegible]

蚰入燕巣式

将壺倒放磚地以箭徙地上穿入壺中若投入左右耳者則為賍孤之势局法極多不能悉𢚩姑舉数類以示云耳

轅門射戟式

将壺置于高處先以箭射畧横置左右壺口用木縛鉄圈居中為界将箭從鐵圈擲入中壺搖動左右二前落地方為上

十七走馬投鬼
白三六点黑七斷
白五斷黑九提
白三四挺黑四挺
白二提黑一復打
白三行黑四提
白三斷黑二[illegible]
白二立黑[illegible]
白四挺黑三[illegible]
白三撲黑三提
白二提成劫

高祖[illegible]栄陽勢
白五沖黑五过
白五沖黑一五过
白六撲黑七提
白四斷黑六粘
白三行黑三榛
白三來妙黑二立
白四撲黑三提
白九立勝

六出祈山勢
白十五関黑九斷
白二七夾黑三尾
白六斷黑七提
[illegible]
[illegible]
[illegible]

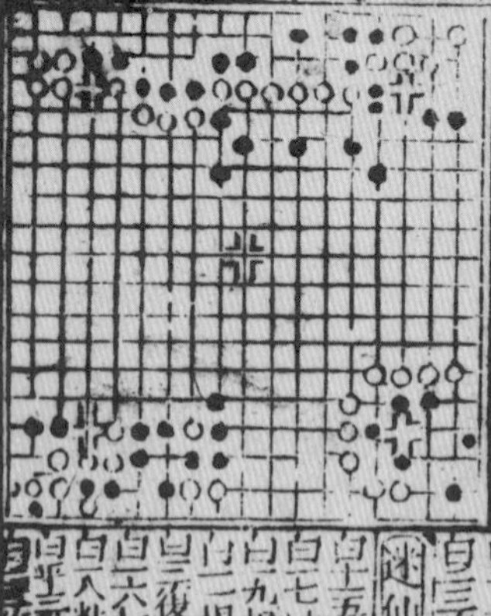

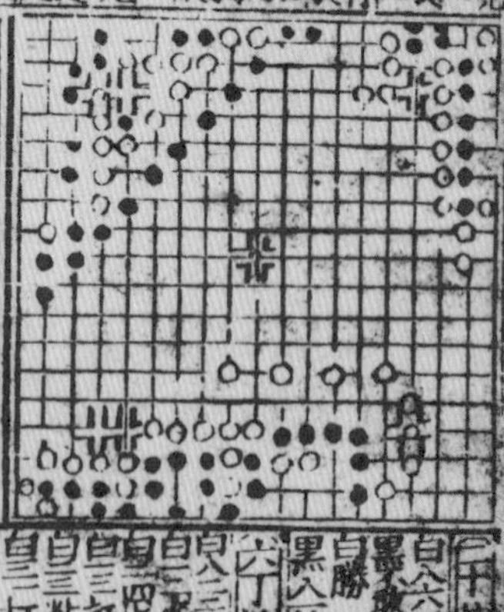

十[illegible]勢
白六六[illegible]黑七[illegible]
黑[illegible]七[illegible]入[illegible]
白勝　白七行[illegible]
黑入一約白九[illegible]

六丁神將勢
白八三行黑[illegible]
白一夾黑二[illegible]
白四[illegible]黑[illegible]斷
白三挺黑[illegible]粘
白三粘黑三四
白二挺黑[illegible]提
白三復打

迷仙勢
白十五[illegible]黑三粘
白七过黑八撲
白九提黑三提
白一提黑三撲
白三復提黑三夾
白六挺黑[illegible]粘
白八粘[illegible]
白[illegible]三粘黑[illegible]
白[illegible]復打

背用投壺式

二人背坐以壺置倚座後雅入尺地正坐脊梁手執箭從額門丢入則正對中壺若左右耳須稍偏移此勢宜斈者自當通変

双柱聯芳式

二人對坐每人手執一箭左向者欹左耳右向者欹右耳斉上擲入口中若入中壺則為備占春魁依時而行可也

[illegible]棋三十二法

〔立〕沿邊而下子者曰立恐有行子中斷相攻故曰立〔行〕初下一子粘連勿斷恐有夾打險難謂之行〔飛〕謂下子闊斜路而走亦有沿邊而走者大勝局使子有遠粘不斷之貌故云飛〔尖〕初下子斜行一路若以勝負相攻使子有粘活謂之尖〔粘〕恐斷乃連而為曰粘若糊粘物也〔幹〕不連而入曰幹〔約〕以我子擱彼子曰約〔綽〕以我子斜侵彼路而拂其子曰綽〔衝〕直速子而入閃謂之衝〔關〕隔一路子相對若關之狀有單關双關〔覷〕視也有可斷而不敢斷先以子視之曰覷〔殺〕甚死而結局曰殺俗謂之提既提而隨手殺曰復殺〔劄〕夾也有若兩虎口扎對[illegible]有斷即斷之狀曰劄使有復殺〔頂〕子相當而頂戴之方為之頂〔捺〕以子捘其頭曰捺曰上而按下也〔蹺〕福一子偎攤子而下着者搨是之狀嚐之跂有斷巢之意陂以足之蹺物也〔門〕閉之使不得出門曰[illegible]一路曰小門二路曰[illegible]門〔斷〕沖草也雜而為二曰斷〔打〕擊也謂相其節曰[illegible]〔點〕深入而[illegible]曰點傍隨子曰透點〔征〕兩邊逐之終而不得止曰征〔[illegible]〕[illegible]靠傍之意[illegible]子截雖被之[illegible]次着斷也[illegible]之息[illegible]〔[illegible]〕[illegible]敘也堅[illegible]閞來全[illegible]則[illegible]五[illegible]

□龍入海亡
每人将箭二
根高高丢起
双双投入壺
中為好此箭
手不宜緊拿
亦不宜快丢
只可緩緩丢
起方為上妙
之矣

〔劫〕出投子曰貼□逼殺也以□子□□□
壞之打刧也〔殺〕促而品之曰接〔撲〕接殺□
中使急賴曰攅来其要用使連子而直曰
所以促其着也〔勸〕無眼曰勸〔剩〕剁劍戈戰之
宜傷〔夾〕要着夾一子曰實夾〔盤〕圍轉逼撲之使
物也兩子有夾曰虛夾不得歇曰盤
〔鬆〕俗謂慢曰鬆棋家取其玲〔持〕兩棋相圍而
龍透空蹤而不漏之意曰鬆皆不死不活
曰持有兩棋皆死眼者有兩棋各有刧者有各
一眼活者有彼棋兩段各一眼而我棋一段死
眼間其中
而持者

十卷終

新刻全補四民便覽三台萬用正宗卷之十一

墨池清興

用墨不可太濃不可太淡

心法歌

執筆之法實指空拳運筆之法意在筆前八法立勢永字精研真草篆隷鋒別正偏仰覆背向開合折旋垂縮留放結構縱横短長疎密肥瘦方員一字體態倚側取妍点須三過情性相懸出入往復墨斷勢連藏鋒聚氣舒展有奉筆作字各有後先承上接下顧盼照應斷為心法至理在焉若非如此千金不傳

書法門

字學淵源

○永字八法

變化七十二法勢

側 須則看筆
勒 筆鋒仰上
努 筆鋒向左偃取勢直下
趯 先蹲筆駐一駐卻起去
策 仰策如勒
掠 筆鋒去出
啄 駐筆疾卽鳥
磔 三過筆

辯中書楷字奇訣

イイノ（人尺撇）頭似鳥啄　但寫力字似刀開

又辶（引卓）乃及當似了　以從左厶（巳）右從人

切計言畫莫過口　、シ氺以（点水烏点）似群鴉

重童堂字下畧短　口（韋）似鐵城要團方

慶憂愛夏下從又　聞聲耳ノ似虎牙

可字口上勾多控　是定走及亦從人

右、（点）挑仁左ノ（点）杏　左要向外右相連

○漢章帝論筆法

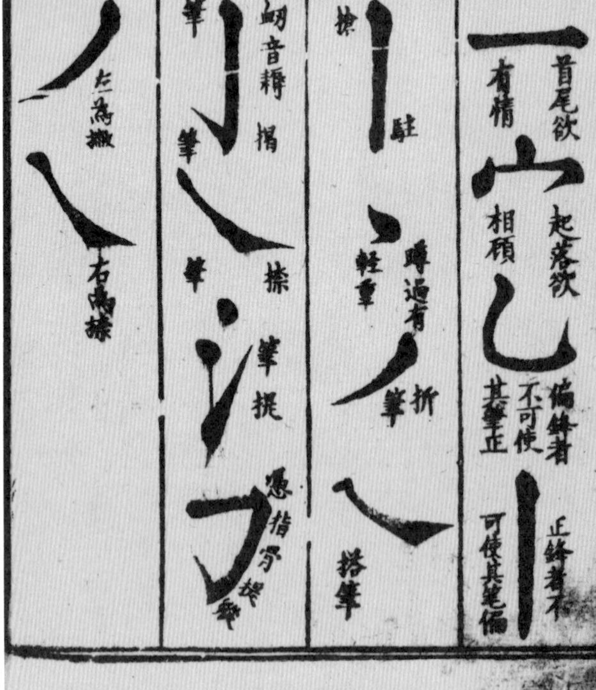

木禾公父丿點两向　七木𠃌内文象鵝頭

卩要二筆卩順筆（邑　阜）　鄰卩卯卪七無乚（邑　節　句）

吏史叟更中丨轉（兗）　七也横画要歪邪

但爲扌亻上撇短（大　尺）　傍扌出頭足土挑（大）

水有散氵或聚氵（水　水）　立𠮚丶頭子作ク（綿　龜　蛇）

乙乚乙勾有三様　中丨鐵柱或懸丨（兗　針）

左丿笛刀右乀彗（发）　比用厂丿月初生（岩　撇）

若馬保得此筆法　中書之内免求人

寫字忌八病

牛頭點

棱角太甚如牛頭　有失龜頭法度

蜂腰乚脚

細勝以蜂腰　失浮鵝之法

所木柴擔

如折木太直　失王案之法　似柴担太弯

棱角轉角拙

轉折棱角　太尖失王　案轉角之理

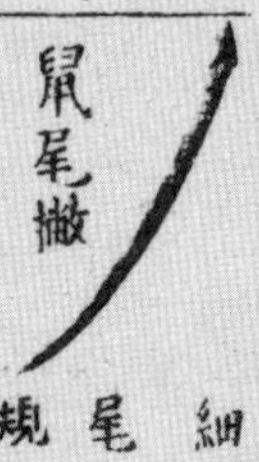

鼠星撇

細流以鼠　尾失星角　規矩

鶴膝勾弩

尖舒如鶴　膝失蝌爪　玉鈎之理

竹節竪画病

起止如竹　節太稜失　上短下長　中竪旁撇四法

如撒帚之　失金刀　法

右八病寫之法最大忌也

儒林證墨

譙國　思敬父　寫

⻏　邑字

從　都郡邳　邦鄭酆　鄉部鄧

此　從邑者多寫不盡意楷者自明其理也

卩　節字

從　卯卿命　印卻脚　仰御卯

此　多人混用訛矣與邑不同作阝奏字

⻖　阜字

從　假如是　陳陽防　隨陋除

此　此字左傍凡有三辯之說與卩卩不同

月　越字

從　覇朙望　朔期崩　朗朋朞

此　兩點沾左斜些似天上半月之形

內閣中書

龜頭	玉案	垂針
宸	書	乖
寬	筆	巾

龍爪	鐵柱	象笏
涷	官	節
将	宦	鄉

月 舟字 兪服騰 前勝揯 朝謄恆 （從）上諧從點下諧從丿揯恆絙此 （此）三字從亘非

月 肉字 肝肥胑 胏臟胃 腳脅腥 （從）兩點為血凡有肉之物可以用 （此）之

月 丹字 清靜青靖 （從）但有青字而出可以從之此字 （此）凡有四說之意

罒 网字 買羅詈 署罪罟 置罵罡 （從）或作网罔通䍐蜀蔑囊（罢）不從此 （此）乃橫目

⺗ 心字 恭慕 忝 滕 黍 （從）心忄小⺗三心則同慶愛（憂）慕（懷）亦 （此）諧也餘者從⺗

驚趨	垂珠	浮鵝	犀角
飛	然	光	少
飜	燕	元	者
飛鴈	鐵鈎	嗚鴉	懸戈
幾	鈎	文	鷹
戰	牽	交	鴈

艹　草字　若蒙　從此　多人將若字作𦍌頭非蒙字亦作𡿧頭亦非也

卝　羋字　萑蓡芙　苟萑萋　茂善萋　從此　諸書夫有丷頭訣是羋頭亦作卝頭夾不從丷

鬥　音鬦　闘闖闟　閗閧閴　閼闋闞　從此　鬪鬭同

从　音從　龠傘　夾靈　來齒　從此

火　音熒　螢榮　熒瑩　塋營　從此　古光字亦從此

羊角	鷄頭	石榴	鳥鷄
弊	竄	躍	駝
繁	戀	謬	蛇

羨米	蜂脚	鉄城	重針
皐	學	國	牢
泰	韜	圖	羊

目	臼	血	大	宀
音木 具眞冒直	音旧 寅舊臾晨叟申	音目 睾衆蜀夢悳褱	音玳 奢奄夸	音綿 寫寇憲
從此 作且非	從此 惟有量字不從	從此 凡目也	從此 作夾非奇 作立亦非	從此 作冖非也

獅口	龍尾	金錐	飛帶
初	龜	擇	殊
留	毸	特	殢

竹簳	虎牙	犁渠	蛇頭
猨	職	施	彖
猴	聯	迤	茅

白
柏字
伯習諧
(從) 從百非習
(此) 從日亦非

田
音牕
東墨 會蘭 會熏
(從) 從田非
(此)

八
音夌
酓食 胥尊 佾會
(從) 酓佾作
(此) 丷小非

九
攵字
仇究艽
(從) 作九非
(此)

彡
音纖
須衫 形顏 彭彦
(從) 從氵非
(此) 須音會

新月 鳥啄 遊魚三折腰 金刀

鳳颷 和穆 通進 大皐

開鶤 蟠龍 漫遊魚 玉鈎

窈窕 緣繞 越誕 篆象

癶	禾	丵	山	二
未詳 祭望 察 蔡將	音味 秦稟 暦穀 歷磨	音僕 叢 業 對	音珊 祟崑 嶨峯 嵩巖	音貳 諾 咨 次
從此 癸頭非	從此 多人從 木非	從此 滿從此非	從此 與豈耑 不同	從此 作ン非

鉤 鐮	爪 種	曲 尺	聚 水
叓	柰	鶪	瀛
吏	秀	鼎	鴻

群 鵲	象 笏	馬 椿	散 水
隱	拜	慷	江
援	軍	惟	濫

氵 音水 [redacted]沖漾 鴻潔渠 湅衕淶 從 此 從冫非

冫 音冰 冷 寒冰 馮 從 此

示 音視字 神視祠 福祥禮 禱祿祇 從 此 與衣不同

厶 音私 萬 禽 离 從 此 從内非

壬 音挺 聖 呈廷 望 從 此 淫呈婬 不從

綽勾	漫勾	戲蝶	直
手	蘇	巡	及
乎	劉	緇	吸
緊勾	椰箕	曲	
察	賜	盈	母
景	暘	透	毋

㸚 音里 爾 爽 爽 ⓒ從 ⓒ此 從人非

囗 音韋 囊 圖 稟 囊 啚 回 員 石 胃 ⓒ從 ⓒ此 厶田四非

广 音巖 廁 廚 廳 廈 ⓒ從 ⓒ此 作厂非

山 音未課 懲 豈 微 耑 ⓒ從 ⓒ此 亦與山不同

𣏟 音派 榮 麻 散 ⓒ從 ⓒ此 與林不同

飛鴻戲海

爿	心	衣	癶	冃
音壯將 創狀藏 牀寐	音慶 小愛憂 寧	衣杉初 字裙被 褲褸	音登葵 潑發 癸鄧	音冕曼 冐最扇 冑冒
㊀從 ㊀此 若從丬非	㊀從 ㊀此 必冉非	㊀從 ㊀此 作示字非	㊀從 ㊀此 從夗非	㊀從 ㊀此 與曰頭不同

向陽

花木

丩 音糾 五收 虯 從此 作斗非

辯分辵之體

辶 假如道通進造從此　廴 比如延建廻廼從此

走 假如趙字從此　夊 假如麪字從此

絲毫備俗灋

步 從少非　虎 傍 俗作乕　喬 從夭非

敎 從孝非　祖 從祖非　鎖 從巛非

飛

龍

異從田共非　賴從朿負非　卻俗作却從卩非

蠶俗作虫尔韻　婁作娄非　晉從亚非

衰從褰非　篦俗作笓　韋作韋非

董從董非　歲從山非　直省作直非

德省作悳非　眞省作真非　能作去非

賓作尸非　奇從立非　翰從人非

寧從必冉非　章從甲若作早非　冥作具非

者無點非　告從牛　書從聿

舞　鶴

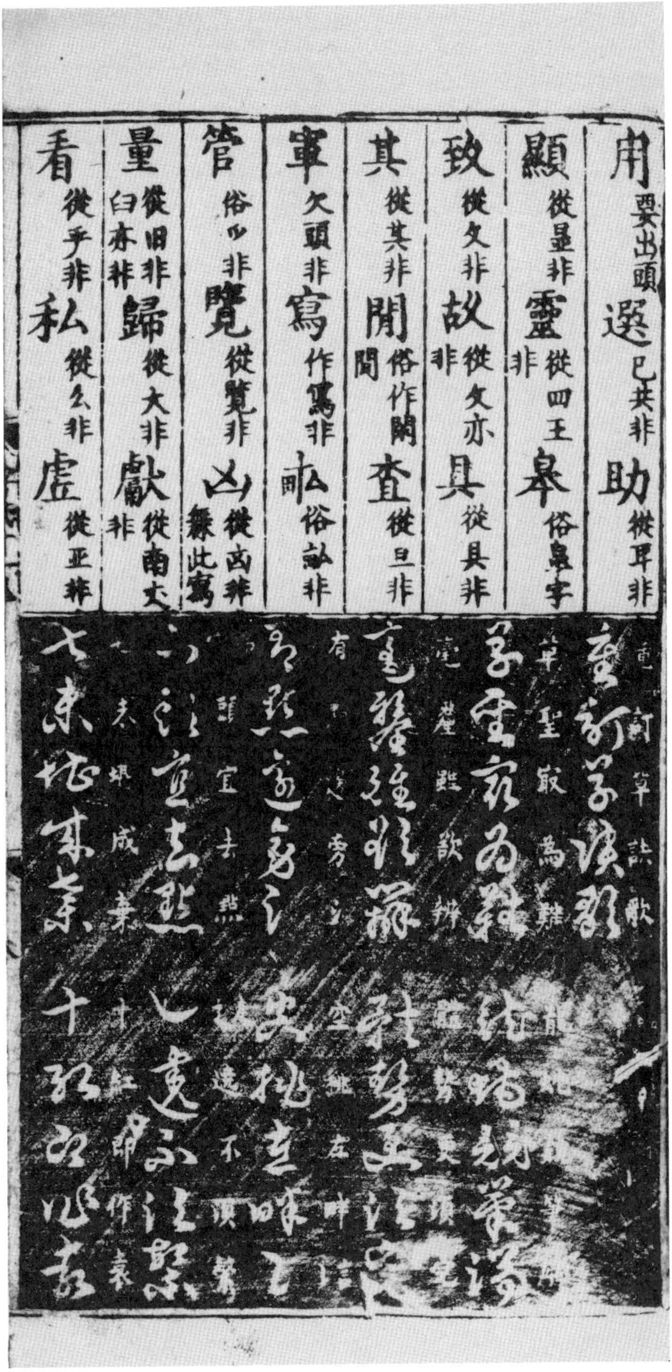

甪 要出頭 選 巳共非 助 從耳非

顯 從㬎非 靈 從四王非 皋 俗皐字

致 從夂非 故 從夂亦非 具 從具非

其 從其非 開 俗作閈閒 査 從旦非

軍 欠頭非 寫 作寫非 祕 俗祕非

管 俗ゲ非 覽 從覽非 凶 從凶非無此寫

量 從旧非臼春非 歸 從大非 獻 從南犬非

看 從手非 私 從厶非 虛 從亚非

幾從从非　勇從田非　恥從止非

器俗作工非　出出非二山亦非　從從足非

空或作穸馬作宜　脊俗作省　呂从丿非

應从丨非　竊作禹非　賊從戎非

習作習非　恩俗忽非　勅從來來非

曷從匕非　履從日彳非　覆從日亦非

兒從旧非　樣從求非　邦从手非

漏從尸非　黎從小非　雪俗作雪省用

起方美矩志上從達元

克志尤克竟。毀敲致馭鼓

哀衾年袞類焉歉與言悖

昌曲終如魯食良來若乖

美宜道作匪休道刺戒材

所敢無相害款類要細論

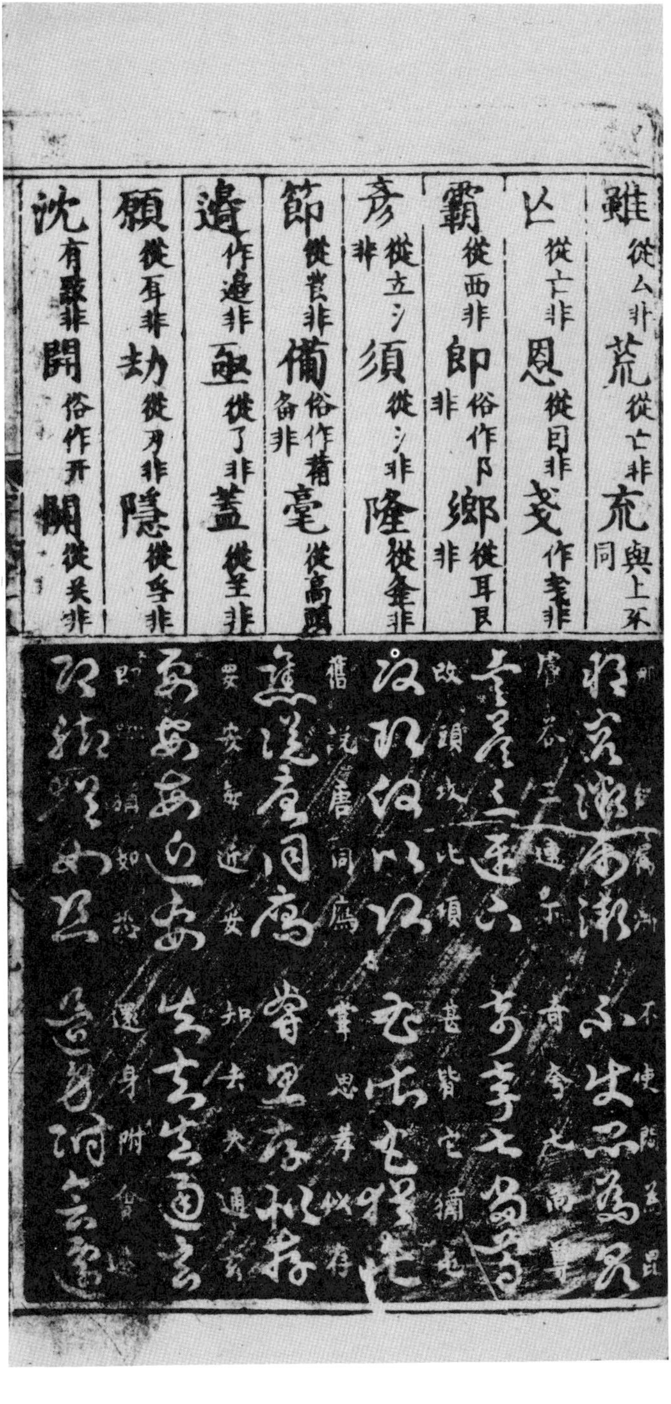
雖從厶非 荒從亡非 巟與上丞同
㔾從卜非 恩從目非 殳作[illegible]非
霸從西非 卽俗作卩非 鄉從耳艮非
彥從立彡非 須從氵非 隆從夆非
節從𡭗非 備俗作𤰈非 毫從高頭
遏作[illegible]非 亟從了非 蓋從⺷非
願從百非 劫從刀非 隱從爫非
沈有聲非 開俗作开 關從关非

幽作㓜非　甚俗作甚　褒中從保非

暘從申非　塲從傷非　密作宓非

南作南非　宦作宀非　炙從夕非

頓從𠂉非　袁作𧘝非　凡作九凡非

算省作筭通　壽從口非或作寿𡬶赤

斂收從又非　東棗從東非

埀乖俗作垂乖非　解角從角非

贊贊從㚘非　皇凰從白王非

客客實有象　寶寶實相牽

滿外物知備　醫物尚類堅

莫將匪代戒　可使祿宗緣

細紐書同體　伶倫字一註

閒看門外月　人作水漫天

篝鵝依舊舊　濤蕉體蕩漪

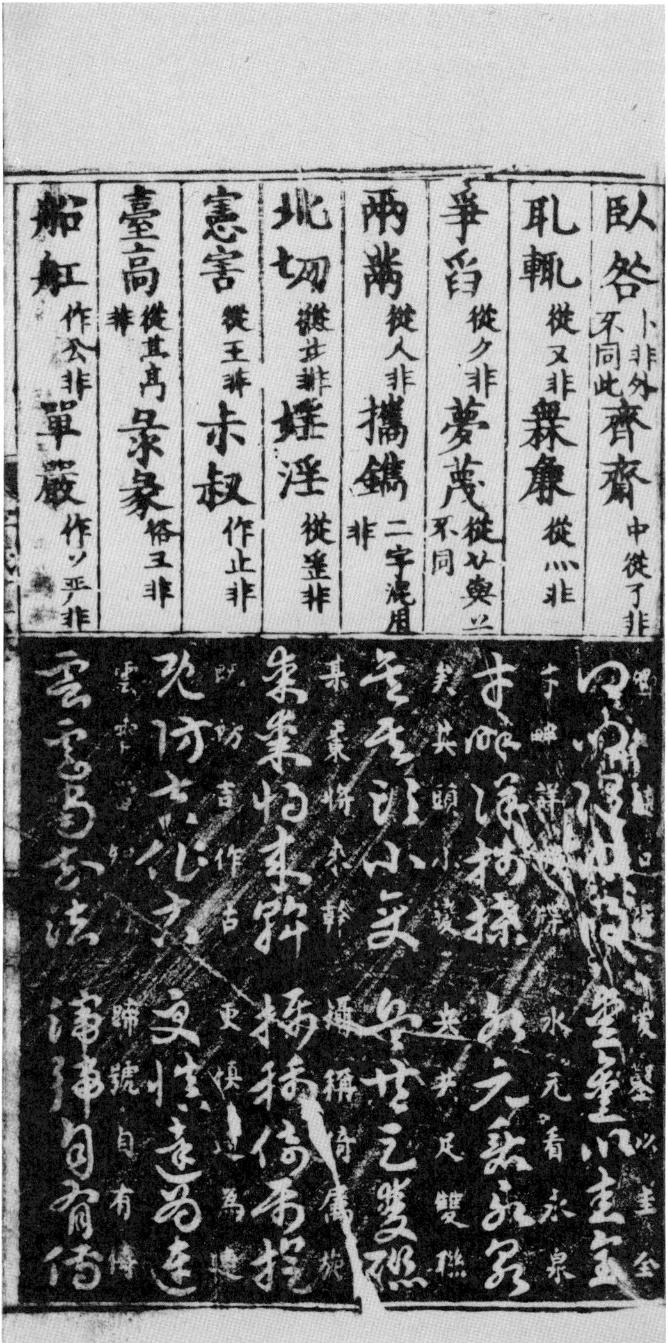

臥咎 卜非外不同此 齊齋 中從了非

耴輒 從又非 彝彝 從爪非

爭舀 從夕非 夢蔑 從卝與丷不同

兩滿 從人非 攜鑴 二字混用非

兆切 從丰非 婬淫 從壬非

憲害 從王非 赤叔 作止非

臺高 從直丙非 彔象 從王非

船舡 作公非 單嚴 作ソ乎非

爵爵爵 非 從艮 卯卯仰 從卩 非

冓稱講 非 從井 與舉與 三頭不同

㕣員肙 非 從厶 衆旅聚 從氺 非

舍鋪捨 諸舌字

虎慮處盧 非 虍 於諮咨次 冫非

恩惱腦媚 非 凶

辯二字彷彿體

美 音米 下從大 羕 音羔 下從大 異 與之同

壬 音人 上從一 壬 音挺 下從亻

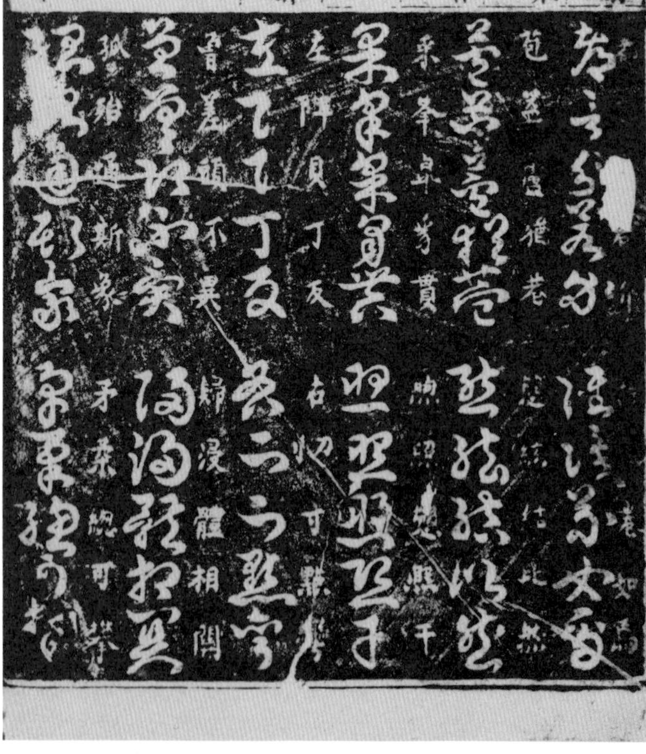

才音豺才即手拳音降拳	无即綠无字	豐音辛豐即禮賣音蜀賣云也	巟即荒宂即流胄音宙胃音味	豈音閆壺音胡圭音歸圭音封	商音傷商音的戍音宿戍音恕	木即示木即衣佳音雜佳音嘉	尐音邪少即涉王眄加、王土也

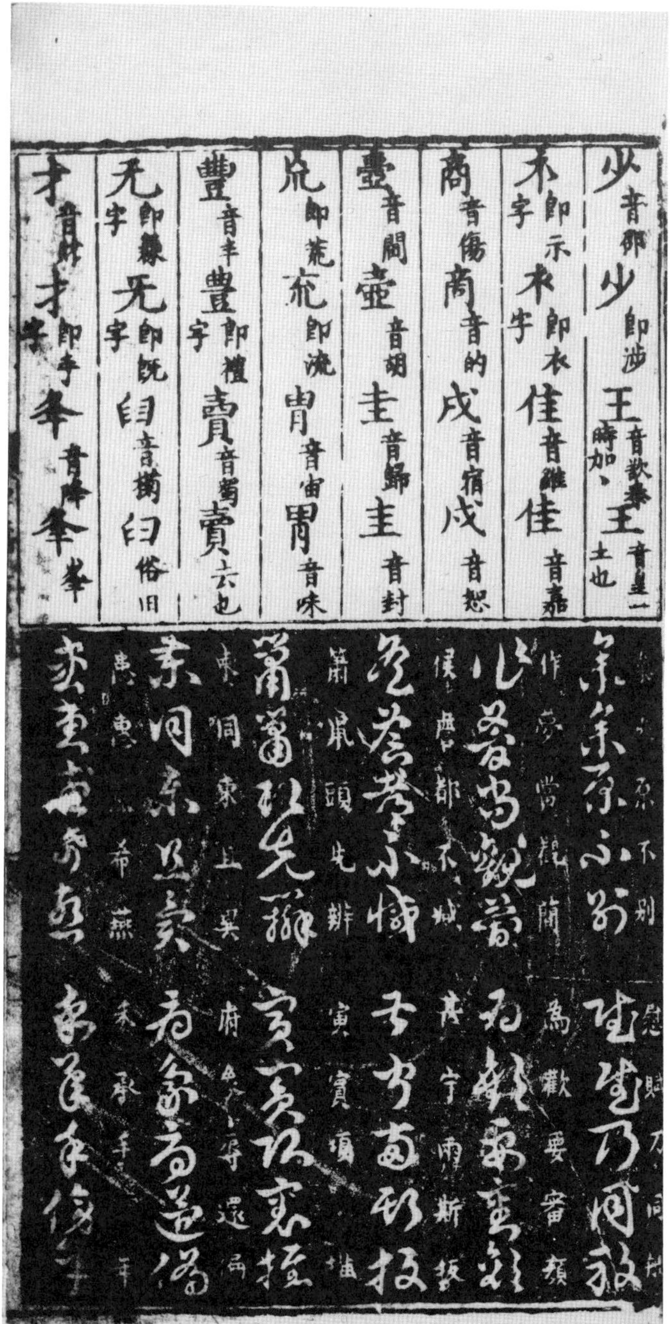

門戶也 門音財 夲音鉢 本

臽音監 舀音夭 旻音泼 夋音退

邛音工 卬音仰 犮郎犮字 友音有

郎俗郎字 郎音廊 具也日具 具音則

吉音極 吉音徙 尃音顛 專音輔

西東西也 西音亞 刃音恩 双音䁥

辯明四字體

毌此古作弎 用音貫毌 毋音無

毋 音女即女字 母 父母之母從女象似婦人有兩乳形

辯當要大寫灋之 若寫碑文不可缺

龝 秌字亦作秋 秊 俗年字 旹 時字

艸 草字 眉 眉字 灋 法字

肎 肯字今俗作此肯非 肎 同上 歙 俗飲字

䛐 諸字 歓 吹字 龢 和字亦作咊

遷 省迁字 䙴 同上 僊 仙字

𥡴 稽字 譱 善字 𣍘 曹字

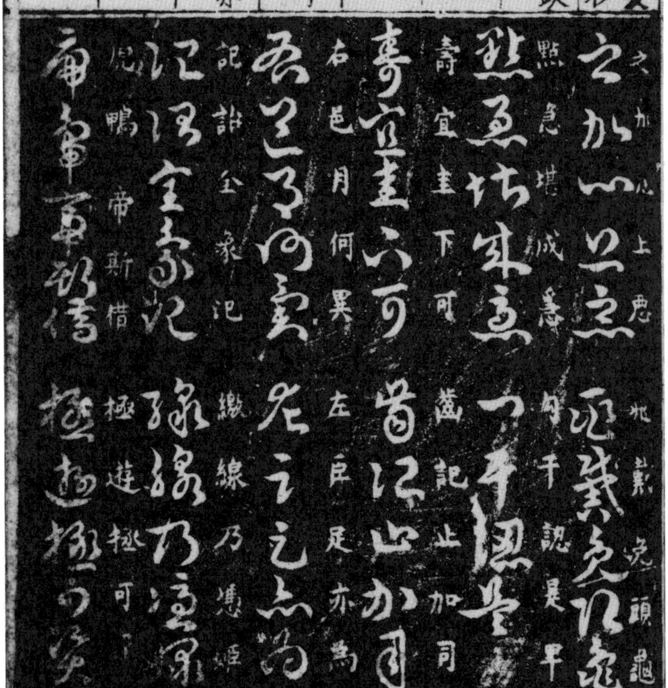

晉 晉字　豁 溪字　𪉖 燕字
其 其字　明 明字　不 不同
𡒞 惡字　皐 罪字　農 農字
無 無字　墬 古地字　春 春字
顛 顛字　邨 村字　喪 俗喪
前 前字　徃 俗往字　𦚢 俗旺字
昔 昔字　巍 音魏字　魏 巍字
言 言字　㤅 死心爲愛　塗 俗塗字

舍貪侖不偶　退與邑參差
鳥島分頭處　帛禽看起時
悒恒形若慍　邑豈體同管
忽評劉如對　從來缶似垂
宇牢應會得　友叐[illegible]須知
壹盡何曾誤　黨堂亦可疑

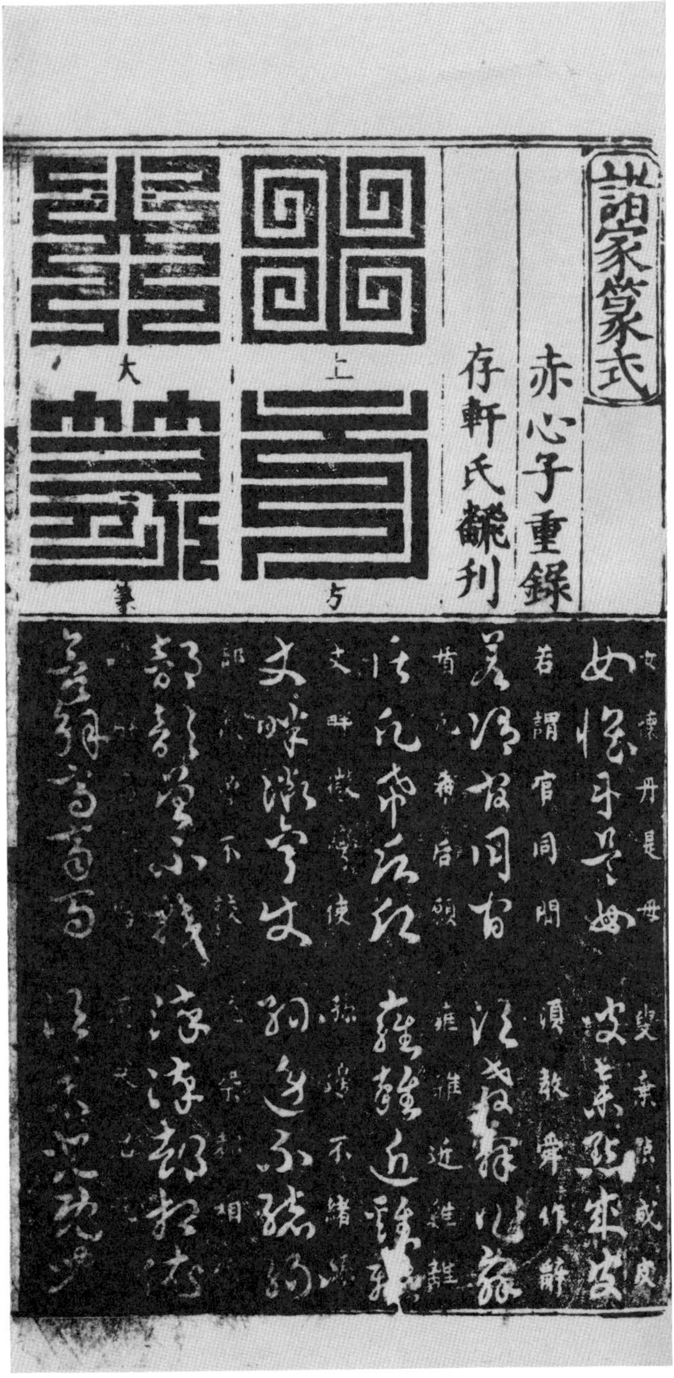
諸家篆式
赤心子重錄
存軒氏繡刊
上
方
大
篆
女懷丹是母叟棄賊成皮
若謂官同問須教舜作辭

程　　餘　　斯

貌　　李　　法

[illegible]

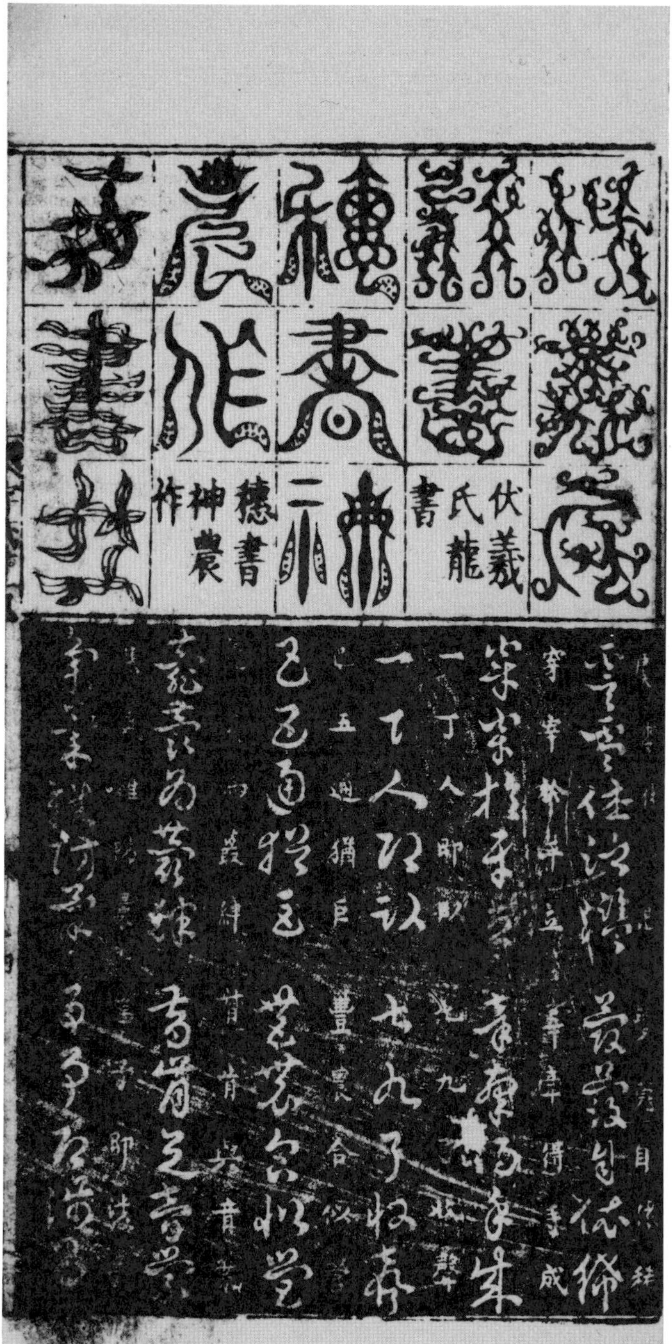
伏羲氏龍書
穗書神農作

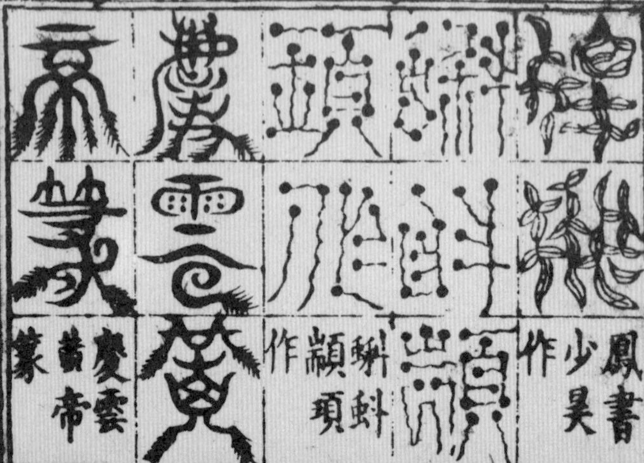

鳳書　少昊作

蝌蚪　顓頊作

慶雲　黃帝篆

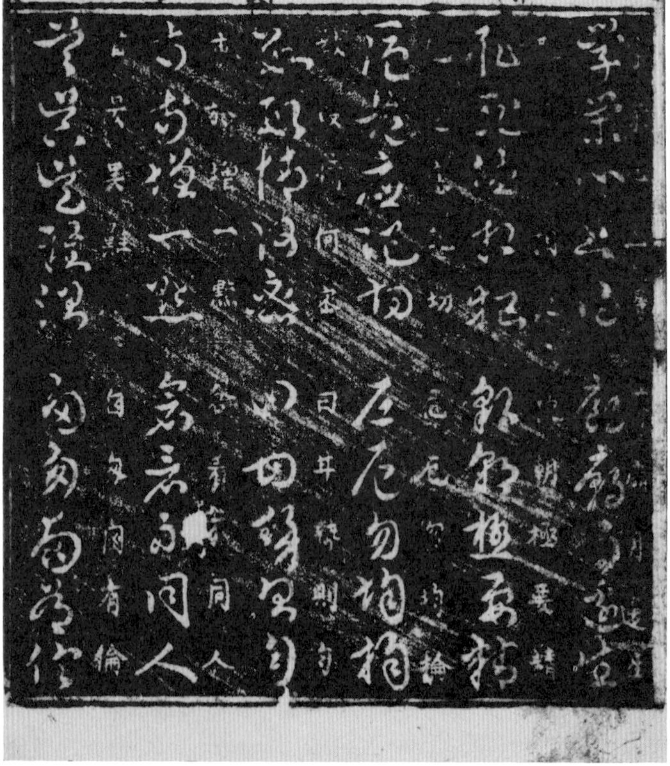

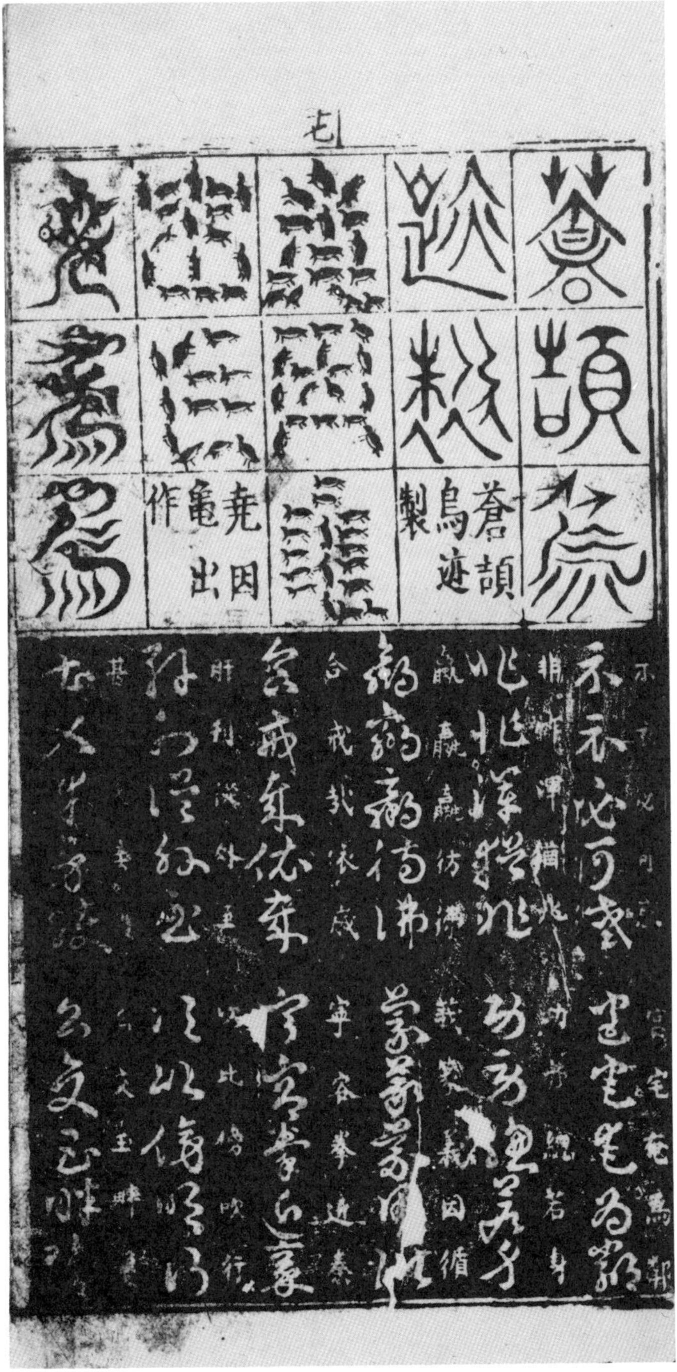
蒼頡鳥迹製
堯因亀出作

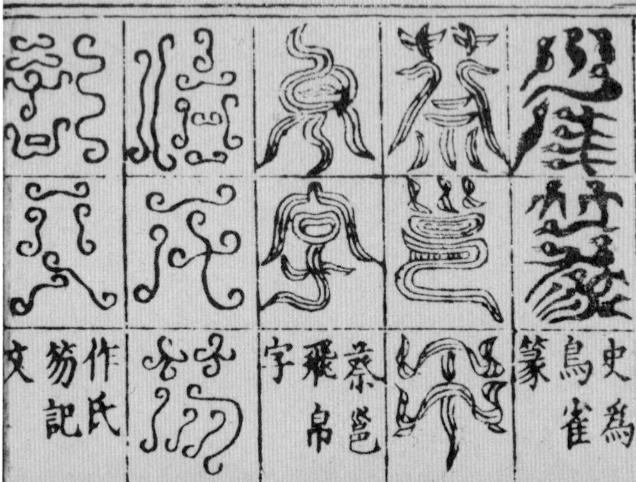
史爲鳥雀篆
蔡邕飛帛字
作氏務記文

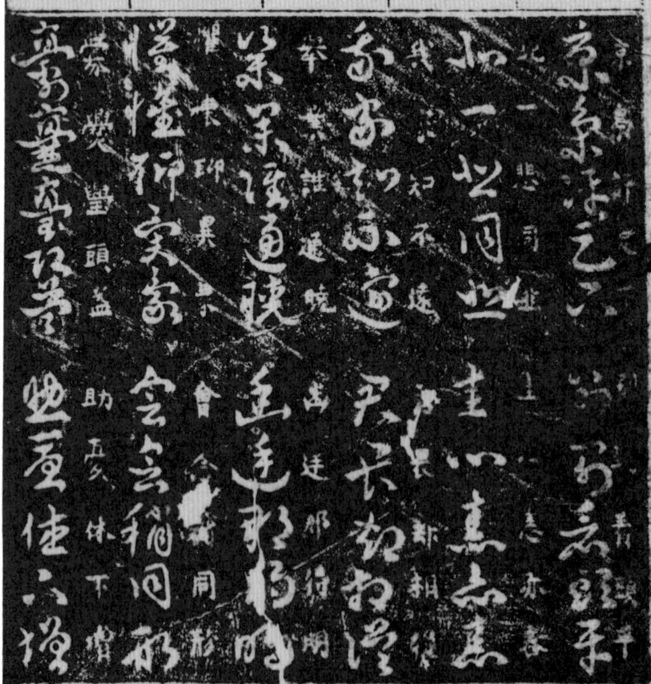

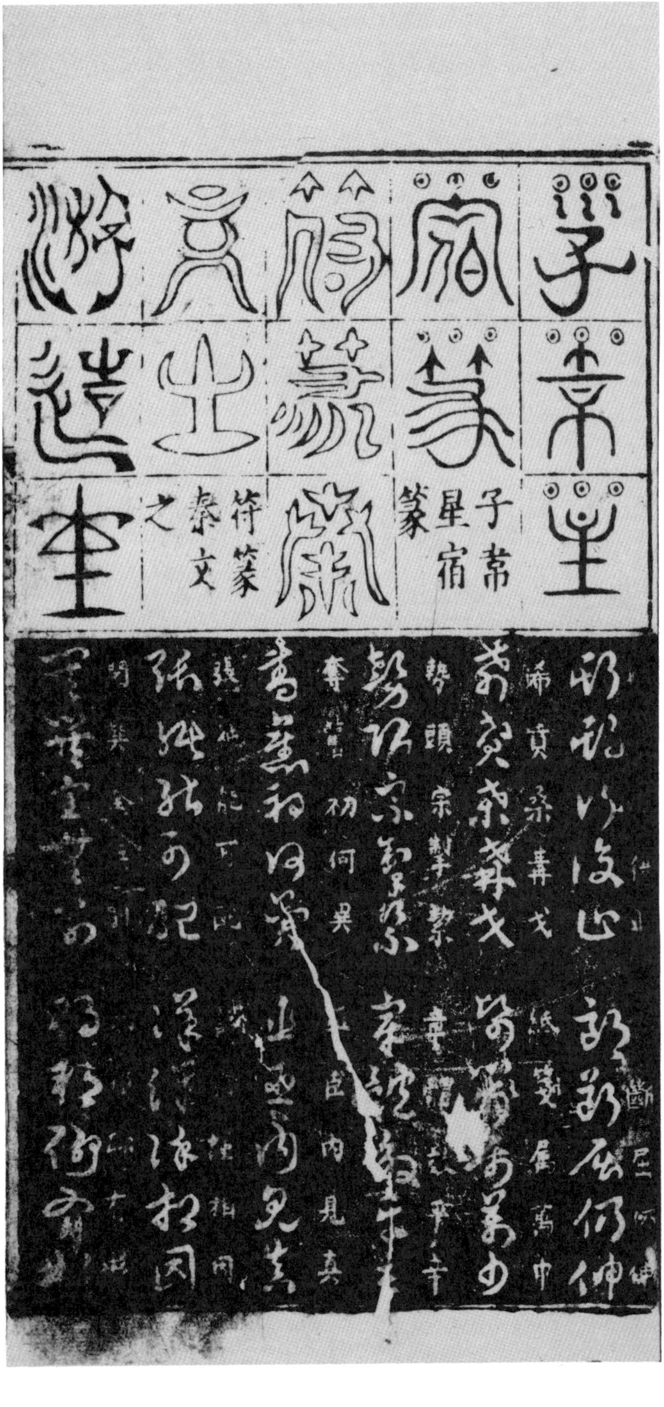
子常星宿篆
符篆秦文之

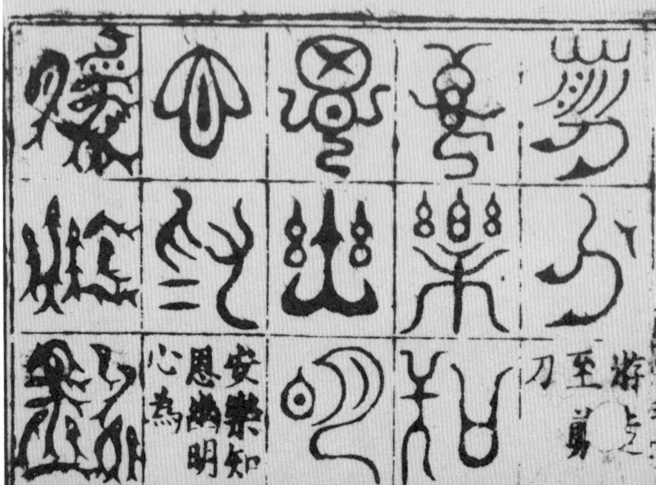
游至上之刀勇
安樂知恩為明心為

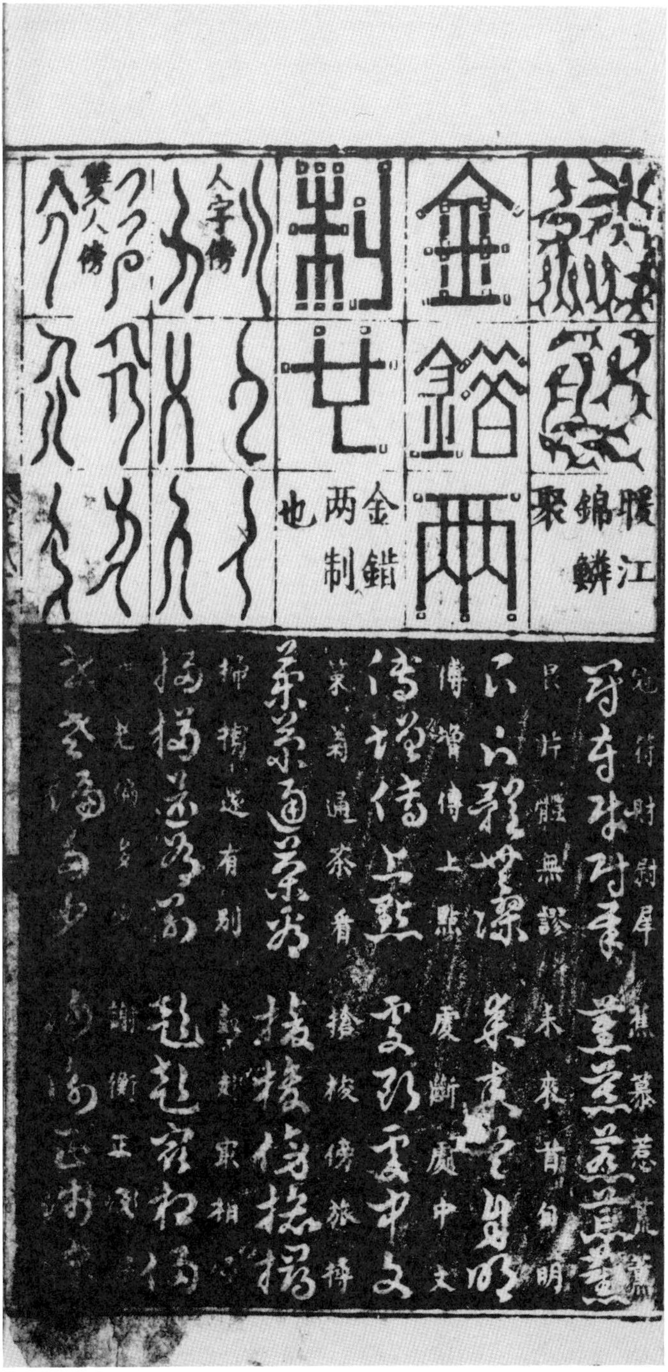
鰻江錦鱗聚
金錯两制也
人字傍
雙人傍

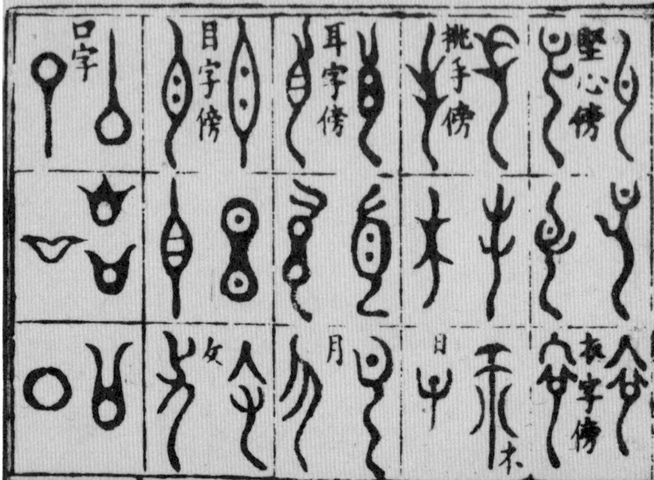
堅心傍
挑手傍
耳字傍
目字傍
口字
衣字傍
日
木
月
女

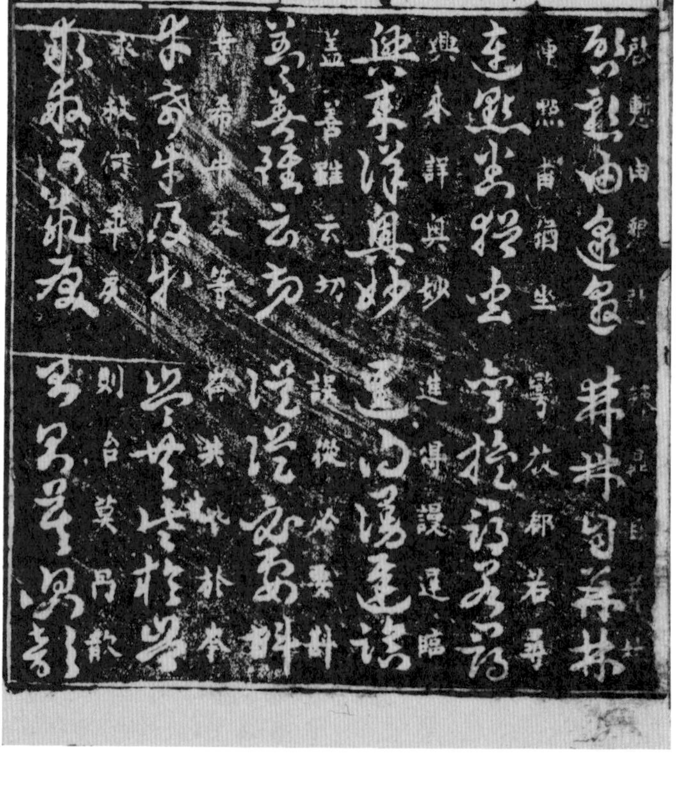
點畫猶坐
與來詳與妙
蓋善雖云切
學於郡若尋
進得謾逞臨
從必要斟

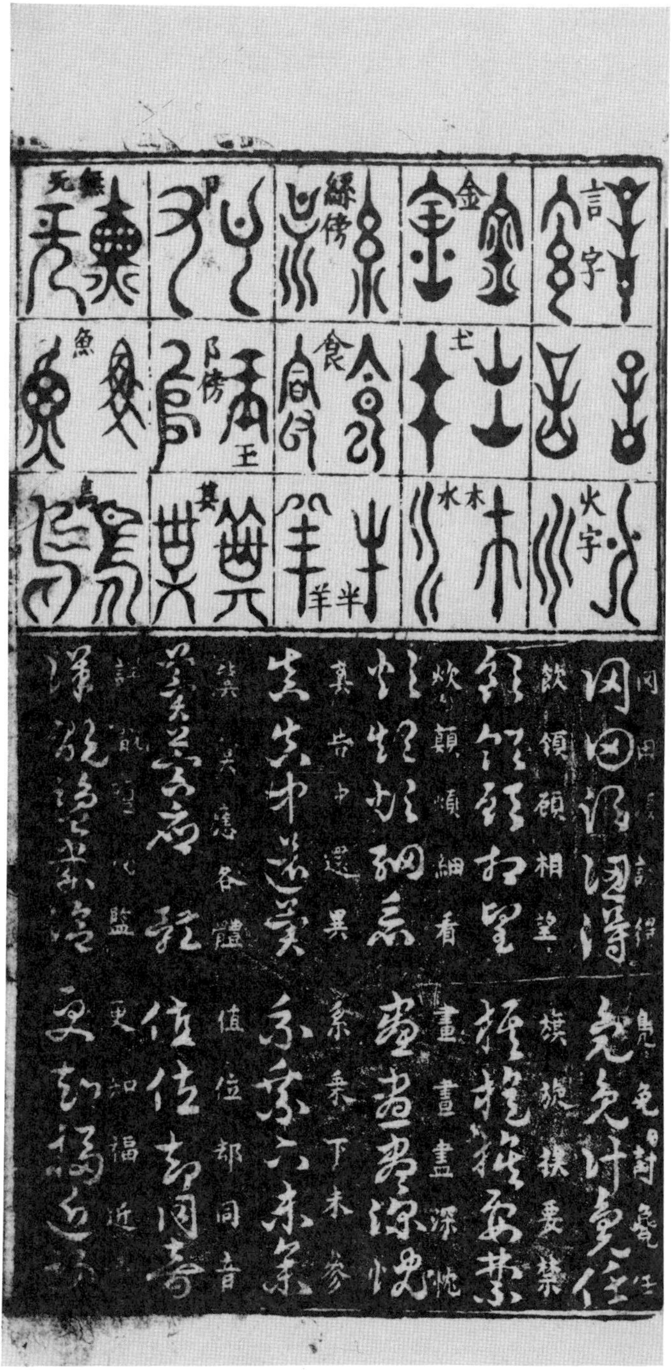
言字
金
食
火字
木
水
半
羊
其
魚
王

頁
圭
見
力
氏
大
小
見
走
隹

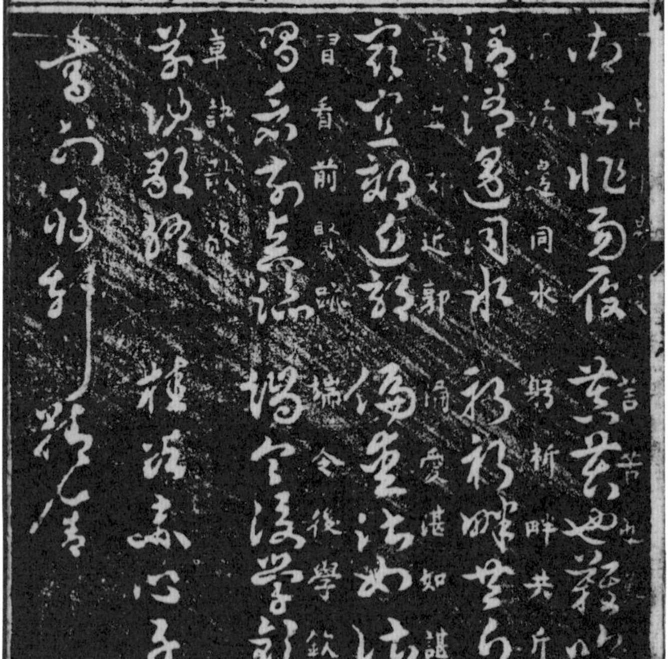

習看前賢蹤續令後學欽

馬 善 帝 當 中 从 男 可 也 林 廿 𣏟 字義 字御

右奇字要時変体不同則書篆字奴数式便覧夆者鑒諸

○百家姓篆家躰

今將百家姓篆都属類成全帙庚便士大夫刊刻圖書之助耳

古拙篆文詩韻

上平聲 一東

東 忠 中 衷 功 崆 虹 匆 㤂 幢 聰 嵩 松 童 怱 揔 紅 崇 穹 蟲 豵 稯 叢 匈 侗 叢 豐 罷 公 弓 空 洪 蒙 隆 戎 熊 終 同 窮 恭 通 風

二冬

冬 宗 膿 邕 椿 鬆 惷 夆 攻 蹤

百家姓

趙　天水
錢　彭城
孫　樂安
李　隴西

周　汝南
吳　渤海
鄭　榮阳
王　太原

馮　如平
陳　潁川
褚　河南
衛　河東

蔣　樂安
沈　吳興
韓　高阳
楊　弘農

朱　沛国
秦　天水
尤　吳興
許　高阳

何　芦江
呂　河東
施　吳興
張　清河

墉　共　鐘　農　雍

庸　胸　從　蛩

封　龍

三江

江　憁　降　腔　亢

崗　雙　邦　尨

四支

支　知　芝　咨　姿

墯　羸　嗣　陲　羆　陂

夷　枝　兒　危　齍　窺

蚳　施　踦　尸　楣　悲

鎞　彌　罘　尾　麒　其

宜　而　奇　慈　訾　諮

其　吹　藜　美　緦　垂

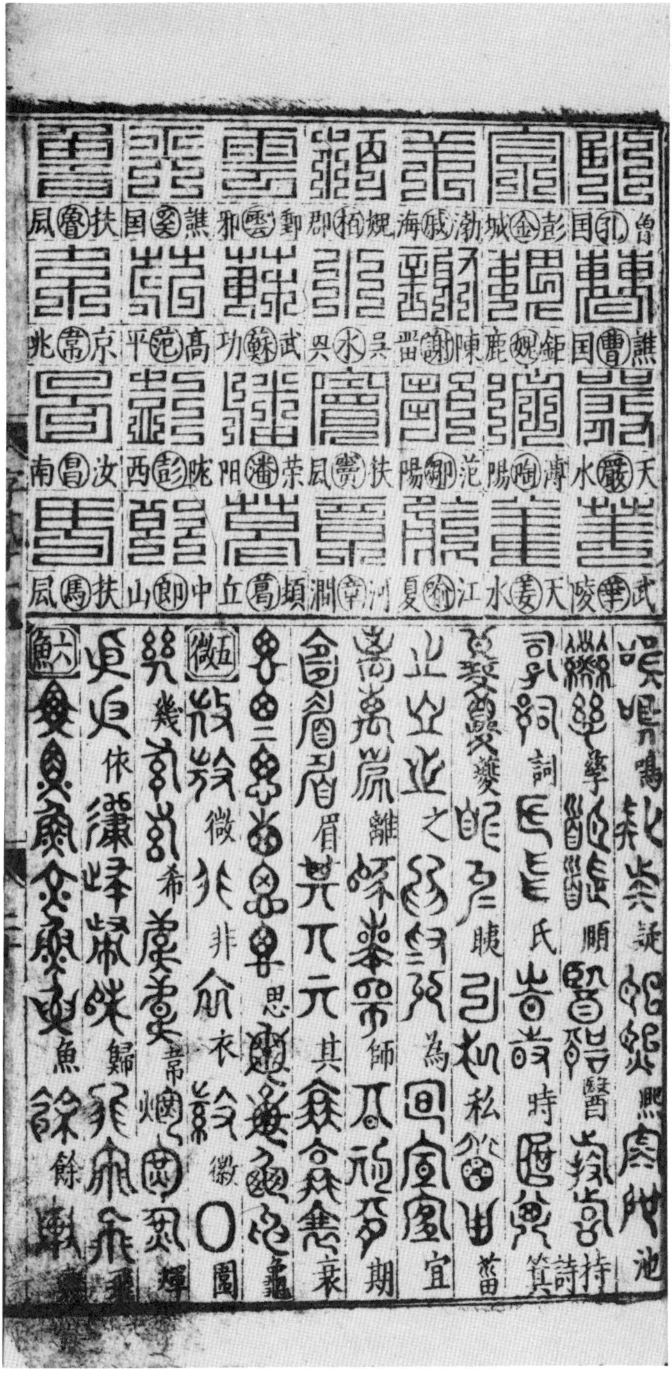
魯孔国 彭金城 渤戚海 娓柏郡 鄭雲邪 譙奚国 扶魯凬
譙曹国 鉅娓鹿 陳謝留 呉水興 武蘇功 高范平 京常兆
天嚴水 濟陶陽 范卿陽 扶賈凬 荥潘阳 隴彭西 汝昌南
武華陵 天姜水 江俞夏 河章淵 頓葛立 中郎山 扶馬凬

東(甯)阳　河(俞)潤　京(酆)兆　江(費)夏　馮(雷)翊　南(滕)阳　太(赤)原

御(鳳)阳　樂(任)安　上(鮑)黨　河(薦)東　廣(賀)平　汝(殷)南　潁(鄔)川

東(花)平　汝(袁)南　京(史)兆　南(岑)阳　千(倪)乘　豫(罗)章　武(安)威

河(方)南　河(柳)東　晋(唐)阳　河(薛)東　中(湯)山　河(畢)南　平(常)原

舒　初　與　諸　舉

余　盂　於

虚　居

書　如　廬

麌　虞　俞　駒　蘇　蒭

姑　壚　瞿　塗　涂　鬚

芋　朱　臾　毋　呼　扶

儒　盧　汚　吾

孚　殊　胡　辜

都　須　湖　徒

數　乎　壺

儒　謨　吳

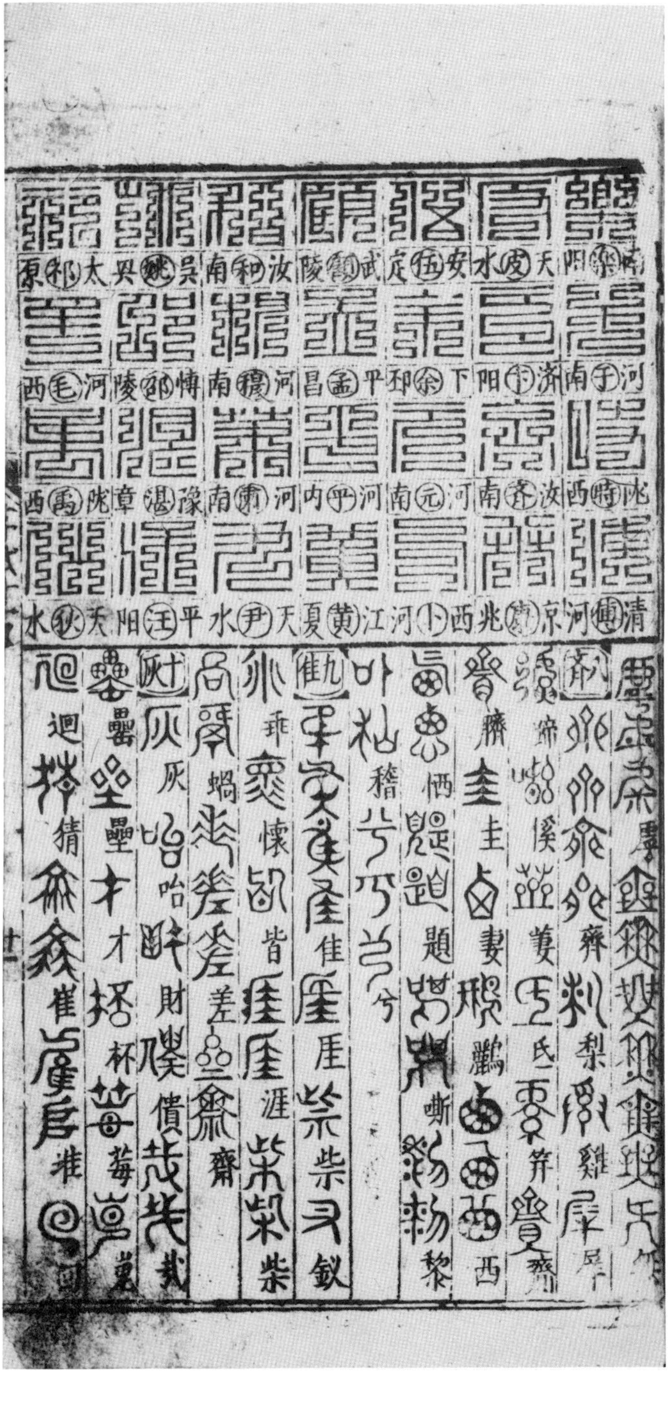

京（米）兆　清（具）河　吳（明）興　東（臧）海

京（許）兆　太（伏）原　上（成）谷　譙（戴）国

廣（談）平　京（宋）兆　東（茅）海　始（尨）平

江（熊）陵　高（紅）阳　京（訂）兆　臨（風）海

逵（項）西　太（祝）原　隴（董）西　安（梁）定

京（杜）兆　陳（阮）流　汝（藍）南　隴（閔）西

安（帝）定　渤（李）海　上（麻）谷　天（強）水

哀　梅

來　臺

十一真　真　因　津

鄰　詢　錞　榛　燐　堙

淳　逡　屯　貧　辰　鄰

嗔　填　塵　身　秦

臣　椿　人　晨

仁　陳　春　賓

寅　申　親

民　新　神

十二文　文　妘　芸　紛

燻　裙　勳　君

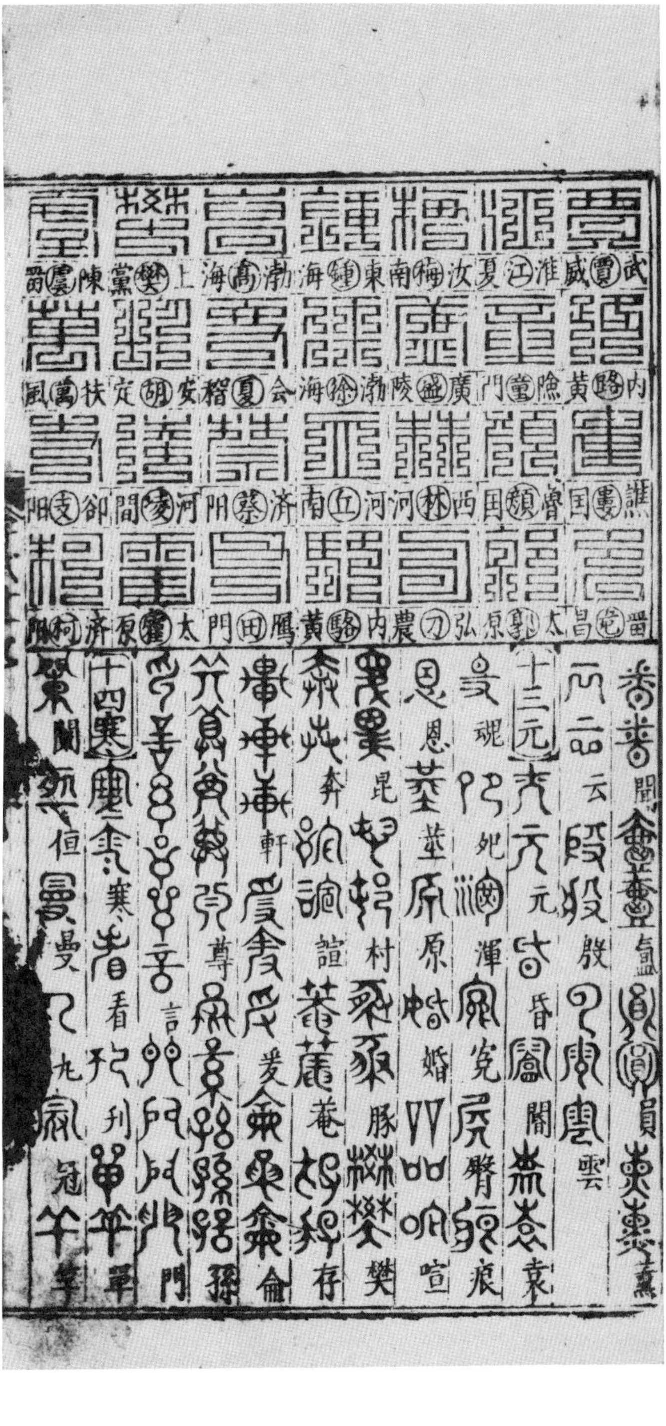
武(賈)威淮(江)夏汝(梅)南東(鍾)海渤(高)海上(樊)黨陳(雲)留

内(路)黄險(董)門廣(盛)陵渤(徐)海会(夏)稽安(胡)定扶(萬)風

譙(曹)国魯(顔)国西(林)河河(丘)南済(蔡)陽河(逢)間郤(支)阳

畱昌(宅)太(郭)原弘(刁)農内(駱)黄鴈(田)門太(霍)原済(柯)阳

聞 員 薰

云 殷 雲

十三元 元 昏 閽 袁

䰟 死 渾 兌 臀 痕

恩 莖 原 婚 喧

昆 村 豚 樊

奔 諠 菴 存

軒 爰 侖

尊 孫

言 門

十四寒 寒 看 刊 單

闌 桓 曼 丸 冠 竿

太（菅）原　范（經）阳　潁（于）川　済（丁）阳　[illegible]（[illegible]）阳　上（包）黨　博（崔）陵

平（管）昌　清（房）河　平（鮮）阳　始（宣）平　南（單）阳　瑯（諸）琊　馮（吉）翌

范（盧）阳　渤（秦）海　汝（應）南　宣（貴）城　于（杭）杭　清（左）阳　吳（鈕）興

鉅（眞）鹿　蘭（繆）陵　京（宗）兆　南（鄧）阳　敦（洪）煌　武（石）威　武（龔）陵

潘　汗　艱　[illegible]　冊　桓

歡　辯　般　弁　瞞　壇

觀　岸　乾　難　蘭

安

十五刪

刪　班　攀　彎　環

顏　寰　關　山

下平声

一先

先　牽　田

邊　懸　褰　賢　愆　饘

僊　嚴　戔　宣　緜　前

全　攣　氈　邅　眠　然

鳶　淵　馬　專

巖　鞭　年　弦

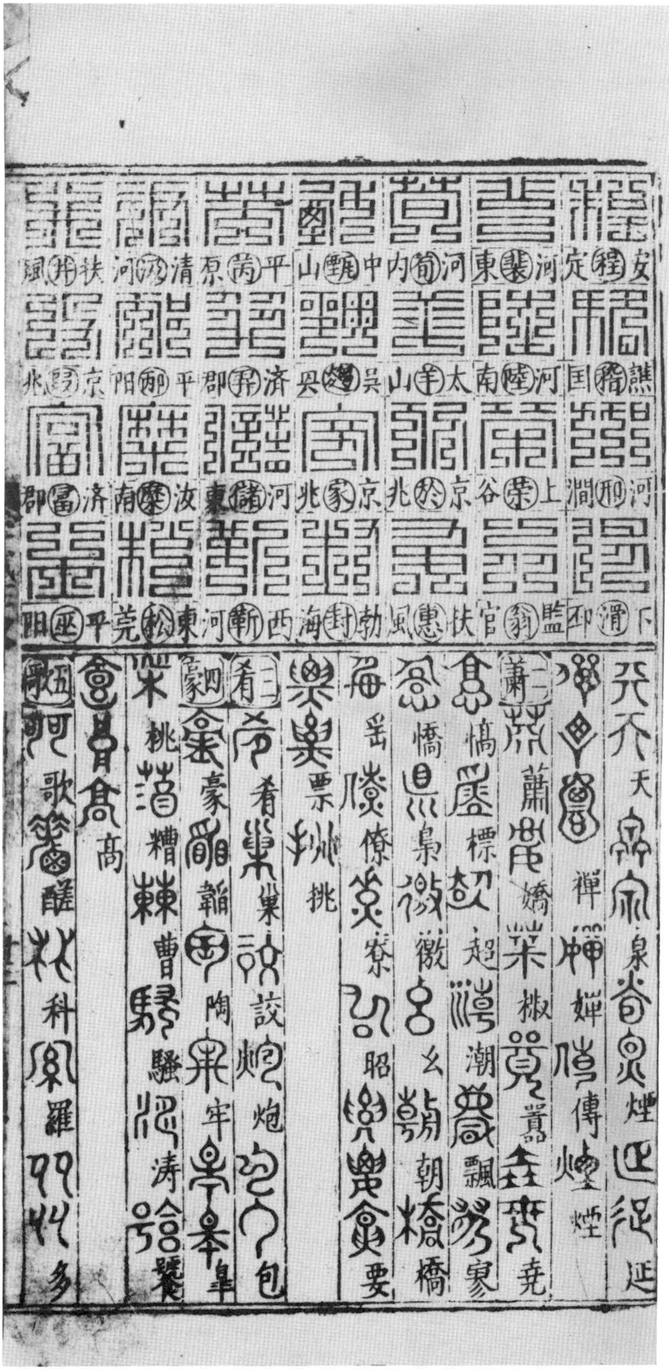

潁川（烏）　中山（焦）　平阳（巴）　太原（宫）
弘農（殷）　于杭（闻）　河内（山）　上谷（谷）
京兆（車）　上谷（侯）　平昌（宓）　長樂（逢）
京兆（全）　山阳（御）　扶風（班）　汝南（仰）
天水（秋）　中吕（仲）　太原（伊）　太原（宫）
济郡（甯）　南阳（仇）　西河（栾）　娌郡（暴）
渤海（甘）　河西（鈄）　平阳（厉）　江陵（戎）

它　吻　儸　何　授　戈
坡　和　婆
麻　嘉　沙　加　Y
蛙　奢　瓜　霞　瑕　芽
車　槎　爺　罝　斜　遮
泱　巴　華　夸　些
家　牙
陽　楊　湯　防　喪
糖　琅　蹌　牆　常　當
彊　網　堂　羲　剛　桑
囊　將　香　創　妨　荒
霜　方　狂　筐　狼　觴

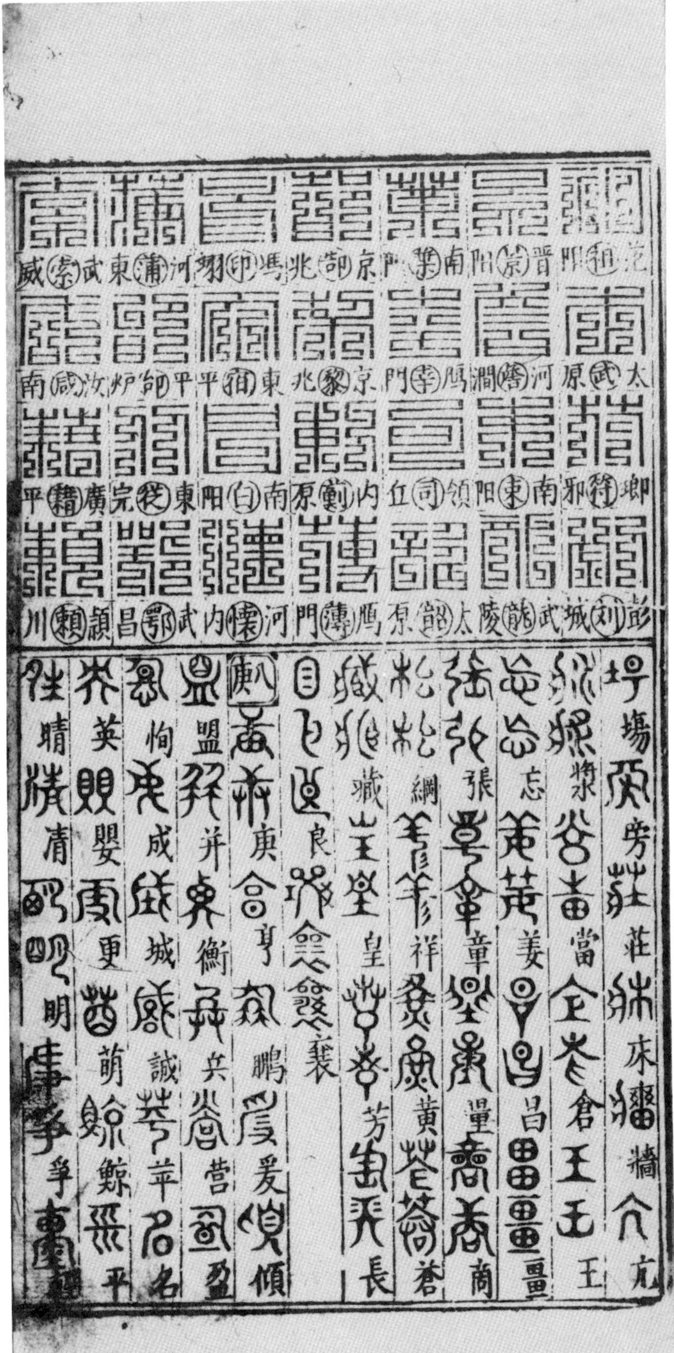

沱祖門 晉宗阳 南葉門 京鄗兆 馬印翊 河蒲東 武索威

太武原 河齊澗 馮幸門 京家兆 東徂平 平節炉 汝咸南

卿符耶 南東阳 領司丘 内劉原 南白阳 東伐完 廣精平

彭刘城 武龍陵 太郎原 馮薄門 河懐内 武鄂昌 潁頼川

場 旁 莊 牀 牆 亢

漿 當 倉 王 王

忘 姜 昌 畺

張 章 量 商

綱 祥 黄 蒼

藏 皇 芳 長

良 襄

庚 亨 鵬 爰 傾

盟 并 衡 兵 營 盈

恂 成 城 誠 苹 名

英 嬰 更 萌 鯨 平

晴 清 明 爭

西河（卓）　中山（簡）　陳平（詹）　安定（蒙）

西平（池）　梁国（喬）　始平（陰）　太原（爵）

卿耶（胥）　太原（狄）　武陵（蓄）　天水（雙）

吳興（聞）　天水（辛）　馮翊（党）　南阳（翟）

弘農（譚）　廣陵（真）　松江（劳）　譙国（逢）

南陽（姬）　媯汭（申）　京兆（扶）　河東（堵）

武陵（冉）　西河（宰）　新蔡（酈）　京兆（雍）

榮　卿　行　瑩

京　迎

九青　青　溟　齡　馨　銘

星　經　丁　聽　庭　鯹

腥　霝　刑　泠　寧

蘋　廷　瞑

十蒸　蒸　徵　承　曾　升

冰　凭　稱　勝　應　能

丞　滕　興　陵　陞　鷹

十一尤　尤　求　憂　休　悠

攸　遊　婁　樓　猷　劉

搜　瘦　秋　鄒　彪　酬

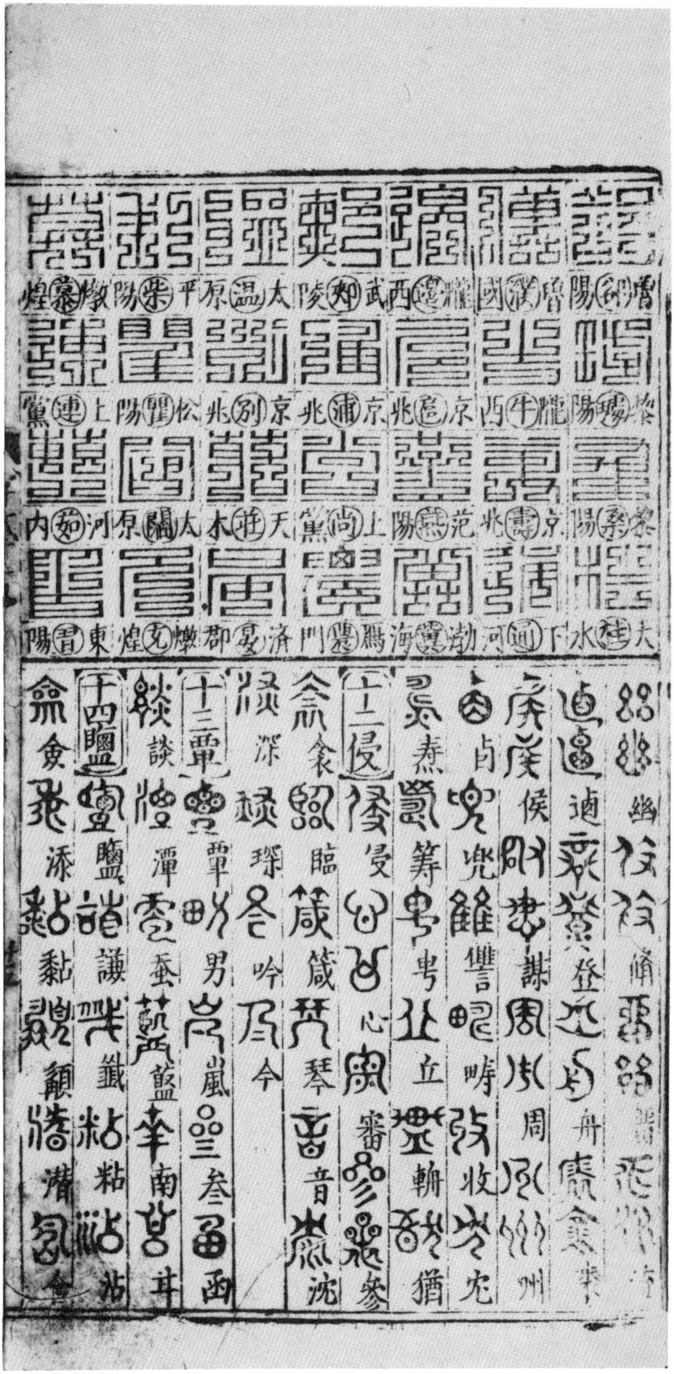

中山（宦）　河内（向）　臨海（戈）　渤海（暨）　泰郎（荀）　晉陽（匡）　用陽（竇）

天水（文）　新定（古）　武威（廖）　渤海（居）　高陽（耿）　下邳（国）　扶風（祿）

馮翊（魚）　太原（易）　濟郡（瘦）　鴈門（後）　河東（蒲）　鴈内（文）　下邳（闕）

燉煌（容）　天水（須）　南陽（終）　尋陽（長）　太原（弘）　上黨（寇）　平陽（東）

兼　廉

十五咸　咸　鹹　㲋　緘　監

上聲　一董　董　孔　總　奉

琫　動　洞　蓰

二腫　腫　涌　甬　寵　勇

拱　鞏　潼　恐

三講　講　港

四紙　紙　止　此　雉　紫

盞　水　蘼　呰　冀　史

李　里　耳　矣　祀

豕　累　是　餌　汜

死　俾　迤　邐　被　企

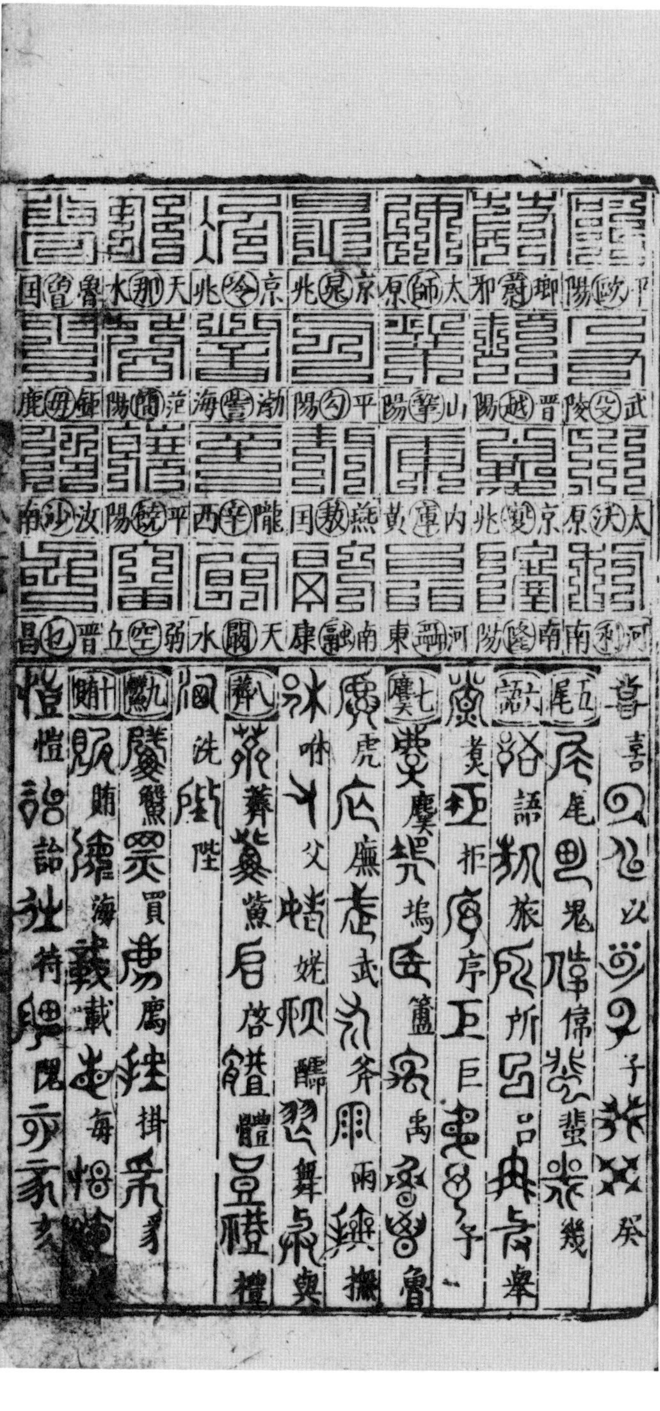

养 山陽　鞠 山陽　須 渤海　豐 括揚

米 彭城　関 陝西　前 襄陽　相 魏郡

杳 汝南　後 東海　荊 廣陵　紅 平昌

游 廣平　竺 東海　權 天水　禄 廣平

盖 汝南　益 馮翊　和 譙国　公 括陽

○百家姓

万俟 蘭陵　司馬 河内

十一軫　軫　憫　準　蹲

哂　蹐　袗

十二吻　吻　近　偃　隱　堇

十三阮　阮　遠　嫗　畚　反

蹇　謇　穩　撙　志　壼

十四旱　旱　散　亶　管　滿

短　鄲　卵　十五潸　潸　眼

十六銑　銑　扵　犬　顯　譴

舛　篆　喘　蜎　扁　黾

跣　洒　湎　繭　典　孌

十七篠　篠　杳　表　兆　膘

擾　佋　湫　溔　鳥　殍

上官 天水　歐陽 渤海
夏侯 譙國　諸葛 琅耶
聞人 河南　東方 平原
赫連 渤海　皇甫 京兆
尉遲 太原　公羊 頓丘
澹臺 太山　公冶 魯國
宗政 彭城　濮陽 博陵

十八巧 巧 攪 鮑 狡
十九皓 皓 早 擣 懊 搗
草 道 禱 保 老
二十哿 哿 可 貨 左 朶
埵 妥 我 果
二十一馬 馬 也 者 掌
賈 若 野 下 夏
二十二養 養 眼 兩 倣 獎
怏 鞅 泱 丈 盎 掌
榥 朗 駔 蕩 鑲 仰
二十三梗 梗 秉 嶺 皿 景
儆 請 靜 屛

淳于 河内　單于 子乘
太叔 東平　申屠 京兆
公孫 高陽　仲孫 高陽
軒轅 郃陽　令狐 太原
鍾離 會稽　宇文 趙郡
長孫 濟陽　慕容 燉煌
司徒 趙郡　司空 頓丘

省
二十四迥　迥　謦　坰　並　鼎
二十五有　有　玖　咎　帚
醜　寿　炙　婦　揶
酒　母　厚　受　壽
二十六寢　寢　甚　瞼　禁　噤
禫　稟
二十七感　感　慘　膽　坎　覽
澹　敢
二十八琰　琰　剡　簟　染
餂　歉　儼　奄
二十九豏　賺　犯　斬　摻

百家姓終

去声 一送 送 鳳 弄
夢 仲
二宋 宋 從 縱 重 頌
訟 用 三絳 絳 巷
四寘 寘 謂 睡 至
魅 饋 備 劓 志
遂 棄 次 肆 鼻 地
示 寺 界 駟 遂
匱 勩 置 異 避 三 四
易 事 治
賜 摯 器
冀 自 義

鶴膝蜂腰　鋒摧劍擘

落點垂星　横戈交戟

燕尾蚕頭　鳳翔单翼

虎踞龍騰　古拙含式

鳳翔单翼者凡字不論筆畫多寡止用一燕尾

篆中樞要歌

粤自河圖出

五味　味　尉　扉　長

豪　毅　貴　既　胃

六御　御　慮　詛　絮　著

署　恕　處　庶

七遇　遇　諭　悟　寤　固

布　馬　懼　度　蠹　庫

誤　顧　璐　發　裕　具

霧　附　婦　富　護　故

樹

八霽　霽　濟　第　閉　繼

髻　祭　製　麗　儷　彌

齊

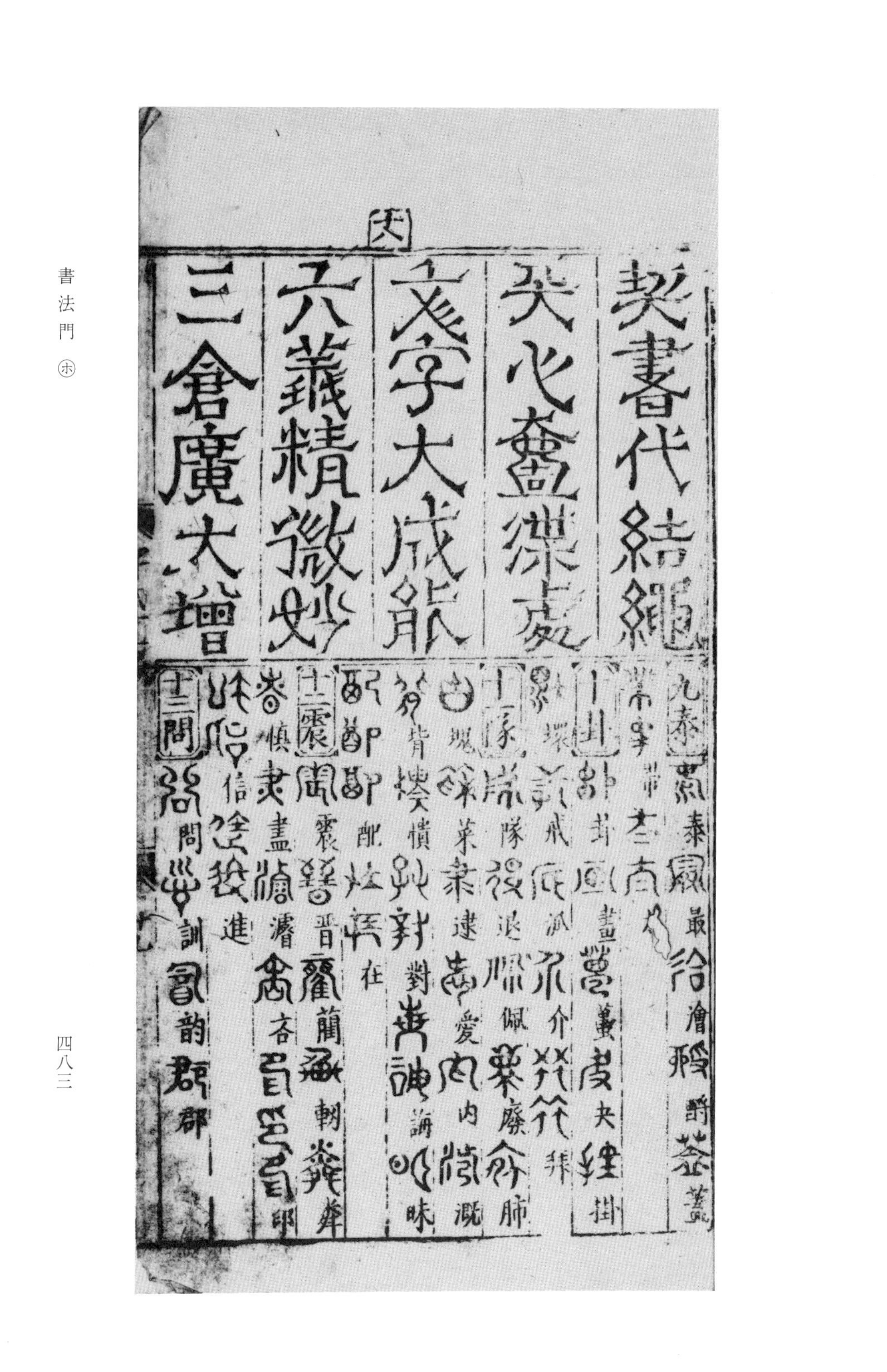

天

契書代結繩
奚心奮渫處
文字大成能
六義精微妙
三倉廣大增

九泰 泰 最 儈 蕞
帶 大
十出 封 畫 蕢 夬 掛
環 戒 派 介 排
十一隊 隊 退 佩 蘼 肺
塊 菜 逮 愛 内 溉
背 横 對 誨 昧
部 在
十二震 震 晋 蘭 軔 粦
慎 盡 濬 吝 郎
信 進
十三問 問 訓 韵 郡

秦程之藝苑
篆變隸書興
大抵斯文體
二真八篆迷
縱橫番侶楷

十四願　顏　悶　嫩　券　建
憲　艮　万　困　根
飯　獻　萬
十五翰　翰　段　貫　彖　奐
曼　燹　斷　彈　炭
癉　遯　遜　漢　亂
十六諫　諫　辦　宦　慣　晏
鴈　贊
十七霰　霰　諺　眷　薦　莧
電　綿　眴　扇　硯　餞
衍　串　便　賸　轉　麵
燕　奠

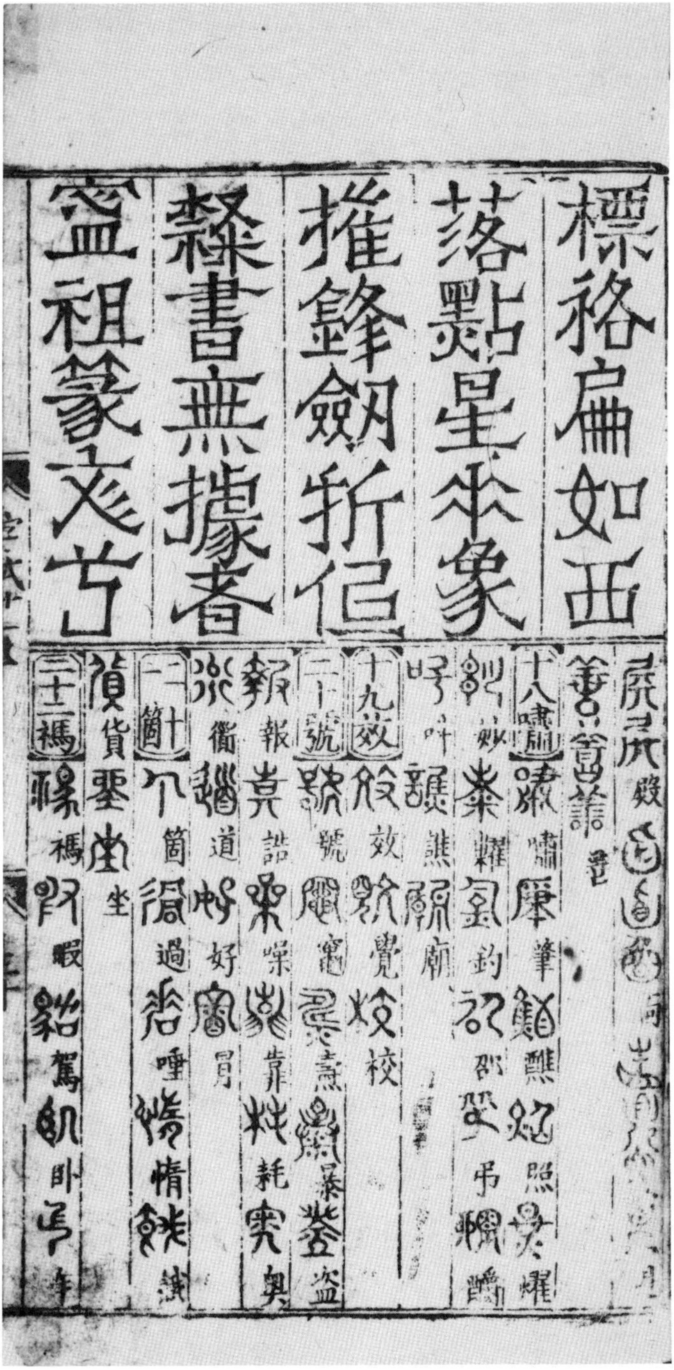

標格扁如西
落點星來象
擢鋒劍折侶
綠書無據者
盜祖篆文兮

十八嘯 嘯 筆 照 燿
十九效 效 覺 校
二十號 號 竈 盜
報 誥 噪 靠 耗 奧
道 好 冒
二十一箇 箇 過 唾 情
貨 坐
二十二禡 禡 暇 駕

視箴

心兮本虛應物無迹操之有要視為之則蔽交於前其中則遷制

架 柏 化 跨 價 卸
赦 舍 蔗 夜 借
射 霸 丁 下
二十三漾
漾 諒 葬 障
尚 量 旺 望 醬
創 相
二十四敬
敬 命 盛 映
孟 競 更 迎 姓 鄭
靖 淨 竟 聘
二十五徑
徑 甯 倿 令 應
興 勝 磬 近 慶 慶
乘 稱 聖

之於外以安
其內勉己復
禮久而誠矣

聽箴

人有秉彝本
乎天性知誘

六宥　宥　晝　柩　褎　瘦
究　袖　岫　陋　秀
懋　就
七沁　沁　蔭　賃　浸
八勘　勘　探
九豔　豔　塹　斂　念
三十陷　陷　梵　臽
入聲
一屋　屋　淥　麓　觸
僕　風　牧　谷　讀
鹿　目
睦　穆　福
孰

物化遂亡其
正卓彼先覺
知止有定胄
和存成非禮
勿聽

言箴

二沃　沃　歆　續　督　蜀
玉　辱　曲　篤
三覺　覺　卓　剝　朔　學
斷　違　岳
四質　質　悉　郯　盃　畢
卒　必　室　亟　寂　率
壹　術　述　膝　姪　术
失　出　戌　實　日
五物　物　勿　堀　起　散
六月　月　鉞　掘
曶　罰　發　達　沒　創
七曷　曷　怛　活　括　撥

人心之動因
言以宣發禁
躁妄內斯靜
專矧是樞機
興戎出好吉
凶榮辱惟其

發 闥 攝
八黠 黠 肉 入 轄 殺
九屑 屑 折 埒 餮 鼈
的 發 雪 垤 薛 蔑
桀 設 切 撤 絜 褻
浙 熱 耋 列 節
櫟 別
十藥 藥 酌 鵲 鑿 虐
唐 惡 龠 作 各 暮
樂 若 綽 郝 絡 鶴
索 薄 郭 爵
十一陌 陌 尺 惜 易 席

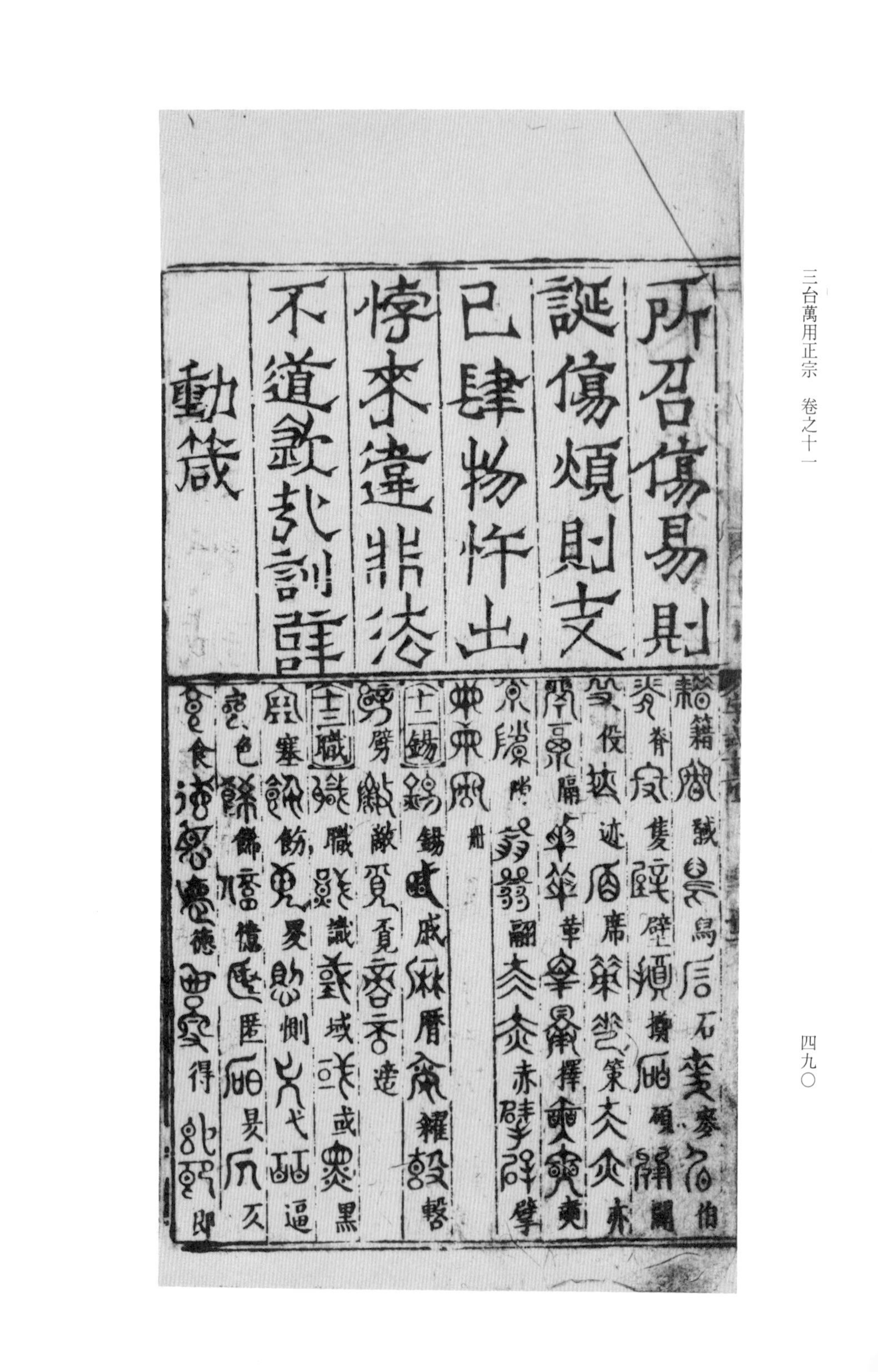

所召傷易則
誕傷煩則支
已肆物忤出
悖來違非法
不道欽乱訓辟

動箴

籍 鵲 鳥 石 麥 伯
脊 隻 壁 擿 碩 闢
役 迹 席 策 亦
隔 華 擇 奭
隙 翮 赤 擘
冊
十二錫
錫 戚 曆 羅 磬
劈 敵 覓 適
十三職
職 識 域 黑
塞 飾 側 逼
色 飾 億 匿 昃 仄
食 德 得 即

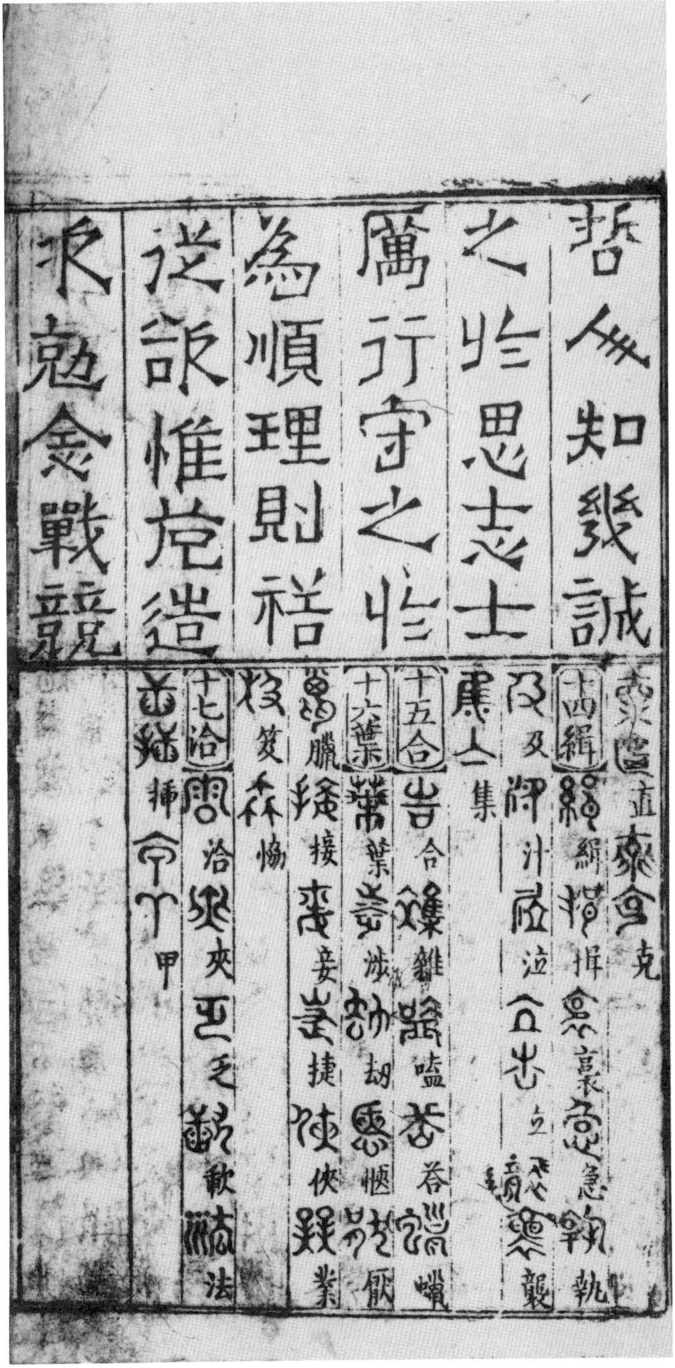

哲人知幾誠
之於思志士
厲行守之於
為順理則裕
從欲惟危造
次克念戰兢

十四緝 緝 揖 急 執
及 汁 泣 立
集
十五合 合 雜 嗑 荅
十六葉 葉 涉 刼 愜
接 妾 捷 俠 業
十七洽 洽 夾 乏 歃 法
插 甲

自持習與性

成聖覽同歸

卷之十一

新刻天下四民便覽三台萬用正宗卷之十二

畫繪心傳

○寫真容人像秘訣

凡寫像須要通曉相法蓋人之面貌部位與夫五嶽四瀆各各不侔自有相對照處而四時氣色亦異誠方叫笑談話之間本真性情發見我則靜而求之默識於心閉目如在目前放筆如在筆底然後以淡墨酟定遂旋揩想先爲蘭臺庭尉次鼻準鼻準既成以之爲主若山根高取印堂一筆下來如山根低取眼堂邊一筆下來或不高不低定於八九分中則側邊一筆下來次人中次口次眼堂

畫譜門

○楊補之梅譜

寫梅筆法　大凡作梅不可朽不可塡此二者梅中之大節目也

寫梅訣法　寫梅之法　性本天然　醮墨濃墨　下筆放顛　不可去朽　不可再塡　筆勢有力　莫去遲延　倘歪斜側　急救無偏　心手相應　玄之又玄　補之秘訣　慎勿輕傳

古今名公寫梅　華光梅　宋廣平梅　林和靖梅　范至能梅　蕭宣平梅　近王元章梅

次眼次眉次額次頰次鬢際次耳次髮
次嘴次打圈打圈者一 生如此
一一對 近代俗士
膠柱鼓瑟不 必欲其正襟
危坐如泥塑人方 爲因此萬無一
得此又何足悔哉

補之寫梅賦

寫梅之法最爲難非儒士之不能明昔者宋廣平曾作梅花賦云鐵腸石心方能賦論今之寫梅之士亦然乎雖要明師開示得之於心應乎於手其中利最多

其病曰

幹無老嫩　枝無十字　花大如桃　花小如李
氣條見花　花繁大雜　當花不花　當蕊不蕊
稍無鹿角　老幹無女　條無參差　花神不活
此皆病也

○寫梅喜神歌格式

○綵繪心法

面色法　先用三硃膩粉相粉藤黃檀子三黃京墨合和襯底上面仍用底粉薄籠然後用檀子墨水斡染面色〃有相粉少入土黃胭脂不用胭脂則用三硃紅者相粉土黃胭脂入少土硃紫堂色者相粉檀子老青少入少胭脂黃色者相粉土黃入少土硃青黑色者相粉入檀子土黃老青各一點粉薄檀墨斡已上看顏色清濁加減用切不可執一也○口角臙脂淡如要帶笑容口角兩筆裏放起○眼中白染瞳子外兩筆吹用烟子點睛墨將圈眼稍微起有措便笑○口唇上胭脂朱○鼻色紅臙脂緻○面上斑點淡墨水斡麻檀水斡○髭鬚色

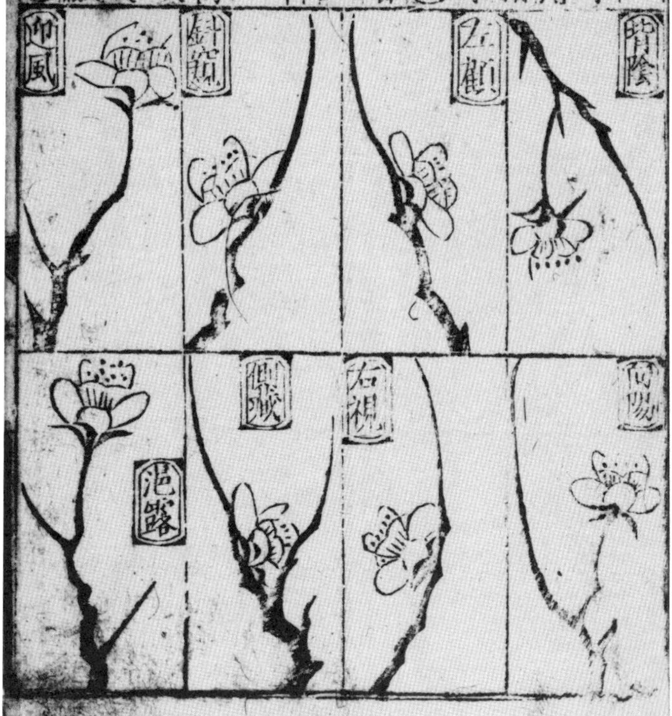

黑者依鬢髮渲紫者檀墨間渲黃紅者
藤黃檀子渲鬚先用墨染次用煙子渲
有間渲排渲乱渲當留取用○手指甲
先用胭脂染次用粉染根○凡染婦女
面色胭脂粉襯薄粉飾淡檀墨幹
【染服飾器用法】凡白紙上先染後却草
粉然後再染提掇絹則先襯背後調合
顏色於後【大紅】硃砂研染燕脂合【緋紅】
用銀硃入紫花合【桃紅】銀硃入胭脂合
【肉紅】粉為主入燕脂合【柘枝綠】枝條綠
入漆綠合【黑綠】漆綠螺青合【柳綠】枝條
綠入槐花合【官綠】枝條綠是【鴨頭綠】枝
條綠入澗漆綠合【月下白】藏粉入京墨
合【柳黃】粉入三綠標并少藤黃合【鵝黃】
粉入槐花合【磚褐】粉入烟子合【荊褐】粉

入槐花螺青土黄標合【艾褐】粉入槐花
螺青土黄檀子合【鷹背褐】粉入檀子烟
墨土黄合【銀褐】粉入藤黄合【珠子褐】粉
入藤黄胭脂合【藕絲褐】粉入螺青胭脂
合【礬褐】粉入土黄檀子合【茶褐】土黄為
主入漆緑烟墨槐花合【麝香褐】土黄檀
子入烟墨合【檀褐】土黄入紫花合【山谷
褐】粉入土黄標合【枯竹褐】粉土黄入檀
子一點合【湖子褐】粉入三緑合【葱白褐】
粉入三緑標合【棠梨褐】粉入土黄銀硃
合【秋茶褐】土黄入三緑槐花合【油裡墨】
紫花土黄烟墨合【玉色】粉入高三緑合
【駝色】粉漆緑檀墨入少土黄合【礪子】粉
土黄檀子入墨一點合【藍青】三青入高
三緑合【鴨青】蘇青槐螺青草【金黄】槐花

粉入胭脂合【葡萄褐】粉入三禄紫花合
【鼠毛褐】土黄粉入墨合紅用紫花銀硃
合【丁香褐】肉紅為主入少槐花合【鏡綾】
紫花底紫粉搭花樣【杏子絨】粉墨螺青
入檀子合【番皮】土黄銀硃合【鹿胎】白粉
底紫花搭【水獺氈】粉土黄合【牙笏】粉一
點土黄粉碇【皂鞾】用烟墨標【柘木】交椅
粉檀子土黄烟墨合又法土硃合墨用
淡墨畫班【金絲柘】粉檀子土黄合【紫袍】
三青胭脂合
【衣服綵法】【大紅】黄丹打脚硃砂淘脚蓋
之用胭脂畫衣摺【大綠】片綠打脚或用
大綠擂上面二綠打脚淘脚蓋之苦綠
畫衣摺【大黄】石黄打脚土黄亦可用藤
黄蓋之胭脂畫衣摺土硃亦可【沉香】土

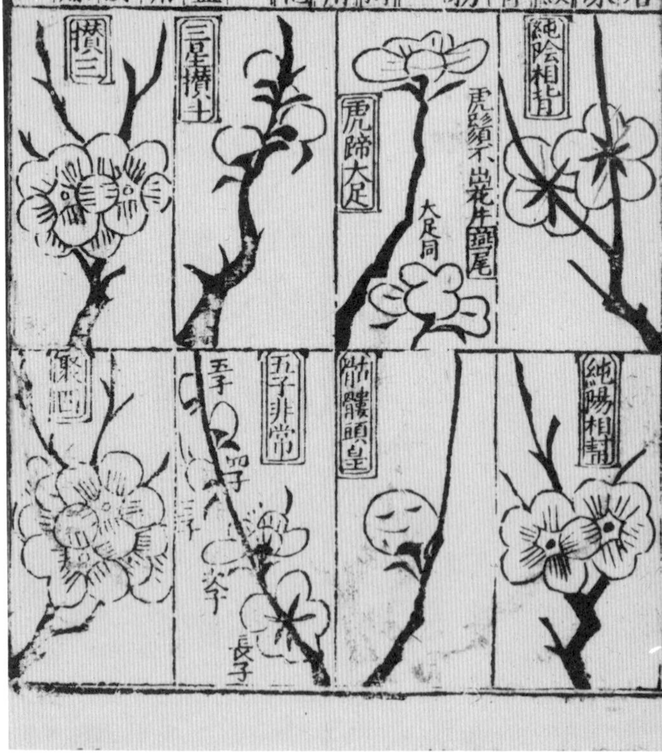

硃胭脂藤黄合墨用胭脂盖衣褶［苦緑］
藤黄[illegible]靛花合成用［麥緑］大緑蕉靛花
合成用［烟裏火］淡墨打脚用胭脂盖之
上[illegible]畫衣褶［深烟火］濃墨打脚胭脂盖
之用萬年青畫衣褶畫烟亦可［雅青］好
建花併用萬年青畫衣［粉青］靛花合粉
用靛花畫衣褶［桃紅］粉合胭脂用胭脂
畫衣褶［翠藍］靛花合片緑用靛花畫衣
［合紵緑法］［大紅］黄丹打地胭脂畫出硃
砂淘脚盖之［大緑］片緑打地苦緑畫出
大緑淘盖之［大黄］石黄打地水粉畫出
用藤黄盖之［沉香］用胭脂畫地土硃墨
藤黄合盖之［烟底火］用淡墨打地畫出
胭脂盖之［火底烟］用胭脂打地畫出淡
墨盖之

梅之骨格

千金妙訣

得能莫忘

老幹書成女　弓稍鹿角枝

行如蛙鷺步　去似鶴鷥飛

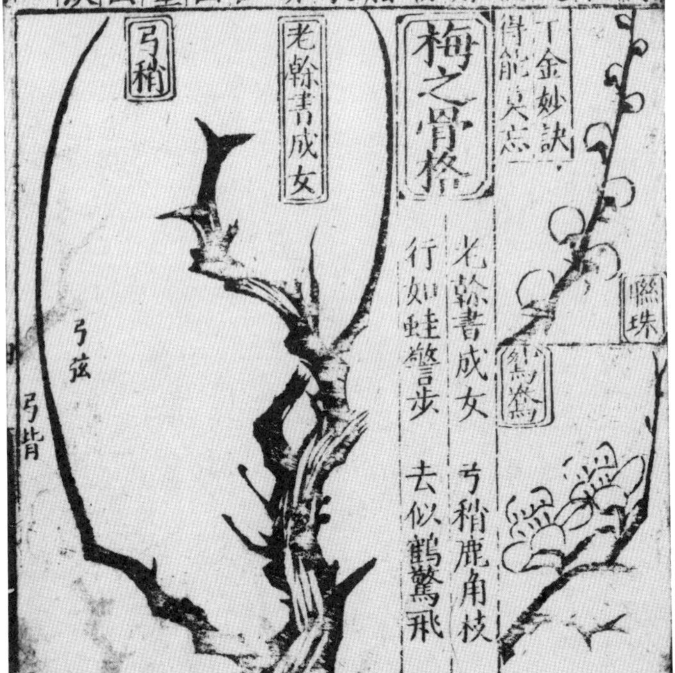

礬紙法　廣膠一兩入明礬六錢

合用顔色細色於後　頭青　二青　三青　深中青　淺中青螺青蘇青　二緑　三緑　花葉緑　枝條緑　南緑　油緑　添緑　黄丹　飛丹　三硃　土硃　銀硃　枝紅　紫花　藤黄　石黄　槐花　削粉　榴顆　綿胭脂

合檀子法　用銀硃淺入老墨胭脂合

○寫山水訣

近代作畫多宗董源李成二家筆法樹石各不相似學者當盡心焉○樹要四面俱有幹與枝葢取其圓潤○樹要有身發家謂之紐子要折搭得分中樹身各要有發生○樹要歸仰稀密相間有葉樹枝軟面後皆有仰枝畫石之法先

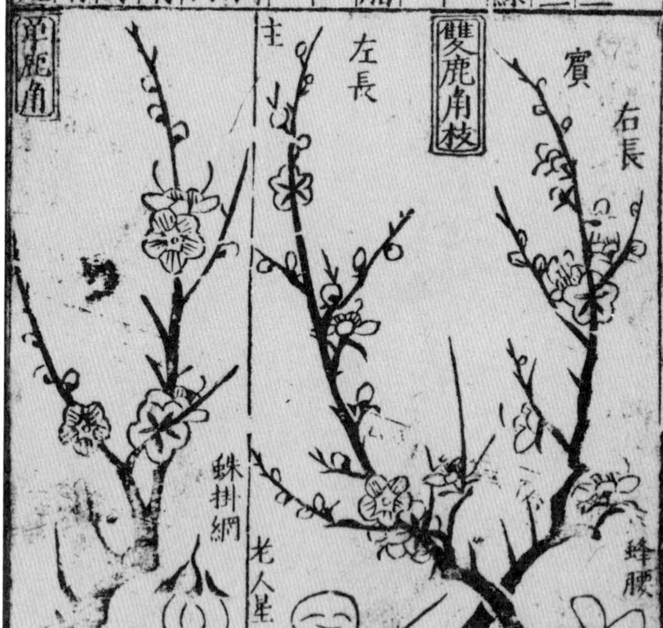

從淡墨起可改可救漸用濃墨者為上
○石無十步直行看三面用方圓之法
潤方多圓少董源坡腳下多有碎石乃
畫建康山勢董石謂之麻皮皴坡腳先
向筆邊皴起然後用淡墨破其深凹
處著色不離乎此石著色要重○董源
小山石謂之礬頭山中有雲氣此皆金
陵山景皴法要滲軟下有沙地用淡墨
掃屈曲為之再用淡墨破○山論三遠
從下相連不斷謂之平遠從近隔開相
对謂之闊遠從山外遠景謂之高遠○
山水中用筆法謂之筋骨相連有筆
有墨之分用描處糊突其筆謂之有墨
水筆不動描法謂之有筆此畫家緊要
處山石樹木皆用此○大槩樹要填空

行如蛙跳步

又為步步跳
又名按七星

去似鶴鷥飛

鐵線圈訣

作梅先作丁　然後三點乎
周圍打一轉　這梅作得成

小樹大樹一偃一仰向背濃淡各不必
相犯繁處間疎處須要得中若畫得純
熟自然筆法出法現○畫石之妙用藤
黄水浸入墨筆自然潤色不可用多々
則要滞筆間用螺青入墨亦妙吳粧容
易入眼使墨士氣○皮袋中置描筆在
內或於好景處見樹有怪異便當模寫
記之分外有發生之意登樓望空闊處
氣韻看雲彩即是山頭景物李成郭熙
皆用此法郭熙畫石如雲古人云天開
圖畫者是也○山水中惟水口最難畫
○遠水無瀉遠人無目○水出高源自
上而下切不可斷脈要取活流之流○
山頭要折搭轉換山脈皆順此活法也
衆峯如相揖遜萬樹相從如大軍領卒

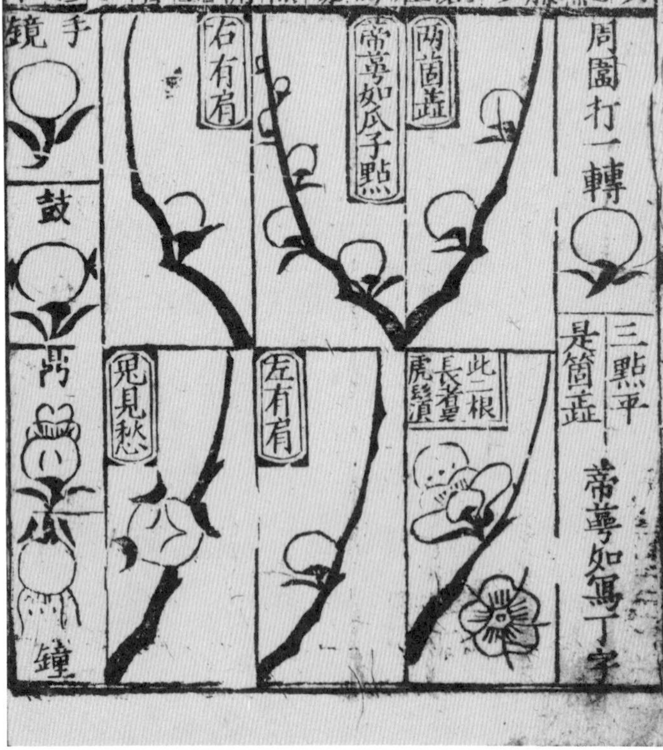

森然有不可犯之色此寫真山之形也
○山坡中可以置屋舍水中可置小艇
從此有生氣山腰用雲氣見得山勢高
不可測○畫石之法最要形象不要石
有三面或在上在石側皆可為峭峻
之際殆要取用○山下有水潭謂之瀨
畫此甚有生意四面擺簇之○畫一窠
一石當逸墨撇脫有士人家風纔多便
入畫工之流矣或畫小水一幅先立題
目然後著筆若無題目便不成畫更要
記春夏秋冬景色春則萬物發生夏則
樹木繁茂秋則萬象肅殺冬則烟雲黯
淡天色模糊能畫此者為上矣○李成
畫坡脚須要數層取其濕厚米元章論
李光丞有後代兒孫昌盛果出為官者

作氣條訣法歌
氣條千萬莫安花　安得花來是利家
淡墨調和均去筆　椒眼蟹眼麥和芽

最多畫亦有風水存焉○松樹不見根喻君子在野雜樹喻小人崢嶸之意○夏山欲雨帶水筆山上有石小塊堆在上謂之礬頭用水筆暈開加淡螺青又是一般秀潤畫不過意思而已○冬景借地為雪要薄粉暈山頭○山水之法在乎隨機應變先記皴法不離布置遠近相映大槩與寫字一般以熟為妙紙上難畫絹上礬了好着筆好用顏色易入胙先命題目此為之上品古人作畫胸次寬闊布景自然合古人意趣畫法盡矣○好絹用水噴濕石上搥匾然後上礬了作法春秋膠礬停夏月膠多礬少冬天礬多膠少○着色螺青拂石上藤黃入墨畫樹葉色潤好看○作畫祇是個揮字最緊要

梅有四貴　貴者重也

貴稀不貴繁　貴老不貴嫩

貴瘦不貴肥　貴含不貴開

梅之骨格　梅有高下尊卑之分大小貴賤之辨疎密盈虛之異含開動靜之用樹有文武剛柔相濟花有君臣大小之分枝有父子長短不同蓋有夫婦陰陽相應如此玄妙也

梅之題名　大地春回　一枝橫出　風約暗香

暗香浮月　疎影橫斜　竹外精神　五子聯芳

晴枝醮水　絕後再甦　水寬浥露　疎影懸崖

正偏自在　雪裏競開　仙人卓立　有腳陽春

夔巢獨開　高下隨宜　尸籠疎影　玉女平身

懸崖放下　○**散題**　澹中有味　竹外風光

乾坤精氣　獨占先春　萬國春回　踏雪[illegible]

吳融詩曰良工善得丹青理○作畫用墨最難但先用淡墨積至可觀處然後用焦墨濃墨分出畦徑遠近故在生紙上有許多滋潤處李成惜墨如金是也

○作畫太要去邪甜俗賴四個字

枝横碧磵　闌朴半樹　殘苔蛩殘　[illegible]

疎蕊含芳　矮到南枝　鬪雪鏡閒　細華成叢

貫相常圓　膽瓶斜浸　盤根錯節

【梅軸頭】立軸　小幅枝　折枝　手巾幅　横幅

横披　推窻　扇面　斗底

○【李息齋竹譜】

予嘗暇日神閑意定使之一掃未敢以奪爲造化之妙遠觀襲許令人不厭寫竹傳神難稱戲筆大凡寫葉須要墨飽一筆便過不許凝滯其葉自然尖利不挑不㭬輕重疾隨筆手相應一不孤生二不並立三不書个四不爲井五不手掌六不蜻蜓似个必破切忌節眼葉不蓋節筆節整齊但凡結頂九葉分三枝攢鳳尾布葉圖

向左右顧盼森對均平枝枝看節葉葉看枝但九立竿稍頭放短漸漸放長彼至節根又漸漸放短又忌臃腫邊枯邊濃均長均短須要兩边如界畫節下節盛上一節如連環又如鳥心字無點太遠不相連顧太近則節不明去地五節則生枝葉從内出者為之迸跳從外而入者為之妥貼風晴雨露各有態度翻正背面各有志氣轉則低昂各有意濟生生不已心上工夫變化不拘縱放隨意如一枝不好一葉不堪則廢一竿之工夫矣區區得傳於明師胡公正有下筆之法此謂竹譜之訣也

○寫竹訣歌

寫竹本是難　或左或右撇　新稍與舊稍

○歴代名畫記

自軒轅時會會昌元年能畫者三百七十餘人其叙畫之源流曰夫畫者成教化助人倫窮神變測幽微與六籍同功古先聖王受命應天則有龜字効靈龍圖呈寶曰巢燧己來皆有此瑞庖犧氏發於滎河中典籍圖畫萌矣軒轅氏得

藤節與蓼節　風晴并老嫩　枯梢兼雨雪
个字莫懸針　魚刺多行列　攅三并聚四
葉葉要顛疊　多處要分明　少處要清絶
切忌糊塗了　此是真妙訣

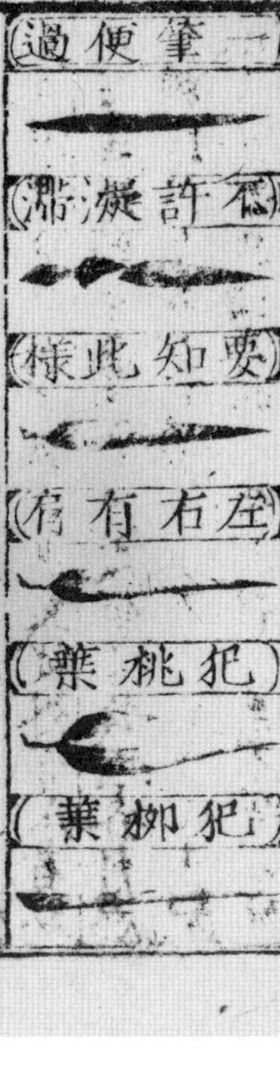

此是藤節

此是蓼節

一不孤生立竿稍頭放短中間漸漸放長節段漸漸放短

二不並立畫節如連環又爲心字八無此[illegible]

於溫洛中史皇蒼頡狀焉是時也書畫同體而未分象制肇創而猶略無所傳其意故有書無以見其形故有畫按字學之部其六曰鳥書在幡信上書端象鳥頭者則畫之流也顔光祿云圖載之意有三一曰圖理卦象是也二曰圖識字學是也三曰圖形繪畫是也文周官教國子以六書其三曰象形則畫之意也是故知書則畫異名而同体也洎乎有虞作繪繪畫明矣既就彰施仍深比象於是礼樂大闡教化由興故能揖讓而天下治廣雅云畫類也尔雅云畫形也說文云畫畛也象田畛畔所以畫也釋名云畫掛也以采色掛物象也故鍾鼎刻則識魑魅而知神姦旂章明則

要如此様　如並立節不宜相對　須要兩边繫錯

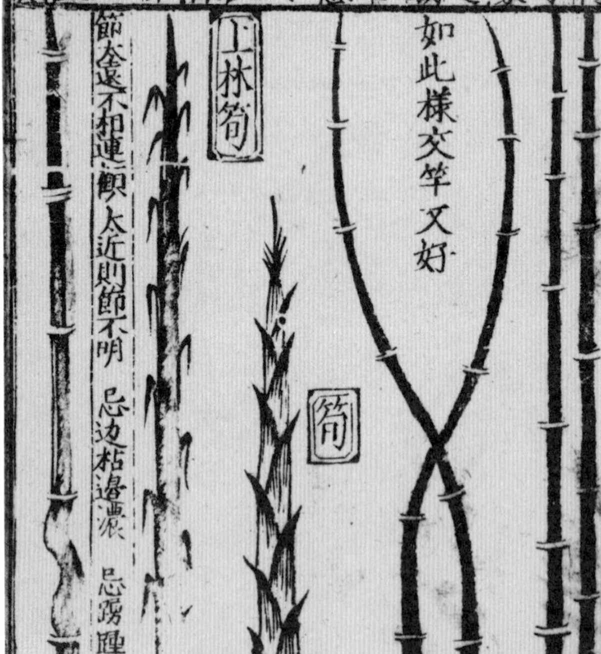

節太遠不相連節太近則節不明　忌边枯邊濃　忌弱腫

軌度而備國制淸廟肅而尊彝陳廣
輪度而疆理班以忠以孝盡在於雲臺
有烈有動皆登於臺閣見善足以戒惡
見惡足以思賢故陸士衡云宣物莫大
於言存形莫善於畫此之謂也其論畫
六法曰昔謝赫云畫有六法一曰氣韻
生動二曰骨法用筆三曰應物象形四
曰隨類傳采五曰經營位置六曰傳采
棋移寫自古畫人空能兼之彥遠試論
之曰古之畫或能遺形似而尚其骨象
以形似之外求其畫此難可與俗人道
也今之畫縱得形似而氣韻不生以氣
韻求其畫則形似在其間矣上古之畫
迹簡意澹而雅正顧陸之流是以中古
之畫細密精緻而生可展鄭之流是也

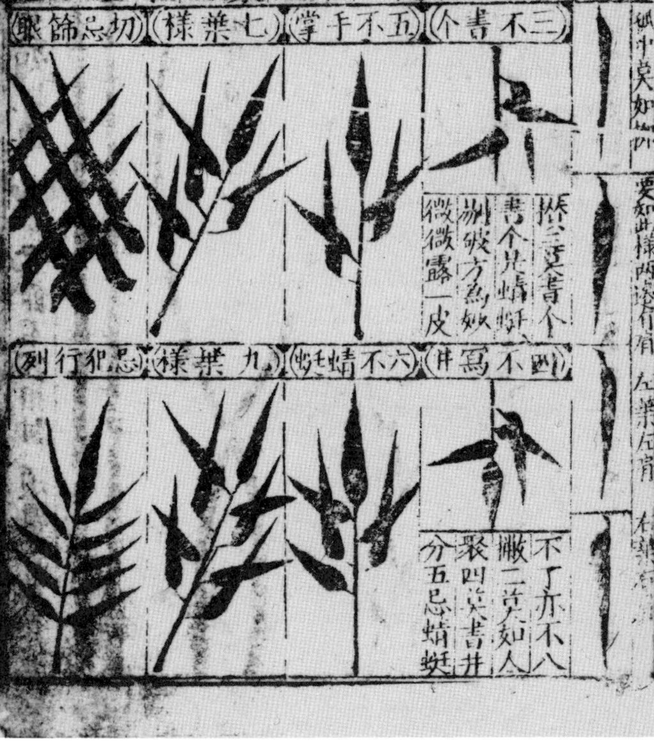

近代之畫煥爛而求備今人之畫錯乱
而無指衆工之迹是也夫象物必在乎
形似形似須全其骨氣骨氣形似皆本
乎立意而歸乎用筆顧愷之曰畫人最
難次山水次狗馬其臺閣一定器耳差
易為也斯言得之至於鬼神人物有生
動之可狀須神韻而後全故韓子曰狗
馬難鬼神易狗馬乃俗所易鬼神乃譎
怪之狀斯言得之致於經營位置則畫
之捴要然今之畫人粗善寫貌得其形
似則無其氣韻具其彩色則失其筆法
豈曰畫也其論畫體工用榻寫曰夫畫
物特忌形貌采章歷歷具足甚謹其細
而外露巧密所以不患不了而患於了
既知其了亦何必有此非不了也若不

風
如寫千字文寫及千字

晴
如寫个字文寫及个字

識其了是真不了也夫失於自然而後神失於神而後妙失於妙而後精精之為病也而成謹細自然者為上品之上神者為上品之中妙者為上品之下精者為中品之上謹而細者為中品之中餘今立此五等以包六法以貫衆妙其間詮量可有數百等孰能周知非夫神迈識高情超心慧者由可議乎知畫宋郭若虛着圖畫見聞志六卷自唐會昌元年至神宗熙寧七年能畫者二百七十四人其論製作楷模曰大率尚畫風力氣韻固在當人其如種種之要不可不察畫人物必分貴賤氣貌朝代衣冠釋門有善功方便之顔道像俱修真度世之範帝王崇上聖天日之表外夷得

雨 如寫介字樣

露 亦如寫个字樣

尊華欽順之情儒賢是忠信礼義之風武士多勇悍英烈之貌隱逸有肥遯高士之節貴戚尚紛華偽士之容天帝明威福嚴重之儀鬼神作傀儡馳趡之状士女宜秀白婑媠之態田家有醇甿朴野之真畫衣紋林石用筆全然類於書衣紋有重大而調暢者有縝細而致健者勾綽縱制理無妄下以状高側深夫褶飄舉之勢林木有槮枝挺幹屈節破皮細裂多端分敷萬状作怒龍驚虬之勢起凌霄聳日之姿山石多作礬頭亦為稜面落筆便見堅重之性皴淡即生窊凸之形破墨之功猶難畫畜獸全要停分向背筋力精神肉質肥圓毛骨隱起畫龍於游沐蜿蜒之妙得回蟠升降

竹

之宜畫水蕩蕩若動使觀者有滔然之思畫奇木折竿無窮筆勾許深遠流坐畫花竹有四時景候陰陽向背笋條老嫩苞萼先後自然艷麗閑野遠諸園疏野草咸有出土體性畫禽鳥識形好名件之果候翔舉飛集之態其論氣韻非師曰謝共六法精論萬古不移然而骨法用筆以下五法可學如其氣韻必在生知固不可以巧密得復不可以歲月到默契神會不知然而然其論用筆得失曰凡畫氣韻本乎游心神采生於用筆意在筆先筆周意內畫盡意在像應神全夫內自足然後神閑意定神閒意定則思不竭而筆不困也畫有三病皆系用筆一曰版二曰刻三曰結版者腕

附之題也　風情雨露　消水晚風　二友争手

湘江滴翠　二孫扶老　鳳尾朝陽　老節化龍

長春不老　三公子清　風雨雙清　一竿瀟洒

煙抹寒梢　金鎖碧玉　月移清影　雨滴生孫

新梢出墻　幽俗脩篁　楚江晚翠

弱筆痴全虧取與物状平偏不能圓混
也刻者用筆中疑心手相戾勾畫之際
妄生圭角也結者欲行未行當散不散
似物凝滞不能流暢也其論古今優劣
曰佛道人物士女牛馬近不及古山水
林石花竹禽魚古不及近何以明之且
顧愷之陸探微張僧繇吳道元及閻立
德立本皆純重雅正性出天然吳生之
作爲萬世法號曰畫聖張萱周昉韓幹
戴嵩氣韻骨法皆出意表後之學者終
莫能致故曰近不及古如李成關同范
寬董源之迹徐熙黄筌居寀之迹前不
藉師資後無復繼踵假使二李三王
之輩復起邊鸞陳庶之倫再生亦將何
以措手於其間其三曰古不及近御椿

著畫繼一卷自熙寧七年至孝宗乾道三年學畫者一百九十九人其論遠曰畫之爲用大矣夫天地間者萬物悉皆含豪運思曲盡其能而所以能曲盡者止一法耳一者何也曰傳神而已矣世徒知人之有神而不知物之有神此若非滌鄙衆工謂雖曰畫而非畫者豈止能傳其形不傳其神也故畫法以氣韻生動爲第一而若非獨歸於軒冕岩穴有以哉又曰自昔鑒賞家分品有三曰凡曰妙曰能獨唐朱景真譔唐賢畫録三品之外更增逸品其後王休復作益州名畫記乃以逸爲先而神妙能次之景真雖云逸格不拘常法用表賢愚然逸之高豈得附於三品之末未若休

○畫山水論賦

凡畫山水意在筆先丈山尺樹寸馬豆人此其格也遠人無目遠樹無枝遠山無皴高與雲齊遠水無波隱隱似有此其式也山腰雲塞道路人塞石壁泉塞樓臺樹塞石分三面樹別兩岐樹看頂頷水看岸基此其訣也凡畫山水峻峭者峯平夷者岑峭壁者崖遍穴者岫形圓者巒两山夾路者壑夾水者澗水注川者溪泉通川谷路下平土曰坡似土而高者曰坂若能辨別如此則知山水之彷彿也觀者先看氣象次辨清濁定衆峯之拱揖列群岫之威儀

則慢不多不少要分遠近遠山不得連近山遠水不得連近水山要迴抱水要縈迴茂林古木

首推之為當也又有畫繼補遺一卷不知誰所譔則自乾道以後至理度間能畫者八十餘人尒後陳德輝者續畫記一卷再自高宗建炎初至幼王德佑乙亥能畫者一百五十一人然與畫繼補遺則相出入者耳二書僅可考閱姓名無足觀也趙希鵠洞天清録集云古畫多直幅至有畫身長八尺者雙幅亦然横披始於米氏父子非古制也河北絹經緯一等故無背面江南絹則經麄而緯細有背面唐人畫或用搗熟絹為之然止是生搗令絲褊不礙筆工非如今者一加漿也古絹自然破者必有鯽魚口與雪絲偽作者則否古畫色墨或淡黑則積塵所成自有一種古香可愛若

寺觀可安斷岸頹堤小橋可置有路處人行無路處林木岸絶處古渡山絶處荒村水闊處征帆林密處店舍懸崖古木根露而藤纏臨流怪石歎空而水浪允作林水遠則疎平近則高密有葉者枝柔無葉者枝硬松皮似鱗栢皮纏身生於土者脩長而勁直生於石者拳曲而伶介古木節多而半死寒林扶踈而蕭森凡畫山水須按四時春景則霧鎖煙籠樹木隱隱遠水拖藍山色漸青夏景則林木蔽天緑蕪平坂山陰蒼翠緑水不平波倚雲瀑布近水松亭秋景則水天一色霞鶩齊飛鴈横煙塞蓼渚蘆汀冬景則積地為雪水淺沙平凍雲黯淡酒旗孤村客舟倚岸樵者負薪風雨則不分天地難辨東西行

作者多作黄色而鮮明不塵暗此可辨也米芾畫史云古畫若得之不脫不須背標若不佳換標一次背一次壞屢更之深可惜盖人物精神髮采花之穠艶蜂蝶只在約畧穠淡之間一經背多或失之也古畫至唐初皆生絹至吳生周昉韓幹後來皆以熱湯湯半熟起如銀版故作人物精采入筆今人妝唐天必以絹見紋麤便云不是唐非也張僧繇閻令畫皆生絹南唐畫皆麤絹徐熈絹或如布絹素百破必好風裂紋各有辨長幅横卷裂紋横幅幅直卷裂紋直各隨軸勢裂也直幅不當一縷歲久卷自兩頭蘇開断不相合不作毛掐亦蘇不可偽作其偽者快刀直過當縷兩頭

人傘笠漁父簑衣有風無雨枝葉斜披有雨無風枝葉下垂雨霽則雲收天碧薄霧依稀山光淺翠網曬斜暉曉景則千門欲曙輕霧霏霏朦朧殘月氣象熹微暮景則山銜落日犬吠疎籬僧投遠寺帆卸江湄行人歸急半掩柴扉或烟斜霧横或遠岫雲歸或秋江古渡或荒塚断碑或洞庭春色或瀟湘霧迷如此之類謂之畫題筆法布置更在臨時山形不得犯重樹頭不得整齊樹藉山而為骨山藉樹以為衣樹不可繁要見山之秀麗山不可亂要顯樹之光輝若能留意於此者須心會於玄機

○畫有六法

一曰氣韻生動　二曰骨有用筆　三曰應物象形

林實生作毛起搯又堅紉也温祟者色淡紅間乾熏者烟臭上深下淺古紙素有一般古香真絹色淡雖百破而色明白精神采色如新惟佛像多經香墨熏損本色祟絹作濕香色棲陳文開易辨仍蓋色上作一重古不直裂須連兩三經不可僞作夫國朝東楚湯垢字君載號采真子著畫鑒一卷論歷代名畫悉有依據其雜論曰古人作畫皆有深意運思落筆莫不各有所主況各下無歷土相傳既久必有過人處今人看畫自出且見不經師授不閲記録但合其意者為佳不合其意為不佳及問其如何是佳則茫然失對僕自十七八歲時便有迂闊之意見圖畫愛玩不去手見鑑

四曰隨類賦彩　五曰經營位置　六曰傳模移寫

○畫有八格

㊀石老而嫩俏　㊁水淡而明潔　㊂山要為林　㊃泉宜灑落　㊄雲烟出没升騰　㊅野逕迂迴曠遠　㊆松柜相龍鈍　㊇竹節藏風雨

○畫家十三科

佛菩薩相　王帝君王道相　金剛神鬼羅漢　鍾僧　風雲龍虎　宿世人物　全境山水　花竹翎毛　野騾走獸　人間動用　界畫樓臺　一切傍生　耕種機織　雕青嵌綠

○畫分數科

風　雲　水　石　水墨　林巒　飾行　擊竹　界畫　人物　花菓　鱗毛　草虫

[illegible]之士便加禮問徧借記録髣髴成誦[illegible]其言歷觀名迹參考古說始有少悞若不留心不過爲聽聲隨影終不精鑒也燈下不可看畫醉餘酒邊不可看畫俗子猶不可示之卷舒不得其法最爲害物至於庸人孺子見畫必看妄加雌黄品藻本不識物亂訂真偽令人短氣古人畫稿謂之粉本前輩多寶畜之蓋其草草不經意處有天然之妙宣和紹興所藏粉本多有神妙古人作畫若得意者多再作之如李成寒林范寬雪山王詵烟江疊嶂不可收舉看畫如看美人其風神骨相有肌體之外者今人看古迹必先求形似次及傳染次及事實殊非賞鑒之法也元章謂好事家與

○評說時畫

丈山尺樹寸馬豆人裴闗不會畫會畫不傳神

○識畫訣法

夫識畫之訣在乎明六要而審六長六要者氣韻兼力一也格制俱老二也變異合時三也彩繪有澤四也去來自然五也師學格知六也此六要宜當辨慎六長者麁鹵求筆一也僻澁求才二也細巧求力三也狂怪求理四也無墨求染五也平畫求長六也

○觀畫訣法

夫觀畫之法見短勿詆破求其長見巧勿譽反尋其拙大凡觀釋老者尚莊嚴慈覺觀羅漢者尚四像四像者謂有四國王之子有四婆[illegible]

賞鑒家有是兩等家多資力貪好名勝
遇耕收置不過聲此謂好事若鑒賞則
天資高明多閱譜録或顧能畫或深畫
意每得一圖終日賞玩如對古人不能
奪也觀六朝畫先觀絹素次觀筆法次
觀氣韻大槩十中可信者一二御府有
題印者猶不可信古畫東移掇擣補成
章比弊自高宗朝莊宗古始也餘友人
吳興夏文彥字士良號蘭渚生其家世
藏名蹟鮮有此者朝夕玩索心領神會
加以游於畫藝慎入厥趣是故鑒賞品
藻萬不失一因取名畫記圖畫見聞志
畫繼續畫記爲本參以宣和畫譜南度
又朝畫史搜羅[illegible]以來諸家畫
錄及傳記雜說百氏之書[illegible]

四胡夷或四比丘優婆塞夷門觀道流者尚孤
閑清古觀人物者尚精神體態謂有貴賤中外
也仍觀折筭衣紋停分形貌觀畜獸者尚馴擾
曠厲觀花竹者尚艷麗閑瑞觀禽鳥者尚毛羽
翎舉觀山水者尚平遠曠迴觀鬼神者尚筋力
變異觀屋木者尚壯麗深遠凡上折下筭一斜
一直大率與匠人檴作一同

○背書畫糊法

取白麵量所用多寡先以瓦盆貯浄水却欵欵
以麵傾向水上聽其自沉不可攪動攪則有塊
置浄室中夏七八日冬半月候極臭敗乃徐徐
撇去水即換水入白芨半兩白礬三分[illegible]去打
成濃糊或入桐油黃蠟芸香各等分就鍋打作一

雖無遺自軒轅至宋幼主德祐乙亥得能畫者一千二百八十餘人文女真三十人本朝自至元丙子至今九十餘年間二百餘人共考覈誠至矣共用心良勤矣所論畫之三品攄前人所發論曰氣韻生動出於天成人莫窺其巧者謂之神品筆墨超絶傳染得宜意趣有餘者謂之妙品得其形似而不失規矩者謂之能品古人畫墨色俱入絹縷精神迴出偽者雖極力髣髴而粉墨皆浮於縑素之上神氣亦索然蓋古人筆法圓熟用意精到初若率易愈玩愈佳今人雖極工緻一覽而意盡畫呉甫及五代絹素麁厚宋絹輕細望而可別也御題畫真偽相雜往往有當特名筆臨摹之

大圓刷以新水煮稀糊中心發泡乃熟去水絞盆器內候冷盛用於磁鉢中水浸研細稀稠任用○或急用糊旋調麪加白礬末就鍋內攪熟入新水煮令中心發泡爲佳取出換水浸捋爛用○背書畫妙處捋如綻搭如綿○背托表背只厚一紙上下壓不可如表書畫糊之

○粘書畫軸法

凡粘書畫軸頭用膠則易蒸以糊或糍糕則生蛀蟲惟用當練子末入生麪中少水調粘之○軸桿當杉木或桐木爲妙今人用玉石象牙意謂美觀殊不知古書畫絹素陳爛有何觔力乘重當用蘇木柘木花梨木爲之可也

○收拾書畫法

作故必府所藏碑墓本皆照為其所惟
明昌所題最多其眼自能識也吁可謂
真知書者哉

凡於未梅雨前晒収令燥方將入匣外以紙糊
匣縫務令周密過梅月方開則不至蒸濕蒸黴
自外而入故也匣須用楸木梓木或杉木
為之外漆以黒光漆不用漆也

[illegible]

名古屋市蓬左文庫本書影

類聚三台
萬用正宗

坊間諸書雜刻然多沿襲舊套採其一去其十棄其精得其粗四方士子惑之本堂近鋟此書名為萬用正宗者分門定類俱載全備展卷閱之諸用了然更不待他求矣買者請認三台為記

書林余文台識

(小人國)長各耳...長九十千
相交通行光
不然濟鵰過
而曾奔之

(大漢國)
無契戈不
攻戦那故
身國同而
言頭異

(獨獠國)
其國人生用利
中身姓亡簡月
生子死則聚
埋之

(紋身國)
其國物熙丁
居之所縣以
金玉尊宣身
穿繡戯花錦

(訛詫國)
比...
...簡月

(黒蒙國)
穿五色錦繍至凝天馬行年
如醉醒日結未至塞入肝為
四簡月
來

(大理國)
有城人間有半戊炎當牛
牛鐵為...到凝療波

(蘇麻女幣)
有人城人間

(鐵哭)
...

(後眼國)
係而由水海亦能天馬
行同

(阿金)
出口係水行成神里人含室
四聖國月

(中門電)

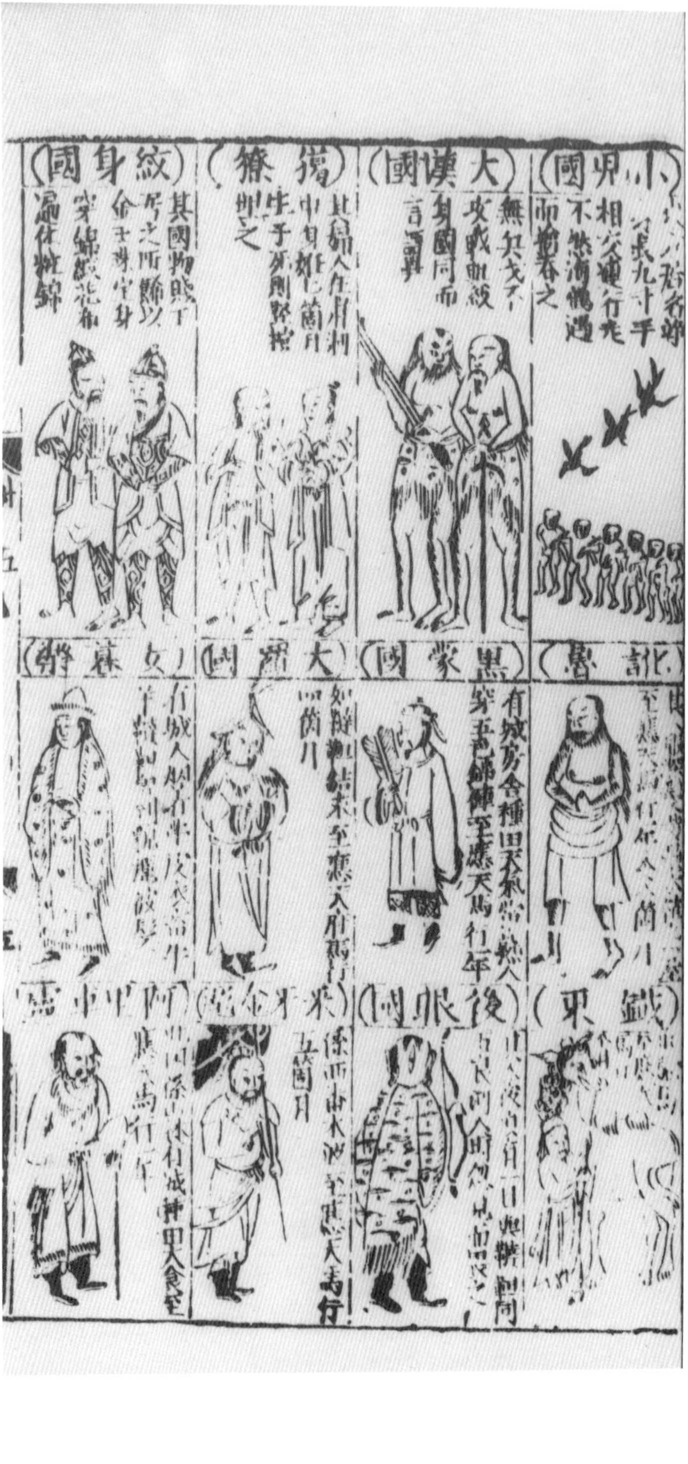

懇除奸深為恩便老幼感恩激切奔告

【鬪毆】奔懇青天垂救危亡嚴拏兇惡仍令卅限保辜醫治免致臨危難辨上告○懇臺准理急救危命着醫治卅限保辜臨卒難□哀切上告

【婚姻】告乞懲究以正綱常以安風化上告○告乞准究斷給親與男完娶庶不乖傷風化亂法違條哀鳴上告○冒死奔告伏乞正倫以正是非庶無枉法免致辜恩○伏乞清判庶免終身失配依律斷免致趕逐○告乞青天覇威孀嫠憫憐單獨望乞批嚴終身不嫁存殁感恩哀告

【姦情】懇告天臺准提鞫究以彰法紀庶使風化不致乖傷綱常毋令敗壞○切

恤民酷刑之罪懶理詞訟好酒沉眠告狀一張週年半載監禁犯人滿歳不明如斯貪酷民任民冤

【鄉官】被某乘機執事為由專倚官勢假虎張威忽然作勢欺見愚癡孤兒婺婦驚嚇銀兩親手接受肥家入己○陡被官豪勢焰利害縱軍擄掠某衛指揮某所千戸百戸某名統領部下賫惡強軍某衆下鄉巡捕為由縱容軍衆聚如蜂蟻兇湧來家擄掠財物驚散旋倪無安身所吪民膏血實受其殃下石壓穿何日超生○官官勢利囑託公事留難殃民覇占田產毆打騙害具情奔告人情財賄囑託沉匿不行埋捺告詞如石沉淵民落覆盆難見天日落陷小民超生無路

【地方】教唆合京被叫屈冤苦難言殺豬擔酒□

惡賤鷄尚知分秩雁鴻且不失序人倫
不以為重法度甚是難容欽行正花伏
乞彰刑勦奸除悪正俗輔端免致傷敗
五常頽壞風化不顧人倫
戸口 告乞仁天作主追發殘父子重見
感恩再造上告○具情哀懇作主乞賜
明彰結髪伏判完聚○告乞作主行関
拘提復業服役各得其所免致貽累○
私刱庵院告乞行提革息異端免致左道惑
亂世俗○告乞準提以蘇民困無得超
生○備情拜告乞賜收養得活殘生庶
毋失所飢寒告
錢債田土 懇天訊究詳的毋陥枉填償
墜陥德彌布望免上告○乞查其稅粮灼
見虛實庶毋貽累免致欺占○懇告乞

分生衆人酔田伊心快樂仍行分付原被謝禮
務要加重只得破依変賣揭借登門叫首如若
不從觸發雷怒被告點頭拳心切切須更忿氣
遭經唆競○地方豪強猛狼似虎扛擡四轎漁
獵鄉村來家虎坐聞一科十灑泒良民詐騙民
財害衆成家欺民無厭況沒財物托囑官長說
事過錢計囑典吏通同作弊恐嚇財本受贓入
己帶領狼僕身騎高馬縱容虎伴各執棍棒竹
稗荊條杖鎖齐全紐綁在地私置非法逼拷搒
打需索酒食詐騙民財欺壓良善有錢放生無
錢毆打苦痛難當受刑不過酷害良民妄生事
端排陥細民有屈無伸○豪要科泒聞一科十
灑泒小民黑心毒害酷騙民財多科料錢過徵

委差臨勘着令還撥改正枉患○乞煩
研究祖宗骸骨存無下落廢免餓殘命
脉生亡被陷○告乞檢勘照分均判改
正還業量起華嫊廢免安生○黜告乞
疏通責令改正照舊衆便實為民益○
瀕告乞疏通水利蘇民困阨廢難荷強
傷占亦無覇截○告乞番放斷還田業
廢免蕩散流離良善安生得所○本懇
華除頑弊免遭冤陷無遂更生民得存
濟○越途奔告匡扶小民免被鈎距剌
骨吸髓痛情上告○告乞憐憫下民斧
斷杜患廢免私債騙害富食貧肉○伏
乞惟理如黑光天救度小民日曬冰消
禁革豪惡行節放債剝還田產千家安
身進還兒女免致抗陷○伏乞追還救

粮米強拿頭牲準折孳畜勒要金銀三倍作一
常行慣便受贓入已稟囑本官賂托人情監禁
拷打日夜遍刑只得曲從冤無伸訴害衆成家
貪心得志○稔惡羣訪撥志教唆陰謀僥倖文
過飾詞教唆扶撥強幫硬証纏告擠陷如石覆
穿窕屈難伸昏天黑地○奸徒撥志故陷良民
虛空造害毀謗誣人不識不知理宜教於理直
奸心奸計何當故誘罪犯○勢暴因公專擅科
歛民財損人利已慣惡里長領票徵收粮料若
干不依官價一槩倍徵多收銀兩刻剝肥家私
身入已○伊富我貧傍人譏論絶義老無結果
人親耻議不仁儳步得搵獨食負于吾是思身
勞苦中心一旦倏然○奸徒欺法詭譎發志徼

貪創富革惡除奸照數銀本依律筭還

【財本】告乞准提照帳追還超拔異蟻早得還鄉庶使客路疏通深為恩便上告

○懇天怜准行提斧断追還父娘財本超孤還籍免致經紀衆懸干詮通坐騙○

【人命】告乞准提超生憐死陰隲萬代上告○告乞檢驗傷証明正典刑生死啣恩九泉感戴○懇告天臺乞委清正廉明官員檢驗明白庶使律法昭彰不致冤蔽覆盆投光上告

【賊情】告乞嚴令精兵人役張捕緝拿以除民害上告○告乞准行緝拿應捕救民除害庶地方寧謐國法昭彰上告

【吏書包佚】懇天洞揭覆盆嚴除惡弊不遭欺枉投光上告○奔臺憐准親提擒

唆君将容隱誠恐惹罪無辜○積訪強梁詐冒欺官里長皂隷某人來家詐稱衙門某官名色科斂某件使用後知入己果實不甘○其遵當役某鋪鋪兵遞送公文並無故悞今被猾吏皂快舍人故將行李勒要挑送稍若不從逞凶擂楚毆打貧弱只得聽從○專倚官勢某事下鄉私役人夫扛擡四轎把傘挑囊遍到民戶索需鷄酒誆騙財物托弊陷民○窺人爭競則激以興狀詞因人病故則唆以使畜賴浸潤官長說事過錢交通吏典生事害民

○附結段尾附遺

【鄉官】懇告青天剿除強暴追給田土基業還貧庶使良善得生法無欺枉陰德萬代上告○奔臺告

樂奏宮商

新刻天下四民便覽三台萬用正宗卷之九

音樂捷徑

三絃譜式

夫三絃之作其來尚矣将前人點指最要分悉略節句點明白去隨唱清弾頻編成譜已按宮商其甲乙丙丁戊巳庚辛壬癸乃曲中實字也圖內疋中大乃三空點也凡一點一弾二點二弾三點三弾切不可越節乱絃失其規模及成閙中之一悶耳

音樂門

琴譜

○太音紀法

伏羲制琴長三尺六寸六分法期之数太史公曰琴長八尺一寸風俗通云琴長四尺五寸今以伏羲置為准蔡邕曰琴者天之正音得其材可以合天地之正氣得其人可以合天地之正道得其律可以合天地之正音杏莊老人曰今之為琴者多不求良材多不從古式欲求人合天地之正道正音者難矣故有志於琴者必求良材必象古式必法明師必合正道必為[illegible]

丙◐○疋◐○甲○疋◐巳○
疋○丙○甲○疋○巳○齊疋○甲○
丙◐甲○疋◐巳○戊○巳○戊○中
◐齊中○巳○中○壬○大○中○重
一句 中◐戊◐疋○巳○戊○中◐
齊巳○戊○中○巳○戊○辛◐戊○
疋◐巳◐戊○中○齊 中○齊 中
◐巳○中◐壬◐辛◐中◐
剛柔段 甲◐辛○甲◐疋◐巳◐一和
○疋◐丙◐甲◐疋◐甲◐齊 丙◐
◐甲○疋◐庚◐疋◐甲○戊◐巳◐
齊 甲◐辛○疋◐○丙◐甲◐疋◐
齊 甲◐辛◐甲◐巳○疋◐巳◐戊
◐中○齊 中◐辛◐中◐戊○巳◐
戊◐中◐丁◐辛○中○齊疋甲◐◐

之不良琴之灾也式之不古琴之忒也師之不善琴之羞也正道其何能合正音其何能協乎

○琴面諸稱考圖

一額 二承露 三絃眼 四岳山 五肩
六鳳翅 七腰 八冠角 九焦尾

○琴背諸稱攷圖

齦刻 又鳳足 蜂腰 又軫溝

一穴居 二護軫 三軫池 四龍池

尺○己◑尺○己○斉　己○○己○
戊◑己丙○◑乙○尺○庚◑尺○○
乙○尺○丙○○乙○丙○己◑戊◑
丙◑◑己◑丙◑乙◑尺○庚○尺○
甲◑乙○丙◑乙○尺○○中○○庚
○己◑◑庚◑尺○重和　句　己○
戊○○丙○○乙◑尺○庚⊙尺○○
乙○尺○丙○○乙○丙○○己○戊
○丙○○己○○戊○丙○○乙○丙
○己○甲○尺○庚◑乙○○尺○庚
◑己○庚○○乙○丙○乙○庚○○
己○戊○中○己○○按己重一和
戊◑己◑尺○己◑戊○中○己○庚
◑尺○己○乙○丙◑乙◑甲◑庚◑
己○尺○丙○乙◑◑全按一和　乙

⑤鳳足　⑥鳳沼　⑦托尾　⑧齦刻

（上絃手法）

凡上絃當以小指纏絃而有力用之則在大指上絃須用左小指纏絃是法也

（調絃手法）

凡調絃須用間匀譜作撫假旃食指挑七絃中指勾四絃乃為之大間勾也

○抑絃手法

得道仙翁得道仙翁得道仙翁得道仙翁

甚芻芒芻苴芻芭芻芭芻苣芻莒芻芭芻

五音正調　大指對九徽　名指對十徽　第三絃退十徽半

芒芻雁芭芻雁芭芻雁芭芻雁

○秘傳左右手法

○疋○庚○巳◐疋○庚◐◐◐巳○
○庚○巳◐中◐
帶得勝令 乙◐庚◐乙◐疋○庚○巳
◐疋○○庚◐○巳○庚◐○巳○戊
○中○辛○壬◐中○壬○中○乙○
疋○丙○○乙◐丙○巳◐◐戊○中
○乙○全按一和　甲○辛○中○巳
○戊○中○辛○齊　中○中庚○巳
○戊◐齊　中○辛○中○巳○中○
辛○中○齊　巳○疋○甲○丙◐乙
◐甲○疋◐庚○巳◐戊○疋○巳○
戊◐◐疋○齊
清江引 戊○中○辛○中○戊○巳○
疋○戊○中○辛○中齊　中○疋○
甲○丙○丁○丙○甲○疋○齊　丙

（右手名中指遊魚擺尾勢）

雷雨作解楊濤奮沫
魚將變化掉尾撥剌
爰比興以取象
駢兩指而飄瞥

（右手無名指商羊鼓舞勢）

有鳥獨足霧而知雨
天欲滂沱奮翼鼓舞
屈名指以臨絃
象參差而翼其舞

（右手食中指鸞鳳和鳴勢）

鳳翔高岡鸞遊會
同類和鳴喧〻喈〻
縷其絲而併依
象其音之克諧

〇疋〇丙〇〇甲〇疋〇甲〇丙〇乙
〇甲〇疋〇庚〇巳〇務一和　中〇
戊〇中〇中〇戊〇巳〇戊〇〇中〇
辛〇中

【對玉環】疋〇巳〇疋〇齊　疋〇中〇
丙〇乙〇甲〇疋〇齊〇疋〇甲〇丙
〇疋〇甲〇疋〇庚〇巳〇戊〇中〇
戊〇巳〇◑戊〇中〇辛〇中〇甲〇
巳〇疋〇齊　疋〇甲〇丙〇〇甲〇
疋〇齊　疋〇丙〇疋〇甲◑疋◑巳
〇戊◑中◑戊〇巳〇◑戊◑中◑辛
〇中◑齊　疋◑甲◑丙◑疋◑甲◑
疋◑巳◑戊〇中◑戊〇巳〇〇戊〇
中◑辛◑中〇

【對迎仙客】疋〇庚◑疋〇甲◑乙◑

（右手食指法鶴鳴在陰勢）

鶴鳴九皐声聞于野
清音落〻自合韶雅
性飛拈以取象
覺曲高而和寡

（右手大食指賓鳴啣芦勢）

涼風悠至鴻鴈来賓
啣芳南鄉恃以依仁
免産反関而委去
遞哀音而動人

（右食中名指鵾鶏鳴舞勢）

洲僻人静遊鳥[illegible]知
鳴則延頸舞則[illegible]
欲和合於声韻
嬌步趣之[illegible]

疋◑○庚○巳○疋○巳○戊○疋○
中◑◑庚◑疋○庚○疋○和　疋◑
乙○甲◑疋◑庚○疋○一和　甲○
乙◑丙◑乙○丙◑乙○疋○和　疋
○乙◑疋◑庚○巳◑中◑巳○庚○
疋○一和一　丙◑乙○丙◑◑按丙
和中○巳◑庚◑巳◑戊◑中◑一和
巳◑◑戊◑中◑辛◑壬◑中◑壬
○中○一和　中○巳◑◑戊○中○
子○中◑一和　戊◑巳◑庚◑巳◑
戊○中○巳◑○戊◑中○大○齊
壬○辛○壬○中○壬○辛○疋◑○
乙○甲○疋○庚◑疋○一和一丙◑
○乙○丙○◑乙◑疋○乙○全按一
和乙◑甲◑乙◑◑疋◑○庚○巳○

右手大中指飛龍拏雲勢

灵物為龍非池可容冉冉
頭角峥嵘変化无窮
位正九五時當泰通
攀拏而上渝然無從

右手食中指風送輕雲勢

溶溶聚氣以成
油然而起勢逐風輕
踰度指之如雲
不欲重而有声

右手食名指神龜出水勢

負書出圖覆載九
欲從其宥必鼓其首
爰此以於桃打
信晢賢之不苟

○戊◐巳○齊　從前起重一遍　疋
◐乙◐疋○巳◐戊◐中○疋◐齊
丙○乙○甲○疋◐庚○巳○戊◐中
◐疋○齊　丙○乙○甲◐疋◐庚
巳○疋○　一和中○巳○巳◐戊◐中
○○巳◐◐戊◐中○辛◐壬◐中○
壬○中○一和　庚◐巳◐◐庚◐巳
◐戊◐中○一和重一句　巳◐庚◐
乙○疋○巳◐戊◐中一和　乙○○
甲◐疋○庚◐疋◐巳◐戊○中◐
甲◐乙○丙○乙○丙○按丙一和
巳○戊○中○疋○齊　丙○乙○甲
◐疋○庚◐巳◐戊◐中◐疋○　齊
丙◐乙◐甲○疋◐庚○巳庚◐○
疋◐一和　中○巳◐○戊◐中○◐

左大中名指飛鳥啣蟬勢

左大中名指蜻蜓點水勢

左手大指法號猿抱木勢

蟬入鳥口鳥飛鳴咽自內徂東其聲漸微通諸理以造妙難以言而詳說

無數蜻蜓在水之媚欽欽而飛點破漣漪猶對飛而互涉類物象之自如

瞻彼猿猴升于喬木欲上不上各其勢逐逐重按指於分寸兮欲去來之神速

乙◑◑戊◑中○半○壬◑中○壬○
中○一和庚◑巳◑◑庚◑巳◑戊◑
中○一和重一句　巳◑庚◑乙○疋
○巳○戊○中○一和　乙◑○甲◑
疋○庚◑疋◑○巳◑◑戊◑中◑甲
◑乙◑丙◑乙◑丙◑按丙一和
群對鳫兒落
疋○丙◑乙○疋○丙◑
○乙◑丙◑乙◑戊◑丙◑○乙○○
戊○丙◑乙◑疋◑庚◑乙○◑疋◑
庚◑巳◑庚○巳◑○按卩壬一和
乙○丙◑乙○庚○疋○甲○疋○○
庚◑◑巳○庚○按庚癸一和重一句
庚○巳○中◑巳◑◑庚◑丙◑甲◑
疋◑庚◑乙◑疋○○庚◑巳◑○庚
○乙◑丙◑乙◑庚○○○巳○戊○

左手大指法神鳳啣書勢

鳳兮鳳兮感德而至
啣書來儀表將加瑞
謂梅按而貫後
取夫咏之相類

左手大指法幽禽啄木勢

幽鳥避人兮遶樹而有
鳴兮巖剝啄兮其音
丁丁因取喩於盧奄
兮故戛然而有声

左手名指法文豹抱物勢

豹待変兮隱于南
山抱物而食兮孰窺
比斑以其形而取象
盖在于作勢之間

蓬左文庫本（↓二七一頁）

甲○巳◑按巳壬一和　疋◑庚○巳
○中○庚○○巳○中○壬○中○○
乙○疋○丙○○○巳○○戊○丙◑
乙◑丙○按丙乙和重一句　疋◑乙
◑丙○◑乙◑◑丙◑乙◑疋○乙◑
疋○庚○巳○庚○巳○按巳壬一和
乙◑丙◑乙◑庚◑疋◑甲◑疋◑
◑庚◑巳◑庚◑按庚癸乙和
乙○丙○乙○庚○疋○甲○疋○○
庚○巳○庚○按庚癸一和○庚○巳
○中○巳○○庚◑丙○○甲○疋○
庚○乙○○疋○○庚◑巳◑◑乙◑
丙◑乙◑庚◑◑○巳○戊○中○巳
○○按巳壬一和
釋對酒美酒疋◑◑丙◑乙○○丙○

左手大名指鳴鳩喚雨勢

天欲陰雨兮雞鳩知之鳴首長嗚兮尚求其雌爰取於對按兮以其音以唱隨

左大中名指落花隨水勢

落花隨水兮順流而去逆浪所激兮欲出不住因其勢以取喻無求意而自悟

左手大中名燕逐飛虫勢

燕上子飛兮差池其羽逐彼飛虫兮乍來忽來抑上抑下兮取其勢而為喻

巳○庚○巳○戊○中○丙○◐乙○
疋○庚○大○疋○甲○乙○丙○乙
○丙◐◐乙○疋○庚○大○疋○甲
○乙○丙◐巳○丙◐○撥丙一和
疋◐◐丙◐乙○○丙○巳○庚○巳
○戊○中◐丙○○乙◐◐疋◐乙◐
疋◐乙◐全撥一和 乙◐甲◐乙○
丙◐乙◐疋○庚○疋◐ 一和 巳
◐戊○○丙◐◐乙◐丙◐◐乙◐甲
◐疋◐巳◐庚◐疋◐一 一疋◐丙
◐乙○疋○丙○撥丙一和 巳◐庚
◐巳◐戊◐中◐◐巳◐◐戊◐中◐
乙◐甲◐乙◐丙◐乙◐疋◐○庚◐
巳◐庚◐◐一和◐巳◐戊◐○丙○
○乙◐丙◐◐乙○丙○○乙○甲◐

○十三徽改五為君徽六為臣徽

徽	
第一徽	名大簇爲正月律其音在角
第三徽	名姑洗爲三月律其音在宮
第五徽	名蕤賓爲五月律其音在徵
第七徽	名爲君居於中以象閏月也
第九徽	名南呂爲八月呂其音在商
第十一徽	名應鍾爲十月呂其音在羽
第十三徽	名大呂爲十二月呂其音在宮
第二徽	名夾鍾爲二月呂其音在角
第四徽	名仲呂爲四月律其音在徵
第六徽	名林鍾爲六月呂其音在宮
第八徽	名夷則爲七月律其音在商
第十徽	名無射爲九月律其音在商
第十二徽	名黃鍾爲十一月律其音在羽

○七絃攷

琴凡七絃其五絃之說五音之意備矣辨琴以琴身外大絃為一絃為宮數至身邊次第順求二絃文武之說乃堯帝加之六絃柔而為文七絃剛而為武剛柔相應以合君臣之德世人不

丙◐巳◐庚○疋○一和　疋○丙○
乙○疋○丙○挼丙一和　巳◐庚◐
巳◐戊○中○◐巳◐◐戊◐中◐乙
◐甲○◐乙◐丙◐乙◐疋◐庚◐巳
◐庚◐疋

三絃譜終

簫笛譜

合字不起

六凡

簫式

工尺尺一一
上上四
凡五

笛式

工五合　合即六
四五合下　高低
合四五四下　四即五
合六四五　不同
尺上尺　高低不
口　同

傍粧臺

五一尺一五凡○工尺○五一
五凡工五凡工尺一尺工五凡工尺工
尺一門一一尺工尺尺工五凡工凡
五凡工尺○五一五凡工○尺工五凡

知所自而誤傳二一絃為文武王所加非也

一絃屬土 為宮在天符七星分旺四季最大用八十一絲声重而尊故為君

二絃屬金 主商在天符金星應秋之節絃用七十二絲為決斷次宮故為臣

三絃屬木 主角在天符木星應春之節絃用六十四絲以其觸地出故為民

四絃屬火 主徵在天符火星應夏之節絃用五十四絲萬物皆成休故為事

五絃屬水 主羽在天符水星應冬之節絃用四十八絲聚清物之象故為物

六絃文聲 主少宮在符文星於人為文德柔以應剛

七絃武聲 主少商在天符武星於人為武功剛以應柔也

○五譜法

宮屬土信　商屬金義　角屬木仁　徵屬火禮　羽屬水智

○彈琴須知

凡學彈琴之士先究琴中意義辨察音律習記
但指法洒掃淨室正其衣冠嚴肅如對長者以身

工尺工尺一四一一四尺一四九○尺
工九工尺一尺○結尾此句要重一句
合五一五九工五九工尺一尺工五尺
九工尺工尺一四一
【要孩兒】尺一五九五一五五一○五一
五五○五尺一五九○尺工五九工尺
工尺一四○尺九工尺○九工尺一一
尺一尺工尺尺工五一五六凡○又接
此處起○五一五○九工尺工九○五
一五五○五一五九○尺工五九工尺
〻尺一四○尺九工尺凡工尺一○一
尺一尺工尺尺工五一五六九
【一封書】凡工尺一○尺工九○五一五
五尺工九工○尺工九五五凡工尺○
工五九工尺四一尺一○五一五九○

斜對六徽之間足以八字安定左右二手以
鳳翅右手入絃如滄海龍吟左手按絃如鳳鳴
鶴舞不可搖身作勢縱目斜視不可不法古人
音律錯亂宮商凡以和暢為本清雅為主下指
工夫貴乎古淡清美悲切嬌雄隱慨姿態無常
不可執一必欲知其所忌塵中遇俗不彈知音
勿可妄動聖賢大樂宜對明月清風蒼松老石
為佳五音端正實難辨之而宮和平沉厚雄洪
商音鏘鏘角音長哽咽徵音抑揚嚱〻然而有
嘆息之音羽音嚶〻而透徹細小而高有孛
琴者煩為鑒之勿損古意

○弾琴八法

尸作擘大指向外　毛作托以大指向内　勹作勾以中指入絃　乌作踢以中指出

五工九工尺○工五九工尺四一尺一
○結尾此句要重二句重工五九工尺
四一尺一

【楚江秋】五一五九五一五九○工九工
尺工五九工尺○五一五九尺一尺工
九工尺一四尺一○四尺一四尺一四
九○五九五一尺一五九○工九工尺
工五九工尺○五一五九尺一尺工九
工尺一四尺此後三句與起首三句同
五一五九五一五九○工九工尺工五
九五尺此句要合五一五九尺一尺工
○尺工尺一四尺一再重一句

【清江引】尺工二○五一五○五六五○
工工尺一四尺尺○工尺六五六尺一
○尺工尺一四○合四四尺工尺○尺

絃　木作抹以食指入絃　乙作挑以食指出絃　亍作擶以名指出絃　丁作
以名指入絃

五指名圖

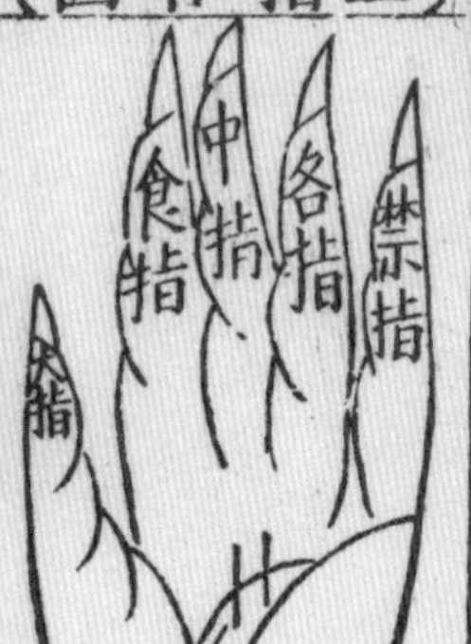

○崇 禁 四指
天 大讀作食
人 讀作中
中 名々讀作
依譜認之
可也

一曰大指大者言為指之最大也○二曰食指
食者言其可以就食於口也○三曰中指中者
言其居四指之中也○四曰名指名者取孟子
所謂無名指也○五曰禁指禁者言其無所用
直而不動也

【右手指法】擘音 挑音 抹音 捋音 擘 縹音 鏃音 撇

一尺四四合工尺五

蘇州歌 五尺一一尺五一〇五一五凡
〇一五一五凡〇五一尺五五六凡工
凡工尺〇尺五凡〇尺五一五〇凡工
尺工尺一〇尺工凡工凡工〇尺五尺
一〇此調從頭再吹一轉即是蘇州歌也

〇鼓經

鼓板㨾家詩 喜今昇平盛世雨順風調民安國泰每遇立冬除夕新年喜事賞雪觀梅月夕花朝傳盃弄盞處處開筵家家慶會古云筵前無樂不成歡樂筵前有樂錦上添花又云脾神好樂近世以來鼓行中人深欲花巧恣意增減不遵古體以訛傳訛張者又多李者又少

音譜入声 例 列〇 木 讀作抹以食指入絃曰抹 乙 作挑以食指向外出絃曰挑
為之挑 勹 作勾以中指入絃曰為之勾 马 作踢以中指向外出絃曰為之挑 丁
作打以名指入絃曰為之打 亍 作摘以名指向內出絃為之摘 尸 作擘以大指入絃曰
為之擘 乇 托也以大指向內入絃曰為之托 丆 歷也以食指運挑兩三絃為之歷
早 撮也用食中二指開絃撮起就放 人 輪用名中食三指摘剔挑一絃也 什 散也
彈絃不用左指撥絃為之散 公 袞也以名指摘七絃至一絃止 弗 撥也以食指拂一至
七絃是也 回 打圓也勾四挑七連彈三次餘間 長 長鎖挑抹二声又抹挑抹三声又勾
声又挑抹三声 叅 短鎖也先抹挑二声又抹挑抹三声共五声 㣺 小鎖也用食抹又挑
又抹共三声 省 少息也得声稍歇又彈也 [illegible] 全扶抹兩絃如一一声謂之全扶 [illegible]
以大指曲以食中指先踢後挑声 [illegible] 撥剌以中食二指夾定先入後出 捻 大指具食
指起一絃放之有声 彈 単弾曲大指以食指挑出發声 [illegible] 齊撮用中食二指中勾食挑共
一声 急 急鎖先挑次抹又挑抹有四声 [illegible] 大間勾先打三次勾二三又挑四 [illegible] 小門
勾先勾三次勾二又挑四三声

孰是孰非誠可笑也今將古鼓板刋
成一帙與兩京各省皆同者照此數
打萬無一失謹白
錢塘虎跑山人　謹識

○皷經次序
圈者皷也○點者腔也○乂者邊也○
相連者急也○稀者緩也○丆者板也
從頭至尾打四轉為一套也後皆放此

○皷經目録
大徳勝○小徳勝○陣陣贏○急三鎗
○倒上橋○鷺鷥鳥撇脚又名老鸛彈牙
曲裏梨又名摘裏腸　曲和樂又名重裏東
摘豆莢○狗廝咬

○〔大徳勝〕
●　●　●丆　●丆　●　○丆　○丆　○丆　○　○丆
●　●丆　●　●丆　○丆　○　○丆　○　○丆
●　●　●　●　●　○丆　○丆　○　○丆　●　●　●丆　●　●丆

〔左手指法〕　挼 譜作女、　對 譜作寸　泛 譜作ノ　外 譜作卜　[illegible]譜作[illegible]
因蹉 譜作足　散 譜作升左手不按右手得声　女 挼也右手[illegible]左大指按[illegible]
ナ 吟也得声慢慢擬動過徽少許　足 蹉也用指曲按六徽間方用此法　㞢 [illegible]
挼大指按九右手踢起左手搯起　爪 搯也若大指按九徽搯起有声便是　㒷 [illegible]
得声以名指渙住大指上　龙 就也如勾一絃虛就再弾一絃是也　丂 引也得声細動而上
十注吟得声汁細退而下　ノ 泛也以指絃上浮點為之天音　正 泛上也浮點完又按木泛
泛上　巳 泛起浮點從此而起　立 撞也得声急上下有餘音曰撞　下 綽也得声急綽
上　芑 帯起用名指按徽得声即帯起一声　邑 搯起以大指按徽得声即搯一声　出
推出推出一絃在徽外十三徽下是也　飛 飛吟得声舞遊吟得下而退是也　近 声且吟
且往有餘韻也　徐 往來得声自上而下三以是也　赴 起吟往來有合声而退便是人也
以兩絃合一意如一声相同　方 放以手扣上絃故之而按下絃是也　犭 猱也按指得徽
引出急上復原處　拘 不動凡勾二撒挑謂之不動餘倣此　单 搯撮左大指右食中指撮
車 滾也或勾四絃滾撒揚内三絃

蓬左文庫本（↓三七八頁）

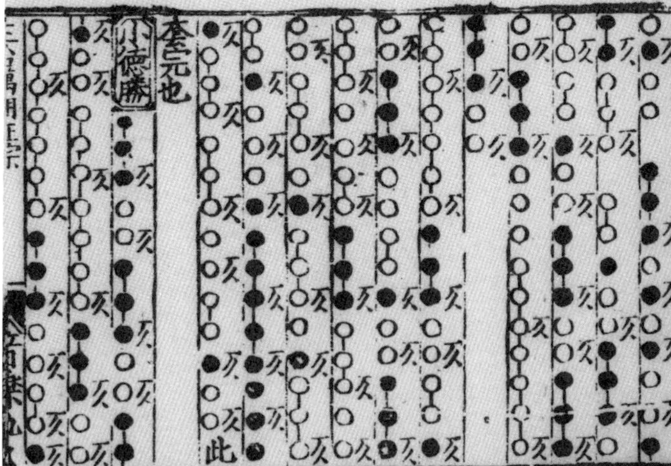

琴有七要　一曰學琴者欲得風韻蕭洒無塵俗氣而與聖人雅樂相稱者佳　二曰審琴者欲其九德俱備無夜庸材九德者奇古透潤静句員清方是也　三曰下指沉静而不恭燥匀踢分明勿得乱錯　四曰曲調雅正不挾淫哇　五曰不為俗奏以玷古人之高風　六曰聲無映奪欲得純正　七曰聴欲静慮不逐声色下指沉静而不暴燥唯貴輕重得中大重無清韻之声大輕無真全之韻唯随琴之強弱施指則取吟臑俱有味也臑音燥條声之類也

十指提要　一心不散亂　二審辨音律　三指法向背　四指不蠲爭　五指用不叠　六指勢輕重　七節奏緩急　八高低起伏

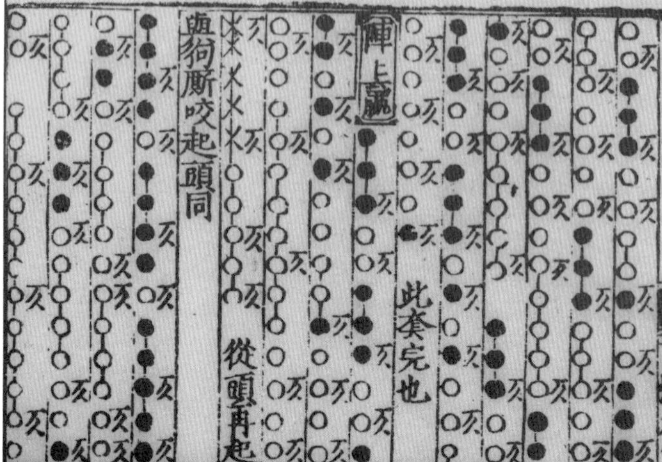

㊈絃調和平○㊉左右朝揖○右手弾絃不得過第四徽凡按絃如入木凡弾如断絃

五功

○㊀指法合宜○㊁敲繫不雜
㊂吟操不露○㊃起伏有序○㊄作用有勢

十善

○淡欲今古○取欲中矩○輕欲不浮
重欲不麄○拘欲不權○逸欲自然○[illegible]欲不断
縱欲自若○力欲不竟○急欲不亂

五能

○坐欲安○視欲專一○意欲閒○
神欲鮮○指欲堅

九不祥

○不撫正聲○泛按失度○不調入弄
○五音繁雜○指曲不直○緩急失度
○不[illegible]吟徐○不察音律○不按法[illegible]人

五病

○拖指拙惡○挑摘混淆○取作不圓

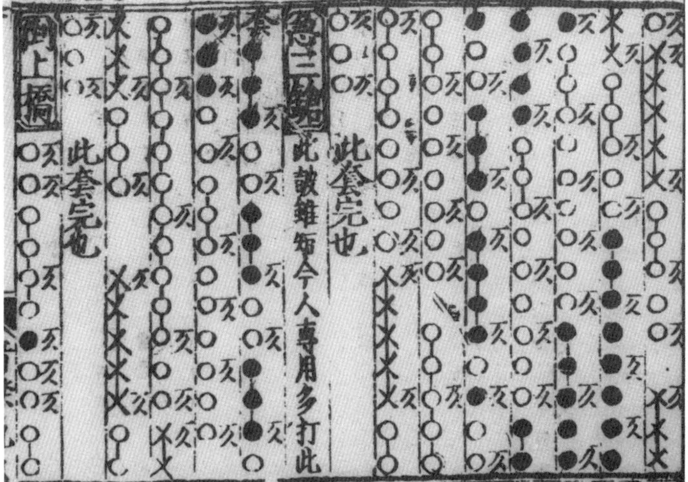

○翁[illegible]奏不成○走作猖狂

十疵

○大浚而撇○多取如雜○其輕如撲
其重如懼○纖指而閑○其拘如怯○其逸若蹶
用力而艱○其緩若昏○其急如昏

五軫

○頭足搖動○妄睗瞻視○錯乱中輟
○精神散慢○下指疎懶

五不弾

疾風暴雨不弾○塵中不弾
對俗子不弾○不坐不弾○不衣冠不弾

大病有七

坐無規法搖頭動足一也○開口努目似驟志氣或覷視上下瞻顧左右二也○眼目疾速喘息氣粗進退無度形神散慢三也面色変易或青或赤如慚四也○攻之歲久取声雜乱不尽五音雜飳取声不雜用若手勢須雜

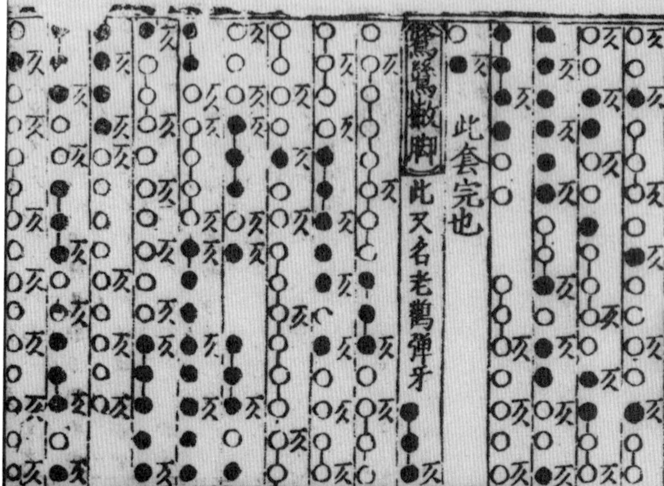

歇指不當五也〇調絃不切音韻不律軌失正
意聽無真声六也〇彈琴之時吟呼過度節奏
失宜而其音韻繁雑反自以為能有失古意七也

小病有五　彈琴之時身側欲偏手勢繁乱絃用
指輕重不均一也〇若左右總用甲其声焦枯
雖有悲思全無韻声不均平二也〇左右用肉
多其声輕重濁鈍音韻不清取声太重散其清
爽三也〇左右用甲多肉少音韻不均律声輕
重﹅疊平過﹅度急燥不較其音韻四也〇取
声輕而遅緩音律六韵制度不成調律無味也

五士操　宮黄鍾土伏羲養徳　商金相許由楽志
以自隱　角木相軒轅運神以楽道　徵火相孔子
養性以敷治　羽水相東方朔以頌君徳

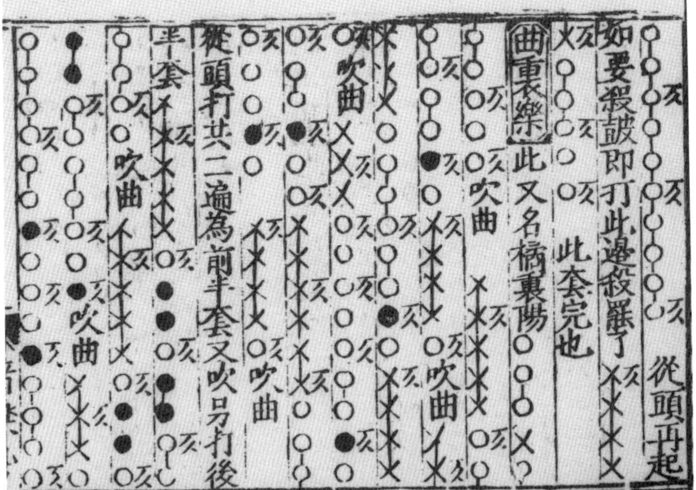

開指上日興

管意 希仙曰是曲莫知所自出想夫天地當𣲖陽之時柳媚花嬌鶯歌燕舞蜂蝶紛芳動人事之和因時感物故有是作

黃鶯黃鶯金衣縷　艷陽天氣

[illegible]

雙雙對語芳榭又尋桃李輕逐

[illegible]

遊蜂烟外任恣　任歌舞○煙外

[illegible]

任恣任歌舞

[illegible]

[illegible]

商意 希仙曰是意也孔子所作當春秋之時週流六國俛仰順逆乃概古感今而有嘆息之意故作是意以述其云

秋風秋風牛鴻鴈來也　金

[illegible]

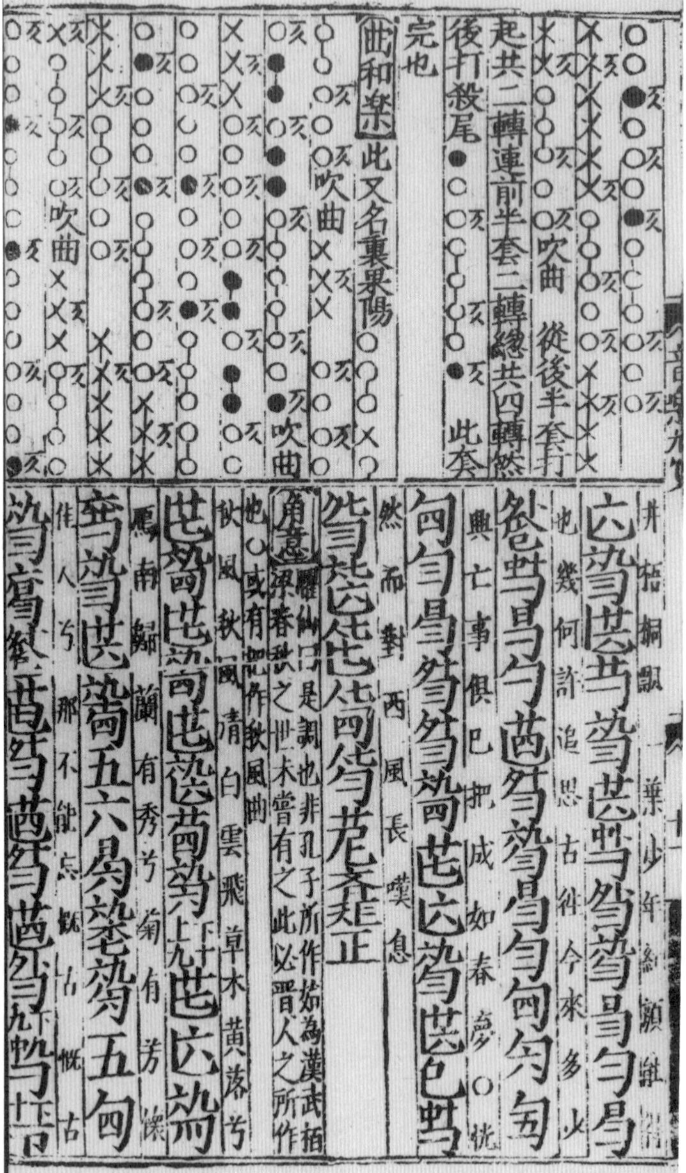
完也
後打殺尾 此套
起共二轉連前半套二轉總共四轉然
吹曲 從後半套打
曲和樂 此又名棗果陽
吹曲
吹曲
吹曲
興亡事俱已把成如春夢〇悦
然而對西風長嘆息
角意
此調也非孔子所作茹為漢武
秋之世未嘗有之此必晉人之所作
也〇或有把作秋風曲
秋風秋風清白雲飛草木黄落兮
雁南歸蘭有秀兮菊有芳

蓬左文庫本（↓三八四頁）

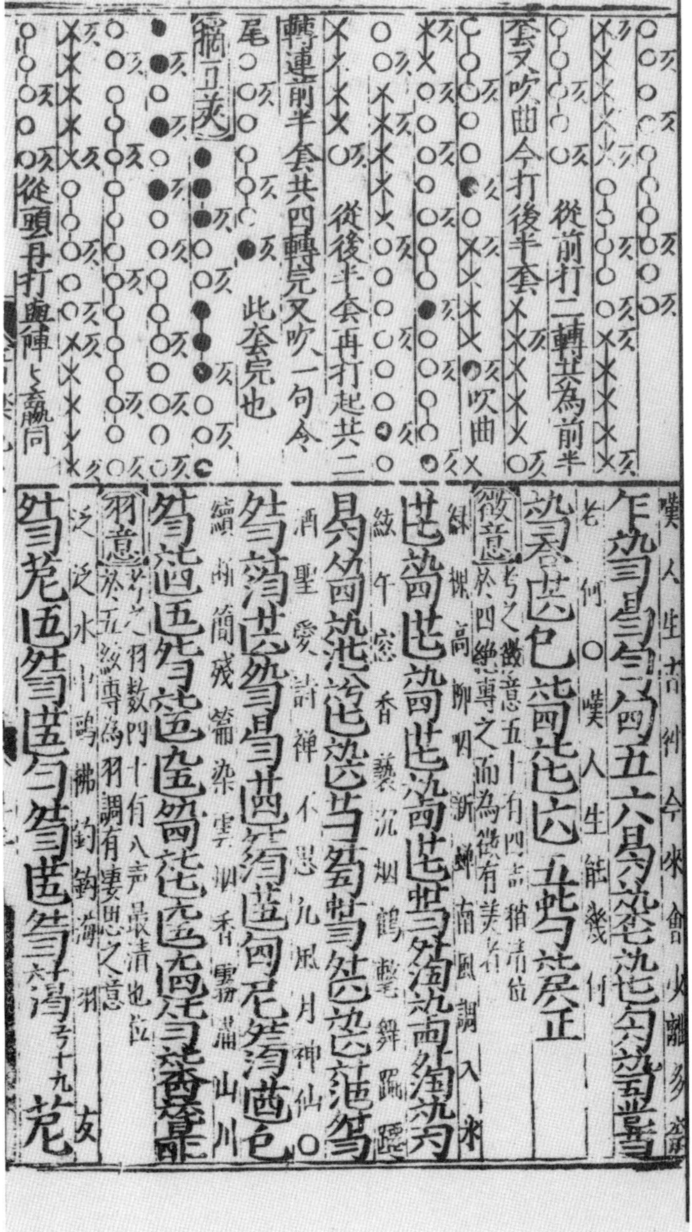

從前打二轉共為前半套又吹曲今打後半套

吹曲

從後半套再打起共二轉連前半套共四轉完又吹一句令尾

此套完也

[illegible]

從頭再打與[illegible]同

嘆人生古今來會少離多

老何 ○ 嘆人生能幾何

徵意

考之徵意五十有四声猶清故於四絃專之而為徵有美者

綠楊高柳烟新蟬南風調入冰

絃午窓香爇沉烟鶴鳴舞蹁躚

酒聖愛詩禪不思九風月神仙 ○

續雨簡殘篇染雲烟香霧藹山川

羽意

考之羽数四十有八声最清也故於五絃專為羽調有凄思之意

泛泛水中鳴佛釣鈎海羽

友

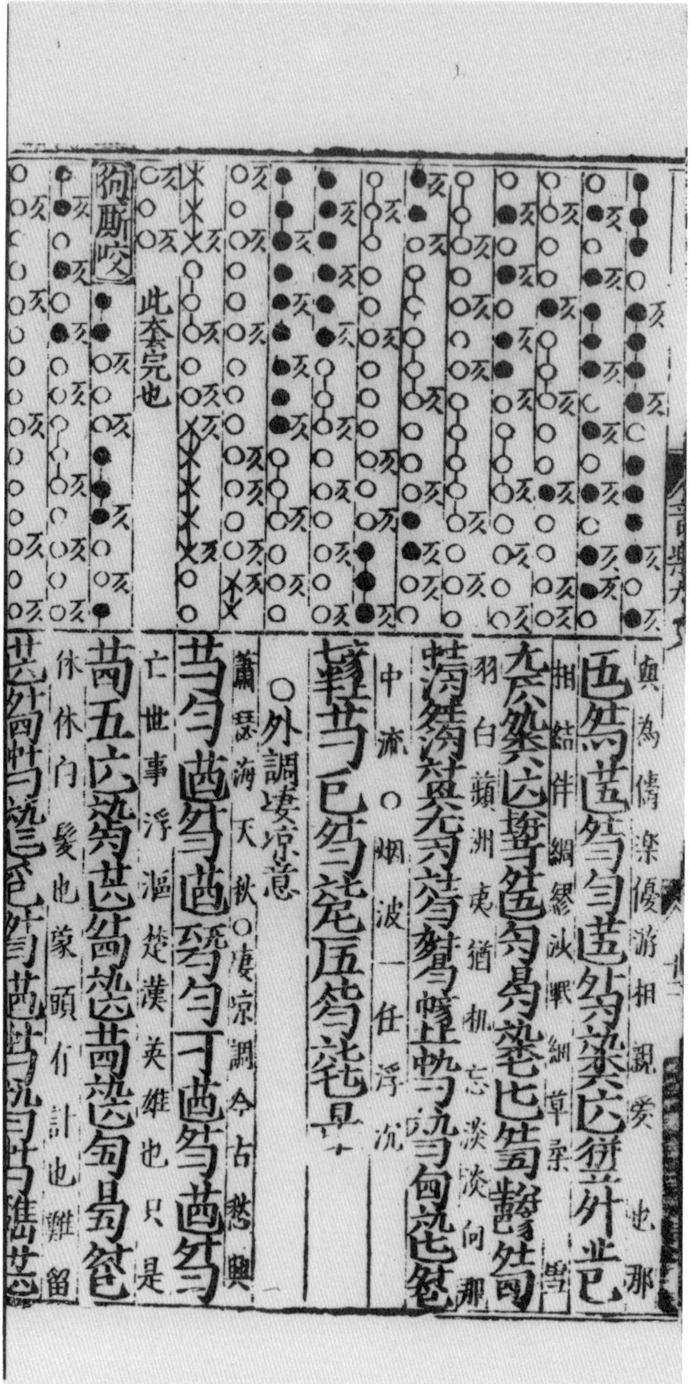
與為傳樂優游相親愛也那
相結伴綢繆湫鷘細草岸
羽白蘋洲夷猶机忘淡淡向那
中流○烟波一任浮沉
○外調凄凉意
蕭瑟海天秋○凄凉調今古愁興
亡世事浮漚楚漢英雄也只是
休休白髮也蒙頭有計也難留
狗斷咬
此套完也

蓬左文庫本（一二八六頁）

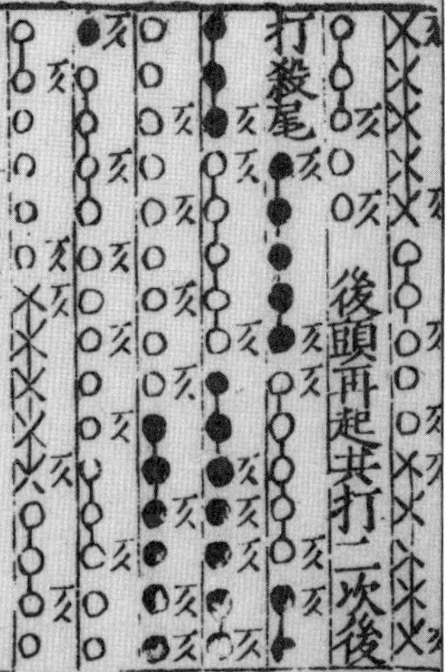

咳 此套完也

○樂律本原

樂主音聲七定於律單出為聲七成文為音比音以為歌曲被之八音之器而樂之及干戚羽旄則謂之樂以陰陽升降之氣數定管以為音樂之法則謂之律所以然者蓋天地之間只是陰陽五行之氣而天地人物皆由是以生有氣

○不如隨時風月樂身優游

杏壇吟 又名思賢操

○第一段 稱道無倦

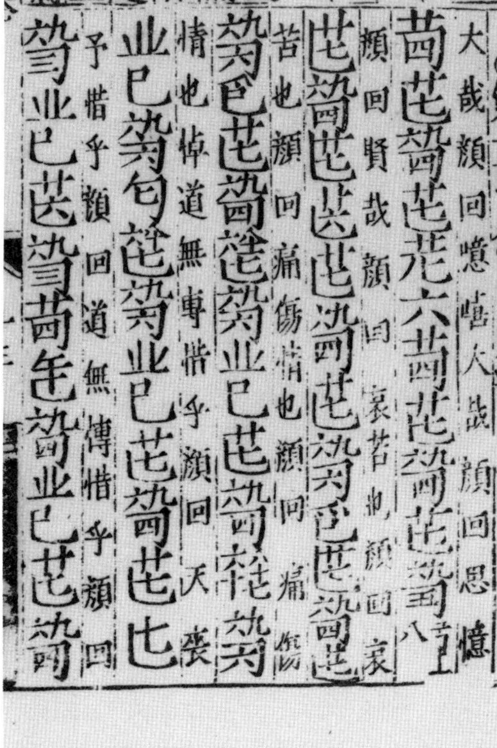

大哉顏回噫嘻大哉顏回思憶
顏回賢哉顏回哀苦也顏回哀
苦也顏回痛傷情也顏回痛傷
情也悼道無專惜乎顏回天喪
予惜乎顏回道無傳惜乎顏回

則有声十二律之声天地之声也其在
於物則出於八音之器其在於人則出
於侯牙舌歯唇但天地得其氣之全故
其氣之流行於十二辰之間升降進退
必有羸縮多寡之数一定而不可易故
其發而為声也必有高下清濁之殊亦
一定而不可易物則得其氣之偏故必
須制造成器而後其声始發又必以七
二條為之数度齊量而後其声始正人
雖得氣之全然囿於風氣而字音声氣
有不能齊者亦必以律声正之而後其
声始一合人與器之声均調節奏以成
音曲而後樂始成焉是樂之為音也合
天地人物而一以貫之也惟其出於一
貫是以用之於郊廟朝廷則可以治神

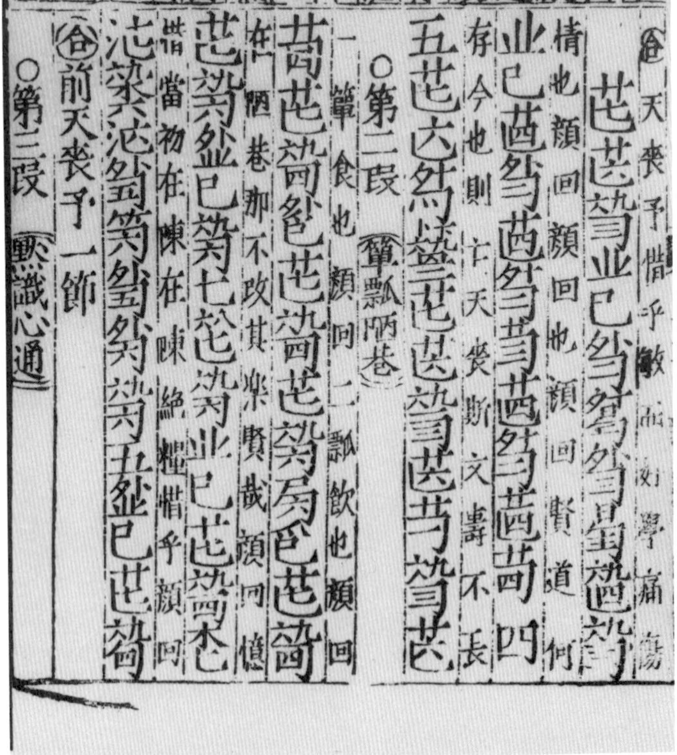

大和上下用之於修己治人則可以変化氣質轉移風俗以至於鳥獸風氣而皆可以感召其為用也豈細故哉然自孟子既沒以後斯道失傳幾千八百餘年矣有志於世道者幸留意焉

古之聖人本陰陽以審風声别清濁之氣于是命伶倫採荊山之銅鑄鐘十二以王十二月之声而作焉

磬制垂下以象天下西也後氏為磬磬鍋一短有半上曲為鈎下宜為圓上廣而短下狹而長務適中焉磬為樂之終

盡美思憶顔回

六[illegible]五[illegible]

第四段（行藏用舍）

用之則行舍之則藏天下歸仁

[illegible]

焉也顔回無施勞也顔回無伐善

[illegible]

行夏之時時之中也乘殷之輅

[illegible]

時之正也服周之冕蓋亦以為文

[illegible]

而的其中也樂則韶舞取其盡善

[illegible]

也顔回非禮勿視聽言動也顔

[illegible]

上古之世蕢桴而土鼓周有建鼓晉鼓鼖鼓路鼓之類負以鼓趺乃者擊鼓其制不一木為匡以革為面

琴

瑟

琴瑟皆絲屬琴長三尺六寸六分七絃

雅瑟長八尺一寸廣一尺八寸二十五絃頌瑟長七尺二寸二十五絃

笙

笙以匏為之十三簧列匏中而施簧吹之則鼓動其精而發聲大者十九

簧

簧小者十三簧

回三十一歲死不亡……師

[illegible]

傷情也顏回

[illegible] ㊅ 前段天喪予

○第五段（愆然自嘆）

哀哉顏回命何天若哉顏回命何

[illegible]

促顏回顏回噫吾只聲七為汝顏

[illegible]

回哭

[illegible]正 ○第六段（仰鑽聖道）

一日克己復禮為仁由巳天下歸

[illegible]

仁焉也顏回無施勞也顏回無伐

[illegible]

簫

敔

柷

簫小竹為之大者二十三管長尺四寸小者十六管長尺二寸參差象鳳翼其聲鳳聲

敔狀如伏虎背上有二十七鉏鋙刻以木長尺許以水戛之所以止樂也二十七鉏鋙者陽數也

柷狀如漆桶以木為之方二尺四寸深一尺八寸中有椎柄連底橦而擊其旁所以起樂也方二尺四寸陰數也

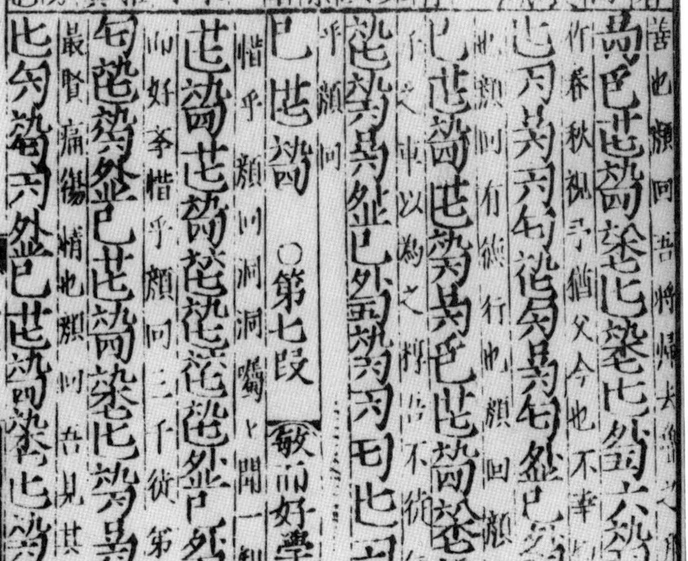

篪

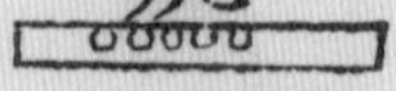

塤

管

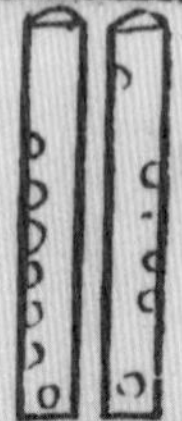

塤以土為之如鵝卵
大銳上平底秤錘様
有六孔篪以竹為之
長尺四寸七孔一孔
上出徑三分出八孔
横吹之以五聲取声
其孔微細則為黄鍾
太開則為碓鍾以相應
管六孔十二月之音也
併兩而吹之者也象
鸞孤竹陰竹綵竹以
地言之也若单吹即
今之笛也

見其退諂之而不惰者惜乎顔回

㊎前段天喪予節

○餘尾（泛音起）

暑徃寒來春復秋夕陽西下

水東流将軍戰馬今何在野草

閑花滿地愁堪嘆人生能幾何

九巻終

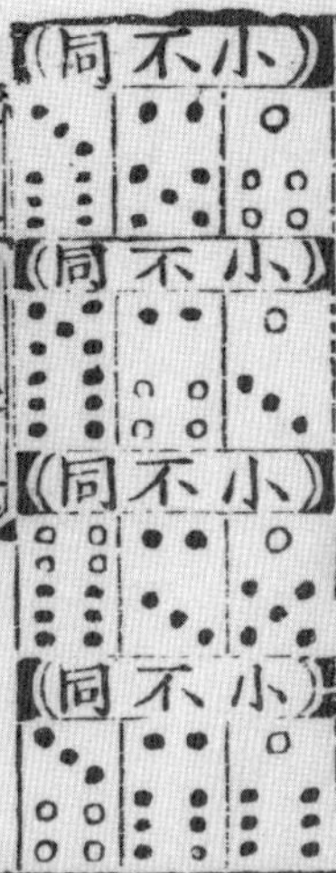

樗蒲逸興

○双陸定法説

夫雙陸者司馬文正公新定格局序僥倖之勝其意欲歸之正也夫博奕猶賢乎已則是書之故孰謂無補哉

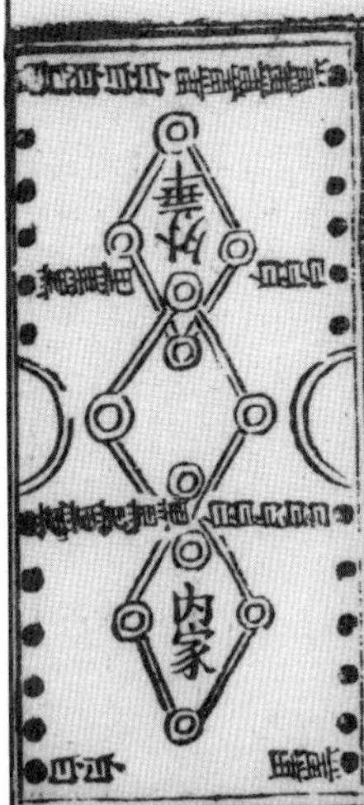

棋經十三篇〔總說傳曰〕飽食終日無所用心不有博奕者乎〔但譚新論曰世有圍棋之戲或言兵法之類上者遠其疏張智以會圍因而成得道之勝中者則務相絶遮要以爭便求利故勝負狐疑須定䇿以定下者則守邊隅趨作罹以自生于小地春秋代有其人則奕棋之道從來尚矣今取勝敗之要分十三篇有與兵法合者亦附于中云耳〕

論局第一〔局奕□□是也論文奕圍棋勢也萬言拔傳謂之秤〕夫萬物之數從一而起局之路三百六十有一且一者生數之主據其極而運四方也三百六十以象周天之數〔日行遲一歲一周天月行速一月一周天一歲凡十三交會合朔一十位故周天度數三百有六十而局法取焉〕分而為四隅以象四時

○打雙陸起例歌

【西江月】云六把門已定二四三五成梁須知四六作煙梁五六單行為障○擲得三三采出填移此處高強到家先起妙無雙陸曰全贏取賞○凡擲得重色連花俱呼為雙謂如雙三雙陸之類是

【本采例】○凡第一擲謂之本采凡擲賞入罰色即不得認作本采到飛龍院真本采方許過如卓鶴是真本采凡十三大餘之類是也皆是傍本采

【行馬例】○凡行馬每遇入窩不行賞擲後來者馬雖多亦不許行去（九陽數也故取九而）取窩○凡疊成十馬方許過函谷關十馬先過然後餘馬隨多少得過自至函谷關則少馬不許踰別人多馬（如前多馬不許后馬）

各九十路以象其日（四隅各九十路以象四時各九十日）外周七十二路以象其候夫棋三百六十白黒相半以法陰陽（黒白各一百八十陽明而顯故白子陰晦而暗故黒子是定陰陽之義也）局之線道謂之枰（今世局以黒平線道以金漆之）線道之間謂之罫（呈六常博奕論云所出不出一枰之上所務不過方羅之間方正也枰罫也罫絕目也言一枰者先下一子古路也）局方而靜棋圓而動自古及今變者無同局傳曰日日新故宜用意深而存慮精以求其勝負之由則至其所未至矣（枰字者從木從平王篇曰博局也從木從平王篇云枰也）

【得算第二】棋者以正合其勢以權制其敵（儒家謂權兵家謂敵棊家謂制）戰未合而算勝者得算多也算不勝者得算少也戰已合而不知勝負者無算也兵法曰多算勝少算不勝其中勝負見矣

人先擲得妹九下次應擲得賺九即是下三疋賞三帖承人傍撞
如上次人先擲得妹九下次應擲得署綴九采皆是傍撞下三疋賞三帖
自擲賞色銀十之類下二疋賞二帖別人擲得自家
真本采下三疋賞三帖別人擲得自家傍本采
各下二疋賞二帖一上次擲罰采下二疋賞二帖餘散采
下一疋○凡下次人未有本采上次人雖擲得賞采不理作賞采
打馬例○凡多馬遇少馬點數相及即
打去馬上數同亦許打去任便有下凡
打去聚馬謂一十疋作一聚者倒半盆被人打出
爲如願有卜者聽
入夾例○凡遇飛龍院下三路謂之夾
散采不許行遇諸夾采方許行遇諸夾
采謂如六幺行路幺上不行六路之類是也
落塹例○凡上乘爲下一路謂之塹不
行不打雖有馬到亦同落塹謂之同其

官則敗矣兩生忽斷皆活勿連彼碁兩處皆生斷之何益我碁兩處皆
活何必連爲一也闊不可太疎密不可太促與其戀子
以求生不若棄之而取勝下碁者多惜其子愛其少而失也貪小利
不顧失大則墮吾巧計之中與其無事而強行不若因之而
有補強弱強也謂不當行而行也于己無益于敵無損又或因無事而行則彼疑之則顧
顧則必補其虛然後侵他境彼衆我寡先謀其生勿與敵抗所謂強而
避之我衆彼寡務張其勢張吾三軍之勢言取其勢不必專殺兵法曰敵
強則用智敵弱則用勢善勝者不爭善陣者不戰善戰者
不敗善敗者不亂勝敗碁家之常苟知其敗謹守疆境亦不至于紛乱奔敗
也中則圖小則攻倍則分敵敗則戰少則逃寡則避此謂善碁之士也夫棋始以正
合終以奇勝當敵為一正奇出為一奇是謂迎合奇正之義四顧則敵牢不可破
掩人不備昧者不知其害專鬭其利深入敵境戰勝相交斷不能連數凡敵無事
而有補者有侵絕之意也宜謹防之棄小而不救者

太公灌壇之勢

一二三四五六五四三二一

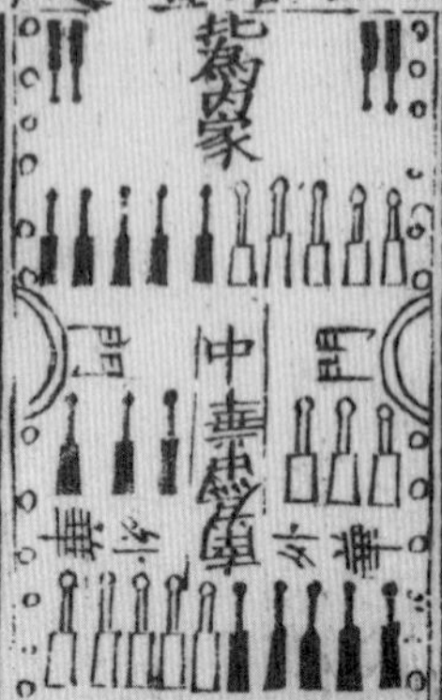

一二三四五六五四三二一

右西分次序上下無言裏外為

後為營梁前為外華掛得重

設網拿鳶之勢

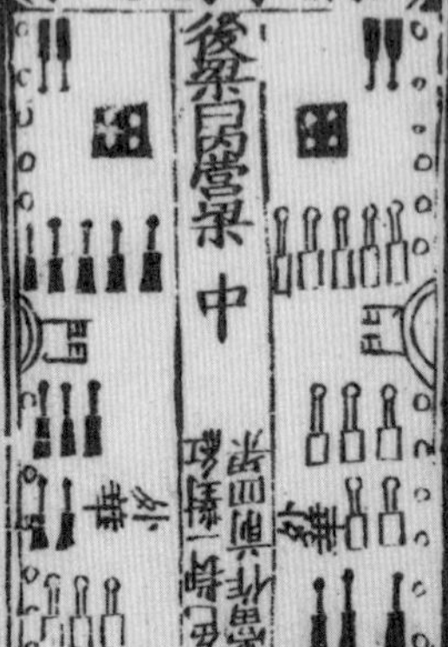

立位 不須 怯由 将擲 骰定 吹嘘 左東 紅必 當作 四梁 為外 華 哥曰 外華

此将全思援弓而射之雖与之俱斈弗若之矣為是其智弗若歟曰非然也謂其不専心致志也故行遠而正者吉機浅而詐者凶不見則勝乱之則敗能自畏敵者強謂人莫己若者亡料人不知己者亡意旁通者高心執一者甲如下一子要旁通三生二活四面相照令人不則者勝執一无謀必遠行乃為甲見無語默有思敵难量動静無度招人所悪他人有心予忖度之

糾正第九

兵本不尚詐謀言謪道者乃戰国縱横之說棋雖小道實與兵合故棋之品甚繁而奕之者不一自敵手爭先至于敗着皆得入品有不入品者豈可勝計耶得品之下者舉無思慮動則変詐或用手以影其勢或欲下而復止或欲去而復去或発言以泄其機或得勝而言論或先嘘而后笑得品之上者則異於是皆沉思而遠慮用形而用權神遊局内意在子先

四梁即缺時擲見重紅正可施心防他
出無尋覓勸君早作莫遲〻
前三梁必當作外華定局
骰擲得一對三必作外華三梁以待捉馬之意

金猫捕鼠勢

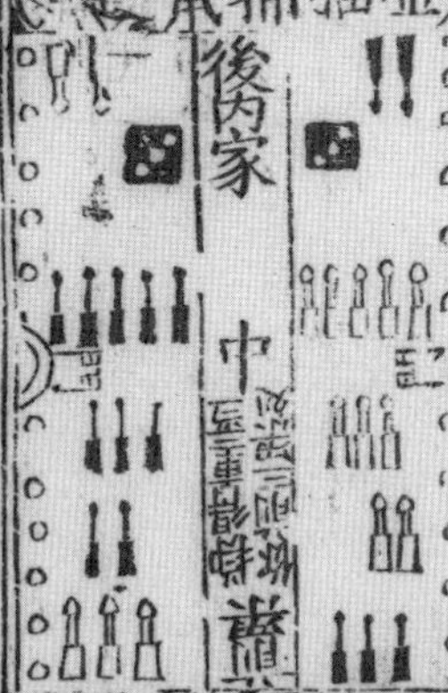

歌曰
外華當作切莫虛豈待臨期但有齋骰擲重三真可用
三梁盡滿意毋遲
前二梁定局擲骰若遇重二當作外華
二梁
歌曰
前梁二上欲缺之擲得二三正當依若待他出須遭打此是

圖勝於無朕勝者先勝而後戰敗者先戰而後敗滅行於未然敵人詞意即應而滅使不得施發其謀也豈假言辭喋〻手勢翩〻哉

傳曰正而不譎譎其是之謂也

洞微第十一

凡棋有益之而損者損之則死益之則生雖益而反損有損而益之者損我少益我多有侵之而利者有侵之而害者得先則利失先則害有宜左投者有宜右投者棊於左右下子皆活更宜思之使一着防后而行有先着者有後着者先着者而必而尤得先手后着待彼先着我方應之有緊辟者辟[illegible]辟之義謂持巳子取其截彼往之頭緒攻着必斷使之急應也有慢行者与敵子相靠而行曰慢行棊有緊行大勢在于外夫故慢行以緩之也粘子勿前棄子思後其勢聯綿而斷必死粘與之特宜先粘其后以防爭局打劫或有所棄亦不多矣思后雖棄棊思後着有無先後也有始近而終遠者有始少而終多者小大勝於斜飛之類少多謂未活處先活有活處先補然後侵而後始得略少終得略多欲強

手鳶打兎之勢

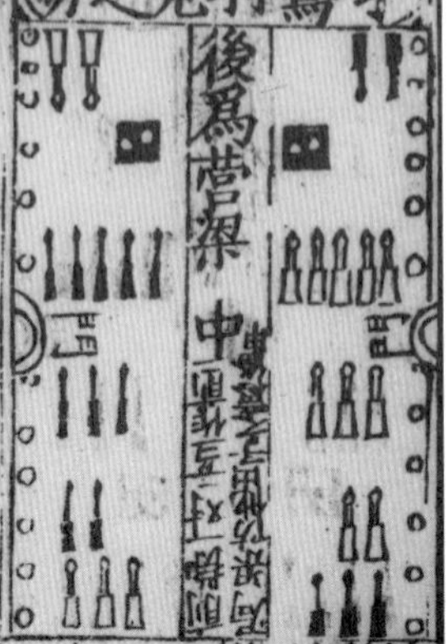

擒龍　捉虎　期

藏馬定局○未把之際擲骰得五六定當藏也前至五立之處謂曰藏馬之局

孟嘗君過関勢

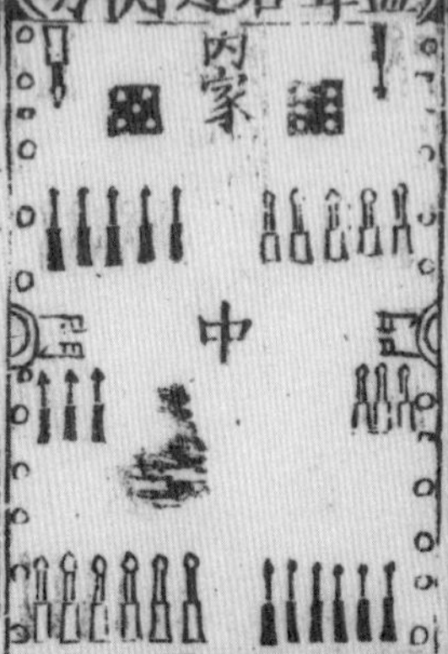

歌曰　五六欽當　出早　藏莫　待遲

依快直是美過了失便宜

外先攻内歉實東先擊西内應則外強西路虛擊則東自實而無眼則先覷見路雖多而慮未有無害下處實則點而覷之令入棋則做劫敵未劫其我子次着能害於我則不可打劫也饒路則宜應受路則勿戰諫則不失七則勿戰敵不敵智弱不敵險擇地而侵無碍則進先于空地缺處侵之碍前有碁抑碍則行之不得進乃止而勿行此皆碁家之幽微不可不知也

多數第十二

夫奕棋者凡下一子皆有定名棋之形勢死生存亡因名可見有衝有餘不連子而入関日幹直連子以我子斜侵彼頭而衝而入関日衝有綽有約其子以綽以我子闌彼約日有飛有關若羽翮之斜飛也小飛折一大飛所二路下子若関之状有單有西有劄有粘有頂有尖有覷覷劄者逼虎口是也粘者恐断粘雙而為一也有門有打用之使不得出曰打者擊也擊其前曰有斷有行有立離而為斷自有緊殺有捺有點以子撥而擊之自上而按之下也深入而

當出他邊三梁定局骰遇重二者急出

鷥鶩入鳳巢勢

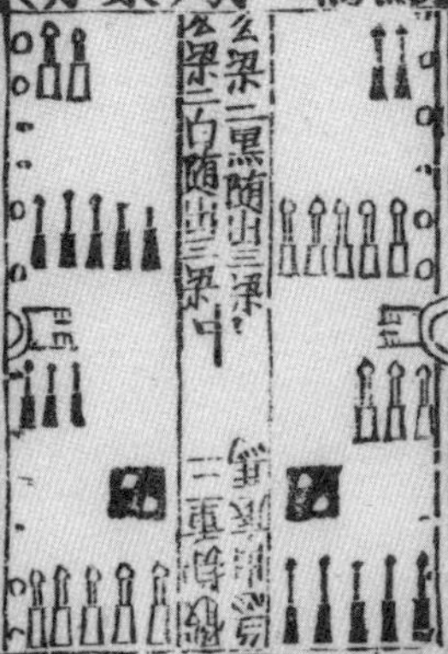

知急宜早出莫遲 占斷三梁鎖等出 臨危敵出難

當出他骸梁定局已梁并外華将滿掷

二仙傳道之勢

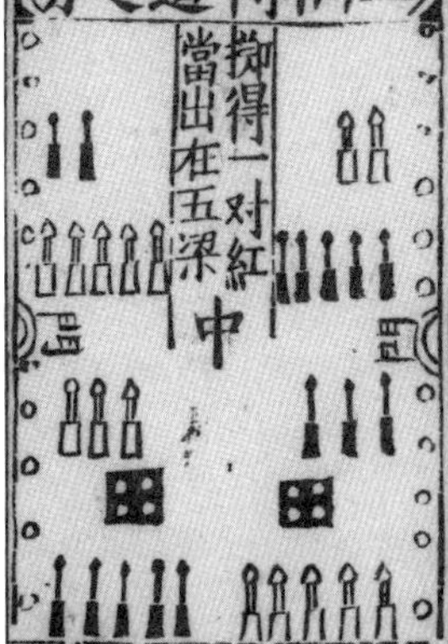

他邊　三梁　問曰　幺梁　二馬　立當　骰見　是重　紅當　出他　邊底　梁二

破眼曰點旁通行有聚二四六聚隔一其子曰透點路邀子曰蹺有斷某之意有挾有撥以了彼而迫之曰撥一子曰尖兩子曰夾有錊有刺辭解見上篇有刺連子而入曰刺如戟有傷物有勒有撲棄求其腹曰勒以我手接彼活眼中令敵必殺曰撲所以捉其着也有征有劫兩邊遂殺卻殺者謂之征殺先動謂之劫彼臨謂之囯剁之隨手而有持有殺兩棋相關各生曰持棋延而離局曰殺隨手而下而卻者曰復殺有鬆有盤俗謂虛空曰鬆取其玲瓏盡空跌而不漏之意也盤圓轉而殺之使彼不敢歇也用棋之名三十有二圍棋之人意在萬周臨局變化遠近縱橫我不得而前知也用休偉取勝難逃此名哉九品之外勝計未能入格者法曰生而知之者上也𭡘而知之者次也

品格第十二

夫圍棋之名有九一曰入神變化不測而能先知精義入神不戰而屈人之棊無與之敵者歟品七上入神二曰坐照者饒

馬任他边腋梁上【歌曰】他边腋梁
未待填色遇重紅可出迁双馬出立他
腋上祖寺接尖用無偏
出他边二梁定司已梁由滿御見公公
急出他边二梁上【歌曰】骰御

双睛炮圍之勢

么公
急用
之二
祥上
定早
先知

雖然不應炮時用早早隄防莫待遅
當他出边四梁定司骰御得重當出他
一边么梁上二馬在他边四梁上立寺
一出用【歌曰】么梁双馬立爭功

半先則不勉而中不思而得坐照者至虛善應並近入神歟品上中　三曰具體　入神
者饒一先熗司之際造形則怡其入神之休而微者也歟品上下　四曰通幽　受高
者品先熗司之際見形閉能善應變或戰或否意亦通幽歟品中上　五曰用智　受饒
三子未能通幽戰則用智以救其亦歟品中中　六曰小巧　受饒四子小巧既不勝
好施小巧歟品中下　七曰鬥力　受饒五子動則交戰有敵相抗不用其智而專鬥力
歟品下上　八曰若愚　九曰守拙　九品之外不可勝計
未能入格今不復云傳曰生而知之者上也學而知之者次也困而學之又其次也

【雜說第十三】夫棋边不如角々不如腹約輕於捺々輕於䠧夾有虛實打有情偽　扑打節有實　打有虛打
逢約多綽遇拶多粘　因綽則多約斷則粘斷斷死　不粘　大眼可
贏小眼可吹曰實眼可攻虛眼凡圖棋有双　司面線道相交之地以基圖之曰眼不
各活双眼則大眼可贏小眼也地廣而路多曰　眼則活孤眼則死若白黑相圍

精[illegible]者為右偶中者為下使矢用机徹
倚者無所措手焉

按壺制法壺口徑三寸耳徑一寸高一尺實以小豆壺去席二箭半箭有十二矢長二尺有四寸以全壺不失為貸苟不能全則積美先滿百二十者勝後負俱滿則以餘筭多者勝少者負列圖以示其式

鞦韆壺

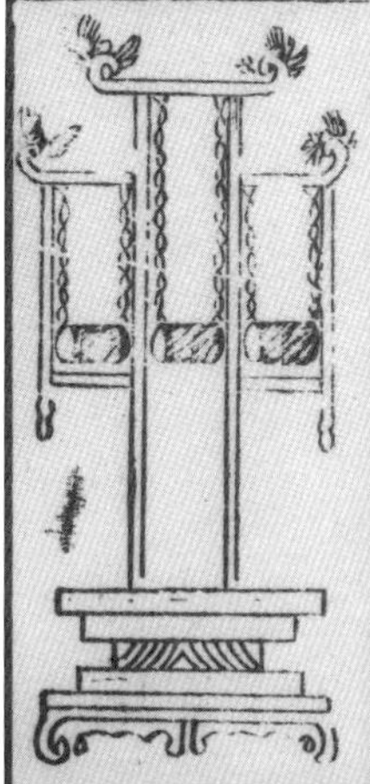

[illegible]成[illegible]勢白先勝
白[illegible]斷 黑五五行
白四六門 黑五六沖
白五七頂 黑六八行
白十九[illegible] 黑五八[illegible]
白四七粘 黑五六根
白四五[illegible] 黑六[illegible]粘
白四九門 黑六九行
白十六綽 黑十七打
白十六出 黑十五綽
白九六出 黑六九粘
白十八飛 黑十四行
白十二綽 黑十三九打
白十五[illegible] 黑十四提
白三八勸 黑二八打
白三七粘 黑二九粘
白三八立 黑九三綽
白九二約 黑八三打
白九四斷勝

八圣擒妖勢 白先
白二四八 黑二五尖
白二五綽 黑一六給
白四六衝 黑不敢二
恐白三四斷 黑三五粘
白一四粘 黑二三打
白五打勝 變圖
白二四尖 黑一六行
白四六[illegible] 黑三五[illegible]
白二七立 黑一六[illegible]
白五六尖 黑[illegible]
[illegible]

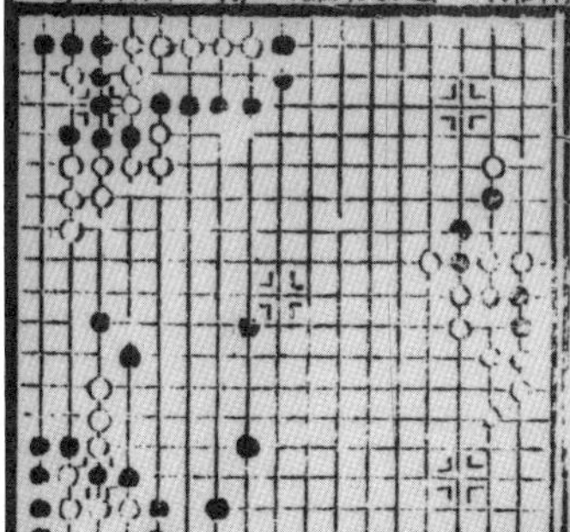

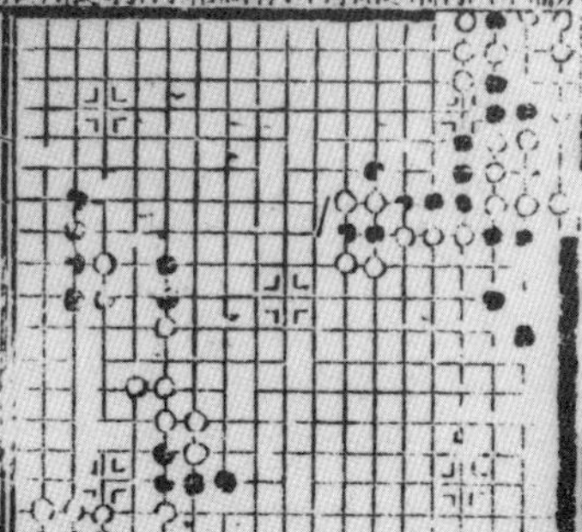

[illegible]勢白先勝
白五頂 黑[illegible]綽
白六斷 黑六[illegible]行
白三[illegible] 黑六三出
白七立 黑四[illegible]
白五一立 黑四一[illegible]
白三三粘 黑七一綽
白四三刺 黑六一提之
白九二單關勝

方朔偸桃勢 白先
白五六[illegible] 黑八二[illegible]
白六一閃 黑六二[illegible]
白七五頂 黑七二粘
白七一盤 黑五二打
白四行勝

千金不易勢
白先要活
白四[illegible] 黑五[illegible]
白五六撥 黑五六出
白六[illegible] 黑不敢[illegible]粘
恐白[illegible]粘 黑六[illegible]
白六[illegible]綽 黑[illegible]打
白四七出 黑四六打
白九八提 黑[illegible]
白七五[illegible] 黑[illegible]提
白七六粘 黑十七打
[illegible]

高壺式

投壺說

夫投壺者溯其源流乃東漢蔡邕所製當晃武延攬之餘休息講義畫像雲臺則舁天下之澄清也斯時政安務本四境晏然祭公當無事之暇群僚宴集樂意相洽設此投壺一則以勸侑佳賓二則以紀綱得度三則亦以習射鵠之儀舊譜有衫貫耳連中散等式無意趣今因纂集勢法圖像于后一云云耳

破竹勢　黑先四五
白三斷　黑三一綽
白一立　黑一四点
白五立　黑三三夫
白三粘　黑一綽勝
相撲勢　黑先三四尖
白三四粘　黑三三行
白三頂　黑三五过
白一四撲　黑三三提
白三立　黑三三斡
白三过　黑二三陵勝
虎牙勢　黑先五三冲
白六三捺　黑六二断
白四一尖　黑一四点
白一五立　黑一四撲
白三三提　黑三四撲
白三五粘　黑一大赶
白一四提　黑四三藤
採樵勢　黑先上三夾
白三五冲　黑三六頂
白四立　黑四六粘
白六打　黑二七打
白一五提　黑五六斡
白四上出　黑三七赶
白四八出　黑四九打
白三八出　黑二八赶
白六八洸　黑三九赶
白五粘　黑七八赶
白十三出　黑九五赶

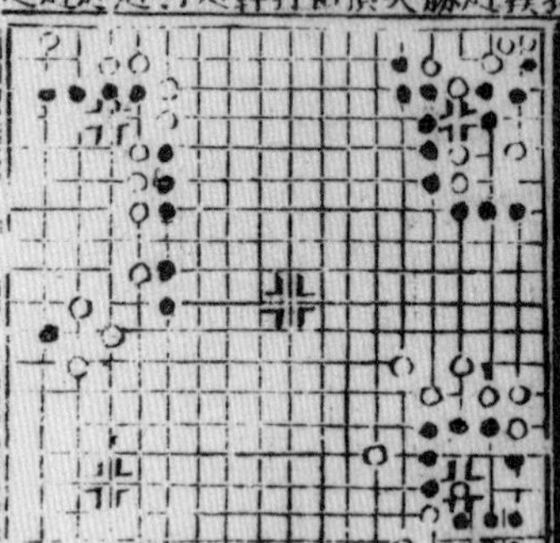

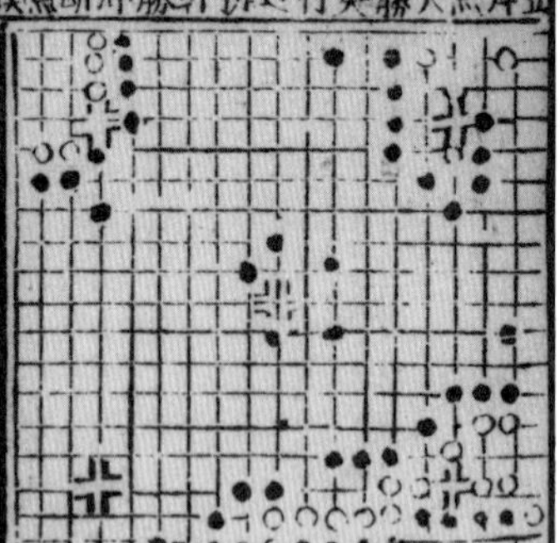

烏龍擺身勢
白先擊法
白八綽　黑二□
白三立　黑二撲
白一四粘　黑六綽
白四點　黑三立
白五尖　黑一提
白三撲　黑二提
白九綽　黑八立
白六綽勝
明珠出海勢
白先九行　黑先九行
白平行　黑平七行
白九行　黑去行
白先九斷　黑平九點
白上八札　黑九九點
白十大打出
吉祥勢
白先勝
白八四冲　黑一四过
白三夾　黑二立
白三撲　黑一提
白三月撲勝

[illegible]入燕尾式
將壺倒放磚
地以箭從地
上穿入壺中
者投入左右
耳者則為敗
孤之勢局法
極多不能悉
[illegible]姑[illegible]數類
以示云耳
轅門射戟式
將壺置于高
處先以箭射
畢橫置左右
壺口自不[illegible]
大圍居中為
得前從鐵
圈擲入中壺
搖動左右二
前落地方為
上[illegible]

[illegible]
白六點黑七斷
白[illegible]黑[illegible]提
白[illegible]起黑四起
白[illegible]提黑[illegible]復打
白[illegible]行黑[illegible]四提
白[illegible]斷黑[illegible]打
白[illegible]立黑[illegible]起
白[illegible]黑[illegible]提
白[illegible]撲黑[illegible]提
白[illegible]提成劫
高祖解[illegible]陽勢
白[illegible]沖黑五[illegible]過
白[illegible]沖黑[illegible]五過
白[illegible]撲黑七提
白[illegible]四斷黑[illegible]粘
白[illegible]行黑[illegible]
白[illegible]飛黑[illegible]立
白四撲黑[illegible]提
白九[illegible]勝
大出祁山勢
白[illegible]黑九斷
白[illegible]黑[illegible]
白[illegible]斷黑七提
白[illegible]黑[illegible]
白九[illegible]黑七[illegible]提
白[illegible]失[illegible]黑[illegible]
白[illegible]

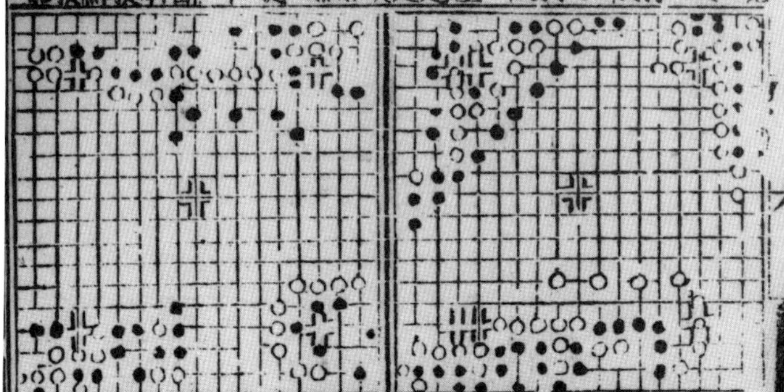

十[illegible]勢
白[illegible]黑[illegible]
黑[illegible]
白勝 白七行[illegible]
黑八約白[illegible]
六丁神將勢
白[illegible]行黑[illegible]
白[illegible]夾黑[illegible]五
白[illegible]黑[illegible]
白[illegible]趕黑[illegible]
白[illegible]粘黑[illegible]
白[illegible]趕黑[illegible]提
白[illegible]復打
迷仙勢
白[illegible]黑[illegible]
白七過黑[illegible]入撲
白九提黑[illegible]提
白[illegible]提黑[illegible]撲
白[illegible]復提黑[illegible]
白[illegible]六起黑[illegible]粘
白[illegible]八粘黑[illegible]趕
白[illegible]粘黑[illegible]提
白[illegible]復打

背用矢倒式
二人背坐以
壺置倚座後
雅入尺地正
坐㨂梁手執
箭從額門丟
入則正對中
壺若左右耳
須稍偏移此
勢宜斈者自
當通变

双柱聯芳式
二人對坐每
人手執一箭
左向者擲左
耳右向者擲
右耳齐ヒ投
入口中若入
中壺則為獨
占春魁不取
而行可也

〇圍棋三十二法

沿邊而下子者曰立恐有約下一子粘連
立行了冲断相政故曰立行勿断惟恐有夾
打險難謂下子偏斜路而走亦有沿边而走
謂之行飛者大勝而使子有遠粘不断之貌故
云尖初下子斜行一路若以勝負恐断乃連
飛相攻使子有粘活謂之尖粘而為曰粘
若物粘不連而以我子淵以我子斜侵
物也幹入曰幹約彼了曰約綽彼路而拂其
子曰衝直達了而入隔一路了相對若関
綽閡謂之衝閞之状有单関双関覻
視也有可断而不敢断如而結局曰毅俗謂
断洪以了覷之曰覷毅提取提而隨手毅曰
復劄夾也有若两虎口相對■有頂子相當而
毅之断即斷之状曰劄使有後毅頂戴之方
為之以了按其頭曰擠偪一了假敵之子而
値㩳曰上而按下也膀下着若揭凡之状
謂之暁有断碁之意門一閉之使不得出曰門陽
如以足之暁物也一路曰小門二路曰大
門冲罩也縦而撃也謂打深入而破眼
断為二曰断打其断曰打點曰点傍通其
子曰両边逐之殺而取靠辟之意謂倚己
透点征不得止曰征辟子截住彼之頭緒者
着断也使敵地空閑来仝粮則聚而点之
急應曰辟聚有一三聚四花聚九笑聚六

哀龍入〻
將人啄之
非高是却
双〻投入壹
中約於此簡
手不宜緊拏
亦不宜快丢
只可緩〻長
起方為上妙
之矣

先投子曰拋 與撥也以其子 以我
應之打刼也 促而逼之曰撥 〔撲〕投彼穴
吏急救曰撲 束其要用使 連子而直曰
所以促其着也 〔勒〕無眼曰勒 〔刺〕戰
直衝要看夾一子曰實夾 圍轉而撲之吏
物也〔夾〕兩子有夾曰虛夾 〔盤〕不得歌曰盤
〔鬆〕俗謂慢曰虛鬆棋家取其殺 兩棋相圍而
滲透空疎而不漏之意曰鬆 〔持〕皆不死不活
曰持有兩棋皆死眼者有兩棋各有劫者有各
一眼活者有彼棋兩段各一眼而我棋一段死
眼同其中
而持者

用 要出頭 選 巳共非 助 從耳非
顯 從㬎非 靈 從四王非 皋 俗皐字
致 從夂非 故 從攵亦非 具 從具非
其 從其非 閒 俗作閑間 查 從旦非
車 欠頭非 寫 作冩非 咏 俗詠非
管 俗艹非 覽 從覧非 凶 從凶非 緣此寫
量 從旧非 臼亦非 歸 從大非 獻 從南犬非
看 從手非 私 從厶非 虛 從亚非

重訂草訣歌
草聖最為難 龍蛇競筆端
毫釐雖欲辨 體勢更須完
有點邊旁少 空挑左畔寬
綿頭宜去點 走遠不須彎
七乘堪成棗 十紅即作表

幾 從𠂹非 勇 從田非 恥 從止非

器 俗作工非 出 出非二山亦非 從 從辵非

宐 或作寊焉作宜 眚 俗作省眚 呂 緜丿非

應 緜一非 鎬 作咼非 賊 從戎非

習 作習非 怱 俗忽非 勅 從来來非

曷 從匕非 覆 從日ㄐ非 覆 從日亦非

兒 從旧非 樣 從求非 邦 緜手非

漏 從尸非 黎 從小非 雪 俗作雪省用

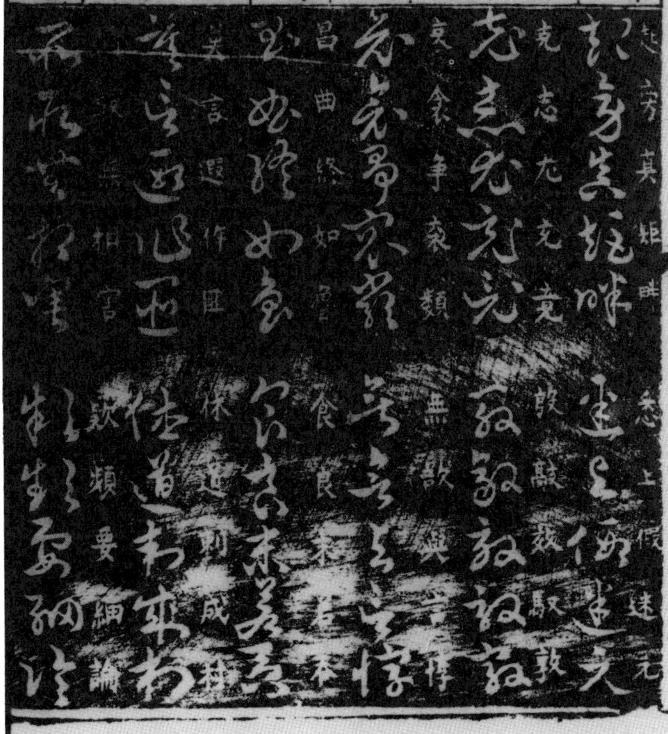

蓬左文庫本（一四四二頁）

雖從厶非　荒從亡非　巟與上不同

匕從亡非　恩從囙非　叟作叜非

霸從西非　卽俗作卩非　鄉從耳艮非

彥從立シ非　須從シ非　隆從夅非

節從背非　備俗作葡备非　毫從高頭

邊作邉非　亟從了非　蓋從圭非

顏從耳非　劫從刃非　隱從爭非

沈有點非　開俗作开　關從关非

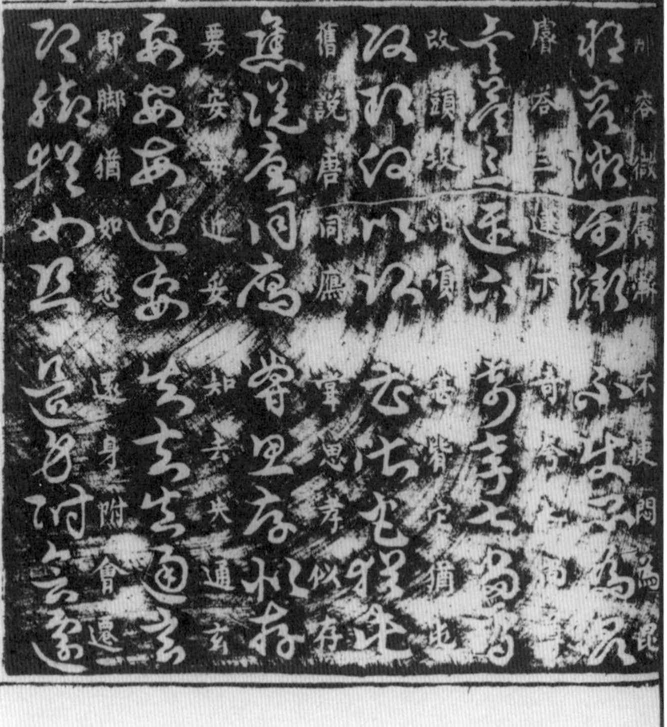

幽 作㓜非 甚 俗作甚 褒 中從保非

暘 從申非 塲 從傷非 密 作叉非

南 作南非 宦 作𡧤非 灸 從夕非

頓 從𠃊非 袁 作㝊非 凡 作九凡非

算 省作筭 壽 從口非或作寿𡕝亦通

斂 收 從又非 束 棗 從束非

垂 乖 俗作垂乖 解 角 從角非

贊 贊 從扶非 皇 凰 從白王非

客 容 寒 有 象 憲 害 實 相 牽

滿 外 仍 知 備 臂 拗 尚 類 堅

莫 將 包 可 役 緣 宗 緣

細 紐 書 同 體 倫 字 諸

問 看 門 於 月 將 求 漫 天

尊 篤 係 算 爲 壽 寫 體 滿 篇

臥咎 卜非外不同此 齊齋 中從了非

耴輒 從又非 穈鐮 從灬非

爭爭 從夕非 夢蔑 從ㄙ與丷不同

兩满 從人非 攜鑴 二字混用非

北切 從士非 婬淫 從壬非

憲害 從王非 赤叔 作止非

臺高 從其髙非 彔象 俗ヨ非

船舡 作公非 單嚴 作ソ严非

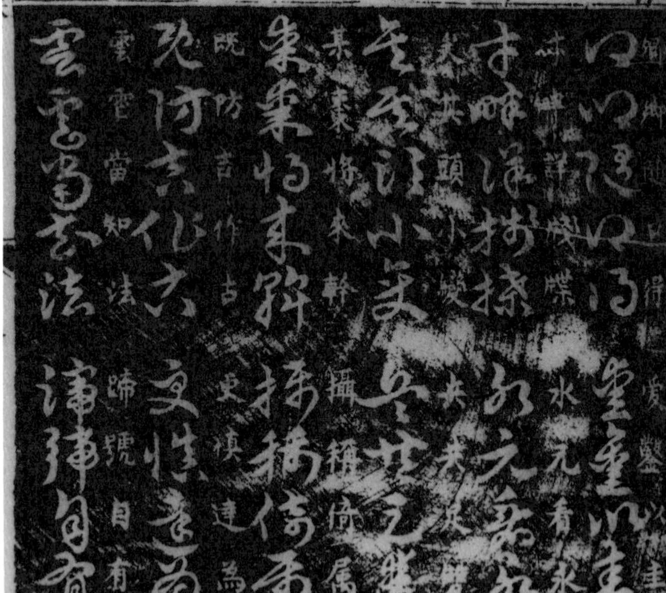

蓬左文庫本（一四四五頁）

爵爵爵 從艮非　卯卯卿 從卩非

再稱講 從冉非　與學輿 三頭不同

啚員肙 從厶非　衆旅娶 從乑非

舍舖捨 諧舌字

虎慮處盧 虍非　柃諮咨次 冫非

息惱腦婣 凶非

辯二字彷彿體

美 音米下從大　羙 音羔火與羔同

壬 音人上從一　𡈼 音挺下從丿

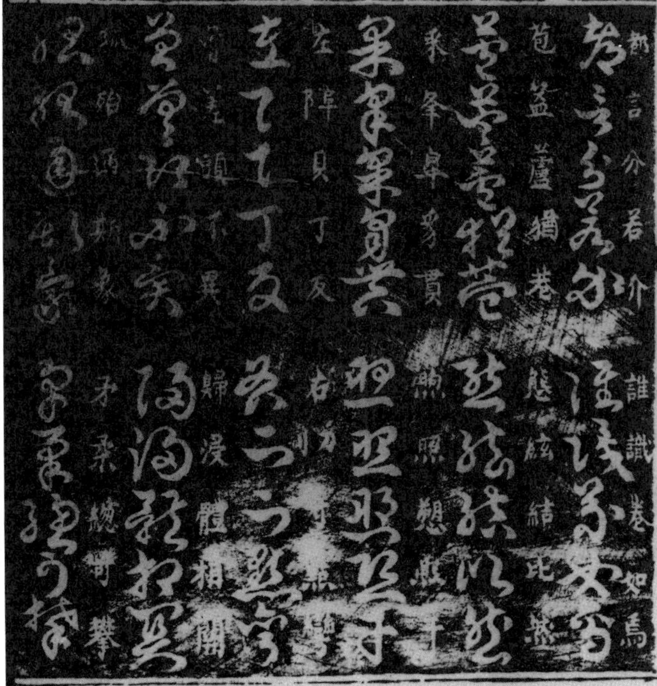

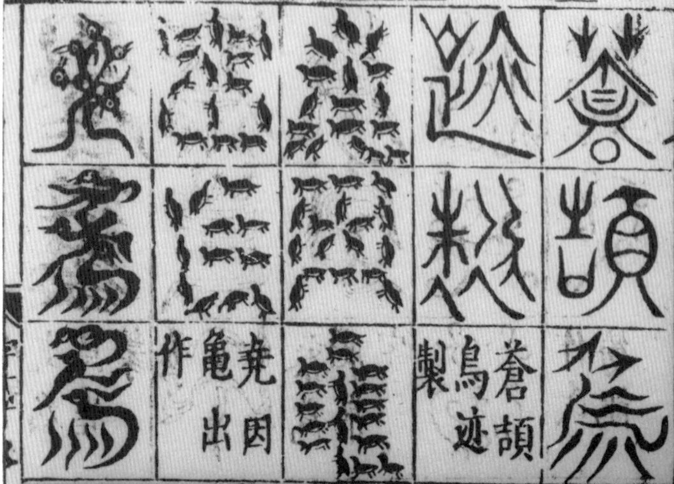
蒼頡鳥迹製
尭因亀出作

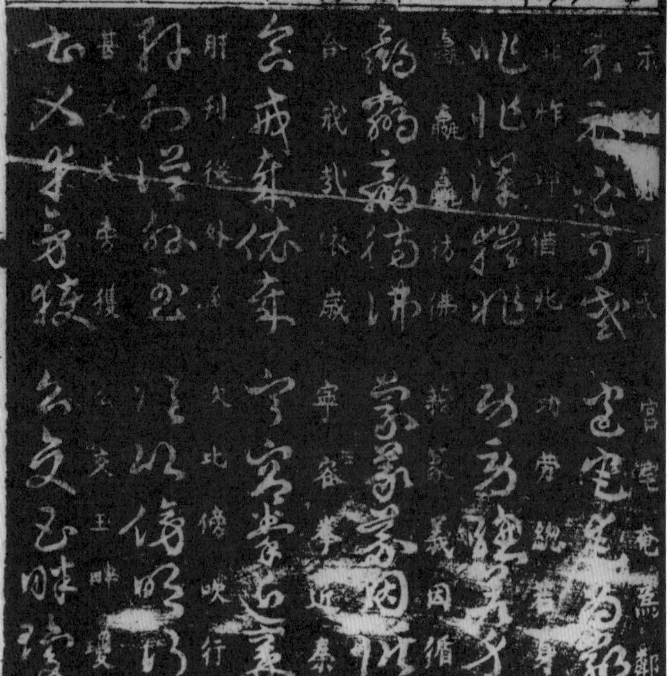

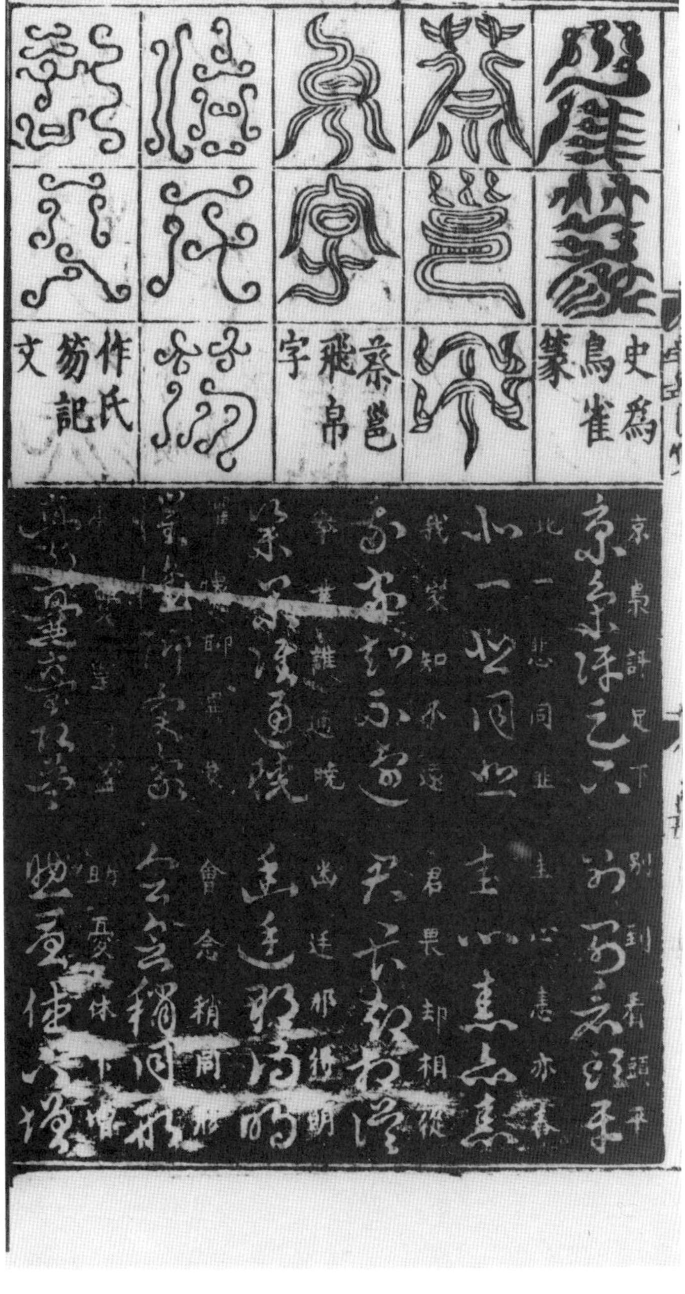
史為鳥雀篆
蔡邕飛帛字
作氏芴記文

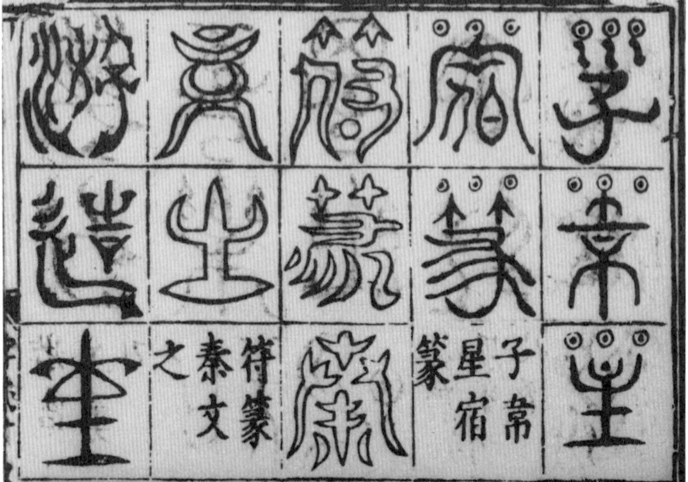
子常星宿篆
符篆秦文之

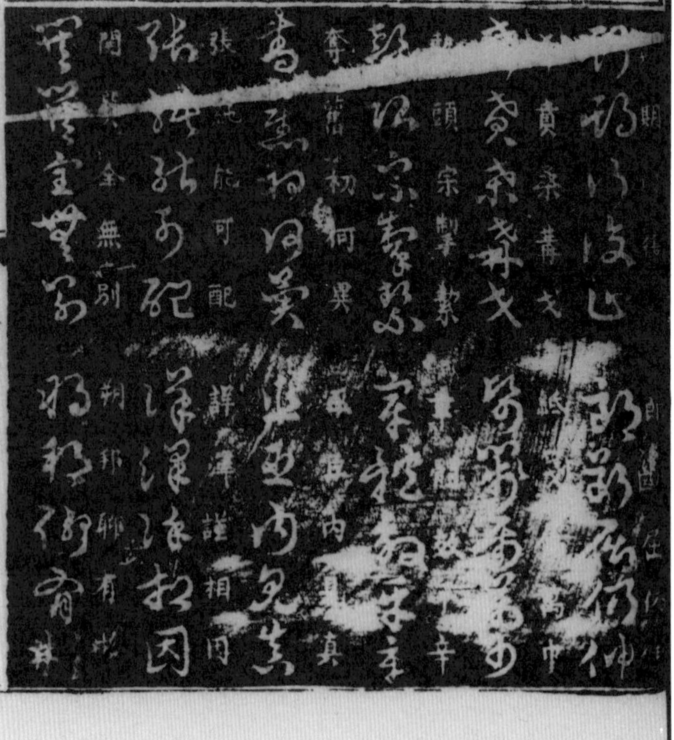

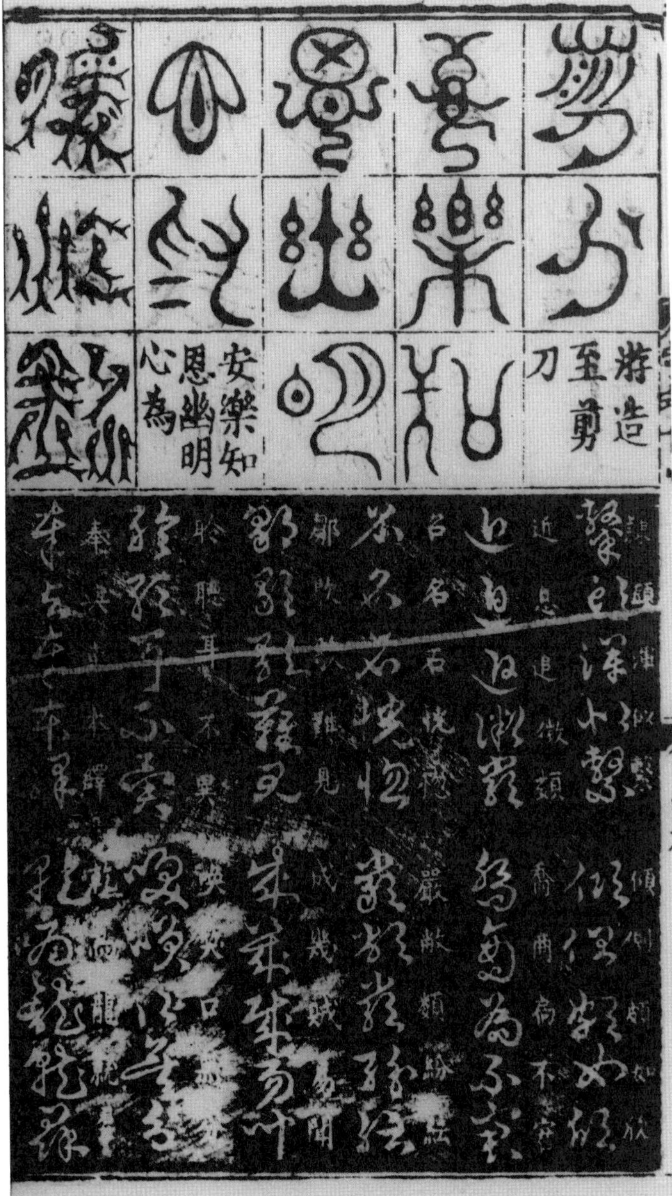
游造
至勇
刀
安樂知
恩幽明
心為

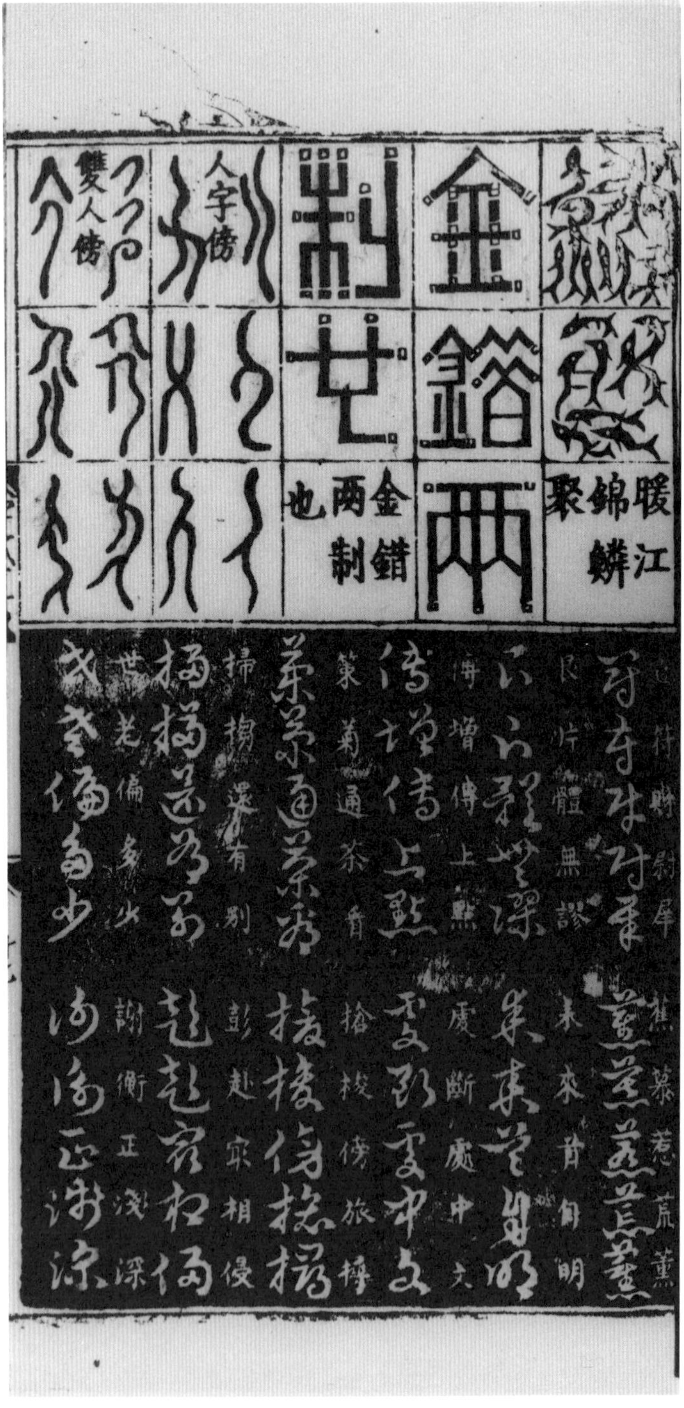
雙人傍
人字傍
暖江錦鱗聚
金錯兩制也
迎待時尉犀　椎蔡惹荒薰
良片體無謬　未來背向明
傳增傳上點　慶斷處中大
策菊通茶香　捨梭傍旅擇
掃搊還有別　彭赴寂相侵
世老偏多少　謝衡正淺深

太原（霍）　范阳（經）　頴川（千）　済阳（丁）　黎阳（郁）　上黨（包）　博陵（崔）

平昌（管）　清河（房）　平阳（野）　始平（宣）　南阳（竜）　瑯邪（諸）　馮望（吉）

范阳（盧）　渤海（裴）　汝南（應）　宣城（責）　于杭（杭）　済阳（左）　呉興（屈）

鉅鹿（莫）　蘭陵（繆）　京兆（宗）　南阳（鄧）　敦煌（洪）　武威（石）　武陵（龔）

潘　汗　艱　珊　冊　桓

歡　辯　般　弁　瞞　壇

觀　耑　乾　難　蘭

安

十五刪　刪　班　攀　彎　環

顔　鰥　関　山

下平声　一先　先　牽　田

邉　懸　褰　賢　愆　鑣

僊　巖　戔　宣　緜　前

全　攣　氈　遭　眠　然

鳶　淵　焉　馬　專

巖　鞭　年　弦

大

契書代結繩
爰乂蓋渫處
文字大成態
天義精微妙
皇倉廣大增

九泰 泰 最 澮 蓋
帶 太
十卦 卦 畫 蕢 夬 掛
壞 戒 泒 介 拜
十一隊 隊 退 佩 隧 肺
塊 萊 逮 愛 內 瀨
背 憒 對 誨 昧
配 在
十二震 震 晉 藺 軔
慎 盡 濬 吝 甲
信 進
十三問 問 訓 韻 郡

標格扁如西
落點星乖象
摧鋒劒折佀
繇書無據者
盜祖篆文兮

見
善 書
十八嘯 嘯 肅 肇 醮 照 燿
釣 邵 弔
呼 叶 譙 廟
十九效 效 覺 校
二十號 號 竈 暴 盜
報 誥 噪 靠 耗 奥
道 好 冒
二十一箇 箇 過 唾 情
貨 貨 坐
二十二禡 禡 暇 駕 卧 乍

次眼次眉次額次頰次鬢際次耳次髭
次頭次打圈打圈者面部也必宜如此
一一對去應残無纎毫遺失近代俗士
膠柱鼓瑟不知変通之道必欲其正襟
危坐如泥塑人方乃傳寫因此萬無一
得此又何足恠哉

補之寫梅賦　寫梅之法最為難非儒士之不能
明昔者宋廣平曾作梅花賦云鐵腸石心方能
賦論今之寫梅之士亦然乎雖要明師開示得
之於心應乎於手其中利最多　其病曰
幹無老嫩　枝無十字　花大如桃　花小如李
氣條見花　花繁大雜　當花不花　當蓋不蓋
稍無麤　角老幹無交　條無參差　花神不活
此皆病也

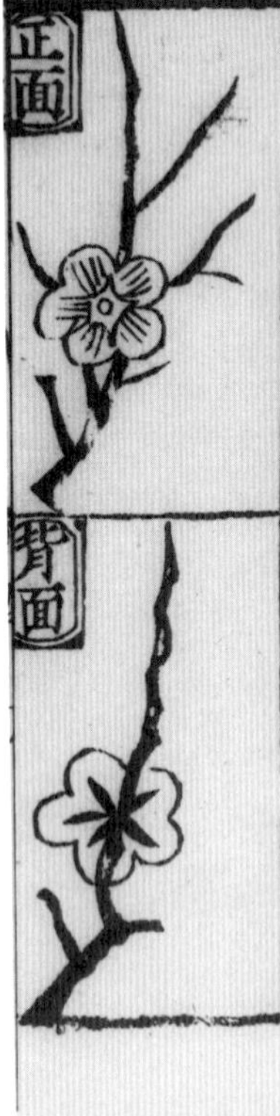

○寫梅喜神歌格式

蓬左文庫本（一四九四頁）

○歴代名畫記

自軒轅時會倉頡元年能書者三百七十餘人其叙畫之源流曰夫畫者成教化助人倫窮神變測幽微與六藉同功古先聖王受命應天則有龜字効靈龍圖呈寶自巣燧已来皆有此瑞庖犠氏發於榮河中典藉圖畫萌矣軒轅氏得

藤節與篸節　風晴并老嫩　枯枝兼雨露
个字及懸釗　魚刺及行列　攢三并聚四
業葉要頭疊　多處要分明　少處要清絶
切忌糊塗了　此是真妙訣

一筆便過

不許凝滞

要知此様

左右有肩

犯桃葉

犯柳葉

此是藤節卜

此是篸節

一不孤生　立竿稍頭放短　中間漸漸放長　節梢又漸漸放短

二不並立　畫節如連環　又　寫心字　乁無點一様

三台萬用正宗㈠　不鮮明箇處一覧

八	1	武偹門
三〇	下13	下炎旱也
三一	1	主歳憂一衝渡斷
三二	下2	太乙十精有
四九	上1	並都于鄴
	上2	都長安
五八	下8右	米九千七
	左	六十石零
	下9	○土產
	下9右	雲母石雲母山
	左	香卽澤蘭草也
	下10右	出鶴
七三	下11右	無
九六	上6	雅州雅安馹
	上7	並屬榮涇縣
一〇八	下9	磽平
一二〇	上8	灣　烏江
	上9	字腦共八十
	上10	弋陽縣八十
	上11	八十廣信
	上12	●三十八
一五七	下2右	爲田開
一七三	下1右	四大中祥符九
一七四	上7	韓泰
	下7	道宗
	下7左	號遼在
	下8右	吉子二宣宗
	左	十四年
	下9右	出干魏至
	下13右	子寶永帝
	左	中速十年
一七五	下1	元紀
	下1右	凡九主起自太祖起
		宋
一七六	左	三年繼
	下13	高皇帝
	下13左	雄起豪頡戰除和拔
		釆
一七七	下1右	擒友諒殲僞吳魚晃
		閩廣盡入版
	左	中原席捲秦
一八三	下5	箕子于
	下6	門官制
	下7	有差如
一九二	左上2	狀如場
	3	背生二
	4	則壽
	5	千歳
	枠	乘黃
二〇一	右上2	車備身如雉
二一九	上2	連四拜

二一一	上1	久而不誦皆忘之故
		讀過書不可不溫
二一七	上1	(蓬本も不鮮明)
	上2	法○凡寫
	上3	勿使量汁
二一九	上1	筯　案○雜
	上2	累然大樂具
	上3	違自不失
二四四	下9	膠半
二六七	上1	龍虎
	上2	闌祖光
二六八	下末左	一典史一一百
二七三	上2	招討使司
二七九	上1	鎭國中尉
	上2	輔國中尉
二八一	上1	奉國將軍
	上2	遼府
	上7	輔國將軍
二八三	下12右	劄廣
	左	西梧州
	下13右	南道嶺
	左	道嶺東
二八七	上1	南京各衙門
	上2	各省都察院
二九五	下1右	吏目
	左	一一
二九七	上2	胸背花樣
二九九	上1	至六品冠用
三〇〇	上6	市巾様
	上7	士庶巾服士庶初戴
	上8	雜色盤領衣不許用
	上9	幞頭服諸色辟
三〇一	上4	服茶褐靑
三〇三	上2	雲霞鴛鴦文
三一二	上12	贓何
	上13	被人
三一五	上9〜12	(蓬本も缺)
三一三	上1	者在
	下1	婚姻
三一七	上2	前件直隸徽州
三三九	上1	自合捕獲送
三四〇	上15	連累致
三四二	上13	男女
	上14	違倫理
	上15	夫婚姻一
三五〇	下13	自行首
三五一	上1	方事干重
	下1	以致死者
三五二	上15	用言誘人犯法存
	下15	紙上栽桑○…民財
		實如打
三五三	上1	立意啚財欺公
	下1	計騙財將民…賣銀
		肥巳養
三九九	下末2	(車)十退二　卒
		四平五
	下末1	(將)坐卒　卒坐
		車
四〇三	上右	(蓬本も不鮮明)
	上左	天地交泰

四〇四	上左	軍
四〇五	上右	鍾馗抹額
	上左	碎米粟／小不同
四一三	下中	黑四一提
	下左	黑二三綽白二三斷
		黑二四行白二五粘
四二九	下左2	刀鳴鴨之
四八一	下11	婿
五一九	上1	賞之士
	上2	詳味其

中國日用類書集成　第三卷

平成十二年七月　發行

監　修　酒　井　忠　夫

編　者　坂出祥伸
　　　　小川陽一

發行者　石　坂　叡　志

製　版　ナカ工藝／富士リプロ

印　刷　モ　リ　モ　ト　印　刷

發　行　汲　古　書　院
〒102-0072 東京都千代田區飯田橋二－五－四
電　話　〇三（三二六五）九七六四
ＦＡＸ　〇三（三二二二）一八四五

第三回配本

ISBN4 - 7629 - 1203 - 4　C3301

中國日用書類集成　全十四卷　總目錄

巻	書名	所蔵・著者	刊行
第一巻	序	酒井忠夫	一九九九年六月刊
	解　說	坂出祥伸	
	五車拔錦(一)	東大東文研	
第二巻	五車拔錦(二)	東大東文研	一九九九年九月刊
	解　題	小川陽一	
第三巻	三台萬用正宗(一)	東大東文研	二〇〇〇年七月刊
第四巻	三台萬用正宗(二)	東大東文研	二〇〇〇年九月刊予定
第五巻	三台萬用正宗(三)	東大東文研	二〇〇〇年十一月刊予定
	解　題	小川陽一	
第六巻	萬書淵海(一)	尊經閣文庫	二〇〇一年一月刊予定
第七巻	萬書淵海(二)	尊經閣文庫	二〇〇一年三月刊予定
	解　題	小川陽一	
第八巻	五車萬寶全書(一)	宮內廳書陵部	二〇〇一年五月刊予定
第九巻	五車萬寶全書(二)	宮內廳書陵部	二〇〇一年七月刊予定
	解　題	小川陽一	
第十巻	萬用正宗不求人(一)	陽明文庫	二〇〇一年九月刊予定
第十一巻	萬陽正宗不求人(二)	陽明文庫	二〇〇一年十一月刊予定
	解　題	坂出祥伸	
第十二巻	妙錦萬寶全書(一)	建仁寺兩足院	二〇〇二年一月刊予定
第十三巻	妙錦萬寶全書(二)	建仁寺兩足院	二〇〇二年三月刊予定
第十四巻	妙錦萬寶全書(三)	建仁寺兩足院	二〇〇二年五月刊予定
	解　題	坂出祥伸	